兒童社會工作
——SWPIP實務運作

Children Social Work: Social Work Protocols in Practice

郭靜晃◎著

序

　　兒童是國家社會未來的主人翁，少年更是介於兒童與成人期之間，是邁向成人期的過渡時期，兒童與少年的發展攸關未來國家社會的人口素質及衝擊國家的未來發展。兒童與少年因皆未發展成為一個成熟的個體，故其在社會、認知、情緒及生理等方面的行為及功能發展，深受個體及其環境等多重因素所影響。在其成長的過程中，自有教育、照顧、保護、適當教養、甚至是休閒育樂等福利需求，故兒童及少年福利更是當代社會中不可忽視的議題。

　　由於台灣近年來社會與經濟結構快速轉變，家庭組織之結構因而產生了改變等種種因素所帶來的影響及衝擊，使得家庭功能無法彰顯，兒童及少年權益無法受到保護。另外，由於大眾媒體與網路所帶來的資訊也使得原有的價值與規範蕩然無存，並帶來新的挑戰，學校已不能僅是提供教育的功能，更須面對無數兒童及少年的行為問題。

　　兒童與少年因其身分關係，在法律規定更有保護之必要，特別是家庭遭受變故、家庭功能不彰，或因特殊需求而觸犯法律規定者，故兒童及少年福利服務及社會工作更有其必要性及重要性。社會工作係指運用社會科學的知識和社會工作的理論與技巧，將社會現象及個人之需求做分析，與社會政策、社會服務等面向展開社會工作，社會工作者應以專業的社會工作介入方法來診斷問題發生之原因，對於其所處之情境有完整的瞭解及評量，並要恪遵社會工作的倫理與規範，信守專業的價值，還要扮演各種不同的角色，運用專業知能協助個案與家庭，才能規劃並提供獨特及適性的處遇方案，以協助個人、家庭及社區解決問題，引導個案及其家庭朝向正向的生命目標。

　　社會工作服務弱勢一直是社會工作專業的形象，而此種服務不僅是靠「愛心及耐心」，或持著「有做比沒做好」即可，最近，社會工作專業也

i

加強全面品質管理（Total Quality Management, TQM）及工作績效。本書即以此種概括，援引美國社區社會工作實務之規範（Social Work Protocols in Practice, SWPIP），提供兒童少年社會工作者進行實務工作時，能採取適當行為與技巧之指引方針。

本書以兒童福利需求為圭臬，提供案主及其家庭的福利服務以及介紹兒童社會工作者執行方案的準則。內容可分為兩部分，第一部分介紹兒童的發展、兒童福利的範疇，性別差異的適性發展實務；第二部分則介紹有關兒童福利之服務對象，例如，特殊需求之兒童、外籍配偶家庭之兒童、單親家庭之兒童、青少年之性行為與未婚懷孕、犯罪兒童少年之安置輔導，以及中輟兒童少年為對象，提供一些社會工作處遇之原則及方法。此外，更加入兒童少年保護福利服務，婚姻暴力目睹兒童福利服務，離婚及失親兒童少年福利服務等三章，以充實兒童福利服務處遇之範疇與適用性。同時各章中也穿插一些個案資料，以彰顯兒童少年及其家庭所處之複雜情境，不僅如此，本書亦顯示SWPIP之概念的應用性。本書第三章男女大不同？——適性發展實務之啟示是由本人及政大幼教研究所鍾玉婷所長以及第五章婚姻暴力目睹兒童福利服務是由本人及兒童福利研究所李芳玲及林玉君兩位同學一起合寫，能獲得他們本人同意將此章併入本書中，特此申謝。

本書得以順利出版，要感謝揚智文化事業股份有限公司葉總經理忠賢，在葉總經理十年來的誠懇及堅持不懈地邀請與期盼之下，為本書付梓提供各種協助，才能使本書順利交稿，在此表達誠摯的謝意。

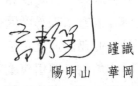
謹識
陽明山 華岡

目　錄

兒童社會工作
——SWPIP實務運用

Chapter 1
緒 論

🦋 社會工作實務規範
🦋 兒童福利之社會工作專業內涵

　　兒童是國家社會未來的主人翁，少年更是介於兒童與成人期之間，是邁向成人期的過渡時期，兒童與少年攸關未來國家社會的人口素質及衝擊國家的未來發展（曾華源、郭靜晃，1999）。兒童與少年因尚未發展成為一個成熟的個體，故其在社會、認知、情緒及生理等方面的行為及功能發展，深受個體及其環境等多重因素所影響。兒童與少年人口數正呈現逐年下降的趨勢，也造成台灣人口呈現負成長的狀況，根據2003年社政年報資料顯示，台灣地區2003年的兒童人口數約占總人口數的16.04%，少年人口數為8.46%（內政部社會司，2004），到了2007年，兒童人口為三百零六萬，少年人口為一百九十四萬，合計約五百萬的人口（內政部戶政司，2008），相較於2001年，兒童人口減少將近15%，少年人口減少約2%，主要的原因是生育率下降。相對地，老年人口因醫療進步、科技發展卻呈現正成長，正因為兒童及少年人口數的減少，未來如何維持國家高經濟產值及人口素質，益發凸顯對兒童少年人力素質培育之重要。兒童及少年在成長過程中，自有教育、照顧、保護、適當教養，甚至是休閒育樂的福利需求，故兒童及少年福利更是當代社會中不可忽視的議題。身為兒童及少年社會工作的助人專業實務者，在投入協助兒童及少年的問題診斷時，必須先對他們所處的情境有完整的瞭解以及評量，方能規劃出獨特及適性的處遇方案。

　　惟近年來，台灣社會與經濟結構的快速轉變，造成家庭組織結構的改變及多元化，此外，家庭之外在環境也帶給家庭內的兒童及少年許多衝擊，如此一來，使得原先能鞏固及塑化兒童及少年之家庭功能銳減，不但無法承擔子女的保護與教養職責，甚至成了侵害子女的來源。另外，外在的大眾媒體與網路帶來新的資訊，也使得原有的價值與規範蕩然無存，並帶來新的挑戰，學校不能僅提供教育的功能，更須面對無數兒童及少年之行為問題。兒童與少年因其身分關係，在法律規定更有保護之必要，特別是家庭遭受變故、家庭功能不彰，或因特殊需求而觸犯法律規定者，故兒童及少年福利服務及社會工作更有其必要性及重要性。

　　目前兒童及少年社會工作專業之價值與實務實有別於過去，尤其運用處遇模式也有其理論基礎，例如，生態理論、人在情境（Person In Environment, PIE）、個人與環境之交流（Transaction In Environment, TIE）、增強

（strengthen）、充權增能（empowerment）以及多元文化（diversity），其目的在於提供兒童及少年的最佳發展，以增加個人及其家庭能有效因應的能力，發揮應有的功能以適應社會。因此，瞭解兒童及少年在社會環境之適應過程，遂成為最基本的專業能力。

不同專業領域（如社會學、人類學、醫學、心理學、生理學、經濟學、政治學等）各有其不同理論背景及架構概念，以便於對人類行為在社會環境之互動能有所瞭解。因此，社會工作實務者也有其系統的架構，以幫助其在規劃處遇（intervention）及執行處遇能有所依循。社會工作實務者採取正向、健康、生態、增強及充權增能的觀點，以社會工作專業的倫理、價值為根基，以及系統、多元及人在情境理論作為審視兒童、少年及其家庭之行為，透過生命歷程（life course）之生物、心理、社會結構和文化之領域，觀察在複雜互動中之各項資源與障礙。

今日的社會工作者相信每個人皆有其獨特性（uniqueness），堅信個體性靈會朝向正向的發展，而且，社會工作者被期待與群眾、社區或機構一起合作，尋找各種可能之資源協助案主朝向正向目標發展，破除其陷在困境中的阻礙。

身為專業助人者、兒童少年社會工作者，要以許多不同的方式支持個案及其家庭，此時，除了要恪遵社會工作的倫理與規範，信守專業的價值，還要扮演各種不同的角色，例如，仲介者、個案管理者、倡導者、行動者、教育者、陳情者、研究者、調停者、諮商者及外展工作者角色，運用專業知能協助個案與家庭，實踐個人之助人角色，支持個案及其家庭朝向正向的生命目標。

Naomi Brill（1995）提出，助人專業的基本要求，此模式從基本價值到處遇技巧之進展數線（圖1-1）。

圖1-1技巧之評估基模數線，始於最底層的社會工作哲學與價值到最上達之技巧與方法，也就是說，助人專業者之技能深受其哲理與價值來導引至處遇目標與策略。故兒童及少年社會工作者執行助人處遇時，必須發展個人之價值與體系，瞭解運用實務之人在情境及個體發展之理論，援引社工處遇理論及方法來發展方案及制定處遇策略，以及評估及引導個案管理

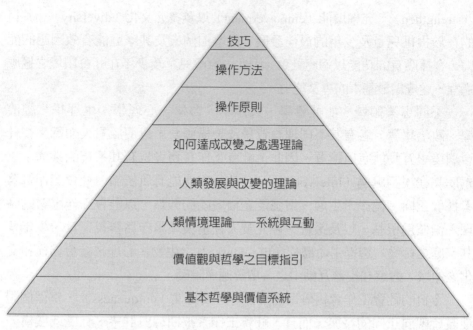

圖1-1 技巧之評估

資料來源：Brill, N. (1995). *Working with People* (5th ed.). White Plains, NY: Longman Publishing Group. p.138.

者的行動。

　　社會工作服務弱勢一直是社會工作專業的形象，而此種服務不僅是靠「愛心及耐心」，或持著「有做比沒做好」即可，最近，社會工作專業也加強全面品質管理（Total Quality Management, TQM）及工作績效。本書即以此種概括，援引美國社區社會工作實務規範（Social Work Protocols in Practice, SWPIP），提供兒童少年社會工作者進行實務工作時，能採取適當行為與技巧之指引方針。

　　本書以兒童少年福利需求為圭臬，提供案主及其家庭的福利服務以及介紹兒童少年社會工作者執行方案的準則。內容可分為兩部分，第一部分介紹兒童及少年的發展、兒童福利的範疇，有別於過去及傳統所用福利服務之做法與想法；第二部分則以兒童福利之服務對象，例如，特殊需求之兒童少年、外籍配偶家庭之兒童、單親家庭之兒童少年、原住民之兒童少

年、青少年之性行為與未婚懷孕少年、犯罪少年之安置輔導以及中輟兒童少年為對象，提供一些社會工作處遇之原則及方法。另外，本書各章中也穿插一些個案資料，以彰顯兒童少年及其家庭所處之複雜情境，同時也顯示SWPIP之概念的應用。

　　誠如兒童福利與社會工作專業所言及的，現今的兒童福利之研究與文章，大都對兒童及家庭採用殘補式之政策、服務與方案，也因為兒童福利工作領域受這些殘補式之政策與服務所影響，所以鮮少有研究與文章採用較廣義之預防性取向的服務。因此，兒童福利服務大都採取過去社會工作專業取向的問題解決模式，例如個案管理、團體工作或社區工作之方法。近年來，社會工作實務已改採取解決問題及增強模式，以取代過去問題處遇之殘補模式。

　　目前社會工作專業之實務在價值及信念已有別於過去，尤其運用到兒童福利領域，目前在社會工作實務規範（SWPIP）也逐漸成為一種處遇模式之典範，更發展其理論基礎，以下本章將著重社會工作實務之規範為主的兒童福利服務工作，這個模式有其理論基礎，例如，人在情境（PIE）、個人與環境交流（TIE）（有關TIE的相關概念請參考**專欄1-1**）、系統增強取向（systemic strength perspective）、多元文化、平等及公平承諾的專業倫理，主要的目的在提供社會中成員的最佳發展，而這個SWPIP模式不像過去社工實務只專注於系統、危機、心理動力論、充權增能、政治或認知理論模式。

 ## 第一節　社會工作實務規範

　　社會工作服務弱勢使命一直是社會工作專業之形象，而此種服務不僅是靠愛心及耐心即可，最近也提及服務工作之績效。社會工作形成一門專業，更要考量其「適當性」、「正當性」、「可靠性」以及「有效性」，以滿足案主需求（曾華源、胡慧嫈，2002）。

專欄 1-1 **TIE之相關概念**

　　個人與環境交流（Transaction In Environment, TIE）最初是由Monkman及Allen-Meares（1995）共同提出，以作為檢視兒童及青少年本身和其情境互動（交流）的架構。這個架構也可考量社會工作對於人在情境之雙向觀點，它不但可以讓社會工作者看出以發展本位的個人需求為標的之工作目標，同時也能看到環境之各個影響層面。

　　TIE之架構其實運用了生態觀點（ecological perspective）及系統觀點（systemic perspective），其組成要素有因應行為、交流及環境品質等要素（**圖1-2**），茲分述如下：

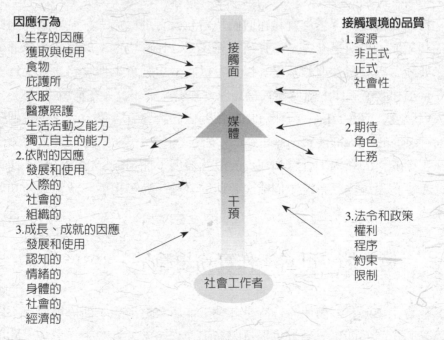

圖1-2　TIE：社會工作實務之架構

資料來源：Allen-Meares, P. (1995). *Social Work with Children and Adolescents*. New York: Longman Publishers USA.

一、因應行為

　　因應行為是指個人面對環境時，意圖要控制自己的行為能力。兒童及少年福利的社會工作者主要須處理個案三個方面的因應行為：

(一)生存的因應行為

　　生存的因應行為即讓一個人可以取得並使用某些資源，以便其能持續生活與活動。因此，生存行為可再區分為各種為取得食物、衣著、醫療處理和交通等各樣資源的能力。

(二)依附的因應行為

　　依附的因應行為是在使一個人得以與其環境中的重要他人有著密切的連結（bonding），此類行為可再區分為發展並維繫親密關係的能力，以及運用組織架構（如家庭、學校、同儕或社團）的能力。

(三)成長與成就的因應行為

　　成長與成就的因應行為則在使一個人得以投入利人利己的知識與社會活動。此類行為又可區分為個體之認知、生理、情緒及社會等方面之功能行為，有關此類行為可參考本書第二章。

二、交流與互動

　　因應之交流與互動所需的資訊包括特定事務、資源或情境的瞭解，也可能涉及自身的訊息。因應型態係指個人在認知、行為和情感方面的能力。這些能力交互影響形成個人之生活風格，也成為個人成長史的一部分，所以社會工作者在檢視個案時，可以從其家系圖或過去生長史來做檢閱。因此，個人之因應型態可能是指當前環境（here-and-now）的反應，也可能是源自過去或當前環境的一些期許和回饋所發展形成的行為型態。

三、環境品質

　　在TIE架構中，環境係指案主會直接觸及或交涉的一些情境，可分為資源、期待以及法令與政策。

(一)資源

　　資源是指人們（如核心家庭、延伸家庭）、組織（如社區、社會服務機構）或制度（如教會、政府組織），也是屬於生態系統中之中間或外部系統（參考圖

2-5）等，在個案需要時可以援引當作支持或協助之處，此資源又可分為非正式、正式及社會性等。非正式資源就是支持、勸言或一些具體及實質的服務；正式資源是指個體謀求特定利益的組織或各種協會（基金會）；而社會性資源則是指按特定架構所提供服務的單位，例如學校、醫院、法院、警方或社會服務方案。

(二)期待

社會工作者執行社工處遇時，就必須改變兒童及少年身處不良的環境及重要他人對孩子的期待，也就是說，要改變重要他人之失功能的角色及其任務。例如，家庭中父母因藥物濫用而失去父母應有的角色功能，那麼社會工作者便要去尋找替代性的安置方式來滿足兒童成長之需求。

(三)法令與政策

法令與政策是指對個案行為具有約束力的習俗或規範。例如，發現兒童被虐待就必須向有關當局通報。這法令在保護兒童的同時也規定社會工作者之職責和任務，而進入通報程序後，就須依兒童保護服務之流程進行訪查、舉證、開案及對父母之約束及限制。

資料來源：Allen-Meares, P. (1995): *Social Work with Children and Adolescents*. New York: Longman Publishers USA.; Monkman, M., & Allen-Meares, P. (1995). The TIE framework: A conceptual map for social work assessment. *Arete, 10,* 41-49.

如果要維持有效之服務品質，就必須要求專業從業人員有職業道德，對專業服務品質要有責任感，不得濫用專業知識權威，並且不斷自我追求專業能力上的進步，以及恪遵專業倫理規範。

社會工作實務之規範提供社會工作者進行實務工作時，能採取適當行為與技巧的指引方針。規範是對社會工作者採取工作步驟之描述，並確信此工作可以解決問題，並不會造成對案主的傷害。最早利用此模式是在醫療社工領域，現在已普遍運用到兒童福利領域，以企圖提供案主一較穩定及可靠的社工處遇。社會工作實務之規範包含有一些步驟，每一步驟又有其規範準則。這些規範步驟及準則並不一定要迎合各個兒童福利機構之設立政策與原則，但至少確信是一個好的實務工作。有關社會工作實務之步驟及規範請參考**專欄1-2**。

專欄 1-2　社會工作實務之步驟與規範

一、社會工作實務規範之步驟

　　社會工作實務規範指出處遇之步驟，可分為準備層面（preparation phase）、關係建立層面（relationship building phase）、檢證層面（assessment phase）、規劃層面（planning phase）、執行層面（implementation phase）、評估與結案層面（evaluation and ending phase）以及追蹤層面（follow-up phase），此步驟之執行旨在確保增強兒童及家庭走向獨立自主及不再受社工專業依賴的家庭照顧為目標（**圖1-3**），而每一層面又有其參考準則（**表1-1**）。

(一)準備層面

　　此層面在其他社工處遇模式經常被忽略，一個社工員面臨案主之問題可能是多元的，他必須在身在的社區中確認其資源及問題癥結，才能確信如何與案主建立關係以及採用有效的服務。此階段對問題之處遇必須要應用人類行為及社會環境中之人在情境（PIE）或個人與環境交流（TIE）的診斷模式，以瞭解個人、家

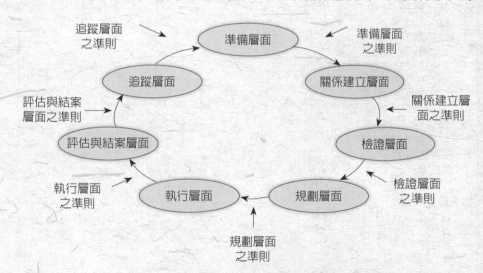

圖1-3　增強數線──社工實務規範層面與準則

資料來源：Mather, J. H., & Lager P. B. (2000). *Child Welfare: A Unifying Model of Practice*, p.29. CA: Brooks/Cole/Thomson Learning.

庭在社區中之互動關係。

表1-1 社工實務規範模式各層面之工作重點

一、準備層面
工作者將個人對個案能有效因應其所處之系統與環境做準備，採用之方法是運用社會資源網絡建立及充權增能個案與其家庭。

二、關係建立層面
運用溫暖、真誠、同理心、積極關注及充權增能等社工技巧，立即與兒童及其家庭建立關係。
（評估此過程與結果）

三、檢證層面
依據下列系統（兒童、核心家庭、延伸家庭、社會資源及方案與服務）完整診斷與檢證個案之情境。
（評估此過程與結果）

四、規劃層面
與所有系統做規劃及訂定契約的處遇。
1.個案問題檢閱與協調。
2.邀請家人協同規劃處遇過程。
3.與家人及支持服務系統訂定計畫執行的契約。

五、執行層面
執行計畫。
1.繼續執行會談。
2.繼續與服務資源協調。
3.支持及充權增能兒童與家庭。
4.辨別問題的障礙與解決之道。
5.檢證服務及計畫。
（評估此過程與結果）

六、評估與結案層面
評估結果與結案。
1.評估結果。
2.結案。
（評估此過程與結果）

七、追蹤層面
從多重系統觀點做個案追蹤。
1.家庭。
2.社區。
3.方案與服務。
4.政策。
（評估此過程與結果）

資料來源：Mather, J. H. & Lager, P. B. (2000). *Child Welfare: A Unifying Model of Practice*, pp.26-27. CA: Brooks/Cole/Thomson Learning.

(二)關係建立層面

此層面在確保社會工作者與案主之家庭的接觸，必須要小心處理。例如，在兒童保護服務工作者，如果案主是採用強制隔離兒童待在原生家庭，雖然社會工作者有法令之強制執行命令，此時家庭中的父母與社會工作者之立場是對立的，那關係一定破裂。那麼社會工作者如何提供資源幫助案主之家庭自立呢？因此，社會工作者進入案主之家庭，必須與家庭中之父母建立信任、誠實及互助之關係。

(三)檢證層面

正確診斷問題之原因才能確保對的處遇過程及好的處遇結果，以增進兒童及其家庭的福利。檢證不僅對兒童所處之家庭的功能，也要對家庭外之功能加以評估，以及家庭與社會環境如何互動。除此之外，家庭外有哪些資源可以運用以及家庭如何透過資源提供來產生正向的改變。

(四)規劃層面

社工實務規範之規劃層面類似其他問題解決模式之訂定契約（contracting）及目標設定（goal-setting）之層面，但此模式之規劃是以家庭及其家庭成員為一系統，並整合其他系統來達成家庭問題解決為目標。

(五)執行層面

執行層面是整個社工實務規範模式的核心，也是整個規劃及計畫實際運作的過程，而且須確保所有有關的成員要參與決策過程，再透過密集式及持續且一致性的目標與任務檢測以確定有效的處遇。

(六)評估與結案層面

評估層面是整個模式的最後階段——結案，以評量整個處遇之效果。換言之，也是決定是否需要採取不同模式，也衡量整個處遇之有效性。藉著評估過程，瞭解是否造成改變，而不是對處遇的終結；也就是說透過評估過程，瞭解家庭與兒童有否學會自己處理因應問題（壓力）的能力與技巧。

(七)追蹤層面

追蹤層面是在處遇結案之後所進行的成效檢測，此層面必須在下列兩原則下進行：(1)兒童福利之社工員必須在系統中對所有成員做追蹤；(2)所有追蹤工作

不僅限於對個案及其家庭，同時也須對社區及社會政策加以追蹤。整個社工實務規範模式在各個層面之工作重點列於**表1-1**。

二、社會工作實務之規範

　　當規範只源於政策而產生的價值、經濟或政治，而不是源自科學研究與實務，那難題自然產生。社會工作實務規範是依循兒童福利之社工處遇後的步驟及過程所建立之有效執行步驟與過程之指引。這些指引因兒童福利機構所創立的宗旨或政策而有所不同，但是這些指引都有助於兒童福利之社工專業的執行，共計有三十三條指引，列於**表1-2**。

表1-2　兒童福利之社會工作專業規範

一、準備層面
1.儘早將個人融入社區，為兒童與家庭倡言。
2.與社區之各種不同專業機構發展好的關係。
3.積極與政府、社會服務機構及其他助人專業網絡建立關係。
4.與媒體建立良好關係以倡導社區中之兒童與家庭理念。
5.檢閱社區所有可能的資源。
6.成為社工專協的會員，並參與社區與國家之政治議題。

二、關係建立層面
7.倡導（非由專責社工來與案主建立關係的）社工專業方案，尤其對那些非志願性的案主。
8.與案主發展正向關係，才能確保處遇的成功與順利。
9.與案主及其家庭建立關係時，利用同理心、真誠、人性尊嚴及溫暖之技巧。
10.與社區中之正式及非正式之服務組織建立正向關係。
11.幫助或加強兒童及其家庭建立自然的支援網絡以維持其家庭功能。

三、檢證層面
12.對兒童執行危機評量，尤其是受虐兒童。
13.對案主服務時，利用增強觀點來評量個案。
14.危機評量表要具信、效度，還有社會工作者之評量能力及經驗也要加以考量。
15.採用無缺失之評量工具與方法。

四、規劃層面
16.與案主（兒童）及其家庭一起參與規劃方案，會讓案主及其家庭在自然互動中獲取合作，而使方案執行更順利。
17.規劃方案最重要是使用個案管理技巧並且要整合社區中之正式與非正式之資源，最好能建立資源網絡。
18.規劃方案及訂定服務契約需要考量個案及家庭的文化背景與需求。
19.兒童福利社會工作者視為個案及其家庭的個案管理者，利用個案管理技巧輔助個案及其家庭與其身在的社區互動。

五、執行層面

20.執行你所能同意的方案,對你不能同意的部分,切勿有任何行動。

21.尊重家庭的需求,對行動方案可能損失兒童最佳利益,要修正方案。

22.在兒童福利情境中,使用微視及鉅視觀執行方案。如果方案執行不能改變家庭的經濟不平等情況,那兒童的福利會持續惡化。

23.教育家庭為他們的權利與社區中其他人互動及採行任何可能的行動。

24.要能有創新的技術及服務來幫助個案、家庭及社區。

六、評估與結案層面

25.利用過程及結果的觀點來做個案評估。

26.家庭是一重要的評估過程,目標是導引他們能獨立照顧自己。

27.評估不僅要考量現有,也要加以考量未來之個案、服務方案、政策及可使用的資源。

28.集中各種個案的評估以促使制定能改變家庭的政策。

29.終止處遇是個案管理的最終目標,但卻是家庭正向生活的始點。

30.儘早因應家庭成員對結案的各種反應,才能幫助家庭成員日後的獨立生活照顧。

31.結案最重要的是讓兒童及其家人能關注他們的行動成就,並鼓勵他們持續應用社會支持資源。

七、追蹤層面

32.追蹤可使兒童及家庭檢視他們的成功,及讓他們瞭解兒童福利社會工作者仍然關心他們的福利。

33.追蹤可使兒童福利社會工作者制定更好的政策及機構服務方案。

資料來源:Mather, J. H. & Lager, P. B. (2000). *Child Welfare: A Unifying Model of Practice*, pp.24-26. CA: Brooks/Cole/Thomson Learning.

第二節 兒童福利之社會工作專業內涵

　　社會工作專業制度之建立已是世界潮流所趨,盱衡歐美先進國家及亞洲日本、香港等,均已建立社會工作專業制度。回顧我國邁向專業領域的歷程,早在1965年訂頒之「民主主義現階段社會政策」即揭示:運用專業社會工作人員,負責推動社會保險、國民就業、社會救助、福利服務、國民住宅、社會教育及社區發展等七大項福利措施,1971年內政部函請省市政府於施政計畫中編列社會工作員名額,1971年、1975年及1977年台灣省政府、台北市政府、高雄市政府分別實施設置社工員計畫。1991年、1993年北、高二市分別將社工員納入編制。1997年4月2日通過社會工作師法,對社會工作師

的專業地位、保障服務品質有所提升。1999年以後隨著地方制度法施行，內政部陳請考試院將社會工作員納入編制，目前社會工作師職稱已經考試院2000年1月7日核定為薦任第六職等至第七職等，縣（市）政府於訂定各該政府組織條例及編制表時，得據以適用，並將社會工作師納入組織編制。雖然社會工作員（師）工作性質隸屬社會福利領域，但在其他諸如勞工、衛生、退除役官兵輔導、原住民事務、教育、司法、國防等領域，亦有因業務需要而設置社會工作員（師）提供服務，以增進民眾福祉。目前各直轄市、縣（市）政府設置有社會工作（督導）員八百人，另經社會工作員（師）考試及格者有一千七百五十一人（內政部，2004）。

台灣社會工作教育至少有五十年歷史，目前計有二十個相關科系、十一個研究所及三個博士班，每年畢業學生將近千人，加上一些專業人員訓練（如兒童福利專業人員之丁類、己類及社會工作學分班），人數更超過千人，預估有一千五百人左右。此外，我國也於1997年通過社會工作師法，每年透過高等考試取得社工師之執業證照與資格者也不計其數，但透過考試獲得社工師或每年由學校訓練畢業的學生，是否意味有其社會工作專業及其專業地位是否有責信（accountability），對我國社會工作專業發展或應用於兒童福利，是否有其服務品質？

在過去兒童福利社會工作之實務歷史，社會工作者必須發展服務方案來處理兒童及其家庭所面臨之社會難題，例如在美國的安置所、未婚媽媽之家、慈善組織社會，加上托育服務、健康照顧、社會化、充權增能家庭或社區網絡的建立等服務方案。這些方案採用多元系統之處遇（multisystemic perspective of intervention）。這些技術被視為兒童福利的社工專業。這些專業被要求要具有一對一之個案服務、團體工作、社區工作或政策規劃及服務方案設計與管理的能力。

社會工作者如其他人一樣，來自於不同文化背景，有著自己的一套想法、看法及做法。但身為一個助人專業，參與協助不同的家庭與個人、瞭解案主的背景，社會工作專業者本身的訓練及專業能力得不斷充實及加強，除此之外，還要有自覺、自省、自我審問、慎思、明辨等能力，這些能力包括：自我透視（對自己的需求、態度、價值、感性、經驗、力量、

優缺點、期望等）及專業反省（Pillari, 1998）。

　　除了自我覺醒及專業反省能力之外，社會工作人員還須對人類行爲及發展（檢證層面）有所瞭解，譬如：生命階段的發展、正常與異常行爲以及正確的評估，如此一來，兒童福利之社會工作者才能規劃方案，以及正確援引社區之資源，以達成有效地協助個案及其家庭改變其生活，達到自助之獨立生活照顧。

　　現今的兒童福利之專業人員乃採取社會工作方法，應用多元系統之價值來協助個案及其家庭解決問題、克服生活之障礙，本節將敘述兒童福利之社工專業過程所需要之一些價值及能力，包括有社會工作專業能力、社會工作價值與倫理、社會工作角色、社會工作技巧等，分述如下：

一、社會工作專業能力

　　早期社會工作服務本著慈善心懷、服務弱勢族群，一直深受社會肯定，而且社會工作者只要具有愛心、耐心，常做一些非具有專業性形象的工作，甚至更少提到服務工作績效。近年來，社會工作專業重視責信及服務績效（曾華源、胡慧嫈，2002）。如何讓社會工作服務具有品質呢？簡單來說，就是要求專業從業人員有職業道德、對專業服務品質要有責任感、不得濫用專業知識權威，並且具有專業能力，及不斷追求自我專業能力提升，才能對整個社會工作服務具有專業。

　　社會工作服務需要靠方案之規劃及執行的處遇，而這些處置更需要有專業知識及能力做評斷，一般在兒童福利之社會工作專業更需要瞭解社會環境如何影響兒童及家庭，以及如何援引資源及設計方案來改變兒童與其家庭在環境之適應能力，基本上，兒童福利之社會工作者需要有下列之知識背景：

(一)人類行爲與社會環境

　　人在情境（PIE）或個人與環境交流（TIE）一直是社會工作專業著重的觀點，瞭解個案及家庭必須深入瞭解其所身處的環境，社工處遇不僅對個案及其家庭做服務，也要針對個案在社區之正式（機構、政府）或非正

式（親戚）的資源加以整合，此種模式很類似生態理論。所以整個處遇不僅要檢視個案之生理狀況、心理違常行為，還要瞭解其在社會（環境）所扮演的角色及其在身處的環境適應情形。此類專業教育除了瞭解人類行為與社會環境之外，還要瞭解兒童發展、家庭發展、適齡實務及環境（如家庭、機構、組織、社區及社會等）對個體之影響等知識。

(二)增強觀點

　　兒童福利之社會工作人員不同於醫療人員，對個案之處遇是用增強及強化模式（strengths perspective）而不是醫療模式（medical perspective）。Saleebey（1992）以充權增能（empowerment）之參考架構，幫案主整合資源，以助其增強個人能力去因應自我的問題。社會工作者透過增強模式幫助個案及其家庭發掘個體之個性、才能及資源，造成個體能力改變以適應環境要求。此種模式常在社會工作學士及社會工作碩士課程中有關社會工作實務、理論與技巧加以訓練，例如，個案工作、團體工作、社區工作及社會工作管理學科。

(三)多元文化

　　理論上，當我們做兒童福利之社工處遇必須瞭解多元文化觀點，但事實上，兒童福利之實務工作者卻很難做到此要求。多元文化主義（multiculturalism）要求人們視其他文化就如同對待自己的文化一般，為達到此目標，多元文化教育成為社工專業之教育基礎。多元文化主義最能彰顯其觀點是反偏見，包括對性別、種族、能力、年齡和文化的偏見，進而對不同文化也能產生正面之價值觀和態度。應用到兒童福利之社會工作者，我們不僅要瞭解不同個案及其家庭之種族和文化特徵，也要瞭解他們如何看待兒童福利及其家庭，最後，還要去除社會預期（social desirability），給予案主及其家庭更正面之價值與態度，尤其對案主利用優勢以幫助他們增加生活之復原力（resilience），達到充權增能目標，採用增強模式幫助個案因應困境，解決他們所遭遇的問題。有關此觀點需要瞭解政治及經濟學議題、多元文化、危機中的人群（population at risk）、社會及經濟正義。

(四)社會工作政策、研究與評估

社會工作專業不僅要有執行方案之能力，也要具有對方案評估及具有科學研究的實力，尤其是過程評估之能力。除此之外，社會工作者更須瞭解政策制定過程以及可用之政策資源。

二、社會工作價值與倫理

社會工作專業教育的目標，除了培育具備有效專業處置技巧的人才之外，也同時藉由社會工作價值傳遞的教育歷程，培育對社會工作價值有認同感，以及對特定助人情境所遭遇的價值衝突、倫理兩難可以準確做判斷、做抉擇的人才。正如上一節在社會工作實務規範中所提示：社會工作實務過程應具有七個層面——準備、關係建立、檢證、規劃、執行、評估與結案及追蹤。社會工作專業在完成社會所要求之職責與功能時，必須先行進行服務目標的選定，才能進一步依據服務目標的設定，選擇適切的實務理論進行相關的處遇。在這一系列的服務過程中，社工實務者自身所具備的知識技術，是決定服務績效的重要依據，但是在「選擇何種處遇方案」、「要不要幫助」、「該不該幫助」、「誰需要幫助」、「幫助的程序」等議題上，則須依賴明確的社會工作價值與倫理守則，才能讓社會工作在處遇時有依循的根據（Bartlett, 1958；Siporin, 1975；曾華源，1999，引自張秀玉，2002）。所以說來，社會工作專業須具有社會工作知識和技巧，以及社會工作價值與倫理。

至於社會工作價值、社會工作倫理及社會工作倫理守則這三層面之關係為何？張秀玉（2002）更具體指出這三層面之關係，並探討其與社群關係脈絡與實踐場域之關係（**圖1-4**）。

由**圖1-4**，我們可清楚瞭解社會工作倫理是社會工作價值實踐的指南，社會工作倫理守則則是社會工作倫理之實際表現。社會工作價值經由概念化的過程，形成社會工作者所遵循的社會工作倫理，社會工作倫理再經由概念具體化的過程，形成社會工作者倫理守則。1982年美國社會工作者協會（NASW）更指出，社會工作價值是社會工作專業的核心要務，其引導所有社會工作領域實務的模式及原則，有關美國社會工作價值請參考**表1-3**。

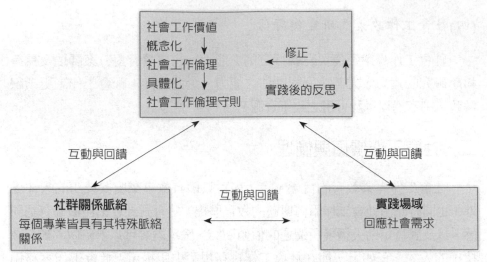

圖1-4　社會工作價值與倫理、社群關係脈絡與實踐場域之關係圖

資料來源：張秀玉（2002）。〈大學部「社會工作價值與倫理」課程定位與課程內容之探討〉。《社區發展季刊》，99，287-302。

表1-3　美國社會工作者協會訂定之社會工作價值

1.承認對個案之最佳利益
2.為案主保密
3.因應社會變遷建立迎合社會所認可的需求
4.在專業關係中分離個人之情緒與需求
5.教導案主所需的技巧與知識
6.尊重及鑑賞個人之差異
7.扮演使能者之角色，幫助案主自助
8.在挫折困境中，仍能持續提供服務
9.倡導社會正義，滿足社會人民之經濟、生理及心理之幸福感
10.採取高標準之個人與專業行為

資料來源：NASW (1982). *NASW Standards for the Classification of Social Work Practice*. MD: Silverspring.

　　「價值」是內在控制的機制，所以社會工作價值體系是不能輕易改變的；社會工作倫理則是規定什麼是應該做，什麼是不應該做，其是具體的守則，會受到社會變遷、社會對社會工作專業要求的改變等因素影響而有所不同。社會工作倫理一旦改變，其倫理守則也必須跟著更改。此外，

倫理守則在實踐的過程中，若發現與社會現實情境差異太大或執行有困難時，則必須回頭檢視社會工作價值概念化至社會工作倫理，若社會工作倫理操作化至倫理守則這兩個過程中產生偏頗，則要進行社會工作倫理之修正改變，才能符合當時社會情境之現實情況與需求（張秀玉，2002）。美國社會工作者協會也制定社會專業之倫理原則（**表1-4**），以提供兒童福利實務人員在執行決策及方案的參考依據。

三、社會工作角色

　　社會工作者需要扮演多元角色來執行兒童福利服務。在本章第一節社工實務規範中就指出，社會工作者須扮演使能者、教育者、倡導者、社會行動者、調停者、激發行動者、仲介者及充權增能者，每個角色皆有相等重要性，身為社會工作者，必須將這些角色融為一體成為個人之人格，並在兒童福利實務工作實踐這些角色。

　　1.使能者（enabler）：扮演一輔助者的角色幫助案主達成目標。這個角色必須具有溝通、支持、鼓勵及充權增能的功能，以促使案主及家庭成功完成任務或找到達成目標的解決方法。
　　2.教育者（educator）：要教育及幫助案主在其互動的家庭及系統中建立知識體系，以鼓勵案主及其家庭做決策，並執行達成目標的步驟。
　　3.倡導者（advocate）：為案主及其家庭建立更有效的方案及服務，然後訓練他們為他們自己及他人擁護他們的權利。

表1-4　美國社會工作者協會訂定之社會工作倫理原則

1.服務——社會工作者主要任務是幫助有需求之人及指出社會問題
2.社會正義——社會工作者挑戰社會不正義
3.個人尊嚴與價值——社會工作者尊重個人天生之尊嚴為權利及價值
4.人群關係的重要性——社會工作者瞭解人群關係才是改變的要素
5.誠實、正直與廉潔——社會工作者要整合倫理守則及社會工作價值
6.能力——社會工作者要提升個人之專業技巧與知識，以充實助人之專業能力

資料來源：NASW (1996). *Code of Ethics of the National Association of Social Workers*. Washington, DC: NASW.

4.社會行動者（activist）：要對社會變遷有敏感的心，爲兒童及其家庭的最佳利益制定更適宜的政策、方案及服務。

5.調停者（mediator）：要能積極傾聽各方的聲音及瞭解各方的需求，在衝突之情境中扮演一調節的角色。

6.激發行動者（initiator）：能辨別案主需求，並促使他人瞭解這些議題及激勵他人爲這些議題尋找解決之道。

7.仲介者（broker）：其角色是聯結家庭與社區之社會服務機構與方案，進行轉介及進入資源網絡，以幫助案主及其家庭獲得最好的服務品質。

8.充權增能者（empowerer）：是增強案主及其家庭已具有的才能及資源，並幫助他們有效利用他們的優勢來造成改變。

曾華源（1986）認爲，通才的社會工作之工作任務是由八個一般性任務組成，包含：計畫、評估、互動、傾訴、觀察、再評估、記錄、集中調適。而其角色可分爲直接服務角色、間接服務角色、合併服務角色三種，共有十三個主要的實務工作角色。

1.直接服務角色：包含支持者（supporter）、忠告者（advisor）、治療者（therapist）、照顧者（caretaker）。

2.間接服務角色：包含行政者（administrator）、研究者（researcher）、諮詢者（consultant）。

3.合併服務角色：包含能力增進者（使能者）（enabler）、仲介者（broker）、調停者（mediator）、協調者（coordinator）、倡導者（advocate）、教育者（educator）。

四、社會工作技巧

在社會工作實務規範中指出兒童福利實務工作者需要有兩種技巧：關係建立及個案管理技巧，茲分述如下：

(一)關係建立技巧

在與案主初步訪視中，兒童福利社會工作專業需要至少五種技巧：同理心、眞誠、溫暖、積極關注及充權增能，以幫助方案的執行。

◆同理心

同理心（empathy）係指社會工作者有能力回應案主及其家庭，並能傳達社會工作者瞭解案主的感受，更是一種將心比心或感同身受的感受。這不是意味社會工作者與案主有同樣的感受或同意案主的感受，只是社會工作者能傳輸這個感受是可以接受的，並沒有對錯的價值判斷。例如，在一受虐的家庭，母親因挫折或情緒不好，而對你解釋她爲何常常會想要打小孩。身爲一社會工作者，可以因爲母親因缺乏經濟及情緒支持，而造成虐待小孩的情境，社會工作者可以同理，但不表示接受或允許這種行爲。

◆真誠

眞誠（genuineness）是一種自然的人格流露，讓人覺得社會工作者是眞心對待案主及其家庭。當社會工作者具有這種特質，他會容易被案主及其家庭接納及信任。眞誠的本質就是誠實對待任何人及任何情境。例如一位少女因懷孕因素，不敢告訴父母而選擇逃家。身爲一社會工作者，誠實告訴她有關你爲她一個人在眞實社會上生活感受恐懼與害怕。眞誠是社會工作者能誠實與他人分享你的恐懼和害怕的感覺。

◆溫暖

溫暖（warmth）是社會工作者傳輸關心每個案主的技巧，對兒童福利實務者而言，對每一個案主都傳達關心之情實有困難，有時兒童福利實務人員對受虐家庭的施虐者會有憤怒或厭惡之意，但如不能表達眞誠與溫暖，又難以獲得他們的合作及意願去做必要的改變，換言之，爲了表示眞誠與溫暖，兒童福利實務者不管任何情境都要對案主及家人同理。溫暖可用語言及非語言方式來表達。例如，說話之語調及用字遣詞要能表達溫暖之意，同時也要注意臉部表情及身體姿態。

◆積極關注

積極關注（positive regard）不同於同理心，需要對情境更瞭解，此種技巧需要社會工作者有較正向之人群價值及驅使人們走向完善之心，也唯有透過此種價值信念，才能使一社會工作者面對兒童施以性虐待，願意付出關心及熱情促使施虐者做改變。然而，積極關注並不代表社會工作者同意案主對兒童的傷害。

◆充權增能

充權增能（empowerment）的概念也是近二十年社工實務工作者所強調的概念，早先這個概念源自於生態理論。充權增能的角色是幫助案主達成自我尊重及因應個人不足的非真實感覺。透過社會專業的協助，案主、家庭、社區得以充權增能，以便能在其環境創造好的改變。

(二)個案管理技巧

除了與案主及其家人建立良好關係技巧之外，兒童福利之專屬人員還必須運用個案管理技巧（case management skills）處遇兒童福利事務。個案管理技巧包括組織、協調、調停、維持、評估及資源整合。

◆組織

兒童福利之社會工作者必須具有組織（organize）的能力，並具有領導能力以領導他人完成服務方案。此種技巧並不是要社會工作者有專制行為，尤其協調不同專業（如案件負荷、機構責任）一起合作達成方案，必須透過人際溝通及人際影響，讓有關方案執行之人獲得共識，達成合作。

◆協調

社會工作實務者執行方案講求協調（coordinate）而不是駕馭別人，調停別人並允許他人自我決策是要融合在此種技術，並成為社會工作者的人格特質，尤其兒童福利之社會工作者要協調案主家庭與其他系統一起合作。

◆調停

調停（mediate）是一種有能力應用策略解決衝突之情境，尤其在兒童福利領域，母親對子女的施虐會引起其他家人的憤怒，如何讓家人面對此情境一起合作，便需要社工人員居中協調，此外，家庭與其他機構不同意方案的執行，應設法使他們一起合作，有共識一起解決問題。

◆維持

維持（sustain）的技巧需要社工實務者對於參與兒童福利實務有信心、願意接受挑戰及能夠充權增能自己以維持方案的執行，尤其是案主及其家庭面臨困難情境時。值得注意的是，兒童福利之實務工作者往往工作負荷很重，所以自我壓力調節與管理就很重要，如此一來，他才能持續給予案主及其家庭與其他機構支持與充權增能。

◆評估

兒童福利之社會工作者必須具有評估（evaluate）自己的方案效果，及此方案對案主及其家庭產生正／負向之影響的能力。缺乏此種對自己的實務執行、方案評估或政策評估，兒童福利之社會工作者便不能判斷服務績效，或考慮案主及其家庭是否需要特殊的服務方案。

◆整合資源

整合資源（integrate resources）的技巧是需要兒童福利之社會工作者瞭解你可運用（知道）的服務資源，以及將這些資源加以整合成為一系統，提供給案主及其家庭，例如處理一中輟個案，他又有吸食毒品及行為偏差的問題，兒童福利之社會工作者必須運用醫療資源、學校資源、法院資源以及機構資源，作為一個資源網絡對兒童及其家庭施予處遇方案。

結 語

本章提出身為一個兒童福利之工作者，也是一專業的社會工作者，除了具備社會工作專業之知識與技巧之外，還要具有社工專業的價值與倫理。本章也介紹美國社會工作專業之規範、倫理原則、運用增強、充權增

能之技巧協助案主因應困境，達成有效的問題解決。現今的社會工作實務著重預防與處遇模式，不像往昔是以殘補爲唯一的處遇方式，因此，身爲一兒童福利專業者更要瞭解社會工作角色、價值與規範，以及應用社會工作專業技巧達成有效方案執行。

參考書目

一、中文部分

內政部（2004）。《中華民國九十二年社政年報》。台北：內政部。

內政部戶政司（2008）。2001-2007年兒童少年人口數。網址：http://www.ris.gov.
tw

內政部社會司（2004）。《民國九十二年社政年報》。台北：內政部。

張秀玉（2002）。〈大學部「社會工作價值與倫理」課程定位與課程內容之探
討〉。《社區發展季刊》，99，287-302。

曾華源（1986）。〈社會工作者為多重角色的通才實務工作者〉。《社區發展季
刊》，34，97-106。

曾華源（1999）。〈社會工作專業倫理困境與信託責任之探討〉。《社區發展季
刊》，86，54-79。

曾華源、胡慧嫈（2002）。〈強化社會工作專業教育品質——建構「價值與倫理
課程」為學校核心課程〉。《社區發展季刊》，99，73-89。

曾華源、郭靜晃（1999）。《少年福利》。台北：亞太。

二、英文部分

Bartlett, H. M. (1958). Working definition of social work practice. *Social Work, 3*, 6.

Brill, N. (1995). *Working with People* (5th ed.). White Plains, NY: Longman Publishing
Group.

Mather, J. H. & Lager, P. B. (2000). *Child Welfare: A Unifying Model of Practice.* CA:
Brooks/Cole/Thomson Learning.

NASW (1982). *NASW Standards for the Classification of Social Work Practice*. MD:
Silverspring.

NASW (1996). *Code of Ethics of the National Association of Social Workers*.
Washington, DC: NASW.

Pillari, V. (1998). *Human Behavior in the Social Environment* (2nd ed.). New York:
Wadsworth.

Saleebey, D. (1992). *The Strengths Perspective in Social Work Practice.* New York: Addison-Wesley.

Siporin, M. (1975). *Introduction to Social Work Practice.* NY: Macmillan Publishing Co., Inc.

Chapter 2
兒童發展與兒童福利

🦋 人生歷程與發展之意涵
🦋 兒童發展的理論
🦋 兒童福利之科學研究法
🦋 運用兒童發展知識於兒童福利實務

　　兒童發展為全人發展（life-span development）的一環，更是人類行為的詮釋。在探索千變萬化的人類行為之前，應先瞭解「發展」（development）這個名詞。發展的基本概念是行為改變（behavior change），不過並非所有的行為改變都具有發展性，諸如中了樂透，或出了車禍，對人類而言，這是一種意外事件，更是一種周遭環境的改變而影響過去固定的生活模式（life pattern）。

　　每個人帶著個人獨特的遺傳結構來到這個世界，並隨之在特定的社會文化與歷史背景展露（upholding）個人的特質，形成個體的敘事（narrative）及生活型態。就如同Loren Eiseley（1975）所主張：「人類行為是在於歷史的特定時間內與他人傳說之互動中逐漸模塑成形的。它受個體之生理、心理及所處環境之社會結構和文化力之相互作用，逐漸形成其人生歷程（life course）。」從社會學的觀點來看，人生歷程是穿越時間而進展（Clausen, 1986），也就是說，隨著時間的推移而產生行為的改變。因此，個體除了生物性的成長改變，他也必須隨著社會變遷而改變，以迎合更穩定的社會結構、規範和角色。生命只有兩種選擇，改變或保持現狀。誠如二千五百年前的希臘哲人Heraclitus所言：「世界無永恆之物，除了改變。」（There's nothing permanent except change.）。社會學家Durkheim也以社會變遷與整合來分析社會的自殺行為，他說：「一個人愈能與其社會結構相整合，他愈不可能選擇自殺。」

　　從心理社會的觀點（psychosocial perspective）來看，人生歷程指的是工作以及家庭生活階段順序之排列的概念。這個概念可用於個體生活史的內容，因為個人生活史體現於社會和歷史的時間概念之中（Atchley, 1975; Elder, 1975）。每個人的生活歷程皆可喻為是一種人生適應模式，是每個人對於在特定時間階段所體驗到的文化期望，所衍生的人生發展任務、資源及所遭受障礙的一種適應。

　　綜合上述，人類的發展是終其一生連續性的變化，每個人的成長及變化是持續並隱含於每個發展階段之中，全人發展意指人類在有生之年，內在成長與外在環境之動態交互作用中產生行為的變化，而變化最能代表發展之含義。本章是以人類生命週期（發展階段）與全人發展的觀點，呈現

個人的成長變化、發展與行為。基於兒童之定義為十二歲以下之個體，廣義可延伸至十八歲以下之人，故本章將著重於十八歲以下之兒童（少年）及其家庭之不同生命歷程對其個人及家庭產生的衝擊及衍生的需求。

 # 第一節　人生歷程與發展之意涵

　　Atchley（1975）提出一種在職業和家庭生活歷程中，與年齡聯繫在一起所產生變化的觀點（**圖2-1**）。由**圖2-1**可看到生命歷程中工作與家庭生活之間的可能結合形式。例如，某一女性青年結婚前曾在職場待過，在結婚生子之後，因要撫養子女而退出就業市場，待孩子長大又重返勞動市場，她必須重新受訓。對她而言，職業生涯可能會產生很大變化，例如，從全職工作退居到兼差，或從在大企業工作轉到小企業，甚至到個人工作室。對於那些結婚、生育子女、再結婚、再生育子女的人而言，家庭生活在其個人之觀點及體驗是有所不同的。這也可解釋為何婦女就業之職場與工作轉換，許多婦女在職業生涯之變化與其是否有孩子、孩子數目及孩子年齡層有關。而有關本章兒童福利與兒童發展之關係更要保持兩個層面，一是父母在其發展階段所面臨之環境與角色和社會對其的期望，另一層面是父母及其家庭對兒童所產生的影響。

　　生命歷程模式受歷史時代的影響。生活於1900～1975年的人，其生命歷程可能就不同於生活於1925～2000年的人。人們可能在不同人生階段，面對著不同的機遇、期望和挑戰而經歷那同樣的歷史年代。職業機遇、教育條件和同族群人數的差異，是可能影響生活經歷模式的三個族群因素（Elder, 1981）。最近，日本學者將1955年之前出生者歸之為舊人類，在1955年之後出生者稱之為新人類。而這些新人類在1965年之後出生者稱之為X世代，1975年之後出生者為Y世代，及1985年之後出生者謂之為Z世代。這些世代歷經了社會變遷、教育模式及不同境遇，也衍生了不同價值觀，甚至形成了特定的次文化（subculture）。換言之，處於不同世代的父母，因受社會變動因素之影響，而有不同之機遇及別人對其角色的期望，而產生此世代的個別經驗及知覺。應用於兒童福利（尤其是托育服務），

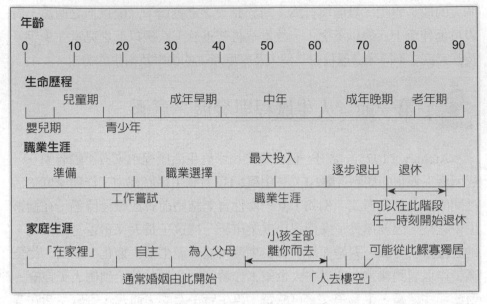

圖2-1　年齡、生命歷程、職業生涯和家庭生涯之間的關係

資料來源：Atchley R. C. (1975). The life course, age grading, an age-linked demands for decision making. In N. Datan & L. H. Ginsberg (Eds.), *Life-Span Developmental Psychology: Normative Life Crises*, p.264. New York: Academic Press.引自郭靜晃、吳幸玲譯（1993）。《發展心理學：心理社會理論與實務》，頁516。台北：揚智文化。

此世代之父母對於養育子女的觀念及需求，也會異於不同世代之父母，加上父母因需求之滿足或個人境遇之變化（如離婚家庭或外籍配偶家庭），而產生對子女管教與保育之差異，進而對子女發展產生不同之影響。

　　儘管生命歷程與事件的時間順序密切相關，但有一種觀點認為，處於不同年齡階段的人對事件有不同的看法。人們並不是簡單地在各個事件之中埋頭忙碌，他們會進行選擇。有的人在選擇時比別人更為小心、更為明智；他們接受某些職責，拒絕其他職責；而有些人則比其他人承擔更多的責任。

　　人們對角色的興趣或重要性有著不同的看法。他們認為，有些角色是重要的，有些角色則是次要的。他們從某種過去經驗中吸取教訓，增加他們在某些角色中的效果。例如，在成年早期，有關母親和父親的回憶可能關係到一個人結婚或生育子女方面的決定。在中年期，隨著人們在社會組

織中接觸到職業生涯管理或領導的任務，人們對手足或學校同儕經歷的懷念會更加明顯（Livson, 1981）。

　　然而，不管什麼時候，每一個人的早期經驗都將影響其當前的選擇，個人特點也將由此而形成。在研究生命歷程時，我們不僅對經驗的時間順序感興趣，而且還很關注在成人努力於適應中不斷變化，且有時此變化是相互衝突的角色要求時所出現的心理成長。

　　在生命歷程中，適應模式的整體面貌應包括：年齡增長的生理過程及其他生物歷程的概觀，這其中又包括：生育子女、更年期停經、荷爾蒙分泌的減少、慢性疾病以及死亡（Katchadourian, 1976）。適應模式的總體概觀還應包括各種因素，例如，發展任務、心理社會危機及種種經歷，包括：職業、婚姻、養育子女等生活的各個方面（Feldman & Feldman, 1975）。它應包括規範性的、針對各個年齡的期望、發展期望和角色期望方面的背景，也應包括一個廣泛的涉及經濟危機、戰爭、饑荒、政治變革和社會運動等的社會歷史背景。對於一個特定的年齡群體來說，這些方面都會改變某些行為的含義（Erikson, 1975; Miernyk, 1975）。事實上，大多數有關生命歷程的研究並沒有做到如此全面。這些研究往往只是單獨涉及對心理社會事件的適應，或只是注重與年齡相關聯之期望的背景（Brim, 1976）。

　　人的全人發展的起點是從個體受孕開始，一直到終老死亡為止。發展改變（change）的過程是有順序的、前後連貫的、漸進的，及緩慢的，其內容包含有生理和心理的改變，此種改變和遺傳、環境、學習及成熟相關。而人類行為是由內在與外在因素之總和塑造而成，藉著社會規範所給予個人的方向與指引，因此有些人類行為是可預期的且規律的。例如，在吾人社會中，依時間前後排序的年齡，時常會隨著地位和角色轉換而產生改變，文化上也相對地規範在「適當的」時間展開上托兒所、學才藝、上學、約會、開車、允許喝酒、結婚、工作或退休。當在這些特殊生活事件中存在相當的變異性時，個人將「社會時鐘」（social clock）內化，並時常依照生命歷程的進行來測量他們的發展進程，例如，某些父母會（因他們二歲的小孩尚未開始說話，或是一近三十歲的已成年子女並未表現出職業

發展方向，或一近三十五歲結婚女性尚未生育子女等行為）開始擔心他們子女是否有問題。問題是與「在某段時間之內」有關，會因此受內在情緒強度所掌握，此種社會規範的影響是與特定生活事件所發生的時間有關。

　　社會規範界定社會規則，而社會規則界定個體之社會角色。若社會角色遭受破壞，那他可能會產生社會排斥。例如，過去的傳統社會規範「女子無才便是德」，女性被期待在她們青少年晚期或二十歲初結婚，再來相夫教子並維持家務。至於選擇婚姻及家庭之外的事業，常被視為「女強人」，並被社會帶著懷疑的眼光，而且有時還會視為「老處女」或「嫁不出去的老女人」。又例如，現代之父母育兒觀：「望子成龍，望女成鳳」，孩子在小時候被期望學習各種智能及才藝，甚至要成為超級兒童（super kids）。除此之外，社會價值也隨著社會變遷與發展產生了變化，原有的傳統家庭價值受到挑戰與衝擊，進而形成各種家庭型態（如單親家庭、隔代家庭、外籍配偶家庭），這些改變也相對地影響兒童的發展，所以現代之家庭與兒童需要外在之支持以幫助其適應社會。

　　人生全人發展常令人著迷，有著個別之謎樣色彩，相對地，也是少人問津的領域。想去理解它，我們就必須弄清楚在各個發展階段上，人們是怎樣將他們的觀念與經歷統合，以期讓他們的生命具有意義，而這個生命歷程就如每個人皆有其生活敘事（narrative），各有各的特色。

　　由人類發展的含義來看，它包括有四個重要觀念：(1)從受孕到老年，生命的每一時期各個層面都在成長；(2)在發展的連續變化時程裡，個體的生活表現出連續性和變化性；要瞭解人類發展必須要瞭解何種因素導致連續性和變化性的過程；(3)發展的範疇包含身心各方面的功能，例如，身體、社會、情緒和認知能力的發展，以及它們相互的關係。我們要瞭解人類，必須要瞭解整個人的各層面發展，因為個人是以整體方式來生存；(4)人的任何一種行為必須在其相對的環境和人際關係的脈絡中予以分析，因為人的行為是與其所處的脈絡情境有關，也就是說，人的行為是從其社會脈絡情境呈現（human behavior nested in the social environment），故一種特定的行為模式或改變的含義，必須根據它所發生的物理及社會環境加以解釋。

　　人生歷程將生命視為一系列的轉變、事件和過程，發生在人生歷程

中任何一階段，皆與其年齡、所處的社會結構和歷史變革有關。然而，Rindfuss、Swicegood及Rosenfeld（1987）卻指出，人生事件並非總是依照預期中的順序發生，破壞和失序在穿越生命歷程中均隨時可能會發生。例如，不在計畫中、不想要的懷孕，突然發生的疾病、天災（九二一地震、風災或SARS）、經濟不景氣被裁員等，都會造成生命事件中的那段時間段落的失序和破壞，甚至衍生了壓力，此種壓力的感受性通常是依個人與家庭所擁有的資源及其對事件詮釋而定（Moen & Howery, 1988）。

持平而論，個人的人生歷程是本身的資源、文化與次文化的期待，社會資源和社會暨個人歷史事件的綜合體，深受年齡階段、歷史階段和非規範性所影響（**圖2-2**），茲分述如下：

一、年齡階段的影響

人類行為受年齡階段之影響（age-graded influences），是那些有關於依照時間進程的年齡（如出生、青春期），以及特定的年齡期待（如學業、結婚生子、退休）。在發展心理學的Freud的心理分析論、Erikson的心理社會論、Piaget的認知發展論及Kohlberg的道德發展論皆指明人類行為根植於生

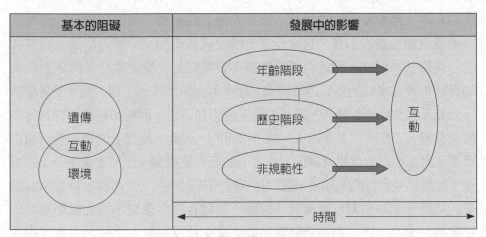

圖2-2　人生歷程中之影響因素

資料來源：陳怡潔譯（1998）。《人類行為與社會環境》，頁173。台北：揚智文化。

命歷程中各年齡階段的行為改變（下節中會有詳細的介紹）。

　　人類行為會因個體的成熟機能而表現出不同的行為結構，加上這些事件上許多文化期待的規範性和預期性的型態，而產生預期社會化的行為（Hagestad & Neugarten, 1985）。預期的社會化過程規範個人在文化中所假定的扮演角色行為。例如，在某些文化，要求青少年獨立自主，並會安排家務或其他雜務給子女，並視此種獨立及幫忙家務是為日後職業生涯之價值及工作取向做準備。

　　年齡階段之影響是由文化性與歷史性所定義，例如，在二十世紀初期，童工在貧窮與中等階級的家庭中是必要的人力資源；但至二十世紀初通過童工法和補習教育，兒童被期望接受教育並為日後提升經濟生活做準備。將此觀點應用於兒童福利實務，應給予父母親職教育，倡導尊重孩子的權利及適齡發展的托育，以及避免給予過度學習壓力的快樂童年。

二、歷史階段的影響

　　歷史階段的影響（history-graded influences）意指由歷史事件帶來的各項社會變遷，例如，人口統計學上的更動、能力技巧的改變和就業率。「族群」（cohort）受其出生年代和分享歷史背景經驗所影響，如前面所述的舊人類和新人類的X、Y、Z世代。族群的概念在解釋人生歷程中不同時間點上所受之歷史階段影響，它會受歷史階段或同儕相互影響而形成一種特殊的行為模式。例如，最近台灣的經濟不景氣即是一歷史事件，此事對失業的青壯年及其家庭的生活造成衝擊。幾十萬人無法找到工作，且承受著經濟不景氣及通貨膨脹的痛苦。結果，造成他們在工作、節約和經濟消費行為的信念改變。工作不再是事求人、唾手可得的，因此，經濟上的節約變得相當重要。對那些原本就是貧窮的人而言，他們會經歷到「比原本更困苦」的沮喪；而對那些富有的人而言，這只是一段困苦的時間，並非原本就必須要承受的災難，或許暫時咬緊牙關，忍耐一陣就會否極泰來。將此觀點應用於兒童福利實務，除了給予急難救助的社會支持及服務方案外，也要運作各種資源增加個人因應壓力的能力，增加個人生活的堅毅力及增強正性的自

我信念與價值。

三、非規範性的影響

非規範性的影響（non-normative event influences）係指在行為上的各種事件是無法預測及始料未及的事件，例如天災（火災、地震、風災、水災、SARS等）或失業，突然喪偶或爆發疾病。這些事件與歷史上的推移關聯甚少，而且時常比預期中的生命事件具有更大的壓力及影響。「天有不測風雲，人有旦夕禍福」，兒童福利應提供社會支持，整合社會可利用之資源，增強及充權增能兒童及家庭能有再適應社會之功能。

第二節　兒童發展的理論

當我們檢驗兒童發展時，重要的是能夠從發展模式的一般性看法轉入對特殊變化過程的解釋。心理社會理論為我們探究人的發展提供了概念保護傘，但是也需要其他理論在不同的分析層次上來解釋行為。如果要說明一生中的穩定性和可變性，就需要有理論構想，來幫助說明全面演化的變化、社會和文化的變化，以及個體的變化。我們也需要有種種概念，解釋生活經驗、成熟因素，以及一個人的經驗結構對生理、認知、社會、情緒和自我發展模式之作用。

本節將介紹影響兒童個體行為改變理論之重要基本概念：成熟理論、行為理論、心理動力論、認知理論和生態環境理論。

理論乃是指針對觀察到種種現象與事實（facts）以及其彼此之間的關係，所建構出之一套有系統的原理原則。理論是整合與詮釋資料之一種架構，主要的功能是用於探究兒童的成長與行為，對於所觀察到的行為提出一般性的原則並加以詮釋，它指出了在兒童遺傳的結構上和環境之條件下，哪些因素影響兒童的發展和行為改變，以及這些要素如何產生關聯。

一、成熟理論

　　成熟理論（maturationist theory）主張，人類之發展過程主要是由遺傳所決定。人類之行為主要受內在機制，以有系統之方式，且不受環境影響的情況下指導著發展的進行，進而影響個體組織的改變。

　　在遺傳上，兒童在成熟的時間產生行為逐漸外露（upholding）的過程。成熟理論學派認為當一些行為尚未自然出現時，即予以刻意誘導是不必要的，甚至造成揠苗助長。被強迫性地要求達到超過其成熟現狀發展的兒童，他們的發展不僅效率低而且須經歷低自我與低自我價值，但兒童的發展情況若不符期望中的成熟程度，則產生低學習動機，就需要予以協助與輔導。

　　被視為兒童發展之父的Granville Stanley Hall，其觀點影響了兒童心理學與教育學之領域，他的學生Arnold Gesell更延續Hall的論點，將其論點以現代的科學研究加以運用。

(一) Granville Stanley Hall

　　Granville Stanley Hall（1844-1924）在哈佛大學跟隨心理學家William James，取得博士學位，又轉往德國跟隨實驗心理學派（亦是心理學之父）Wilhelm Wundt研究，回到美國後，便將實驗心理學之知識應用於兒童發展的研究，並且推展至兒童保育之應用。

　　Hall的研究發展雖然不合科學系統研究之嚴謹要求，其論點反映發展是奠基於遺傳。兒童行為主要是受其基因組合之影響。其研究是招募一群對兒童有興趣的人來進行實地觀察（field observation），蒐集大量有關兒童的資料，企圖顯示不同階段兒童之發展特質。

　　Hall的研究工作反映出達爾文進化論的論點，其深信：人類每一個體所經歷的發展過程類似於個體發展的順序，即是「個體重複種族演化的過程」（ontogeny recapitulates phylogeny）。兒童行為從進化的原始層面脫離出來，透過成熟，帶來兒童的行為及自然的活動。

(二) Arnold Gesell

Arnold Gesell（1880-1961）以更有系統的方式延續Hall的研究，他待在耶魯大學的兒童臨床中心（Yale University Clinic for Child Development）近四十年的歲月，研究兒童的發展。他藉由觀察並測量兒童各種不同領域：生理、運動、語言、智力、人格、社會等之發展。Gesell詳細的指述從出生至十歲兒童發展的特徵，並建立發展常模。

Gesell的發展理論強調成熟在兒童發展之重要性，他與Hall不同之處是其不支持發展的進化論點，但是其相信兒童發展是取決於遺傳，並且人類發展之能力及速率是因人而異，故在兒童保育要尊重每個人與生俱來的個人特質。環境對改變兒童行為僅扮演次要的角色，而應取決於人類內在具有的本質，而保育應配合兒童發展的模式，故教育更要配合兒童發展的基調，壓迫與限制只會造成兒童負面之影響（Thomas, 1992）。

成熟理論多年來在兒童發展領域深深地影響兒童托育。成熟學派之哲學觀點與Rousseau之浪漫主義相符，支持「以兒童為本位」的教育觀點。因為後天環境對於個體的發展影響不大，所以，企圖擴展超越兒童之天賦能力，只會增加兒童的挫折與傷害，甚至揠苗助長。配合兒童目前的能力提供學習經驗，是較符合兒童發展與人性（本）之教育理念，同時亦是美國幼兒教育協會（National Association for the Education of Young Children, NAEYC）所倡導的「適性發展實務」（Developmentally Appropriate Practice, DAP）的重要依據。基於這個觀點，兒童保育之教師（保育員）被要求本於兒童的「需求與興趣」來設計教學計畫，課程要配合兒童發展，並以遊戲為主要的教學設計原則。

此論點同時也導引出學習準備度（readiness）的概念。假使兒童被評定為尚無能力學習某些事，則教師必須等待兒童進一步成熟，這種準備度之觀點尤其在閱讀教學的領域更為明顯。成熟學派對於幼兒早年學習所持有之取向是依賴個體之成熟機能，不同於往年教育學者所採用之介入論者（interventionist）的取向。後者針對失能兒童（disabled children）或處於危機邊緣之兒童（children at risk）所設計，主要是依據行為主義之觀點，利

用特殊介入模式來協助兒童符合學習的期望。

二、行為理論

行為理論（behaviorism theory）影響心理學的理論發展已超過一世紀之久，行為理論基本上是一種學習理論，同時也一直被當作是一種發展理論，其提出了解釋由經驗而引起的相對持久的行為變化的機轉（mechanism）。它與成熟學派持有不同看法，此學派認為除了生理上的成熟之外，個體的發展絕大部分是受外在環境的影響。人類之所以具有巨大的適應環境變化的能力，其原因就在於他們做好了學習的充分準備，學習理論之論點有四：(1)古典制約；(2)操作制約；(3)社會學習；(4)認知行為主義，茲分述如下：

(一)古典制約

古典制約（classical conditioning）的原則是由Ivan Pavlov（1927/1960）所創立的，有時又稱巴甫洛夫制約。Pavlov的古典制約原則探究了反應是由一種刺激轉移到另一種刺激的控制方法，他運用唾液之反射作用作為反應系統。

古典制約模型由**圖2-3**可見，在制約之前，鈴聲是一中性刺激（Neutral Stimulus, NS），它僅能誘發一個好奇或注意而已，並不會產生任何制約化之行為反應。食物的呈現和食物的氣味自動地誘發唾液分泌（是一反射作用），即非制約反應（Unconditioned Response, UR）（流口水）的非制約刺激（Unconditioned Stimulus, US）（食物）。在制約試驗期間，鈴聲之後立即呈現食物。當狗在呈現食物之前已對鈴聲產生制約而分泌唾液，我們則說狗已被制約化。於是，鈴聲便開始控制唾液分泌反應。僅在鈴響時才出現的唾液分泌反應稱作制約反應（Conditioned Response, CR）。此一原則先對動物實驗，再由John B. Watson（1878-1959）應用到Albert的小男孩，將新的刺激與原先的刺激聯結在一起，對新刺激所產生的反應方式類似於其對原先刺激所做出的反應。

古典制約可以說明人一生中出現的大量的聯想學習。當一個特殊信號與某個表象、情緒反應或物體相互匹配之後，該信號便獲得了新的意義。

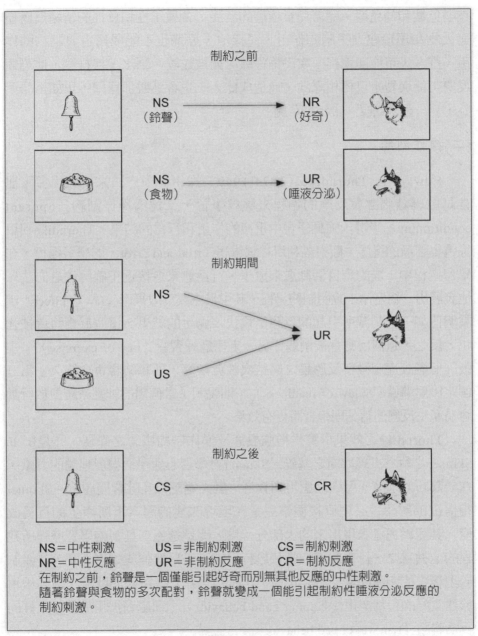

制約之前

NS（鈴聲） → NR（好奇）

NS（食物） → UR（唾液分泌）

制約期間

NS

US

UR

制約之後

CS → CR

NS＝中性刺激　　US＝非制約刺激　　CS＝制約刺激
NR＝中性反應　　UR＝非制約反應　　CR＝制約反應
在制約之前，鈴聲是一個僅能引起好奇而別無其他反應的中性刺激。
隨著鈴聲與食物的多次配對，鈴聲就變成一個能引起制約性唾液分泌反應的制約刺激。

圖2-3　古典制約

資料來源：郭靜晃、吳幸玲譯（1993）。《發展心理學：心理社會理論與實務》，頁114。
　　　　　台北：揚智文化。

在嬰兒期和幼兒期，隨著兒童依戀的發展，各種正性和負性的情緒反應便與人物和環境建立了制約作用，同樣地，恐懼也不能成為古典制約的作用，許多人可能回憶出一次恐怖經驗，如被蛇咬、溺水、挨打等，此恐懼反應可能與特定目標相聯結，而造成此人一生會逃避那目標，正如俗語所言，「一朝被蛇咬，十年怕草繩」。

(二)操作制約

Edward L. Thorndike（1874-1949）採用科學方法來研究學習，他嘗試由聯結刺激與反應的過程來解釋學習，又稱為操作制約（operant conditioning）學習，強調學習中重複的作用和行為的結果。Thorndike利用貓逃出迷籠的行為，觀察貓利用嘗試錯誤（trial and error）的學習過程，在學習過程中，貓的盲目活動愈來愈少，行為愈來愈接近正確解決之方法。他發展出一組定律來說明制約過程，其中最主要為效果率（law of effect）：說明假如一個刺激所引起的反應是愉快、滿足的結果，這個反應將會被強化，反之，這個反應會被削弱。另一定律為練習率（law of exercise），主張：個體經歷刺激與反應鍵之聯結次數愈頻繁，則聯結將會愈持久。第三個定律為準備率（law of readiness），則說明：當個體的神經系統對於行動容易產生反應的話，則學習將更有效果。

Thorndike之效果率實為增強概念及操作制約概念之先驅，亦是B. F. Skinner之行為主義取向之基礎。Skinner對學習心理學與發展理論的貢獻，在於其巧妙地將學習理論應用到教育、個人適應以及社會問題上。Skinner相信欲瞭解學習必須直接觀察兒童在環境改變的因素下所產生的行為改變。其認為兒童表現出來的大部分行為，都是透過工具制約學習歷程所建立的。換言之，行為的建立端賴於行為的後果是增強或處罰而定，是受制於環境中的刺激因素。增強與處罰正是行為建立或解除的關鍵，增強被用於建立好的行為塑化（shaping good behavior），而處罰被用於移除不好的行為聯結（removal of bad behavior）。

增強物（reinforcement）有兩種，分為正增強或負增強。對兒童而言，係食物、微笑、讚美、擁抱可令其產生愉悅的心情，當它們出現時，正向

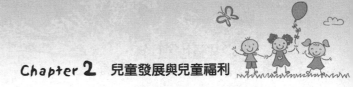

之行為反應連續增加，稱之為正增強物。反之，負增強物，如電擊、剝奪兒童心愛的玩物，當它們被解除時，其正向行為反應便增加。另一個觀點是處罰，是個體透過某種嫌惡事件來抑制某種行為的出現。有關正增強、負增強及處罰之區別請參考**表2-1**。

(三)社會學習

社會學習論（social learning theory）認為，學習是由觀察和模仿別人（楷模）的行為而學習（Bandura & Walters, 1963），尤其在幼兒期的階段，模仿（imitation）是其解決心理社會危機的核心，此外，青少年也深受同儕及媒體文化所影響，漸漸將其觀察的行為深入其價值系統，進而學習其行為，這也就是兒童在生活周遭中，透過觀察和模仿他人來習得他們大部分的知識，而成人及社會也提供兒童生活中的榜樣（model），換言之，也是一種身教，如此一來，兒童便習得了適應家庭和社會的生活方式。

Bandura（1971, 1977, 1986）利用實驗研究方法進行楷模示範對兒童學習之影響，結果表現兒童喜歡模仿攻擊、利他、助人和吝嗇的榜樣，這些研究也支持了Bandura之論點：學習本身不必透過增強作用而習得。社會學習的概念強調榜樣的作用，也就是身教的影響，榜樣可以是父母、兄弟姊妹、老師、媒體人物（卡通）、運動健將，甚至是政治人物。當然，學習過程也不只是觀察模仿這般簡單而已，一個人必須先有動機，並注意到模仿行為，然後個體對行為模式有所記憶，儲存他所觀察到的動作訊息，之後再將動作基

表2-1 正增強、負增強和處罰的區別

	愉快的事物	嫌惡的事物
增加	**正增強** 小明上課專心給予記點，並給予玩具玩	**處罰** 小明上課不專心，給予罰站
剝奪	**消弱** 小明上課不專心，而不讓他玩所喜歡的玩具	**負增強** 小明取消罰站的禁令，因而增加上課的專心

模（訊息）轉換成具體的模仿行為而表現出來（郭靜晃等，2001）。換言之，行為動作之模仿學習是透過注意（attention）→取得訊息的記憶（retention）→行為產出（reproduction）→增強（reinforcement）的四種過程。

(四)認知行為主義

過去的行為主義以操作與古典制約強調環境事件和個體反應之間的聯結關係，卻忽略個體對事件的動機、期望等的認知能力。Edward Tolman（1948）提出個體之認知地圖（cognitive map），作為刺激與反應聯結中的學習中介反應的概念，此概念解釋個體在學習環境中的內部心理表徵。Walter Mischel（1973）認為要解釋一個人的內部心理活動，至少要考量六種認知因素：認知能力、自我編碼、期望、價值、目標與計畫，以及自我控制策略（**圖2-4**）。認知能力（cognitive competency）是由知識、技巧和能力所組成。自我編碼（self-encoding）是對自我訊息的評價和概念化。期望（expectancy）是一個人的操作能力、行為結果和環境事件的意義和預期。價值（value）是由一個人賦予環境中行為結果的相對重要性。目標與計畫（goal and plan）是個人的行為標準和達到標準的策略。自我控制策略（self-control strategy）是個體調節其自我行為的技術。

所有這四種學習理論都對洞察人類行為有所貢獻（**表2-2**），也說明人類行為習得的過程。古典制約能夠說明信號與刺激之間形成的廣泛的聯想脈絡、對環境的持久的情緒反應，以及與反射類型相聯繫的學習的組織。操作制約強調以行為結果為基礎的行為模式的習得。社會學習理論增加了重要的模仿成分，人們可以透過觀察他人學習新的行為。最後，認知行為主義認為，一組複雜的期望、目標和價值可以看作是行為，它們能夠影響操作。訊息或技能在被習得之時並不能在行為上表現出來，除非關於自我和環境的期望允許它們表現。這種觀點強調了個人指導新的學習方向的能力。

三、心理動力論

心理動力論（psychodynamic theory），如同認知論學者Piaget與Kohlberg，對兒童發展及兒童教育領域有廣泛、深遠之影響，他們皆認為兒

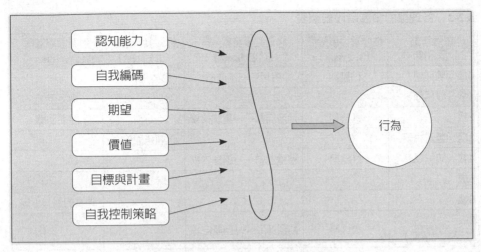

圖2-4 影響行為的六個認知向度

資料來源：郭靜晃、吳幸玲譯（1993）。《發展心理學：心理社會理論與實務》，頁123。台北：揚智文化。

表2-2 四種學習過程

古典制約	操作制約	社會學習	認知行為主義
當兩個事件在非常接近的時間內一起出現時，它們就習得了相同的意義並產生相同的反應。	隨意控制的反應既可以加強，也可以消除，這取決於和它們相聯繫的結果。	新的反應可以透過對榜樣的觀察和模仿而習得。	除了新的反應以外，學習者還習得了關於情境的心理表徵，它包括對獎賞和懲罰的期望、適當的反應類型的期望，以及反應出現的自然和社會環境的期望。

資料來源：郭靜晃、吳幸玲譯（1993）。《發展心理學：心理社會理論與實務》，頁125。台北：揚智文化。

童隨年齡成長，機體成熟有其不同階段的發展特徵及任務（**表2-3**），如同認識發生論（epigenetic）般，個體要達到機體成熟，其學習才能達到事半功倍。

表2-3　各理論的發展階段對照表

生理年齡 及分期	性心理發展階段 （S. Freud）	心理社會發展階段 （E. Erikson）	認知發展階段 （J. Piaget）	道德發展階段 （L. Kohlberg）
0歲（乳兒期）	口腔期	信任←→不信任	感覺動作期	
1歲（嬰兒期）				避免懲罰
2歲	肛門期	活潑自動←→羞愧懷疑		服從權威
3歲（嬰幼兒期）			前運思期	
4歲（幼兒期）	性器期	積極主動←→退縮內疚		
5歲				
6歲				現實的個人取向
7歲 （學齡兒童期）	潛伏期	勤奮進取←→自貶自卑		
8歲			具體運思期	
9歲				
10歲				
11歲				和諧人際的取向
12歲			形式運思期	
13歲 （青少年前期）	兩性期	自我認同←→角色混淆		
14歲				
15歲				
16歲				
17歲				社會體制與 制度取向
青少年後期 （18歲~22歲）	※		※	
成年早期 （22歲~34歲）	※	親密←→孤獨疏離	※	基本人權和 社會契約取向
成年中期 （34歲~60歲）	※	創生←→頹廢遲滯	※	
成年晚期 （60歲~70歲）	※		※	
老年期 （70歲~死亡）	※	自我統合←→悲觀絕望	※	普遍正義原則

※代表與青少年前期相同的發展階段

(一)心理分析論

　　Sigmund Freud（1856-1939）的心理分析理論集中於個人之情緒與社會生活的人格發展，他更創立性心理發展。雖然該理論大部分已被修正、駁倒或扼殺，但許多Freud的最初假設仍存留於現代之人格理論中。Freud集中研究性慾和攻擊驅力對個體心理活動之影響，他認為強而有力的潛意識生物性驅力（drive）促成了人的行為（尤其是性與攻擊驅力）。Freud的第一個假定：人有兩種基本的心理動機：性慾和攻擊，他認為人的每一行為都源自個體之性慾和攻擊衝動的表現；第二個假定：人具有一種稱為潛意識（unconscious）的精神領域。它是無法被察覺到，且是強大的、原始的動機儲存庫。無意識動機和有意識的動機會同時激發行為。Freud將此種假定應用到個人之心理治療，而個人之精神問題源自於童年（尤其前五年）影響個人行為和情緒的潛意識衝突。Freud認為活動個人之意識和潛意識需要心理能量，稱為原慾（libido），其集中於性慾或攻擊衝動的滿足，個體基本上的行為是追求快樂，避免失敗與痛苦，故心理能量激發個體兩種行為本能：生的本能（eros）及死的本能（thanatos）。而隨著個體生理的成熟，性本能透過身體上不同的區域來獲得滿足，他稱之為個體之性心理發展階段（stage of psychosexual development）（參考**表2-3**）。Sigmund Freud發展獨特的心理治療模式，他稱之為精神分析（psychoanalysis），讓患者主述其過去的歷史以及目前的狀況，其利用夢的解析（dream interpretation）及自由聯想（free association）等技術，協助患者面對其潛意識的害怕與矛盾，其心理分析論廣泛影響了心理學家、精神病醫師與精神分析師的思想，甚至也影響了日後的遊戲療法。

　　此外，Sigmund Freud將人的人格結構分為三種成分：本我（id）、自我（ego）及超我（superego）。本我是本能和衝動的源泉，是心理能量的主要來源，其更是與生俱來。本我依據唯樂原則（pleasure principle）表現其生物性之基本需要，此種思維稱作原始過程思維（primary process thought），其特點是不關心現實的制約。自我是個人與環境有關的所有心理機能，包括：知覺、學習、記憶、判斷、自我察覺和語言技能。其負責

協調本我與超我之間的衝突。自我對來自環境的要求做出反應，並幫助個人在環境中有效地發揮作用。自我依據現實原則（reality principle）來操作個體與環境互動及協調個人生物性之需求，在自我中，原始過程思維（即本我）要配合現實環境之要求，以更現實的取向來滿足個人的本我衝動，所以此思維爲次級過程思維（secondary process thought）。次級過程思維即是我們在與人談論中所用的一般邏輯、序列思維，其必須要透過現實來體驗。超我包括一個人心中的道德格言——良心（conscience）以及個人成爲道德高尙者的潛在自我理想（ego ideal）。超我爲一個人的觀念，如哪些行爲是適當的、可接受的、需要追求的，以及哪些是不適當的、不可接受的，提供一個良好的衡量，它也規定一個人要成爲一個「好」人的志向和目標。兒童則是透過認同（identification）與父母與社會互動，在愛、親情和教養的驅使下，兒童積極地模仿他們的重要他人，並將社會準則內化，成爲他們日後的價值體系及理想的志向。

(二)心理社會發展論

　　Eric Erikson是出生於德國的心理分析家，他擴展了Sigmund Freud的精神分析論，並修正Freud的性心理發展，是社會化之概念解釋一般人（不限於病態人格）並擴及人的一生的生命歷程發展的心理社會發展理論（psychosocial development theory）。Erikson主張個體在其一生的發展乃透過與社會環境互動所造成，成長是經由一連串的階段進化而成的（Erikson, 1968）（參考表2-3）。在人的一生發展中，由於個人身心發展特徵與社會文化要求不同，每一階段有其獨特的發展任務與所面臨的轉捩點（即心理危機），雖然這個衝突危機在整個人生中多少會經歷到，但此一時期特別重要，需要透過核心過程（central process），例如幼兒期的模仿或認同，學齡兒童期之教育來化解心理社會發展危機，進而形成轉機，以幫助個體的因應能力，那麼個體行爲則能積極性地適應社會環境的變化，以促進個體的成長，更能順利地發展至下一個階段。Erikson之心理社會發展強調解決社會之衝突所帶來的心理社會危機，而非如Sigmund Freud強調性與攻擊的衝突，因此，個體必須能掌控一連串的社會衝突，方能達到個體成熟（Erikson,

1982），衝突則是由於個體在文化上以及社會上所經歷的處境所致。

心理動力論強調人際需要與內在需要在塑造人的人格發展中的重要性。Sigmund Freud強調個人的性和攻擊衝動的滿足，而Erikson則強調個人與社會互動中的人生發展，前者較著重童年期對成人行為之影響，而後者則強調個人一生中各階段的成長。心理動力論認為兒童期的發展非常重要，同時也體察到如果我們冀望幼兒能成長為一健全的成人，則在幼兒階段便須幫助他們解決發展上的衝突，而且成人與社會應扮演重要的角色，此理論也深深影響兒童心理、教育及福利工作之實務者。

四、認知理論

認知（cognition）是經驗的組織和解釋意義的過程。解釋一個聲明、解決一個問題、綜合訊息、批判性分析一個複雜的課題皆是認知活動。而認知理論在1960年代之後，除了一致性研究兒童的智力發展的建構論點，且研究也持續地進行，而理論也不斷地修正，進而形成更周延的建構理論。建構理論（constructivist theory）主張，個體是由處理其所經驗中獲得的資訊，創造出自己的知識。建構理論乃是針對理性主義和經驗主義兩者間對立之處提出的一種辯證式的解決之道。這兩種理論的論點皆是探索個體是如何知悉世界萬物的方法。理性主義者（rationalism）視理性（即心智）為知識的來源，而經驗主義者（empiricism）視經驗為知識的來源。建構主義者自1960年代之後才開始影響美國兒童發展和教育領域，其中以Jean Piaget、Lev Semenovich Vygotsky及Jerome Seymour Bruner為代表人物，其分別之論點，特分述如下：

(一)Jean Piaget

Jean Piaget（1896-1980）乃是認知發展建構理論的先驅。他利用個案研究方法，長期觀察其女兒而建立其認知發展階段理論（參考**表2-3**）。除此之外，他長期蒐集一些不同年齡層的兒童解決問題、傳達夢境、道德判斷及建構其他心智活動之方法與資訊。Piaget主張兒童的思考系統是透過一連串階段發展而來，而且這些發展階段在各種文化中適用於所有的兒童。

Piaget假定，認知根植於嬰兒天生的生物能力（又稱之為反射動作），只要在環境提供充分的多樣性和對探索（遊戲）的支持，智力便會系統地逐步發展。在Piaget的發展理論，有三個重要概念：基模、適應和發展階段。

◆基模

依Piaget的觀點，兒童是經由發展基模來瞭解世間萬物的意義。基模（schema）乃是思考世間萬物之要素的整合方式。對嬰兒而言，基模即行動的模式，在相似的情境當中會重複出現，例如嬰兒具有吸吮（sucking）和抓握（grasping）的基模，稍後隨基模逐漸分化及練習而發展出吸吮奶瓶、奶嘴和乳房的不同方式，或抓握不同物品的動作基模。基模是透過心理調節過程而形成的，它隨著個體成長與環境的各個層面的反覆相互作用而發展，人終其一生皆不斷地產生並改變基模。

◆適應

適應（adaptation）是兒童調整自己以適應環境要求的傾向。Piaget擴充演化論之適應概念，提出：「適應導致邏輯思維能力的改變」。

適應是一個兩方面的過程，也是基模的連續性與改變。此過程是透過同化（assimilation）及順應（accommodation）。同化是依據已有基模解釋新經驗，也是個體與外在互動造成過去基模的改變，同化有助於認識的連續性。例如有一幼兒小明認為留長鬍子的男性都是壞人。當小明遇到男性，他留著長長的鬍子，小明預料（認知）留鬍子的這位男性是壞人。在與這位陌生的留鬍子的男性在一起，小明認為這位男性是壞人。

適應過程的第二方面是順應，這是為說明物體或事件顯露出新的行為或改變原有基模，換言之，也是個體改變原有的基模以調適新的環境要求。例如小明如果與那位留著鬍子的男性相處的時間更久些，或與他互動，小明可能發現，這位男性雖留著鬍子，但他很熱情、親切並且很友善。日後，小明就瞭解並非每個留著鬍子的男性都是壞人。兒童即透過此兩個歷程增加其對世界的瞭解並增進個體認知的成長。在一生中，個體透過相互關聯的同化和順應過程逐漸獲得知識。為了得到新的觀點與知識，個體必須能夠改變其基模，以便區分新奇和熟悉的事物。個體之同化與順應之過程造成適應的歷

程，也造成個體的心理平衡的改變。平衡（equilibrium）是在個人與外界之間，以及個人所具有的各個認知元素之間，求取心理平衡的一種傾向。當個體無法以既有的認知結構處理新經驗時，他們會組織新的心理型態，以回復平衡的狀態（郭靜晃等，2001）。

◆ 發展階段

　　Piaget的興趣在於理解人是如何獲得知識。認識（knowing）是一種積極過程，一種構造意義的手段，而不是瞭解人們知道哪些特定內容。Piaget的研究集中在兒童探索經驗方式之基礎抽象結構，他對兒童如何瞭解問題的答案，比對答案本身更感興趣。基於這個觀點，他不斷觀察兒童如何獲知問題的答案過程，而創立了認知發展的基本階段理論，共分為四個階段：感覺動作期、前運思期、具體運思期和形式運思期。Piaget認為個體透過此四種認知成熟的基本模式成長，發展個體的邏輯推理能力。因此，他所指述的階段包含著能夠運用於許多認知領域的抽象過程，以及在跨文化條件下，在實際年齡大致相同的階段中觀察到的抽象思維過程。60年代之後，許多研究兒童發展的學者除了受Piaget理論之影響，也深入探究其理論，也有些人駁斥Piaget的理論並修正其理論而成為新皮亞傑學（Neo-Piagetian theory）。

(二) Lev Semenovich Vygotsky

　　Lev Semenovich Vygotsky（1896-1934）是一位蘇聯的心理學家，也是一位建構心理學的理論家，他原先是一位文學教師，非常重視藝術的創造，日後轉而效力發展心理學和精神病理學的研究。

　　Vygotsky認為人同時隨著兩種不同類型的發展——自然發展和文化發展來獲得知識，創立「文化歷史發展理論」。自然發展（natural development）是個體機體成熟的結果；文化發展（cultural development）則是與個體之語言和推理能力有關。所以，個體之思考模式乃是個體在其成長的文化中，從他所從事的活動所獲得的結果。此外，進階的思考模式（概念思想）必須透過口頭的方式（即語言發展）傳達給兒童。所以說，語言是決定個體學習思考能力的基本工具，也就是說，透過語言媒介，兒童所接受正式或非正式的教育，決定了其概念化思考的層次。

Vygotsky提出文化發展的三階段論，有一個階段又可再細分為一些次階段（Thomas, 1992）（**表2-4**）。Vygotsky認為兒童的發展是透過他們的「近似發展區」（zone of proximal development），或他們可以獨立自己運作。在這個區域中，兒童從比他們更成熟的思考者（如同儕或成人）提供協助，猶如建築中的鷹架（scaffolding）一般，支持並促使兒童發揮功能及學習新的能力。從Vygotsky的觀點，學習指導著發展，而非先發展再有學習。Vygotsky的理論近年來引起廣大的注意，尤其是那些對Piaget理論有所質疑的兒童發展與教育學者，Vygotsky的理論在語言及讀寫能力之教育應用上已有研究的雛形。

(三) Jerome Seymour Bruner

Jerome Seymour Bruner（1915- ）如同Vygotsky般，對兒童思考與語言之間的關心，他提出三個認知過程：(1)行動模式（enactive mode）；(2)圖像模式（iconic mode）；(3)符號模式（symbolic mode）。行動模式是最早的認知階段，個體透過動作與操作來表達訊息，大約在○至二歲的嬰兒期，嬰兒透過行動來表達他的世界，例如用手抓取手搖鈴表示他想說，或用吸吮物體表示他的饑餓。

圖像模式約在二至四歲的幼兒期，兒童藉由一些知覺意象來表達一個行為，如用視覺的、聽覺的、觸覺的或動態美學的方式，來表達其心中的圖像或其所目睹的事件。符號模式發展在五歲之後，由於兒童語言的擴增，可

表2-4　Vygotsky的文化發展階段

階段	發展內涵
階段 1	思考是無組織的堆積。在此階段，兒童是依據隨機的感覺將事物分類（且可能給予任何名稱）。
階段 2	利用複合方式思考，兒童不僅依據主觀印象，同時也是依據物體之間的聯結，物體可以在兒童心中產生聯結。兒童脫離自我中心思考，而轉向客觀性的思考。在複合思考中，物體是透過具體性和真實性來進行思維操作，而非屬於抽象和邏輯的思考。
階段 3	兒童可從概念思考，也發展了綜合與分析能力，已具有抽象和邏輯思考能力。

資料來源：Thomas, R. M. (1992). *Comparing Theories of Development* (3rd ed), pp.335-336. Belmont, CA: Wadsworth.

幫助其表達經驗並協助他們操作及轉化這些經驗，進而產生思考與行動，故語言成為兒童思考與行動的工具。之後，理解力得以發展。故兒童的認知過程始於行動期，經過了關係期，最後到達符號期，如同個體對事物的理解力般，一開始是透過動手做而達到瞭解，進而藉由視覺獲得瞭解，最後是透過符號性的方式表達個體意念。建構主義對幼兒發展的解釋，也影響日後幼兒保育及兒童福利。Piaget的理論已被廣泛地運用於幼兒的科學與數學領域的認知模式之托育，而近年來，Vygotsky及Bruner之理論已影響到幼兒閱讀與語言領域之幼兒保育，尤其在啟蒙讀寫之課程運作。

(四) Lawrence Kohlberg

Lawrence Kohlberg（1927-1987）是Piaget道德認知論的追隨者，同時，他又在Piaget道德發展理論（前道德判斷、他律道德判斷及自律道德判斷三階段）的基礎上，進一步做了修改與擴充，在50年代提出了他自己的一套兒童發展階段論（參考**表2-3**）。

Kohlberg與Piaget一樣，承認道德發展有一固定的、不變的發展順序，都是從特殊到一般，從自我中心到關心他人利益，而道德判斷要以其認知為基礎，也皆強調社會之互動作用可以促進道德的發展。

Kohlberg於1927年生於美國，是一猶太人，由於生活中親身經驗到的道德兩難問題，自1958年在芝加哥大學獲得博士學位，之後三十年，其結合哲學、心理學及教育實務，致力於道德判斷發展歷程的研究（張欣戊等，2001）。Kohlberg的實徵資料的蒐集，範圍遍及歐、亞、非三洲，包括有工業化社會、發展中的社會、農業社會及部落社會，雖然他以個人建構為道德原則的基礎，其實是相當西方式之個人主義，有時難以應用至部落社會或東方社會之以集體（社會）的運作及和諧為考量的道德原則之基礎。

道德發展的研究也吸引後進的學者研究兒童的道德情感（如良心、道德感化）、道德行為（如攻擊行為、利社會行為、誘惑抵制），以及道德調節。這些研究之應用對於社會上培養與教育兒童道德行為有很大的啟發，尤其對於現代兒童少年價值的功利、行為反常、受外在環境所誘惑，如果能有效地對兒童少年進行道德教育，探索兒童道德發展之心理機制，

並促進兒童發展高層次的道德判斷，對於社會上之不良風氣及偏差行為應可以產生抑制作用，促進兒童少年之發展及福利。

五、生態系統理論

生態系統理論（ecological system theory）視兒童整個人為其周遭的環境系統所影響，此理論可應用解釋到兒童保育及兒童福利。此理論相對於個體之成熟論，是由Urie Bronfenbrenner（1917-2005）所倡導的。他認為人類發展的多重生態環境，是瞭解活生生的、成長中的個體如何與環境產生互動關係，他依照環境與人的空間和社會距離，分為連環圖層的四種系統——微視、中間、外部和鉅視等系統（**圖2-5**）。個人被置於核心，個人受其個人的原生能力及生物基因的影響，以及日後受環境互動中所形成個人的經驗及認知，稱之為微視系統（microsystem），而與個體最密切的家庭或重要他人如照顧者、保母與個人互動最直接與頻繁，故影響最直接也最大。中間系統（mesosystem）是各微視系統（如家庭、親戚、同儕、托育機構、學校、宗教機構等）之間的互動關係，兒童最早的發展即

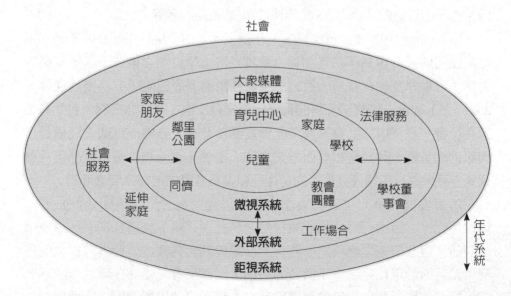

圖2-5　生態系統理論之系統組合

是透過與這些微視系統所組成之居間系統的接觸而達成社會化，進而瞭解最早的周遭環境。外部系統（exosystem）是指社會情境直接影響其中間系統的運作，間接地影響兒童的發展，例如父母的工作情境、學校的行政體系、政府的運作、社會制度或民間團體等等。最後的系統是鉅視系統（macrosystem），是直接受到各個社會文化的意識型態和制度模式所影響，例如社會文化、社會意識型態和價值觀，直接影響外部系統、中間系統及微視系統的運作，再間接影響個體的發展。

　　依Bronfenbrenner的理論，人類發展最重要的本質是透過與環境互動增加個體之適應社會之能力。年幼的兒童因個人之成熟性不夠，受微視系統影響最大，而隨著年齡的成長，其微視系統擴大，個體可從家庭、托育的機構、學校、社區或宗教組織，甚至擴大個人生活圈與同儕接觸及多媒體之影響。就此理論運用到兒童托育：個體之發展受個人天生之基因遺傳、家庭及托育環境（空間、玩物、課程）、同儕機構之行政與社會對托育價值之影響。

　　生態系統論著重兒童對於周遭環境的詮釋，以及這些詮釋是如何改變的。所以兒童發展工作者在解釋兒童行為時，必須先瞭解兒童身處情境中的知覺，才能對兒童的行為有所體認。而兒童的行為深受環境中任何一個環節（系統）所衝擊，環境中之家庭、學校、社區與文化皆息息相關，唯有透過正面地影響兒童身處的社區及社會的改善，並透過這些環境的支持與協助，才能改善不好的發展因素，以促進正向的兒童發展。兒童身受其所處的家庭、社區、大眾傳播媒體、社會中之教育及福利政策，以及社會文化之價值所影響。而兒童福利工作者更是要整合兒童身處於環境之各種資源，以幫助兒童及其家庭適應環境之要求、期待及衝擊，培養一身心健全之個體。

第三節　兒童福利之科學研究法

　　近代有關兒童發展之研究最重要的特徵是方法的科學化（張欣戊等，2001）。科學方法使我們創立一個知識體系。事實上，它是一種發展蘊含訊息的方法，這方法有保證訊息正確的程序。進一步來說，科學研究是人

類追求知識或解決問題的一種活動，藉由科學研究的活動，使人類能瞭解事實真相，進而解決問題，而使人類生活素質得以提高。

　　兒童福利既是一項實務工作，也是一門對於科學研究結果加以應用的學問。兒童發展研究最主要目的，在於瞭解兒童發展的連續性以及對於變化模式加以描述和解釋，而兒童托育研究之主要目的，在於瞭解幼兒發展上的順序和預期的模式。兒童發展與兒童托育最常見的一個變項（variable）就是年齡，那是其他心理學所沒有。研究年齡變化之研究設計有四種：回溯研究、橫斷研究、縱貫研究以及族群輻合研究。

一、回溯研究

　　使用回溯研究（retrospective study）的研究者常會要求受試者回憶並描述他們早期的經驗。許多探討兒童教養的研究，利用父母對育兒經驗的追憶來評估兒童行為的模式。Freud問有神經症狀的成人的早期生活經驗，並嘗試從中找出早期經驗與其成年神經病症之關聯性。而研究家庭婚姻滿意感的研究者嘗試問結婚三十年的夫妻，他們在結婚二十年時，十年時及剛結婚時的互動情形，或他們對婚姻的滿意情況，或父母對子女施虐之行為，瞭解其早期是否有受虐之經驗，或其父母言教的經驗。這種方法可獲得一個人對過去事件所保留的記憶的材料，但我們不能確認是否這些事件確實像他們記憶那般的情形；因為時間的轉移，有可能會使我們對往事意義的記憶產生變化；或因我們認知成熟度的增加而影響我們的態度或對往事的記憶（Goethals & Frost, 1978）。

二、橫斷研究

　　橫斷研究（cross-sectional study），是在一個固定時間觀察數組不同年齡的兒童；同時，此種設計也可應用到不同社會背景、不同學校或不同社會團體的人來進行研究。這種設計可普遍地應用於研究兒童及少年的生活狀況調查，研究者可以比較不同身心水準或不同年齡的兒童及少年，瞭解兒童及少年的特定的身心發展領域是如何隨著年齡之不同而有所差異；

此外，研究者也可比較各種不同社經水準的家庭，探討其育兒方式有何差異。如圖2-6所示：於2004年觀察十、十五及二十歲等三組兒童（他們分別出生在1994、1989及1984年），此研究設計便是橫斷研究法。

三、縱貫研究

縱貫研究（longitudinal study），係指在不同時期的反覆觀察。觀察間隔可能是短暫的，例如出生後的立即觀察或間隔幾天再觀察；觀察間隔也可能是一段長時間，如圖2-6所示，若在2004、2009及2014年，十年內分三次重複觀察某組出生於1994、1989及1984年的兒童（此組兒童在三次觀察時年齡分別為十、十五及二十歲），此種研究設計是為縱貫研究。

縱貫研究的優點在於使我們能對一組個體的發展歷程做追蹤式重複，並從中瞭解個體隨著年齡的成長而產生身心行為的變化。縱貫法很難完成，尤其是受試者必須參與涵蓋相當長的年齡階段，如兒童時期到成年期。在這個階段中，參試者可能退出研究，造成受試者的亡失（mortality）；也有可能是調查者失去經費，或對研究計畫失去興趣，或者實驗方法已落伍了，或者曾經是很重要的問題，現在已不再重要了，這些都可能是縱貫法難以繼續或完成的原因。

出生年 觀察年	1994	1989	1984
2004	10	15	20
2009	15	20	25	→ 橫斷研究
2014	20		

↓
縱貫研究

圖2-6　橫斷研究與縱貫研究

四、族群輻合研究

族群輻合研究（the sequential design），乃是將上列橫斷和縱貫兩種設計方法合為一種的研究方法（Schaie, 1965）。參與者的各組受試者，叫作同族群（cohort group），這些受試樣本是經抽樣過程選定的，如**圖2-7**，這些受試者在年齡上相差一定的歲數，吾人在2004年進行研究時，選取十歲（1994年出生）、十五歲（1989年出生）及二十歲（1984年出生）的受試者，這是謂橫斷研究；然而每隔五年針對某一族群進行訪談，直到十歲的成長到二十歲，這是謂縱貫研究；當某一族群的年齡超過二十歲時則退出青少年研究，而再一次又抽取新的族群（研究時剛好是十歲），到了2009年時，只剩下十五歲及二十歲組，因此，研究者必須再抽取十歲（1999年出生），此時才能構成第二組的十歲、十五歲及二十歲組青少年，進行第二次的橫斷研究。而當2004年是十歲（1994年出生）及2009年是十歲（1999年出生），還有2014年也是十歲（2004年出生）是同期年齡的比較。族群輻合研究設計的各成分列於**圖2-7**。

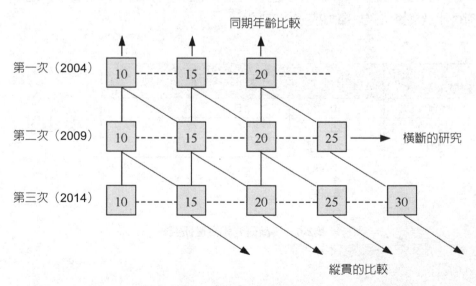

圖2-7　族群輻合研究

族群輻合研究是橫斷比較和縱貫比較的聯合，它是一種非常強而有力的發展研究方法。它不但可產生立即橫斷的比較，而且在五年或十年之後也可以產生縱貫的比較，此外也可以有相同年齡的族群比較（cohort comparison）。使用這種方法不僅可以瞭解年齡的成長改變，還可以瞭解社會和歷史的因素造成的差異。

五、其他研究法

發展的改變雖然千變萬化，但其研究方法仍是萬變不離其宗的，所以乃是以橫斷研究和縱貫研究爲基礎（張欣戊等，2001）。此外，研究發展的方法有很多種，每一種皆有它的優點和缺點，所以研究者所選擇的任何研究方法或設計必須適合所要研究的問題。社會行爲研究的方法有許多不同的分類，任何一種都可用在兒童發展與保育的研究上。應用最廣泛的兩種分類爲計質（qualitative）研究和計量（quantative）研究。計質研究是針對非數據性的觀察、面談或是書面資料的分析，最具知名的爲應用在深度訪談中，用以瞭解兒童解決問題的策略和認知思考，此種方法也適用於研究道德發展、人際關係的發展和社會行爲。而大部分兒童發展與保育的研究是計量研究，此種研究是針對數據的測量與分析。這兩種分類的方式並非用來解釋研究設計的最好分類方法。接下來將介紹五種常用的兒童福利的研究方法：觀察法、實驗法、調查與測驗法、個案研究法以及訪談法。

(一)觀察法

觀察研究乃是研究者基於研究之目的，客觀地記錄兒童在家庭或學校中的行爲。這是一種研究兒童發展的最古老的方式之一。Jean Piaget在其認知理論的形成中，就是對他自己的孩子進行自然觀察。現今有些觀察者也將此種方法應用到家庭、學校、托育中心或托兒所；也有觀察者請受試者在人爲的實驗情境中來進行觀察，以便進行人爲的控制。前者稱爲直接觀察法，或自然情境觀察（natural settings observation）；後者稱爲控制觀察法或人爲實驗情境觀察（artificial laboratory settings observation）。

這種研究是在檢查各種有關的行爲，其優點是：(1)能夠隨時獲得自然

發生的反應；(2)可讓正在發生的實際行為啓發研究者瞭解為何產生；其缺點是：(1)究竟發生什麼行為，不同觀察者之間常常也難取得一致意見。因此當有兩個或兩個以上觀察者記錄同一情境時，為了證實他們的記錄是否具有一致性，我們還要評估其一致性的程度（degree of agreement）或進行評分者間信度（interrator reliability）考驗；(2)有些環境中活動過於頻繁，因而很難全部予以精確觀察。因此，研究者必須掌握一些工具，如抽樣系統或錄影技術來幫助我們進行兒童行為觀察。

　　錄影技術提供我們一個有效觀察的工具，它既適合實驗情境，也適合自然情境的觀察。另外一個抽樣系統可分為時間取樣與事件取樣。時間取樣（time sampling）是事先設定的時間內，以規律性間隔或隨機性間隔，觀察和記錄所選擇的行為。時間取樣中研究者要確定所觀察行為是否具有代表性是很重要的。研究者可決定時間間距（time interval），例如以十五秒、三十秒或一分鐘為單位，在這段時間以外所發生的行為和事件則不加以記錄。另一種方法是事件取樣（event sampling），它是以事件發生為重點，而時間取樣是以時間為重點，兩者之間的步驟和結果都大不相同。事件取樣只選擇某一特定之事件作為記錄的對象。事件是指某特殊範圍的行為，例如兒童的攻擊行為或社會戲劇遊戲。當觀察這些特定行為時，我們必須先確定這些行為是否合乎操作型定義（operational definition），如果是，那麼就代表行為具有吾人想研究的屬性，再進行整個研究觀察與記錄。除了上述時間抽樣法及事件抽樣法外，觀察記錄法還可分為採樣記錄法、日記式記錄法、軼事記錄法、檢核表法及量表法等。

(二)實驗法

　　實驗法主要是讓研究人員可以推論獨立變項（independent variable）與依變項（dependent variable）之間的因果關係。這是因為實驗法可以讓研究人員操弄（manipulate）、實驗或控制獨立變項（或處理變項），並觀察依變項的變化的研究設計。例如研究人員想要知道不同的托育環境（獨立變項）是如何影響兒童的適應行為（依變項），則可以用實驗設計來進行，或評估不同服務方案（獨立變項）之實施對標的兒童幸福感之提升（依變項）。

在實驗設計中，一組受試者通常會接受另一組不同的經驗或訊息〔通常稱為處理（treatment）〕。接受處理的受試組稱為實驗組（experimental group）；而不接受處理的受試組則為控制組（control group）。這兩組在接受任何處遇之前，分派到實驗或控制組是根據隨機（即沒有順序、規則或型態的原則）選定（抽樣）及隨機分派的原則；換言之，各組的受試者在沒有接受處理之前，假設他們之間是沒有差異的，之後，這兩組行為上的差異就歸因於處理的不同（這稱為組間控制，樣本為獨立）。在另一種實驗設計是只對一組受試者（沒有所謂實驗組及控制組之分），在接受處理之前與之後，或在各處理之間比較其行為的差異。這種處理前後行為的差異是來自實驗處理的安排，這種設計稱為組內控制，樣本為相依。

實驗法的優點是具有解釋變項之間的因果關係，但其限制乃是在於控制的應用；換言之，我們不能確定在實驗室的人為控制情境如何應用到真實世界的自然情境。例如吾人把實驗控制的依戀行為（母親是否在場或陌生人是否在場時，孩子的行為反應），應用到家中或教育機構時，孩子的行為可能會有所不同。

兒童福利的許多研究是採用準實驗法的方法（quasi-experimental method），也就是說，研究者也是研究他們所感興趣的因果關係的研究或變項，但他們並不實際操控它，例如研究時我們所抽取的樣本，其本身在抽樣時已包含了不同的家庭型態（如單親或雙親家庭），或不同的父母教養態度（民主、權威或放任式的教養態度），對兒童、青少年或成人之影響。

(三)調查與測驗法

調查研究主要的目的是探索變項其表面意義所隱含的事實，或描述變項在特定群體的分配，例如普查的研究就是以描述為目的。當研究者想瞭解全國兒童的生活狀況而進行的調查是一普查的行為，而且是以描述為目的。調查研究是從大量樣本蒐集特定的訊息，其方法可分問卷調查、電話訪談及親自訪談等。例如內政部對全國兒童進行其家庭的訪查，調查內容則是針對成人對待兒童的行為。調查的方法可以用來蒐集有關態度的訊息（你認為老師可以對學生進行體罰嗎？）、關於現有生活行為和習慣的訊

息（你每天可以自由運用的時間是多少？）、關於知覺的訊息（你的父母是如何與你溝通？）。

調查的問題可按標準形式準備好，對回答也按事先設定好的一系列類別進行登錄；這種方式是結構型的問卷，通常是以紙筆測驗方式進行。一份設計很好的調查問卷，問題陳述清楚，備有可選擇的答案，這些選擇答案不是模稜兩可或內容重複。另外調查的問題也可使用開放式的問題，讓受試者自由回答，再經研究者深度（in-depth）的探測（probing）以達到研究者的目的，這種問題及方式是屬於非結構式的問卷。也有結構式的問題加上非結構式的問題合併成為半結構式的問卷。如果研究是讓受試者直接回答調查問題，受試者必須具備讀寫能力，否則要讓研究者讀出調查的問題讓受試者瞭解，以便他們能回答。調查法也可和觀察法合併，是讓研究者直接觀察受試者以得到研究問題的答案。

測驗法在形式與調查法相似。通常測驗被設計來測量某一種特殊的能力或行為特質，如智力、成就能力，是以一組標準化（standardize）的問題來給兒童做；或以一些作業或工作（task）讓幼兒來做，從中評定幼兒的特質。

測驗必須是可信和有效的。當對同一受試者的每次測量都能得到幾乎同樣的分數或診斷時，則此測驗是可信的（reliable）。所謂測驗有信度的意義是指測量結果的誤差小。測量信度可被區分為兩類：(1)穩定性（可參考再測信度、複本信度、評分者內信度等）；(2)一致性〔可參考郭靜晃與徐蓮蔭譯（1997）：折半信度、KR-20信度、α信度、評分者間信度等〕。該測驗若能測得本身所真正要測量的內容，則此測驗是有效的（valid）。設計測驗的人必須規定什麼是研究者想測量的，他們也必須提供證據，證明測驗確實測量了此一建構（Messick, 1989）。效度種類很多，主要目的是找出其測量的適當性，請參考相關的效度內容，如內容效度、邏輯效度、效標關聯效度、建構效度等（郭靜晃、徐蓮蔭譯，1997）。

(四)個案研究法

個案研究是對個人、家庭或社會群體做更深入的描述。其目的在描述

特定的人或群體的行為，通常用於描述個體經歷或考察與理論預見不一致的現象。目前日漸流行的質化研究也常常應用此種研究設計。

　　個案研究可以各式各樣的訊息來源作為依據，包括：訪談、治療過程的對話、長期觀察、工作記錄、信件、日記、回憶錄、歷史文獻等。

　　發展研究也常使用個案研究，如心理分析學派大師Sigmund Freud曾用此方法澄清某些精神障礙疾病的起因。其女兒Anna Freud描述一群孤兒（社會群體）的依戀發展，該研究描述在第二次大戰期間生活在集中營裡的一群孤兒彼此的依戀，以及日後重返正常社會環境中，相互維持情感的策略。此外，Jean Piaget對其女兒長期觀察，並透過訪談技巧建立兒童的認知結構概念。

　　個案研究被批評為不太科學。因為個體不能代表大規模群體，而以一個案去概論（generalize）其他個體或群體時，必須更加小心謹慎。另外，個案研究也被批評缺乏可靠性，因為不同的研究者對同一受試者進行研究，也可能因事件或對事件的詮釋不同而造成不同的觀點。

　　符合科學觀察標準的個案研究必須有明確的研究目的和蒐集資料的系統方法，同時真實的記錄及令人信服的個案資料，才能刺激兒童福利理論和實務的發展。

(五)訪談法

　　訪談法也可以和上述的研究方法共同使用，其主要是以與個案者面對面的談話為依據。這個方法適用於個案研究，也適用於群體推論的研究。同時，訪談法可以是結構式或開放式的口頭調查。應用到兒童保育的研究時，研究者可將想得到的資料（基於研究目的）與父母、保育兒在兒童家中或保育機構中面對面的溝通，以達到瞭解幼兒行為或進行幼兒行為矯治工作。

　　一個人的回答極易受訪談者的影響。訪談者可利用微笑、點頭、皺眉或看別處，故意或無意地表示贊成或不贊成，在建立親密關係和影響回答之間保持一微妙的界限。

以上五種研究兒童發展與保育常用方法之定義及其優缺點，概要整理如**表2-5**。

表2-5 兒童發展與保育常用五種方法的優缺點

方法	定義	優點	缺點
觀察法	行為的系統描述。	記載不斷發展中的行為；獲得自然發生、沒有實驗干預的材料。	耗費時間，故需要仔細訓練觀察者；觀察者會干擾正常發生的事物。
實驗法	將其他因素保持恆定，通常改變一些條件而控制其他條件以分析其中的因果關係。	可檢驗因果關係假設，可控制和分離特殊變量。	實驗室的結果不一定適合其他環境；通常只注意單向因果關係模式。
調查與測驗法	對大群體問一些標準化問題。	可從大樣本中蒐集資料；不大要求訓練；使用非常靈活方便。	修辭和呈現問題的方式會影響作答；回答可能與行為無密切關係；測驗可能不適於學校或臨床環境。
個案研究法	對個人家庭或群體的深入描述。	注重個人經驗的複雜性和獨特性。	缺乏普遍性；結果可能帶有調查者的偏見，難以重複。
訪談法	面對面的交談，每個人都可充分闡明他的觀點。	提供複雜的第一手資料。	易受調查者成見的影響。

資料來源：郭靜晃、吳幸玲（譯）（1993）。《發展心理學：心理社會理論與實務》，頁27。台北：揚智文化。

第四節　運用兒童發展知識於兒童福利實務

　　兒童發展在探討個人之先天與後天，也就是遺傳與環境對兒童在各層面，諸如認知、語言、生理、情緒、社會等之影響，而發展上之規律性造成個人差異，諸如文化、語言、社會階層及發展上之差異。兒童發展相關之知識與理論提供了一常態的、平均的發展趨勢，但是遺傳、環境及社會事件也會造成個人之影響，例如不平等的對待及特殊需求兒童的發展。兒童是國家未來的主人翁，其在社會有生存的權利，如果兒童成長的環境與文化不能促進兒童達成一般或潛能發展，社會工作之服務則須發展、規劃

各種不同之處遇計畫，落實兒童身心成長之需求及倡導兒童福利事業。

在現代之社會發展中，兒童面臨一些不利生存的因子，例如，不被期望的出生、身心障礙兒童、重症病童、貧窮、出生率降低、猝死、家庭破碎，而造成流浪兒童、受虐兒童、愛滋病兒童或失親（依）的兒童。兒童福利之本質為促進兒童及少年身心健全發展、保障其權益，增進其福利（兒童及少年福利與權益保障法第1條），給予兒童少年一健全成長的環境、擁有快樂的童年、讓兒童免於恐懼、免於人身安全危險，以及免於經濟困頓之兒童照顧，這是執行當局，也是整體社會共同追求的願景，更是攸關國家人口素質及社會發展的指標，準此，世界各國皆積極地挹注經費、人力，制定不同的服務方案，以確保兒童福利，在執行各項兒童福利計畫時，宜先考量兒童不同年齡層次以及不同層面的發展。以下乃以兒童之年齡區分，就兒童福利之服務層面——「善種」、「善生」、「善養」、「善教」及「善保」之五善政策原則，來敘述兒童福利應發展的方向與業務。

一、懷孕及胚胎期

兒童發展的起始在於精子與卵子受孕的一瞬間，此時期約二百六十六天，故父母先天之遺傳基因的完善，才能確保不良遺傳之排除。為了預防不良遺傳，只能從婚前檢查及產前篩檢著手。故兒童福利工作者須瞭解相關遺傳之生物學知識，與醫療單位結合資源，積極推展優生保健概念，以促進兒童「善種」規則，有關服務有：

1.婚前健康檢查與遺傳諮詢服務。
2.婚前性教育與兩性教育的推展。
3.準父母教育。
4.對貧窮婦女及家庭給予營養補助。
5.胎教的倡導及對孕婦提供可能的支持方案。
6.對危機受孕父母做強制性的體檢。

二、嬰兒期

自出生至二週爲新生兒，二週至二歲爲嬰兒期，此時期是人生發展最快及最重要的階段，在生命中的第一年裡，體重可成長至出生時的三倍，二歲時，運動、語言、概念形成的基礎已具備。在此時期的發展與保育、營養衛生保健、疾病預防及給予依戀及信任是必需的，此外，適當的教育也是相當重要的。兒童福利之工作者除了積極善種兒童安全與健康生長之環境，以發揮「善生」之精神，另一方面也要規劃支持及補充父母因不能親自照顧子女的教育計畫，例如，保母、托嬰所，以及提供兒童有多元參與學習及受到良好生活照顧，使其潛能得以發展之「善教」精神，此時期的兒童福利服務有：

1.提供親職教育。
2.提供量足質優之托嬰所及家庭（保母）照顧。
3.安全教育之宣導。
4.倡導兒童生存、保護及發展之兒童權利，禁止兒童被販賣。
5.提倡家庭生活教育。
6.落實出生通報制。

三、學步期

學步期又稱嬰幼兒期，二至四歲左右，在此階段的幼兒總是活動不停、好問問題、幻想。在此階段的發展與保育，預防意外產生、營養衛生保健、親情與教育的提供是必需的。

在此時期的兒童福利服務除延續上一階段之「善生」及「善教」之精神，更要保護兒童，尤其是弱勢兒童的發展權利，以落實「善保」之精神。相關兒童福利之服務有：

1.倡導兒童不能單獨在家之法令。
2.規劃各種補助方案，支持不利地位及高危險家庭之兒童照顧。

3. 兒童保護的宣傳與落實。
4. 規劃量足質優的托育機構。
5. 早期療育服務。

四、幼兒期

從四至六歲，此階段的幼兒已受到複雜的社會所影響，在此階段的幼兒大都會去上托育機構（幼兒園或K教育），台灣在四至五歲左右托育率約有80%，而五至六歲的幼兒則有96%是在托育機構受到照顧與教育。除家庭與托育機構外，同儕團體、鄰里環境及電視對幼兒期的自我概念也產生具體之影響，在此時期的發展與保育的需要上，安全、營養、衛生及生活自理能力的培養也是相當重要的。因此，此時期的兒童福利服務要重視「善生」、「善教」、「善保」之外，也要加強促進兒童因成熟發展所衍生之各種生理與心理需求的滿足之「善養」精神。此時期相關的兒童福利服務除延續上階段之服務外，還需要有：

1. 健全兒童托育政策，使兒童能獲得優質的照顧。
2. 淨化媒體、避免給予兒童心靈汙染之節目。
3. 提供兒童及其家庭諮詢輔導服務。
4. 提高貧窮線，給予需要之家庭生活扶助或醫療及托育補助。
5. 提供兒童適當之休閒、娛樂及文化活動。
6. 加強家庭之外之社區支援系統，以健全兒童成長環境。

五、兒童期

從六至十二歲，又稱學齡兒童期或兒童後期，此時期對於日後適應社會的能力的培養相當重要，親子關係、同伴友誼及參與有意義的人際交往，對於日後因應青少年期的挑戰是必要的。此時期的兒童大都是快樂、充滿活力及有意願學習。此時期的發展與保育的需要上，教育及培養技能是最為優先的要務。此時期的兒童福利服務需要有「善生」、「善教」、「善保」及「善養」之精神，相同之服務除延續上一階段外，還需要有：

1.規劃各種兒童課程照顧方案。

2.兩性教育及性教育之推展。

3.健全適齡適性及適文化之教育。

4.加強校園安全。

5.落實學校社工制度。

六、青少年前期

從生理的突然衝刺到生殖系統成熟，出現第二性徵，在此時期的少年歷經思春期的變化，約在十歲至十八歲。除了生理的變化，還有明顯的認知成熟及對同伴關係特別敏感。這一階段的特點是確定對家庭的自主性及發展個人認同。在此階段發展與保養的需要上，性教育及獨立生活的培養以及在同儕互動中產生正向之自我評價是必需的。此時期除了延續上一階段之兒童福利服務之外，加上此一階段正值成長之青春期，更需要有一些服務規劃，目標則是滿足少年之身心發展，強調少年之發展性、保護性及育樂性。

1.預防中輟問題。

2.強化生活輔導及社會技巧訓練。

3.規劃不同性質之安置機構。

4.提供少年家庭之處遇。

5.推展少年健康休閒。

6.預防未婚懷孕及生子。

7.強化就業準備及生涯發展。

結　語

「人」的全人發展之起點是從個體受孕開始，一直到終老死亡爲止，而兒童發展爲全人發展中的一環，更是人類行爲的詮釋。發展的基本概念是行爲改變，但並非所有的行爲改變都具有發展性。從社會學的觀點及心

理學的觀點來看人生歷程，前者之觀點是隨著時間的推移而產生行為的改變（包括社會的變遷、結構、規範及角色等）；而後者所指的是工作以及家庭生活階段順序之排列的概念。本章從人類生命週期（發展階段）與全人發展的觀點，探討在不同的階段中每個個體所呈現的成長變化、發展與行為。

另外，本章探討了許多有關兒童發展之相關研究，其最主要目的在於瞭解兒童發展的連續性，以及對於變化模式加以描述和解釋，例如，兒童托育研究之主要目的在於瞭解幼兒發展上的順序和預期的模式（年齡變化之研究有回溯、橫斷、縱貫、族群輻合研究），另外也提到五種常用的兒童福利的研究方法（觀察法、實驗法、調查與測驗法、個案研究法及訪談法）等。綜合上述所提到的各種研究方法，皆各有其優、缺點，無論使用何種研究方法，在選擇時必須針對所要研究之問題來設計。

其實，兒童福利的本質是為了保障兒童及少年的權益及建構一個健全的、快樂的成長環境，執行當局必須確切落實相關的福利政策，滿足兒童及少年的需求，進而使其身心能獲得健全的發展，這也是整體社會所共同追求的願景。

參考書目

一、中文部分

朱智賢（1989）。《心理學大辭典》。北京：北京師範大學。

馬慶強（1996）。〈發展心理學〉。輯於高尚仁（主編），《心理學新論》。台
　　北：揚智文化。

張欣戊等（2001）。《發展心理學》（第三版）。台北：國立空中大學。

張春興（1991）。《張氏心理學辭典》。台北：東華書局。

郭靜晃、吳幸玲譯（1993）。《發展心理學：心理社會理論與實務》。台北：揚
　　智文化。

郭靜晃、徐蓮蔭譯（1997）。《家庭研究方法》。台北：揚智文化。

郭靜晃、黃志成、陳淑琦、陳銀螢（2001）。《兒童發展與保育》。台北：國立
　　空中大學。

陳怡潔譯（1998）。《人類行為與社會環境》。台北：揚智文化。

黃志成（1999）。《幼兒保育概論》。台北：揚智文化。

蘇建文等（1991）。《發展心理學》。台北：心理。

二、英文部分

Atchley, R. C. (1975). The life course, age grading and age-linked demands for
　　decision making. In N. Datan & L. H. Ginsberg (Eds.), *Life-Span Developmental
　　Psychology: Normative Life Crises.* New York: Academic Press.

Bandura, A. & Walters, R. H. (1963). *Social Learning and Personality Development.*
　　New York: Holt, Rinehart & Winton.

Bandura, A. (1977). *Social Learning Theory.* Englewood Cliffs, NJ: Prentice-Hall.

Bandura, A. (1986). *Social Foundations of Thought and Action: A Social Cognitive
　　Theory.* Englewood Cliffs, NJ: Prentice-Hall.

Bandura, A. (ed.) (1971). *Psychological Modeling.* Chicago: Aldine-Atherton.

Brim, O. G., Jr. (1976). Theories and the male mid-life crisis. *Counseling Adults, 6*, 2-9.

Clausen, J. (1986). *The Life Course: A Sociological Perspective.* Englewood Cliffs, NJ:

Prentice-Hall.

Eiseley, L. (1975). *All the Strange Hours: The Excavation of a Life.* New York: Charles Scribner's Sons.

Elder, G. H. (1975). Age differentiation and life course. *Annual Review of Sociology, 1*, 165-190.

Elder, G. H. (1981). Social history and life experience. In D. H. Eichorn, J. A. Clausen, N. Haan, M. P. Honzik, & P. H. Mussen (Eds.), *Present and Past in Middle Life*. New York: Academic Press.

Erikson, E. H. (1963). *Childhood and Society* (2nd ed). New York: Norton.

Erikson, E. H. (1968). *Identity: Youth and Crisis.* New York: Norton.

Erikson, E. H. (1975). *Life History and the Historical Moment.* New York: Norton.

Erikson, E. H. (1982). *The Life Cycle Completed: A Review.* New York: Norton.

Feldman, H., & Feldman, M. (1975). The family life cycle: Some suggestions for recycling. *Journal of Marriage and the Family, 37*, 277-284.

Gesell, A. (1952). Developmental pediatrics. *Nerv. Child,* 9.

Goethals, G. R. & Frost, M. (1978). Value change and the recall of earlier values. *Bulletin of the Psychonomic Society, 11*, 73-74.

Hagestad, G. & Neugarten, B. (1985). Aging and the life course. In R. Binstock & E. Shanas (Eds.), *Handbook of Aging and the Social Science*. New York: Van Norstrand Reinhold.

Hurlock, E. B. (1968). *Developmental Psychology* (3rd ed.). NY: McGraw-Hill Inc.

Katchadourian, H. A. (1976). Medical perspectives on a adulthood. *Deadalus, 150*(2), Spring.

Livson, F. B. (1981). Paths to psychological health in the middle years: Sex differences. In D. H. Eichorn, J. A. Clausen, N. Haan, M. P. Honzik, & P. H. Mussen (Eds.), *Present and Past in Middle Life*. New York: Academic Press.

Messick, S. (1989). Meaning and values in test validation: The science and ethics of assessment. *Educational Research, 18*, 5-11.

Miernyk, W. H. (1975). The changing life cycle of work. In N. Datan & L. H. Ginsberg (Eds.), *Life-Span Developmental Psychology: Normative Life Crisis.* New York: Academic Press.

Mischel, W. (1973). On the interface of cognition and personality: Beyond the person-

situation debate. *Psychological Review, 80*, 252-283.

Moen, P. & Howery, C. (1988).The significance of time in the study of families under stress. In D. Klein & J. Aldous (Eds.), *Social Stress and Family Development*. New York: Guilford Press.

Piaget, J. (1936/1952). *Judgment and Reasoning in the Child.* New York: Humanities Press.

Rindfuss, F., Swicegood, C., & Rosenfeld, R. (1987). Disorders in the life course: How common and does it matter? *American Sociological Review, 52*, 785-801.

Schaie, K. W. (1965). A general model for the study of development problems. *Psychological Bulletin, 64*, 92-107.

Thomas, R. M. (1992). *Comparing Theories of Development* (3rd ed.). Belmont, CA: Wadsworth.

Tolman, E. C. (1948). Cognitive maps in rats and men. *Psychological Review, 55*, 189-208.

Chapter 3

男女大不同？——
適性發展實務之啟示

* 性別與遊戲行為
* 環境因素
* 其他的性別差異

「要公平地對待兒童，兒童就必須被不同地對待。」

——Melvin Konner, 1991

　　發展改變深受先天與後天，也就是遺傳和環境兩大因素之共同影響。在所有因素中，環境扮演未來影響之拉力，情境因素扮演現在之影響因素，兩者之互動深受過去經驗的塑化之個別差異所影響，而三者共同影響個體之行為和經驗（吳幸玲、郭靜晃譯，2003）。這三個向度共同構成解釋行為的多變項，每個變項皆可提供單一向度或與其向度之複雜互動來解釋孩子之行為發展功能。所以說來，建構一概括性及有預測性之兒童行為模式，再加上成人在情境因素之角色，會更能解釋兒童之行為的變化因素。

　　假設，我們現在預測一位兒童在隨機選擇的情境中會作何種遊戲行為，可是我們卻對這位兒童一無所知。基本上我們會選擇個體的生理發展、年齡以及性別，作為個體在遊戲發展行為和成長歷程中的重要標記及促成個體造成個別差異之重要因子。當然，個體所處的文化、社經地位、家庭結構以及社會化之經驗當然也會促成兒童之行為經驗。年齡及性別亦是美國幼兒教育協會（NAEYC）提醒幼教工作者或幼兒實務工作者執行工作時要迎合孩子的適齡發展及適性發展實務。適齡發展實務與適性發展實務是檢視個別差異的重要變項，如再加上恰當的成人角色，兒童實務工作會更符合人性取向的觀點，其實務工作將會以充權個案發展個人行為功能。

　　兒童隨著年齡的成長會產生不同層次的發展，透過理論及實務的觀察，例如Jean Piaget、Arnold Gesell、Erik Erikson、Maria Montessori、Lev Vygotsky以及其他發展學者的著作，都鮮明勾勒出兒童在不同年齡的發展特色，而且也提供兒童在學習中扮演著主動地建構的角色。當然兒童在某個年齡層有其代表的發展特色指標，但年齡發展特色也有其限制，其只是幫助我們發展型態的一般性預測，而不是在某個年齡層產生精確的預測或標準（林合懋譯，2004）。性別、文化、環境、性格皆會影響某個年齡及其發展。

　　本章主要將檢視性別如何成為造成個別差異的重要變項，運用到遊戲的理論、社工處遇情境實務，以及加上成人的角色以使用更整合的理論來

解釋兒童的行為。

 # 第一節　性別與遊戲行為

當幼兒在托育機構或安置情境，他們在遊戲行為出現有明顯的性別差異：

一、身體或動作遊戲

身體或動作遊戲（physical or motor play）被定義為粗（大）肌肉動作或精細（小）肌肉動作，或在遊戲中身體部位的使用（吳幸玲、郭靜晃譯，2003）。

大多數研究支持學齡前男童比女童更常出現狂野嬉鬧的遊戲（rough and tumble play），也常在遊戲中產生真正的打架行為（工具性，而非關係性的攻擊行為），甚至於男孩似乎比女孩會使用更多的遊戲空間，也會待在戶外，但對於幼兒階段的體能活動、研究結果在性別差異中較沒有那麼明顯（Fagot & O'Brien, 1994）。某個年齡層都有顯著的個別差異存在，這也使得研究的概化（generalizability）有其困難性，例如，有些女孩可能喜歡在戶外玩，而且玩得比男孩還要狂野。

在男女童所說的遊戲中，幼童真正的打架是相對稀少的，但狂野嬉鬧的遊戲的比例大約是所有遊戲5～10%，頂多20%；而真正的打架行為及狂野嬉鬧的遊戲，男孩是女孩的二到三倍（Smith, 1997）。

在男女幼童所玩的遊戲中，在攻擊行為的形式也有性別差異的有趣發現。一般說來，男童傾向有較多工具性的攻擊行為（instrumental aggression），例如，打人、搶奪、推人或用武力來獲得喜歡的物品，爭地盤，或在社會衝突中獲取特權；而女童則傾向有較多關係性的攻擊行為（relational aggression），例如，間接或語言攻擊，或間接性欺凌弱小（排斥他人、不遵守諾言、說別人閒話或企圖傷害別人）。

從幼兒園到小學階段，幼兒從原先與性別有關的身體和動作遊戲轉移

到小學的運動、競賽和其他的活動。在男生中，也呈現在攻擊、冒險、速度與力量尚有連續發展的趨勢；而女生則較少玩吵雜的遊戲，並在體能遊戲中會較合作，注意美學及動作的優雅性。例如，男生傾向參加曲棍球，而女生則參加舞蹈課程。性別相關連並不意含排除性別，有些女生也會參加多數男生玩的活動，而男生也會參加多數女生喜歡玩的活動。

在小學階段，性別相關連的趨勢呈現在運動、競賽及其他有組織的體能活動中。男童比女童從事較大遊戲團體即有較多競爭、獨立、不同角色及較堅持規則的團隊遊戲。

二、社會遊戲

大致來看，小男孩和小女孩表現在遊戲中的社交性，並沒有很大的差異。Parten（1933）所發展的遊戲量表，顯示出社會遊戲的差異性與兒童的年齡差亦有關，卻與性別無關。然而，Parten發現三分之二的兒童遊戲團體是同性團體，而且通常是同性的玩伴較受歡迎。在社會遊戲中，性別不會造成顯著差異已有翔實的研究記載（Johnson & Roopnarine, 1983），然而在英國一項大型研究樣本的報告指出，學前階段，女孩在社會遊戲的層次領先男孩（Tizard et al., 1976）。

其他學前兒童社會遊戲的選擇也與Parten的觀察一致，同性玩伴較異性玩伴來得普遍且容易相處。兒童喜歡和同性的同伴一起玩的事實業已被許多研究證實（Fishbein & Imai, 1993；Hartle, 1996；Powlishta, Serbin & Moller, 1993；Ramsey, 1995；Shell & Eisenberg, 1990；Urberg & Kaplan, 1989）。例如，Serbin、Tonick和Sternglanz（1997）的報告就指出，同性兒童平行遊戲和合作遊戲之頻率，分別是異性兒童平行遊戲和合作遊戲的二倍和四倍。兒童傾向和同性友伴遊玩，可能是能力、性別角色刻板化，以及興趣合得來等因素混合而成的結果（Hartup, 1983）。而這些研究的發現也有一些類化的推論性存在，其原因可能：

第一，性別之差異約開始在兒童四歲時。此種性別差異之偏誤很明顯的是出現在自陳報告的研究（如說明玩伴的喜好），而不是出現在實際的行為觀察（Ramsey, 1995）。很明顯地，即使孩童在自陳報告中表示較偏好

某一性別的玩伴，在真實情境中會因對某活動的吸引而減少此性別喜好的偏誤。此發現之另一種可能解釋：幼童在訪問調查中過度陳述此種性別差異性，以順從在他生活的社會規範〔例如不喜歡異性（不和異性玩）是一種酷事〕。第二，女生比男生較早傾向與同性同伴一起玩，而一旦此種性別偏誤之觀念建立，對男生而言，較具一致性及嚴格（Powlishta et al., 1993; Shell & Eisenberg, 1990）。第三，此種性別偏好普遍存在歐裔、亞裔及非裔美國兒童中（Fishbein & Imai, 1993）。第四，建構遊戲比其他遊戲行為有較少的性別偏好（Hartle, 1996; Urberg & Kaplan, 1989）。可能建構遊戲通常較具結構性，而且需要老師在旁輔導與監督。

　　兒童較傾向於與同性別玩伴一起玩，可能原因為能力、性別角色刻板化及興趣合得來等因素混合而成的結果（Hartup, 1983）。最近，在對照男女孩之行為與社會互動模式中，也發現在幼兒階段之社會遊戲已有性別分化現象，例如，女生在社會與建構遊戲中，除非有老師居中協調，不然女生較不喜歡在課室中有指使或攻擊行為，而且也不歡迎男生一起玩。

　　同時，研究也從現象學觀點及解釋幼兒為何開始性別隔離，來探討幼兒社會互動型態之性別差異，這些研究的發現有助於教師瞭解課室中孩子的自然互動行為。在紐西蘭，Smith及Inder（1993）所做的田野研究；比較在兒童中心幼兒的自由遊戲，及在幼稚園的幼童遊戲。研究採用觀察方法，結果發現有三分之二的觀察時間中，他們進行混合性別的遊戲活動，而在混合性別的遊戲活動中，團體中的兒童人數較多。Smith及Inder推測原因：可能是兩種同性別的遊戲團體相混合所造成的結果，也許是說男生的團體夾雜著女生的團體一起玩。男生在混合團體中傾向主導遊戲，而且較會產生衝突與拒絕的事件發生，相對於在純男生的團體，則較少有這種情形出現。在幼稚園情境中，有較高的身體衝突事件，而在托兒所則出現較多的拒絕及退縮的行為。Smith及Inder因此做了下列結論：男女生在團體互動中有絕然不同的互動風格。

　　Black（1989）觀察一大學所附屬的實驗托兒所的三、四歲幼童與同齡同性別的幼童遊戲互動，結果發現在不同玩物選擇的自由遊戲中，遊戲行為及技巧依性別之不同而產生有不同的遊戲行為。一般說來，女生在社

會互動中有較多的輪流的社會互動，而社會行為與不同遊戲主題與互動情形也有不同；女生似乎相互期盼彼此間比男生有較緩和的社會互動，遊戲主題較一致且玩的時間較長。男生似乎在團體中較個人導向且會向玩伴建議如何玩；遊戲行為較不一致，呈現片斷性的遊戲情節，常有創新的玩法出現。Black的研究也支持Carol Gilligan（1982）的研究發現，女生在社會遊戲中較採取教養的角色，而男生則較採取支配的角色。雖然沒有太多研究指出孩童的社會遊戲，或社會互動中的性別差異，但是研究的發現皆指出幼童在社會互動及社會遊戲中，有明顯的性別偏好及互動行為也有所不同。幼童似乎比較偏好相同性別的玩伴，尤其在四歲之後。在遊戲互動中，衝突時有發生而且有其複雜性：女童較少用直接性或明確性的方式，男童則較常使用自我肯定性及支配性的互動模式。當進入小學之後，男女童的遊戲世界則格外分明，不互相分享各自的遊戲玩伴。男童的社會互動較延伸式、個別化及競爭性；女童則較具內在性、關係性及主觀性。

三、玩物遊戲

在幼兒遊戲中，幼兒使用玩物之性別差異，已有許多研究者有類似發現。男生幼童傾向喜歡在地板上玩，使用玩物有：推拉的玩物、積木或帶有輪子的玩具；而女生則傾向在桌上畫圖著色、玩拼圖或玩娃娃（Wardle, 1991）。幼童使用玩物的方式與其性別有關，學齡前女性幼童較喜歡玩建構遊戲，而男性則較喜歡玩功能性遊戲。換句話說，女性幼童較喜歡她們的玩物能配合她們的計畫或目標，例如，完成拼圖建構或在圖畫紙著色，而男生幼童則喜歡依刻板化或重複性動作來完成他們的玩物，例如，推小汽車、吹泡泡或扭動機械性玩具（Johnson & Roopnarine, 1983）。

造成玩物遊戲有性別差異傾向的因素，可能是遊戲時所需活動量的程度。研究亦指出，學齡前女孩較不會移動玩物，使用玩物也較具有教育意義，並較溫柔安靜（Moore, Evertson, & Brophy, 1974）。有益於建構遊戲的桌上活動，參與者大多以女性為主（教師與兒童皆然），這類活動需要一直保持坐姿，而功能遊戲，則有更多的身體活動及姿勢的轉移，參與此類遊戲大多以男性為主。

在遊戲領域相關研究中，如洞察問題的解決能力或工具使用（Vandenberg, 1981）、探索行為（Hutt, l966）或玩物操弄（Fenson, Kagan, Kearsley, & Zelazo, 1976）等研究主題，可能因參與研究的兒童人數很少，資料中沒有分析性別因素（Vandenberg, 1981），或者在玩物使用的研究中未發現有性別差異。然而，Hutt（1966）的報告中說，從對超級玩具的反應中，學前的女孩可能被歸類為非探索者，而男孩則為別出心裁的探索者；而在一追蹤研究中，Hutt和Bhavnani（1972）報告說，男孩探索心不足，似乎與其早期童年缺乏好奇心與冒險性有關；而女孩則與其童年中期人格和社會調適問題有關。

在進小學低年級時（約六至八歲），幼童會進行較多美勞藝術活動，對於玩物使用的經驗與學齡前迥然不同。這些活動雖有一些重疊性，也與性別非常相關。在幼兒期，不同性別在如何使用玩物雖然不怎麼區別，但使用玩物的種類卻大異其趣，尤其在扮演遊戲的主題內容，這可以呈現在假裝遊戲，至於建構遊戲的內容則差別不大。

四、假裝遊戲

許多研究指出（Connolly, Doyle, & Reznick, 1988; Sachs, 1987），在幼兒時期，男孩與女孩在假裝遊戲的時間量及一般幻想遊戲能力並沒有差異存在。然而，在其他假裝遊戲的層面上卻有性別差異。男女生除了在遊戲互動風格有所不同，在扮演遊戲的主題與內容卻有大大的不同，例如，男生喜歡扮演超級英雄，女生則喜歡扮演家居的角色。但在假裝遊戲的結構，例如，假裝遊戲之組織複雜性、主題的豐富性或假裝轉變品質等卻沒有明顯的性別差異。

(一)玩物轉換（object transformations）

在玩物轉換能力尚有明顯的性別差異存在，研究指出，學齡前的女孩在玩物轉換能力上領先男孩，此研究是在半控制實驗情境中進行，而非在自由活動情境或正式測驗情況下觀察（Johnson & Roopnarine, 1983）。Matthews（1977）報告說，四歲女孩在毋須憑藉玩物帶頭幻想遊戲方面，

領先四歲男孩。經過一連串嘗試，男孩逐漸在假裝遊戲中對玩物減少依賴，女孩開始的層次較男孩低，並且對三種玩物轉換的喜好亦不相上下，但是稍後，會偏好替代性玩物轉換和假裝性玩物轉換。McLoyd（1980）在其對低收入黑人學齡前兒童的研究中發現，女孩做替代性玩物轉換和假裝性玩物轉換顯著低於男孩。Fein、Johnson、Kosson、Stork和Wasserman（1975）發現在學時期，女孩似乎比男孩更常玩假裝遊戲，也比男孩提早減少對真實具體的道具的依賴。

Lowe（1975）針對幼兒在自由活動行為做了研究，發現在假裝遊戲中，男孩較常使用男性刻板化玩具（如汽車、拖車），女孩也常使用女性刻板化玩具（如洋娃娃、刷子）。但Johnson、Ershler和Bell（1980）在另一項自由活動觀察研究中，卻未發現男孩和女孩在假裝遊戲中使用玩物上有這種顯著差別。事實上，Black（1989）的研究指出，學齡前男童在假裝想像的遊戲互動中比起女童有較少依賴玩物道具的傾向。

總之，很難確切地說女孩在玩物轉變技巧上領先男孩。女孩早期的領先可能反應出女孩在語言與認知方面的加速發展。然而，在學前的後半段（三至六歲）及在所謂吹泡泡糖的年齡層中（六至十歲），在假裝遊戲模式方面的差異，可能是因為偏好，而非認知成熟度形成了這種差異。在此年齡階段中，在假裝遊戲的轉換品質並沒有明顯的差異。換言之，男女童有相同表徵呈現容量（symbolic representational capacities），及相等表徵認知結構（cognitive parity）和整合（integration）能力（Goncu & Kessel, 1984）。

(二)角色扮演和遊戲主題（role enactments and play themes）

有些研究與軼聞記錄提出，在假裝遊戲中，女孩表現出對以家庭為中心的偏好，如洋娃娃、禮服、化妝品；而男孩則傾向於反派和較危險的主題與情節，而且更常使用汽車和槍（Sutton-Smith, 1979）。換句話說，女孩傾向扮演家庭角色並根據日常生活經驗來選擇主題，男孩則傾向參加冒險主題並扮演英雄角色。

男孩和女孩在假裝遊戲中選擇不同活動，部分是因為興奮、氣質、可分配角色上的差異。男孩很快越過家庭、醫生和學校等熟悉的或與生活相

近的主題，並選擇諸如太空人、超人和幻想性角色等較不熟悉或偏離生活的主題：女孩似乎挺滿足於一般孩子都普遍熟悉的主題和角色。

　　儘管遊戲內容的一般發展方向，是從接近日常生活經驗的主題開始，再進入距離現實生活遙遠的主題，如因男孩對偏離生活的角色和主題，顯現較大興趣而認為他們在這方面較女孩進步，這種想法是錯誤的。遊戲品質永遠不能只根據單獨某一方面來做評估。組織力、不依賴玩物道具、語言的使用和創造力都是遊戲中認知成熟度的重要指標。

　　幻想攻擊遊戲（fantasy aggression play）常被認為是暴力和攻擊的形象與主題有關，而與所玩的玩物無關。戰爭遊戲發生於想像的戰爭情節和戰爭玩具的使用，戰爭的玩物常是商業性的戰爭玩具和孩子所建構成（如用積木當作手槍）。這類遊戲似乎在孩童二歲時就出現了，而一直持續到學齡期，甚至於到青春期，更有的在成人期也喜歡玩此類的遊戲。但是似乎很明顯地，在不同時期中，男生都比女生較偏好此類遊戲。

　　在幼兒階段中，幼兒的幻想攻擊遊戲常是直接從電視媒體的攻擊性節目及廣告的商品的攻擊玩具中模仿而來的。Levin（1995）覺得這類遊戲較狹隘並具刻板化，而且會限制孩子的創造力，甚至也可能會由電視節目的想像情節中提升性別主義、種族主義和仇視外來人種，此外也可能會增加暴力和不能容忍人的差異。

　　Goldstein（1995）與其他學者站在不同觀點辯稱，雖然玩具與媒體被用在兒童的幻想遊戲，但是這些玩物與媒體並不是決定兒童攻擊行為的因素——因為戰爭玩具與媒體並不是遊戲腳本，而兒童也不是純粹的錄影機。在兒童攻擊性的幻想遊戲，兒童超越了玩具及攻擊性的電視節目的表層意義，他們甚至創造了新的遊戲內涵，因此，藉由這些玩物與電視節目，兒童進入其不同的內在心理世界。

　　當兒童進入小學二、三年級時，其外顯式的戲劇遊戲漸漸轉換至較符合小學年齡層內隱式的想像或創造性遊戲表達，而且男女是絕然有別的。假裝遊戲整體的熟練及複雜性是隨年齡增長而增加，但是在性別上卻不呈現此種差異，雖然如此，但假裝遊戲的內容與主題，卻隨著男女性別之不同發展及社會化目標而呈現差異。女生的假裝遊戲在主題與內容上有其連

續性，呈現與家居、照顧及其個人內在情感連結有關，而男生則較呈現追求自主及權力。在錄影帶、書本、玩具或電影及電視，男女的遊戲主題也是涇渭分明的，男女兩性嘗試要選擇一邊靠，有專門符合其性別的活動、歌曲、藝術與美勞等工藝或習慣。

五、其他遊戲相關行為中的性別差異

男孩與女孩性別差異不僅僅只在身體運動遊戲、社會遊戲、玩物遊戲和假裝遊戲等一般遊戲型式，他們對於玩具的偏好、小組或團體活動和想像的同伴等方面，也顯現出差異。

(一)玩具的偏好（toy preference）

在我們的社會中，許多物品和玩具是設定了性別類型的。性別角色刻板化或對材料和活動貼上性別的標籤，這是要為許多幼兒在三歲之前就表現出對玩具的偏好情形負部分責任的，而最早出現這種偏好的年齡是在十二個月大（Sutton-Smith, 1979）。早在八十多年前的遊戲研究文獻中，不斷地有報告指出，發現某些玩具材料更一致地受男性或女性的偏好。女孩較常玩洋娃娃和藝術材料，而且玩的時間也較長，男孩則偏好積木和汽車。然而，Parten（1933）八十多年前就指出（至今似乎仍然如此），儘管女孩較常玩洋娃娃，當男孩不需玩洋娃娃時，男孩和女孩玩娃娃家的次數也差不多。

文獻亦指出，由於男孩和女孩在玩具選擇中所帶來的「性別不對稱感」（gender asymmetry），女孩似乎較能從許多種類的遊戲材料和活動中得到樂趣。女孩使用所謂的「男生玩具」和「女生玩具」，至少達到某個程度，男孩卻往往避開所謂的「女生玩具」。這項「類化」證明反映在Liss（1981）最近對幼稚園兒童玩傳統女性、男性、無性別或中性玩具的研究。觀察兒童在玩具的使用、享樂程度、攻擊、動作、養育（nurturance）的評估中，男孩似乎在玩男性和中性玩具時較熟悉、愉快、舉止合宜；女孩則玩男性、女性或中性玩具皆呈現熟悉、愉快而且舉止合宜的行為。但女孩比男孩表現出更多養育行為，而男孩在玩時所製造的聲音較大。

性別不對稱之假設存在於性別玩具的選擇和活動偏好，並已獲得許多研究證實。例如，Carter及Levy（1988）曾問幼兒對下列玩具圖案──廚房、娃娃、縫紉機、槍、球棒、卡車、汽球、鼓及電話等來加以選擇以視為兒童對玩物選擇的彈性測量。結果發現：男生對玩物的選擇較符合性別刻板化且有一致性。Powlishta、Serbin及Moller（1993）觀察三歲幼兒在幼兒園對玩物之喜好，男性化的玩具被分類有車子、球、操弄玩具；而女性化的玩具則為娃娃、扮演玩具及畫圖玩具等。結果發現男生選擇較多男性化的玩具，行為也較穩定；而女生則較不穩定，有時也會選擇男性化玩具。很有趣的是女生偏向與同性一起玩男性化的玩具，而不是與男生一起玩，此原因可能是異性可能會對於選擇不適合其性別的玩具加以禁止。此種有關玩具與遊戲主題之性別偏好趨向（Smith & Inder, 1993）已在幼兒時期逐漸明朗化（Sutton-Smith, 1979）。

(二)想像的同伴（imaginary companions）

會創造想像玩伴的兒童，多數是在三至六歲之間，而且女孩多於男孩（Partington & Grant, 1984）。想像的玩伴幾乎與孩童本身同年齡且同性別，他們幾乎都是人類的朋友。最大的估計是，大約25%的兒童喜歡這類幻想，而且，有想像玩伴的兒童有比較聰明的傾向，也表現出有較穩定和較具創造力的行為。然而，這些結論只是假設性的。

Jerome Singer和Dorothy Singer（1990）的報告指出，對於男孩而言，自由活動時的豐富想像力和正面的情感喜好（positive affect）兩項因素與傾向擁有想像玩伴有正向關聯（看電視卡通則呈負向關聯）。對於擁有想像玩伴的女孩，其擁有的原因是與遊戲的持續性有關，較少因為負面情緒的爆發，如憤怒、恐懼和悲傷。擁有想像玩伴的男女兒童較會幫助同伴並與他們分享（Singer & Singer, 1990）。

男童比較會利用動物玩偶來當作其伴裝遊戲的玩伴，而女童比較會以女性想像玩伴當作其伴裝遊戲的玩伴。只有13%的男童會以女生當作其想像扮演的玩伴，而女童則有42%會以男生當作其想像扮演的玩伴。近三分之一的遊戲時間，兒童會以真實人物或朋友的姓名來直呼其想像玩伴，有時兒

童會從媒體中挑選爲其想像玩伴。再次地，女生比較中性，會選擇男女角色來當作其想像遊戲的玩伴，例如，歡樂女生（Wonder Woman）、超人或蝙蝠俠，而男童只選擇男性角色（Singer & Singer, 1990）。當悲嘆此種性別不對稱，Singers夫婦很高興記載，有一想像玩伴一般說來對其童年是好的，至少對其有豐碩的想像遊戲。

Taylor、Cartwright及Carlson（1993）和Gleason、Sebanc、McGinley及Hartup（1997）的研究皆與Singer的想像玩伴與想像遊戲之研究發現有著一致性的結論。Taylor等人（1993）發現有想像玩伴之四歲男童較可能會參與較多的幻想遊戲，而有較少的眞實或玩物遊戲。而Gleason等人（1997）卻發現角色扮演遊戲與兒童擁有想像玩伴有關。Gleason等人對兒童隱形的朋友及個人化玩物做一區分，發現擁有想像玩伴的兒童在個人化玩物之遊戲形式顯現有較多的角色扮演遊戲。隱形朋友（被當作同儕之功能）提供一控制關係及預演其社會技巧的單獨性遊戲的情境，但是個人化之玩物（通常是填充玩具），可以被兒童在不同情境中來使用，可能是其戲劇遊戲的玩伴或當作其個人私密的隱形朋友。一般說來，在學前階段——不是在學齡期（兒童中期）——想像的玩伴被認爲是正面的徵象。根據Partington和Grant（1984）的報告，想像玩伴的幻想可將幻想與現實做了重要的初步結合。如果兒童早期在遊戲時與玩伴發生角色和規則方面的衝突，他們可從其能控制的想像玩伴中獲得這方面的寶貴經驗。在小學中，擁有想像玩伴並不能被視爲是正向或負向之徵象，除非有強而有力的數據證實兒童有情緒障礙。

總之，強而有力的證據表明：孩童在學前階段有明顯的玩具偏好。這些偏好則視性別而定，如女孩較男孩可能嘗試異性類型玩具與活動。另一方面，在小組和團體活動中，學前階段以性別爲基礎的差異似乎不多。在團體中，女孩有較強的對想像玩伴的偏好；擁有想像玩伴顯然是多數兒童在早期的正常現象。

第二節　環境因素

　　學前教育教師們有時會說，早期的學校經驗是兒童個人差異的重要同質化者（homogenizer）。同質化（homogenization）的意思是說：隨著兒童對教室例行事務的習慣及同學在校時的互相影響，他們的行為會愈來愈相似，也愈來愈可預測。然而，開始時，兒童對於其他兒童和老師加諸其身的要求的反應，有顯著的個別差異。

　　幼兒園中，有性別之分的遊戲就有這種同質化的趨勢，而基本上是家庭環境造成了孩子的遊戲模式，孩子原來有的個別差異以及日後在學校中的遊戲行為和興趣都受到家庭的影響。

一、家長的影響

　　家長和家庭中的重要他人對孩子不符合性別模式的活動會加以處罰，也會獎勵符合的活動或行為，因此，兒童性別差異行為最早是衍生自家庭中複雜的互動（Maccoby & Jacklin, 1974）。社會學習理論學者已經證實，家長對待兒子和女兒不同，他們可能不理會兒子玩洋娃娃，卻會鼓勵女兒的愛護（nurturant）和順從行為。

　　自嬰兒一出生，家庭就對孩子遊戲興趣與行為是否有性別之分有所影響。家長對初生兒幾乎立刻產生符合性別模式的期望。父親對初生女兒的描述為柔軟、小巧、嬌弱，對初生兒子描述則為個兒大和好動（Rubin, Provenzano & Luria, 1974）。初生兒也許並沒有這方面的差異，但是家長顯然相信他們有此差異。

　　家長的期望如何對兒童的社會化造成影響，可自其給兒子和女兒的衣服和玩具上的差異可以看出。例如，Rheingold和Cook（1975）在一項研究中觀察四十八名男孩和四十八名女孩的家具和玩具。結果，男孩的房間裡有較多的汽車、教育和藝術材料、運動配備、機器和戰爭玩具，女孩房間裡有比較多的洋娃娃、娃娃屋、家庭用品玩具，還裝飾著花邊和印花壁

紙。這些兒童的年齡介於一歲和五歲又十一個月十八天（71.6個月），也都有自己的房間。每一年齡的男孩都較女孩有較多玩具，其玩具種類也較多。男孩的玩具多為鼓勵其做戶外的活動，女孩的玩具則鼓勵其從事以團體為中心的活動。

　　父母的期望也可以轉移至與孩子的直接互動。Caldera、Huston及O'Brien（1989）觀察母親與父親與他們的嬰幼兒玩的情形。女性化的玩具被定義為娃娃及扮家家的廚具組合，男性化的玩具則為定義為卡車及積木，而中性化的玩具則被定義為拼圖及形狀組合玩具。雖然父母不會公開地鼓勵其子女使用某些種類的玩具，可是當孩子選擇與其性別刻板化相符合的玩具，父母會在其非語言的反應中表示讚許，而且他們也會更可能參與孩子的遊戲。

　　家長的期望也透過與兒童的互動傳達給孩子。一些證據顯示父親較常與兒子互動，而且互動方式與母子、母女、父女都不同。Lamb（1977）發現父親會與兒子進行較激烈的、刺激的幼兒遊戲；母親和初生兒則進行較和緩的活動，如輕輕拍（pat-a-cake），並較會利用玩具或其他物品來刺激嬰兒。父親會抱嬰兒主要是要跟他們玩，母親則是要照顧他們以及限制他們的探險範圍。家長的行為會使兒童更易獲得與性別相符的行為模式。

　　在三至五歲的學前階段，家長、老師及同年齡的兒童共同影響孩子性別模式的遊戲行為。Schan、Kahn、Diepold和Cherry（1980）研究家長的期望、學前兒童說話時的性別區分，與玩具遊戲中的性別區分間的關係，將兒童在自由活動中有性別之分的行為、玩具的陽性、柔性及中性，與家長對兒童遊戲的期望相對照。結果不出所料，女孩玩女性玩具的時間較男孩長。當研究人員指著玩具的照片要兒童指出分別屬於何種性別時，發現兒童為玩具貼的標籤是頗傳統而刻板化的，而且，被女孩歸類為男性的玩具，比被男孩歸類為女性的玩具為多。當父母被問及對其子女玩玩具的期望時，家長們的選擇也顯示了性別刻板化的趨勢。然而，希望兒子多玩陽剛性玩具的母親，她的兒子卻反其道而行。一般說來，家長對孩子自由選擇玩具時會選哪些玩具的預期上，並不太準確。

　　Langlois和Downs（1980）以三至五歲兒童為對象，研究母親、父親、

同儕反應對具性別刻板化和非性別刻板化遊戲的反應，同時觀察了兒童的遊戲行為。結果發現兒童玩同性別玩具的次數較多。母親對兒子玩另一性別玩具所做獎勵比對女兒高，也比兒子的同儕更鼓勵兒子這樣做。整體而言，兒童在玩另一性別玩具上受了極大阻力，尤其是來自同年齡幼兒的阻力。父親會鼓勵兒子和女兒玩同性別玩具，但是較會阻止兒子玩不同其性別玩具。這些研究發現進一步支持家長對孩子玩有性別區分的遊戲有極大的影響力。

二、同儕的影響

　　孩子在三歲時的遊戲已出現非常大的性別差異實不足奇，因為除了父母手足對孩子的遊戲有很深的影響之外，教室或幼兒所中的設施、老師、同儕都使這種差異益形加大。

　　觀察團體遊戲中社會行為的已有性別差異存在。研究發現在自由遊戲中同儕的反應會使遊戲產生性別之分。例如，Serbin、Connor、Burchardt和Citron（1979）研究在同伴面前有性別區分的玩具是如何選擇的，實驗包括孩子單獨一個人時、有同性別的同伴在場，及有不同性別的同伴在場三種情況；而給孩子的玩具則有男生的玩具和女生的玩具。結果顯示男孩和女孩在獨處時，玩不同性別玩具的可能性都最高，而在有異性同伴在場時玩不同性別玩具的可能性最低。而女孩比男孩玩不同性別玩具的可能性高。

　　其他研究人員發現學前兒童也有類似傾向。觀察顯示男孩玩男生玩具所獲得同儕正向反應比女孩玩女生玩具來得多。同儕的增強，尤其是來自同性別同儕，對促使兒童的行為符合其性別模式亦有影響（Lamb, Easterbrooks, & Holden, 1980）。學前男孩的同儕團體對形成性別刻板化行為影響尤其大（Fagot, 1981）。兒童，尤其是男孩，如果未能遵從同儕團體的遊戲和玩具使用標準，就會有被排斥的危險。

三、教師的影響

　　很多證據顯示，最先將兒童導向性別刻板化活動的是兒童的家庭生

活經驗，家長、手足、同儕在教室或幼兒所中爲孩子的性別差異奠下了基礎。在兒童受到老師的影響前，兒童似乎已經對社會認可的性別刻板化行爲很有概念，加上媒體與流行文化也對兒童之性別刻板化帶來諸多的影響。那麼，教師要負什麼責任呢？

在自由活動時，兒童在團體中玩有性別區分的遊戲會受到老師和同儕的提示與增強。Fagot（1983）的報告說，教師的反應會影響兒童遊戲，在這項研究中，教師對中性行爲（即非男性亦非女性）的反應最積極，其次爲女性模式行爲，對男性模式行爲最不積極。不過，老師儘管未必知道自己在這麼做，但一般說來，只要兒童照傳統的方式遊戲，教師就不會干涉。例如，教師不會鼓勵很少參與男性偏好活動的女生去玩男性化的遊戲。

研究顯示，教師會在從事女性化活動如藝術、手工藝、玩洋娃娃和扮家家酒的兒童身上花較多時間。幼兒教育教師通常是女性，學前階段的女孩和教師有從事相同活動的傾向。典型男性化遊戲行爲如玩汽車或卡車，不太能引起教師的注意或增強。顯得女孩比男孩往往和教師較親近，也常與老師一起玩結構性或建構性遊戲活動（Carpenter, Stein & Bear, 1978）。

Serbin、Tonick及Sternglanz（1979）研究教師在場對遊戲活動的影響，及教師對不同種類玩具的玩法示範所造成的影響（是男生玩具或女生玩具），教師的性別也加以考量，以測定教師的性別因素對男、女孩的遊戲的影響。結果顯示，有教師的陪伴，男、女孩對活動的參與率都增加了。大體說來，在此研究中，女孩的反應較男孩可預測，但是男孩和女孩都會受教師的影響。男孩在男性偏好的活動中，對教師的參與更有反應，尤其教師是男性時。這些發現顯示，不論在教室或幼兒所，當教師所參與的是男性化的活動時，男孩受到較多的鼓舞，尤其是當老師是男性時更是如此。教師的在場和參與會影響兒童與性別有關的遊戲模式。雖然文獻上對教室環境如各角落的動線，玩具的配製、玩物表面粗細比等等的物理特性對幼兒性別差異的預測情形少有論述，但卻有研究報告顯示，教師對教室空間的安排的確會改善孩子性別刻板化的遊戲行爲。例如，一些研究人員指出，積木角和娃娃角應在一起以便同時能夠使用，而這樣的安排可使異性同伴間產生更多的社會互動。增加玩具的種類和樣式更能豐富兒童遊戲

經驗。Kinsman和Berk（1979）以實例說明；移去娃娃角和積木角之間的區隔物，結果使聚在一起已一年左右的男、女孩大大增加了一起遊戲的時間，也使兒童會去玩傳統上屬於異性的遊戲。然而，較大的學前兒童，或在同一托育中心已待了兩年的兒童，並未改變遊戲模式。甚至其中一些兒童會試圖搬回區隔物，「江山易改，本性難移」連小孩都不例外。然而，此研究提出，教師對物理環境的安排，確能影響遊戲模式。

　　總之，研究指出教師的在場、參與及對興趣角的安排，能影響團體中性別化的遊戲行為，而幼稚園教室中及托兒所中的其他變項亦能影響性別化的遊戲行為。例如，男女生的比率和團體的大小，可能增強或減低每個性別團體依傳統方式遊玩的傾向。再者，教師基於其個人的理念跟期望而做的行為和安排，又回過頭來決定了教學的哲理及課程目標。然而，這幾個變項間的相互關係至今仍未有足夠的研究來下定論。

 ## 第三節　其他的性別差異

一、心理困擾

　　據估計美國兒童中約有四百多萬名兒童有心理健康的問題，而約有10～20%的青少年有心理上的困擾（USDHHS, 1999），但不幸地，這些青少年只有一半可以獲得專業的幫助，而相形之下，在其他未開發的國家只有更少數的比例能獲得專業的幫助或治療，這也意味著美國也有數以百萬計的兒童／青少年需要幫助卻沒有獲得專業的輔導或治療（Offer et al., 1988）。

　　心理困擾的程度是以其行為表徵的形式來做判斷，Achenbach與Edelbrock（1983）將心理困擾區分為兩類：

1.外在精神衝突者（externalizers）：係指對外在世界展現衝突，例如攻擊行為、犯罪行為或性問題者。
2.內在精神衝突者（internalizers）：係展現於內在精神（心理）之衝

突，例如有憂鬱、焦慮、恐懼症、過胖症及身心症。

外在與內在精神衝突是由於兒童、青少年社會化所造成的，例如外在精神衝突者常因有外顯行為問題的父母；父母對子女不關心造成兒童、青少年學習用外顯行為表達其攻擊衝動，甚至對學校、社會產生反社會之問題。而內在精神衝突者可能來自穩定的家庭、父母很少有外顯行為問題，並且對子女關心，結果這些青少年或兒童將壓力反應至內心世界，進而形成內在之心理衝突。通常男生比女生出現較多的外在型精神衝突，而女生比男生出現較多的內在型精神衝突。

二、道德行為

Gilligan（1985）認為Kohlberg的道德發展理論較偏向男性主義的觀點，建基於一個正義觀點（justice perspective）。Gilligan從女性主義觀點，道德宜建基於關懷的觀點（care perspective），因此，青少年女性的道德發展比男性來得高，因為女性較對人對社會的關懷，強調人與人之間的互動與溝通。Gilligan認為男性的思考方式是訴求概括的原則，而抽離具體情境的細節；女性則很難忽略具體情境的重要細節，所以說來，女人的基本道德趨向是關心別人，而不是求概括性原則來考慮人性道德。

三、兩性比較研究

劉秀娟（1997）歸納1980～1990年間的研究發現，性別差異上一些可能有的普通性結論，分述如下：

1. 在生理、認知、氣質、同理心、利他主義、養育行為、性生理反應等：發現沒有性別差異存在。
2. 在性格上：女性將自己指述為較人際及關係取向，而男性則較工具與權利取向。
3. 溝通模式：在口語表達上，男性較支配對話歷程，而女性則較會用傾聽、支持以及自我揭露的對話歷程；在非口語表達上，男性較常用支

配方式，女性比較常用表現方式。

4.利社會行為：青春期之後的女性較男性呈現較多的利社會行為。

5.權力相關行為：在攻擊行為上，男性比女性多；在競爭行為上，男性比女性高。

6.性行為：男性比女性顯得對性較有興趣，且經驗較豐富，此外，性幻想上，男性比女性的頻率較高。

結　語

兒童早期的遊戲模式受到其被增強經驗及在家中、鄰里、教室或托兒所接觸到的性別刻板化標籤而決定。本章已檢視研究報告與各項爭論後提出：家庭成員，尤其是家長，是最先將孩子的行為導向性別刻板化者，這些早期家庭生活經驗使兒童在參與團體遊戲時會依性別刻板化來行事。兒童在進幼稚園或托兒所時已有強烈的概念，知道男孩該玩什麼，女孩該玩什麼。這些信念因受團體中教師與同儕的增強而強化。而家中對孩子實行性別角色的社會化時，也會一直壓迫小孩在家中要有符合性別的行為。這些影響，加上賀爾蒙因素，終使男、女各有其傳統行為特色。此外，由於在團體情境中此過程會被加強，幼兒園成了往後遊戲模式及與遊戲有關的社會和認知技巧的溫床（Johnson & Roopnarine, 1983）。例如，玩洋娃娃可幫助說話、養育和培養溫柔的性格（Liss, 1981），它模仿傳統母親角色，而女孩在兒童時期所喜歡的用到小肌肉的建構遊戲也間接的被導入傳統女性的工作任務，例如，做頭髮、縫紉及畫畫上。所以說來，遊戲提供了未來在家庭中或就業市場中角色的練習。

那麼，成人的角色是什麼呢？家長和教師應支持此模式或是改變它？這個問題的答案要視各人的價值觀而定。有些專家發現過去數十年來，兒童遊戲已有脫離傳統性別模式的傾向（Sutton-Smith, 1979）。部分原因是社會上女性主義抬頭，以及1960年代末至1970年代初中性化運動的興起，使幼稚園教師敢強調教室中的不具性別色彩的活動（Simmons, 1976）。問題是，教師的價值觀與家庭的價值觀，是一致或是相互抗爭的？例如，不同

種族或住在不同地區的人,可能強烈反對任何偏離傳統性別角色社會化的論調。家長可能不希望孩子改變他們認為符合性別模式的遊戲行為。一些在性別角色方面較家長具有彈性的教師,可能對鼓勵家庭開放和改變熱心過度。

當然,數十年來,女孩的遊戲行為有很大的改變(Sutton-Smith, 1979)。目前學前及學齡兒童不論男女皆較三十年前更能分享彼此的玩具和遊戲。而且,今天的女孩一旦年齡大到能夠玩競賽遊戲,就會參與各種運動。還有,有關今日職業婦女角色的暢銷書愈來愈多,例如Harragan於1977年寫的《媽媽從未教過妳的遊戲》(*Games Mother Never Taught You*)一書。這些書雖然強調的重點不同,但是都公認兒童遊戲對學習社會技巧的重要性,對日後在美國這種講求合作的社會上生活將大有助益。它們不是教母親要幫助女兒如何在由男性支配的體系下力爭上游,就是如何使工作場所人性化。不論如何,整個情況很明顯:性別化的遊戲模式在生命中影響深遠,家長與教師對這些模式應有所認知,並採取適當對策。例如,如果家長願意改變,則可建議他們幫助女兒更合群。

男女大不相同,儘管生物傾向在某些情況下扮演著重要的角色,然而,即使在某些情境下生物具有影響力,但加上後天因素以及兩者交互作用之影響下,卻有不同的結果,所以環境有時比生物因素更具影響力,迫使個體的行為去迎合文化的期許,從女性主義的觀點,女人不是天生的(born),而是形塑而成的(made);同樣地,男人亦同(畢恆達,2003)。

本章不擬鼓吹改變既有的遊戲模式以適合性別角色社會化的特定目標。如同前述,我們相信應為所有兒童提供機會去參加各種的遊戲。我們對兒童實務工作者提供兩個廣泛性的建議,它們都是跨越傳統性別界線的,其中之一主要是要給家長,另一個則是給老師。

我們建議父母盡可能平等地對待兒子和女兒,提供他們一樣的玩具及其他玩物,包括遊戲的空間在內,都該一樣,花費也要相等,陪兒子和陪女兒的時間要一樣多,且父母都該和兒子和女兒一起玩。最後,也是最重要的是——父母要讓孩子玩傳統的男生和女生的遊戲。舉例來說,父親不

只要跟女兒玩角力、打棒球，也要陪兒子縫縫補補和烤餅乾。不應以傳統為由而排除任何遊戲型式和活動。在遊戲過程中，家長不但應示範並增加新的內容，讓孩子見識到新的玩法。

　　我們建議教師跟父母一樣的變通。此外，我們也力促教師重新檢視並擴充孩子的遊戲選擇，意即提供更多不同的遊戲機會給孩子，並留意相關的研究報告，例如，Kinsman和Berk（1979）發現，雖然既定的遊戲規則有性別差異，但學前兒童遊戲模式是能藉縝密的教師干預和環境的操弄來改變。我們極力推薦這類富冒險精神的教師去領導做實驗，而教師亦應參考和擴充各種戲劇遊戲的選擇。很不幸地，一些教師的戲劇遊戲僅止於娃娃家中的扮家家酒，而大都又只是廚房中的遊戲而已。如果一定要以扮家家酒為主題，何不也布置出其他房間，例如，起居室或車庫呢？相信這些設施必然會促進不同的遊戲行為。這些努力必能使團體遊戲更豐富，使學前時期的女孩與男孩都獲益。而且，透過這些努力，也許能幫助女孩和男孩成為下一世代男女的成功模範。

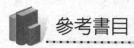 參考書目

一、中文部分

吳幸玲、郭靜晃譯（2003）。James E. Johnson, James F. Christie, & Thomas D. Yawkey原著。《兒童遊戲——遊戲發展的理論與實務》（第二版）。台北：揚智文化。

林合懋譯（2004）。Chip Wood著。《兒童發展指標：4到14歲兒童的成長型態與合適課程》。台北：遠流出版公司。

畢恆達（2003）。〈男性性別意識之形成〉。《應用心理研究》，17，51-84。

劉秀娟（1997）。《兩性關係與教育》。台北：揚智文化。

二、英文部分

Achenbach, T. M., & Edelbrock, C. (1983). *Manual for the Child Behavior Checklist and Revised Child Behavior Profile.* Burlington, VT: Department of Psychiatry.

Black, B. (l989). Interactive pretense: Social and symbolic skills in preschool play groups. *Merrill-Palmer Quallerly*, *35,* 379-395.

Caldera, Y., Huston, A., & O'Brien, M. (1989). Social interactions and play patterns of parents and toddlers with feminine, masculine and neutral toys. *Child Development, 60*(l), 70-76.

Carpenter, C., Stein, A., & Bear, D. (1987). The Relation of Children's Activity Preference to Sex-Typed Behavior. Paper presented at the twelfth annual convention of the Association for Advancement in Behavior Theories, Chicago.

Carter, D., & Levy, D. (1988). Cognitive aspects of early sex-role development: The influence of gender schema on preschoolers' memories for sex-typed toys and activities. *Child Development, 59*(3), 782-792.

Connolly, J., Doyle, A., & Reznick, E. (1988). Social pretend play and social interaction in preschoolers. *Journal of Applied Developmental Psychology, 9*(3), 301-313.

Fagot, B. (1981). Continuity and change in play styles as a function of sex of child. *International Journal of Behavioral Development, 4,* 37-43.

Fagot, B. (1983). Play styles in early childhood: Social consequences. In M. Liss (Ed.), *Social and Cognitive Skills: Sex Roles and Children's Play.* New York: Academic Press.

Fagot, B., & O'Brien, M. (1994). Activity level in young children: Cross age stability, situational influences, correlates with temperament, and the perception of problem behavior. *Merrill Palmer Quarterly, 40*(3), 378-398.

Fein, G., Johnson, D., Kosson, N., Stork, L., & Wasserman, L. (1975). Stereotypes and preferences in the toy choices of 20-month boys and girls. *Developmental Psychology, 11,* 527-528.

Fishbein, H., & Imai, S. (1993). Preschoolers select playmates on the basis of gender and race. *Journal of Applied Developmental Psychology, 14,* 303-316.

Gilligan, C. (1982). *In a Different Voice: Psychological Theory and Women's Development*. Cambridge: MA: Harvard University Press.

Gilligan, C. (1985). Response to critics. Paper presented at the biennial meeting of the society for research in child development. Toronto, Canada.

Gleason, T., Sebanc, A., McGinley, J., & Hartup, W. (1997). *Invisible Friends and Personified Objects: Qualitative Differences in Relationships with Imaginary Companions*. Washington, DC: SRCD.

Goldstein, J. (1995). Aggressive toy play. In A. Pellegrini (Ed.), *The Future of Play Theory: Multidisciplinary Inquiry into the Contributions of Brian Sutton-Smith* (pp.127-159). Albany, NY: State University of New York Press.

Goncu, A., & Kessel, F. (1984). Children's play: A contextual-functional perspective. In F. Kessel & A. Goncu (Eds.), *Analyzing Children's Play Dialogues* (pp.5-22). San Francisco: Jossey-Bass.

Harragan, B. (1997). *Games Mother Never Taught You*. New York: Rawson Associates.

Hartle, L. (1996). Effects of additional materials on preschool children's outdoor play behaviors. *Journal of Research in Childhood Education, 11,* 68-81.

Hartup, W. (1983). The peer system. In E. M. Hetherington (Ed.), P. Mussen (Series Ed.). *Handbook of Child Psychology: Socialization, Personality, and Social Development (vol.4.)*. New York: Wiley.

Hutt, C. (1966). Exploration and play in children. In P. A. Jewell & C. Loizos (Eds.), *Play, Exploration and Territory in Mammals,* 61-81. London: Symposia Zoological

Society.

Johnson, J., Ershler., & Bell, C. (1980). Play behavior in a discovery-based and a formal education preschool program. *Child Development*, *51*, 271-274.

Johnson, J., & Roopnarine, J. L. (1983). The preschool classroom and sex differences in children's play. In M. Liss (Ed.), *Social and Cognitive Skills: Sex Roles and Children's Play*. New York: Academic Press.

Kinsman, C., & Berk, L. (1979). Joining the block and housekeeping areas: Changes in play and social behavior. *Young Children, 35*(l), 66-75.

Konner, M. (1991). *Childhood: A Multicultural View*. Boston, MA: Little, Brown and Co.

Lamb, M. E. (1977). The development of parental preferences in the first two years of life. *Sex Roles, 3,* 495-497.

Lamb, M. E., Easterbrooks, A., & Holden, G. (1980). Reinforcement and punishment among preschoolers: Characteristics, effects, and correlates. *Child Development, 51,* 1230-1236.

Levin, D. (1995). Media, culture, and the undermining of play in the United States. In E. Klugman (Ed.), *Play, Policy, and Practice*. St. Paul, MN: Redleaf.

Liss, M. B. (1981). Patterns of toy play: An analysis of sex differences. *Sex Roles, 7,* 1143-1150.

Lowe, M. (1975). Trends in the development of representational play in infants from one to three years: An observation study. *Journal of Child Psychology and Psychiatry, 16,* 33-47.

Maccoby, E., & Jacklin, C. N. (1974). *The Psychology of Sex Differences.* Stanford, CA: Stanford University Press.

Mattews, W. S. (1977). Modes of transformation in the initiation of fantasy play. *Developmental Psychology, 12,* 211-236.

McLoyd, V. C. (1980). Verbally expressed modes of transformation in the fantasy play of black preschool children. *Child Development, 51,* 1133-1139.

Moore, N. V., Evertson, C. M., & Brophy, J. E. (1974). Solitary play: Some functional reconsiderations. *Developmental Psychology, 10,* 830-834.

Offer, D., Ostrov. E., & Howard, K. (1981). *The Adolescent: A Psychological Self-Portrait*. New York: Basiz Books.

Parten, M. B. (1933). Social play among preschool children. *Journal of Abnormal and Social Psychology, 28,* 136-147.

Partington, J. T., & Grant, C. (1984). Imaginary companions. In P. Smtih (Ed.), *Play in Animals and Humans* (pp.217-240). New York: Harper & Row.

Powlishta, K., Serbin, L., & Moller, L. (1993). The stability of individual differences in gender typing: Implications for understanding gender segregation. *Sex Roles, 28*(ll-12), 723-737.

Ramsey, P. (1995). Changing social dynamics in early childhood classrooms. *Child Development, 66*(3), 764-773.

Rubin, I., Provenzano, R., & Luria, Z. (1974). The eyes of the beholder: Parents' views of sex of newborns. *American Journal of Orthopsychiatry, 44,* 512-519.

Sachs, J. (1987). Preschool boy's and girl's language use in pretend play. In S. Philips, S. Steele, & C. Tanz (Eds.), *Language, Gender, and Sex in Comparative Perspective* (pp.178-188). New York: Cambridge University Press.

Serbin, L. A., Connor, J. A., Burchardt, C. J., & Citron, C. C. (1979). Effects of peer presence on sex-typing of children's play behavior. *Journal of Experimental Child Psychology, 27,* 303-309.

Serbin, L. A., Tonick, I. J., & Sternglanz, S. H. (1977). Shaping cooperative cross-sex play. *Child Development, 48*, 924-929.

Shell, R., & Eisenberg, N. (1990). The role of peer's gender in children's naturally occurring interest in toys. *International Journal of Behavioral Development, 13*(l), 373-388.

Simmons, B. (1976). Teachers, beware of sex-stereotyping. *Childhood Education, 52,* 192-195.

Singer, D. & Singer, J. (1990). *The House of Make-Believe: Children's Play and the Developing Imagination*. Cambridge, MA: Harvard University Press.

Smith, A., & Inder, P. (1993). Social interaction in same and cross gender pre-school peer groups: A participant observation study. *Educational Psychology, 13*(1), 29-42.

Smith, P. K. (1997, October). *Play Fighting and Fighting: How Do They Relate?* Lisbon: ICCP.

Sutton-Smith, B. (1979a). Epilogue: Play as performance. In B. Sutton-Smith (Ed.),

Play and Learning (pp.295-320).

Sutton-Smith, B. (1979b). The play of girls. In C. B. Kopp & M Kirkpatrick (Eds.), *Becoming Female: Perspectives on Development*. New York: Plenum.

Taylor, M., Cartwright, B., & Carlson, S. (1993). A development investigation of children's imaginary companions. *Developmental Psychology, 29*(2), 276-293.

Tizard, B., Phelps, J., & Plewis, L. (1976). Play in preschool centres (I). Play measures and their relation to age, sex and IQ. *Journal of Child Psychology and Psychology and Psychiatry, 17,* 251-264.

Tizard, B., Phelps, J., & Plewis, L. (1976). Play in preschool centres (II). Effects on play of the child's social class and of the educational orientation of the centre. *Journal of Child Psychology and Psychiatry, 17,* 265-274.

Urberg, K. & Kaplan, M. (1989). An observational study of race-, age-and sex-heterogeneous interaction in preschoolers. *Journal of Applied Developmental Psychology, 10*(3), 299-312.

U. S. Department of Health and Human Service (USDHHS) (1999). Mental health: A report of the surgeon general. Rockville, MD: U. S. Department of HHS. Substance Abuse and Mental Health Service Administration, NIH, NIMH.

Wardle, F. (1991). Are we shortchanging boys? *Child Care Information Exchange, 79*(May/June), 48-51.

Chapter 4
兒童少年保護福利服務

- 🦋 我國兒童保護現況
- 🦋 兒童保護工作微視與鉅視面之分析
- 🦋 兒童少年保護服務之處遇模式

兒童保護服務（Child Protection Service, CPS）可分爲廣義與狹義的定義，廣義的定義係指對兒童身心安全的倡導與保護；而狹義的定義係指對兒童虐待（child abuse）或惡待（child maltreatment）的預防與處遇。依Kadushin及Martin（1988）對兒童福利服務之定義，兒童保護服務是爲兒童福利第一道防線，也是第三道防線，我國兒童及少年福利與權益保障法亦有設專章討論，可見兒童保護服務在兒童福利服務的重要性。當然，兒童保護服務與兒童虐待又可稱爲同義詞，一般而言，兒童保護服務又可分爲身體虐待（physical abuse）、性虐待（sexual abuse）、心理或情緒虐待（psychological or emotional abuse）以及疏忽（neglect）等四類服務。

基本上，對於兒童福祉的看重與照顧是作爲文明社會與福利國家一項重要的發展指標，更是政府及社會整體的集體責任（the collective responsibility），就此而言，如受虐通報、司法保護、重病醫治、危機處遇、緊急安置、經濟扶助以及孤兒照顧等以問題取向（problem-oriented）爲主的弱勢兒童福利工作，固然有其迫切執行的優先考量，但是，以大多數正常兒童爲主體所提供的以發展取向（development-oriented）爲主的一般兒童福利工作，則也是同樣地不可偏廢，如兒童的人身安全、醫療保健、休閒康樂、親職教育與托育服務等。終極來看，如何形塑出一個免於恐懼、免於人身安全危險，以及免於經濟困頓的整體兒童照顧服務（holistic child care services）的生活環境，是政府當局所要努力的目標，更是整體社會大衆共同追求的願景！

這項兒童福利服務攸關到戶政、社政、勞工、警政、醫療、諮商、心理治療、衛生、司法、教育、傳播等不同單位組織，是一種支持性服務，也是替代性服務。前者是以預防的觀點提供當兒童及其家庭發生危機時，給予一些諮詢及資源，讓兒童及其原生家庭得以增強其個人因應危機之能力，解決其家庭的危機；後者係指危機發生後，社工人員基於兒童最佳利益考量兒童在家庭外之安置。此種兒童福利業務隱含著從制度層次的組織變革，擴及到社會與文化層次的全面性改造，目前我國政府的兒童保護服務，主要在落實兒童及少年福利與權益保障法處理兒童保護案件之規定，結合公、私部門力量提供諮詢、通報、緊急安置、輔導、轉介等服務措

施，並對施虐者實施強制性親職教育工作（內政部，2004）。

　　近年來，隨著台灣社會快速變遷所浮現出來的各種適應難題，加諸在危及兒童個人的人身權益，譬如兒童綁架、虐待、性侵害、挨餓、窒息、猥褻、自殺、被迫服毒、適應不良以及色情傳播等等社會現象，在在都衝擊到我們所一貫標舉「兒童是國家社會未來的主人翁」，以及「兒童是家庭的珍寶」的價值理念（郭靜晃，1996），就此而言，兒童的保護、安置與收容自然有其強制實行的優先性與迫切性。然而，兒童受虐的成因並非僅是單一因素，而兒童保護與安置工作涉及的層面甚多，其業務內涵也頗為複雜，從理論思維和工具實務這兩項雙重進路切入，檢視兒童的保護與安置工作，將有幾項基本的問題意識是我們必須要面對的（王順民，2002）。兒童保護服務（CPS）至少要含括三個重要理念：(1)安全（safety），包括保護兒少免於再度被虐待、緊急救援、保護安置及安全維護措施；(2)權益（well-being），包括兒少家庭身心健康與社會適應、權利資源運用、社會資源連結；(3)永久性（permancy），包括讓兒少在安全穩定的家庭環境長大，家庭維繫、家庭重聚和出養服務。本章即以兒童保護服務之實然面與應然面為鋪陳來加以論述，輔以美國、加拿大社會現況作為借鏡與反思，最後再提出未來我國兒童保護服務之展望。

第一節　我國兒童保護現況

一、兒童虐待之原因

　　兒童虐待大都來自功能失調的家庭，而受虐的子女正是名副其實的代罪羔羊。由於媒體大肆報導，社會大眾的意識覺醒，使得近二十年來，兒童虐待和疏忽事件的報告率大幅提升，然通報率升高和新個案數的增加，兩者之間並不容易區辨，但是登上平面媒體的比率卻是增加的。虐待兒童的行為，是一連串複雜的社會心理歷程，這種複雜的社會心理歷程的背後可能導因於以下幾個因素：

(一)個人人格特質

施虐者個人的壓力和人格特質。施虐者常將生活壓力或婚姻失調累積的壓力發洩在兒童身上；例如，有些成年人比較容易虐待孩子或有些孩子比較容易被別人凌虐。

(二)交互作用模式

施虐的原因是由於系統失去功能所致。低階層家庭的父母相信身體處罰是正當的管教方式，比較容易虐待兒童。父母的精神疾病及藥物、毒品濫用也是兒童虐待的原因之一。即使在美國，1985年約有一百九十萬兒童遭受家庭虐待（U.S. Bureau of the Census, 1989），大約占全國兒童總數11%。這些受虐兒童遭受施虐之來源，通常是飽受貧窮壓力，沒有工作及旁人協助的年輕媽媽（Gelles, 1989）。相對於台灣的情形，近五年（2010-2014）每年超過一萬六千名孩子遭受虐待，大約兩萬五千名則為暴力目睹兒童。

(三)社會環境論

環境、社會文化變遷帶來的立即性壓力導致兒童虐待（張寶珠，1997）。例如，在某些情境文化脈絡或社區中，虐待事件比較容易發生。

就兒童少年虐待個案類型發生比例，仍以身體虐待及疏忽為最多，約占60%，台灣社會平面媒體經常報導有關兒童虐待及疏忽的個案資料，而有關兒童因疏忽、缺乏安全之遊戲規劃，或遭受親屬或他人之性侵害與身體虐待之事件層出不窮，在一般兒虐最常造成以缺乏親職知識，婚姻失調為主要因素，而兒虐致死的因素則是不當管教、經濟壓力為主要成因；此外，彭淑華（2005）針對兒童少年機構所做的質化研究亦發現，我國兒童少年機構工作人員對於安置院童之直接及外顯暴力亦是存在的；方案虐待涉及安置機構組織內部之糾葛紛爭、經營理念及機構重管理輕輔導等，皆為間接影響安置兒童及少年之權益；體系虐待則涉及整個安置體系建置，如收容量不足、不適當之安置等，也影響安置兒童及少年之權益。

　　總之，對於有關兒童受虐或疏忽的看顧並不僅止於受虐兒個案層面上的干預，還進一步地擴及到包括兒童及其家庭和所身處社會的整體改造，而且因應的兒童保護與安置工作亦應掌握微視面與鉅視面的雙重進路（**表4-1**）。**表4-1**是從區位學觀點（ecological aspect）來說明我國兒童受虐或疏忽之情境，不僅包括微視系統（如原生家庭）、居間系統（如機構）、外圍系統（如政府福利制度）以及鉅視系統（如社會之行動、信念與價值等）。他山之石，可以攻錯；反觀美國的兒童保護工作，其處遇的方式已由過去只注重個案工作轉移到使用多系統的複雜處遇模式（如短期的寄養服務；長期規劃的家庭重聚服務、家庭維繫服務，或收養服務），也強調兒童保護社會工作者的訓練，工作人員也體認此項工作跨領域合作的必要性。

　　台灣兒童保護服務問題是：現存的跨領域之專業整體性的合作與協調不足、預防處遇方案並不多見、政府財務上的壓力也造成兒童保護預算上的萎縮；但是兒童和家庭的福利需求又有增無減，加上問題的複雜性也日

表4-1　兒童虐待的層面分析表

主要受虐情境	施虐來源	主要虐待行為	示例說明
家庭（含原生家庭、同居家庭、寄養家庭、收養家庭等）	父母、手足、親友、主要照顧者	·身體虐待 ·精神虐待 ·性虐待或性剝削 ·疏忽	·毆打、砸、撞、燙傷等 ·口語暴力、冷嘲熱諷等 ·性侵害、強迫性交易等 ·漠視、不滿足兒童的基本需求與權利
機構（學校、安置收容機構、嬰幼兒托育中心、幼兒園或醫療單位）	機構工作人員、主要照顧者、其他安置者與其親友等	·體罰等不當管教 ·不當使用精神病理藥物 ·無意或故意延長隔離時間 ·使用機械設備限制其行動 ·階級、種族、性別歧視、方案濫用 ·非法禁見與探視 ·未提供法律規定的服務 ·性侵害與性剝削	·交互蹲跳、暴力威脅 ·餵食鎮靜劑、安眠藥等 ·以單獨禁閉為懲戒手段等 ·限制兒童活動 ·嘲弄兒童之人格權 ·未評估拒絕親友探視 ·拒絕兒童福利專業協助 ·性騷擾、強暴等
社會（社會之行動、信念與價值等）	兒童所處社會環境等	·不適宜的教養文化 ·性別刻板印象 ·不平等、權力、暴力 ·允許暴力存在 ·兒童是無能的	·不打不成器等觀念 ·遵守主流性別角色 ·教育、生涯發展 ·暴力是和諧的必要手段 ·成人的決定是出於愛與善

資料來源：馮燕等（2000）。《兒童福利》，頁184。台北：國立空中大學。

增，所以兒童保護之福利服務工作之重要性與日俱增，如何克服這些障礙是整體社會和兒童保護服務工作者現在和未來的一大挑戰。

二、我國兒童保護之提供

　　台灣地區在兒童保護之提供，過去基本上有通報調查、機構收容安置、寄養家庭服務及收（領）養服務。而其中，又以民間機構扮演極重大的角色，例如，通報調查工作除了台北縣（市）外，幾乎都會委託中華兒童福利基金會或台灣世界展望會辦理。機構收容安置則是透過轉介案主人數，來補助收容之育幼院。寄養家庭服務更是由中華兒童福利基金會早在1981年主動提出，除了台北市委託台灣世界展望會外，其他縣市均為透過購買服務合約的方式（POSC）委託中華兒童福利基金會。領養服務主要是透過非機構式領養，亦即黑市或灰市；台北市則委託兒童福利聯盟進行領養專案。蘇靖媛（1989）針對「台北市聲請領養認可之養父母之研究」歸納發現，養父母是由收養親友或配偶子女直接安置有56.9%，灰市安置的有21.9%，黑市的有18.3%，而合法機構安置的只有2.9%。由於領養人之偏好及大環境服務設施不足、永久停止親權之裁定困難等問題，受虐兒的出養仍困難重重（余漢儀，1995）。至今有關兒童及少年收、出養之服務，則委託兒童福利聯盟及基督教福利救世會辦理。

　　家庭寄養服務是一項兒童福利服務，當兒童的原生家庭暫時或有一段時間無法照顧兒童，且不期待或不可能使兒童被收養時，所提供給兒童一段時間內的替代性家庭照顧（Child Welfare League of Amercia, 1959）。台灣依據2003年5月28日所公布的兒少福利法有關安置之規定，以家庭寄養服務為最優先之安置排列，其次則為交付適當之兒少福利機構或其他安置機構教養之。我國寄養家庭服務計畫自1981年7月至1983年6月止試辦兩年，試辦成效優良，於同年（1983年）7月開始正式辦理，截至2005年底為止，我國寄養家庭數為11,585家，被寄養兒童人數為2,054人（內政部兒童局，2006）。由於國人觀念不如西方，當考慮兒童需要替代性服務，會優先考慮給予家庭寄養安置，加上宣導工作不足，目前仍無法普遍實施此種暫時性的處遇安置。

　　暫時性的安置，將受虐兒童安置於寄養家庭、收容之家或團體之家，皆不是前瞻性且符合兒童應在親生家庭成長的最佳利益的方案；此外，寄養服務亦不是兒童福利服務解決兒童及家庭問題之萬靈丹（郭靜晃，2004）。由於兒童不斷進出寄養照顧（foster care）的「流蕩現象」（drift），以及孩子需要與父母能維持一個合適的聯結或情緒聯結（parental bond or emotional bond），此類的處遇幾乎針對施虐父母，而不是以受虐兒為焦點（focus），而兒童在此類的安置不見得獲其利，反蒙其害。兒童保護服務之目標宜建立在對兒童及其家庭的照顧。而涉案的家庭所需要的服務範圍很廣而且具多元性，例如，臨床治療到實質具體的日托、醫療、就業輔導，甚至到反貧窮、反色情等社區方案，也就是社會福利社區化的具體精神；換言之，這也是預防性及主導性的兒童福利服務，此種服務包括強化親子關係的家庭取向的育兒、提供親職教育、消除貧窮及其他環境壓力、降低暴力及體罰之文化增強等（余漢儀，1995）。據此，美國已開始發展整體性家庭寄養服務，採用整個家庭接受另一個家庭寄養服務，或稱為分擔性的家庭寄養服務（Shared Family Care, SFC），係指將「兒童、少年與父母一起安置到寄養家庭」（Barth & Price, 1999）；尤其對年輕之單親女性家庭，以提供生活空間及教導子女之資源與知識以達到處遇之充權增能（empowerment）。此外，加拿大更將此擴大至社區寄養服務（foster care community），換言之，有些社區是整體被兒童福利機構所購置，再分售給寄養家庭。整個社區依被寄養家庭與子女之需求增設一些社區服務中心，並且建構整個服務輸送網絡，而這些居住在社區中之寄養家庭自然也成為共同互助團體（mutual aid group）（郭靜晃，2004）。國外有關兒童福利服務方案之新趨勢，是值得我國未來實施兒童保護服務借鏡之處。

　　台灣近年來兒童保護現況的論述中，余漢儀（1996）發現政府在過去二十年來，對於民間團體及社會對兒保要求之回應也相當多，但為何總在相關場合聽到兒保人員滿腹苦水。如對1995年12月18日全省統一兒少保熱線開辦後，社工員不是表示不願意值夜班，便是對此辦法無法落實或出於安全顧慮、加班費、補休等問題表示不贊成；對於目前工作量深覺負荷重而且又要兼辦其他業務；由於工作情境不可控制因素而產生無力感等壓力

兒童社會工作
——SWPIP實務運用

造成流動率（turnover rate）高；施虐家庭不肯合作、採證困難、自身安全受威脅、警政單位配合度低等，也造成兒保訪視之困擾；甚至於兒保人員認為兒保工作最主要之困難為：原生家庭服務缺乏（缺乏長久之規劃）、兒童安置處所缺乏、工作負荷量大、工作人員經驗不足，以及醫療、警政單位配合差等。報章新聞也常有兒童遭凌虐甚至致死，或是社工員由於精神枯竭或稱崩熬（burnout），工作壓力重，有另外的出路而造成流動性高，這些原因除了人力不足外，還存在哪些原因呢？此外，政府兒保社工員，雖然大多數為相關科系畢業，但由於兼辦其他繁雜之業務及年資不高，也影響其累積兒保的實務經驗。在台灣地區二十三縣市中，首先回應中華兒童福利基金會的有台北市、高雄市、台北縣、嘉義縣及雲林縣，其餘則在1993年兒童福利法修訂後才開辦兒保業務，而相關兒虐業務則有分自辦、協辦、補助及全託四種層次。

　　各地政府由於幅員大小不一，社經資源多寡不同，而且又各自發展兒保策略。依余漢儀（1995）指出，雖然台灣省各縣（市）及台北、高雄二市每半年填具的「兒保執行概況統計分析表」稍嫌粗略，但可算是最完整的兒保數值。根據1993年資料，兒少保專線所接1,931案例中，有58%後來留置家中，有可能是案情不嚴重，只須提供支持服務即可（但是否有提供服務，由書面資料不得而知）。其次為暫時寄養（29.15%），但寄養時間的長短和持續與否也不得而知，甚至寄養家庭只能提供生理和生活照顧，而不能提供較專業的治療性家庭寄養服務（therapeutic foster family care）。至於長期安置的則有6.53%，在其中應屬於較嚴重之案例。從上述之處遇，大多數為提供支持，再其次為暫時安置，而長期安置比例最少，至於社政單位介入兒虐案家後，除了提供服務外，其他評估之效果，或加強其他兒童保護之預防服務及次級的預防兒童保護方案，如家庭重聚服務（family reunification services）及家庭維繫服務（family preservation services）等符合兒童利益之長期規劃的保護方案，更是罕見或幾乎未提供此類服務。在美國，自1997年的「收養及家庭安全法案」（Adoption and Safe Family Act）就鼓勵加速兒童永久性處遇計畫，即在剝奪親權之前，給予父母較短的時間改善親職能力或放棄親權。這個法案不鼓勵父母與子女分離，而由社區或公立機構提供父母足夠的教育或支持服務，使之成為稱職的父母，或決

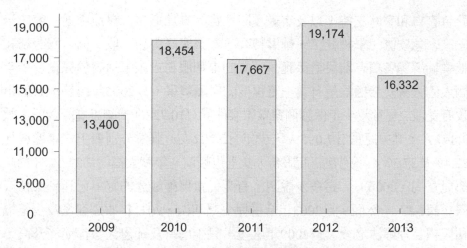

圖4-1 2009-2013五年受虐待及疏忽兒少人數

資料來源：衛生福利部（2014）。

定放棄親權。分擔性家庭寄養服務或喘息性家庭寄養服務即是永久性處遇與安置之策略。

近年來，台灣兒少保護服務雖面臨著兒少虐待與疏忽的人數驟增（從2009年至2012年，到了2013年有稍許下降）（**圖4-1**），但個案類型發生比例仍以身體虐待、疏忽占居第一及第二位。然而，一般兒童之父母、監護人或照顧者的施虐因素是缺乏親職知識及婚姻失調；兒虐致死的因素則是不當管教、經濟壓力。因此，最重要的因素是父母及照顧者缺乏親職知識及不當管教，所以家庭處遇則變成兒童保護服務最當務之急之事（衛生福利部，2014）。

 ## 第二節　兒童保護工作微視與鉅視面之分析

一、微視面分析

為落實「兒童及少年福利法」和「兒童及少年性交易防制條例」的立法目的，政府與民間團體在提供如初級預防性質的諮詢服務、親職教育、

社會宣導和家庭支持，以及次級預防性質的責任通報、醫療處遇、臨床治療、緊急安置、學校社工、輔導轉介、寄養家庭服務、收（領）養服務和就業輔導等各項有關兒童保護、安置的福利服務措施，這對於兒童及少年個人的人身安全權益是有其一定程度的保障效果。以2005年為例，各縣市政府受理之兒童及少年保護個案舉報案件計有10,722件，查獲實際受虐人數9,897人，其中兒童計7,095人，少年有2,802人，雖然分別較上一年度增加22.4%及37.3%，不過在諮商服務人次上也較前一年度大幅增加29.6%（內政部兒童局，2006），這多少說明了有關兒童保護觀念的宣導已達到某種成效（**表4-2**）。然而，自2003年合併兒少福利法，2011年改為兒童及少年福利與權益保障法之後，自2009年之後，兒少虐待及疏忽人數卻節節升高，達到每年平均約17,000人。近年來由於政府介入家庭處遇方案，例如提供家庭功能評估、親職教育及家庭扶助與福利方案等家庭功能評估，近五年來，接受處遇人數也逐年微幅上升。

至於，2005年處理受虐兒童及少年之受虐類型，以身心虐待占72.36%最多（其中身體虐待占51.01%，疏忽占32.05%，精神虐待占11.51%，性虐待占5.43%），遺棄占4.65%，其他占23.94%（內政部兒童局，2006），這似乎點明了：國人還是慣於將兒童視為是父母的一種私有財以及父母對子女的管教是天生，甚至親子管教問題也被界定為私領域（private sphere）的概念範疇。此種「親子神話」（parent-child myth）一日不破解，兒童虐待事件將永遠持續發生且持續增加（余漢儀，1995）。

最後，在安置狀況方面，2005年對受虐兒童及少年進行保護處理或安置者計9,806人次，其中個案於住家中接受家庭輔導者7,512人次，由親屬、寄養家庭或機構緊急安置者909人次，繼續安置（含寄養）者1,120人次，死亡者34人，其他安置服務者231人次（內政部兒童局，2006）。換言之，家內性質和家外性質的安置模式雖然同時並存，但是，在原生家庭以及支持輔助完整家庭的價值思維底下，家庭維護方案（family preservation programs）以及家庭重整方案（family reunification programs）自然還是整套兒童保護安置服務措施優先的運作準則（郭靜晃，2001）。最近，政府兒少保護服務採取家庭處遇服務方案，依兒少保護案件樣態與兒少保護程

表4-2 台閩地區兒童及少年保護執行概況

年及 縣市別	個案 舉報 件數 (件)(1)	保護專線 接案件次 (件次)(2)	受虐 人數 (人)	兒童受虐類型(%)				保護處理 安置人次 (4)	諮詢 服務 (次)(5)	施虐者 人數 (人)
				每萬兒童 及少年受 虐人數 (0/000)	遺棄	身心虐待 (3)	其他			
2004年	8,494	9,321	7,837	14.55	6.38	74.80	20.58	8,139	41,954	6,977
2005年	10,722	12,973	9,897	18.69	4.65	72.36	23.94	9,806	54,368	9,028
台北縣	2,714	1,117	2,644	30.73	3.03	62.41	34.95	2,644	3,198	2,103
宜蘭縣	235	580	226	20.96	3.98	86.28	5.31	226	2,562	221
桃園縣	773	588	799	16.12	8.14	74.34	17.90	799	744	808
新竹縣	163	164	160	12.86	5.00	83.13	18.13	159	446	160
苗栗縣	484	68	88	6.66	11.36	90.91	29.55	88	393	75
台中縣	1,125	677	770	19.78	2.34	64.81	31.95	770	5,122	741
彰化縣	374	296	387	12.27	3.10	79.33	17.57	387	707	388
南投縣	176	177	220	17.95	7.73	80.45	11.82	220	932	174
雲林縣	279	799	279	17.46	7.17	79.93	12.90	279	748	246
嘉義縣	270	230	230	19.45	3.48	83.04	13.48	230	389	236
台南縣	382	366	366	15.37	7.10	68.85	24.04	366	1,833	345
高雄縣	1,063	3,439	971	35.55	4.02	68.49	27.50	967	3,901	983
屏東縣	679	218	713	35.65	4.35	93.97	6.87	713	2,630	677
台東縣	123	72	74	13.88	5.41	91.89	2.70	74	280	52
花蓮縣	276	325	277	35.26	8.66	68.59	21.30	250	1,550	232
澎湖縣	16	2	20	10.46		95.00	5.00	23	4	15
基隆市	117	114	114	12.93	3.51	80.70	15.79	114	333	113
新竹市	119	118	128	12.77	11.72	50.78	53.13	66	1,174	109
台中市	406	1,031	471	17.64	5.31	80.25	14.23	471	441	445
嘉義市	196	58	143	21.31	3.50	75.52	24.48	133	366	130
台南市	241	131	153	8.75	0.65	75.16	25.49	163	670	130
台北市	256	1,553	410	7.37	3.90	79.02	17.07	410	829	410
高雄市	252	850	254	7.55	9.06	65.35	25.59	254	25,100	235
金門縣	3	-	-	-	-	-	-	-	16	
連江縣	-	-	-	-	-	-	-	-		

資料來源：內政部兒童局（2006）。
說　明：(1) 舉報件數來源包括父或母、親友、學校、醫院、檢警單位、民間社福單位、案主主動求助、
　　　　　　鄰居及社會人士等。
　　　　(2) 保護專線接案件次不含虛報數。
　　　　(3) 身心虐待包含身體虐待、精神虐待、性虐待及疏忽。
　　　　(4) 保護處理安置人次包括家庭輔導（個案仍在家中）、緊急安置、繼續安置等。
　　　　(5) 諮詢服務包括電話諮詢通次、當面諮詢人次及其他案件件次。

度（如高／中高度、中／中低度、低度／無）採取不同服務主軸，例如中
高度／高度的家庭維繫、親職教育及福利服務資源支持；中度／中低度的
家庭重聚、強制性親職教育或福利服務資源連結；低度／無的家庭輔導計
畫或永久性移出家庭策略，以確保兒少家庭仍有機會成為兒少提供符合安
全、權益及永久性的成長環境（衛福部，2014）。兒少保護工作理念核心
策略以方案評估方式，依理解家庭→評估家庭→家庭參與→計畫執行→成
效評估流程以實踐兒少安全、福祉與永久性理念的服務策略。

兒童社會工作
——SWPIP實務運用

二、鉅視面分析

　　基本上，對於受虐兒童所提供的各項保護安置工作，比較是針對受虐兒本身、涉案家庭以及施虐者所進行之微視面的處遇方式，然而，當兒童的受虐以及父母或近親者的施虐成為一項整體社會事實（total social facts）時，那麼，對於兒童受虐現象的議題討論，當有其必要去掌握這些兒童、父母及其家庭背後所共有的結構性限制。因此，有關兒童的人身問題與其鉅視面人文區位環境彼此之間的相互關係，自然是探討兒虐現象必要的切入點。

　　從各項客觀的發展指標也直接點明各縣（市）政府在執行兒童保護與安置業務時，背後所必須要面對的結構性限制（**表4-3**）。相關的研究（余漢儀，1997、1998）也說明了將兒童的受虐與保護現象放置在人文區位環境當中所蘊涵的意涵，包括有：

　　首先，台灣地區依然呈現出各縣市不等的都市化程度，連帶而來衝擊包括了當地工商業的發達情形以及所帶動的工作就業機會，而這都會直接影響到家戶內的經濟所得維持水準。

　　因此，若以各縣市的每百住戶中的低收入比例代表貧窮率，並且配合當地縣市政府的財源負債情形，像是澎湖縣、台東縣、屏東縣、花蓮縣、雲林縣以及南投縣等人民所得貧窮和地方政府財政貧乏的縣市，凸顯出一項兩難的發展困境——這些貧窮縣市的居民及其家庭理當有著較大的社會服務需求，但是地方政府卻反而是無力提供較多的社會福利資源，最終發展的結果則是掉入惡性的循環當中，而增加問題處遇上的難題。

　　就此而言，上述這幾個縣市所出現較高比例的未成年媽媽，就某個角度而言，這除了是青少年個人道德上的瑕疵（moral failure），尚隱含著區位結構性限制所必然帶來的一種預期性的後果（intended consequences）。畢竟，一者，未成年媽媽的比例與貧窮率呈現相關性的內在關聯，再者，後天社會福利資源配置的不足，使得政府部門對於心智未臻成熟的未成年媽媽所能提供的親職教育和家庭訪視等等服務，自然是不足且匱乏的。

表4-3 各縣市兒童保護工作的社會發展指標

社會發展指標／縣市	農林人口比例	貧窮率	未成年媽媽比例	兒童接案數	兒保接案率	兒童嫌疑犯	政府兒保社工	家扶兒保社工	縣市政府累積負債
台北縣	1.80	0.62	4.37	445	7.06	159	9	14	9.70
宜蘭縣	11.23	1.06	6.22	130	15.35	17	2	2	5.26
桃園縣	5.52	0.65	4.82	186	6.01	80	7	2	9.20
新竹縣	8.02	0.54	5.95	46	5.54	44	3	1	5.00
基隆市	1.68	0.72	5.28	35	45.45	46	6	2	—
新竹市	3.32	0.26	4.76	27	2.21	14	—	1	2.00
苗栗縣	13.69	1.14	5.83	23	2.79	36	2	2	9.95
台中縣	10.22	0.38	5.24	79	3.63	63	7	2	48.00
彰化縣	18.72	0.81	5.23	89	3.13	53	5	1	10.00
南投縣	28.67	1.10	7.10	31	2.97	39	5	3	8.80
雲林縣	35.15	1.35	6.97	37	7.57	38	2	1	17.00
台中市	2.90	0.20	2.91	130	3.07	33	7	3	34.00
嘉義縣	31.55	1.07	6.15	29	1.18	20	19	1	—
台南縣	21.50	0.66	5.2	22	5.81	44	20	1	5.10
高雄縣	13.13	0.74	6.23	121	3.77	31	1	4	32.94
屏東縣	27.01	1.78	8.65	60	7.71	41	1	3	8.00
澎湖縣	17.37	4.02	7.10	11	3.85	7	1	1	3.25
嘉義市	6.74	0.72	4.30	18	3.77	22	4	-	16.00
台南市	3.27	0.64	3.73	48	7.71	21	3	2	23.00
台東縣	24.08	2.78	11.35	63	14.94	109	1	7	20.00
花蓮縣	14.06	1.54	9.64	57	9.25	76	1	2	0.22
台北市	0.62	0.78	2.01	266	6.18	70	65	—	—
高雄市	2.12	1.07	3.82	88	3.53	60	4	4	—
單位	百分比	百分比	百分比	人	萬分比	人	人	人	億元

資料來源：王順民（1999）。〈兒童福利的另類思考——以縣市長兒童福利政見為例〉。《社會福利服務——困境、轉折與展望》，頁39-68。台北：亞太；余漢儀（1998）。〈兒保過程中之社工決策〉。《國立政治大學社會學報》，28，81-116。

最後，就兒保的接案率（兒保接案數÷當地未滿十二歲人口數）和政府民間的社工人力配置情形來看，即便這些偏遠縣市本身兒保的通報量並不大，但是，如果進一步考量這些第一線實務工作者所主兼辦的業務項目（舉凡從接受受虐通報、家庭訪視、家戶調查、轉介安置、社區服務、收養家庭調查，以及對其他弱勢族群所提供的福利服務），各縣市政府社工人力配置

上的落差還是一項累積已久的難題（王順民，2002；余漢儀，1998）。

　　總而言之，台灣地區在兒童保護工作上，雖然提供了包括通報調查、機構收容安置、寄養家庭服務以及領養服務等等多元並存的服務輸送體系，在多年發展及演進後，政府與民間機構據以發展出全托、補助、協調以及自辦四種不同的兒保策略。但是，有關兒童的保護工作一旦落實在工具性層次時，便顯得效果不彰，例如工作人員過重的負荷以及工作情境的不可控制所造成的無力感或工作壓力；民間部門的專業知能與經費資源極度匱乏；施虐家庭與施暴父母的不肯合作；行政處分的未能強制執行；受虐情境的採證困難；專業人員自身安全深感威脅；醫療和警政單位的配合度低和專業認知上的差異；強制性親職教育輔導難以實施；及缺乏對於原生家庭長期性的規劃等等（余漢儀，1996、1997），明白揭示：理想兒童保護工作之方案應同時包含個人、家庭、機構、制度、法令和文化認知不同因素，交雜著微視面與鉅視面雙重性的交互作用之下的產物。

　　余漢儀（1995）指出，「無可諱言的，台灣地區目前對兒童虐待之瞭解，及因應之兒童保護策略，幾乎是取法美國60年代的模式：透過通報體系將嚴重案例移置家外安置（out-of-home placement）」。瞭解美國兒童保護運動之歷史脈絡，實有助於吾人對美國模式的檢視；然而60年代之後的婦女運動及70年代美國鑑於孩童不斷進出寄養照顧的「流蕩現象」，也造成美國發展新的長遠規劃，並尋求符合兒童最佳利益之處遇方案。雖然這些精神顯然可見在1993年我國兒童福利法修法中有被納入，但是執行上由於政府在兒童保護之提供不夠明確，相關兒童虐待的各種可能情境及兒童保護責任通報、調查都是新增條文，對於相關懲處對象及罰則是明顯將責任歸於個人，即使是四小時親職教育之提供也是對認知問題之輔導；至於在2003年兒童及少年福利法規定：除加重父母之責任，並擴大親職教育之時數，在第65條規定：父母、監護人或其他照顧兒童及少年之人，有違反第20條第二項、第26條第二項、第29條第一項、第30條、第32條等情節嚴重者，有違反第36條第一項，主管機關得令其接受八小時以上、五十小時以下之親職教育輔導，如不接受親職教育輔導或時數不足之罰鍰為新台幣三千元以上、一萬五千元以下，經再通知仍不接受者，得按次連續處罰，

至其參加為止（郭靜晃，2005）。種種措施也都反應著缺乏較具體實質的服務，例如，日托、藥物濫用、居家照顧、就業輔導等預防性的福利服務。

　　從我國兒少保護服務歷史分析，在1973年匆促完成「兒童福利」立法，以作為兒童福利服務之法制及制度化，但唯缺乏經費、專業人力及組織編制不足，各地方政府服務水準不一，以致於「兒童福利法」只屬於宣示性質，兒童保護概念及制度未被指出。卓春英（1995）指出1987年才是台灣地區兒童保護工作制度化發展的起點，當時係由家扶基金會有鑑於媒體揭露許多兒童受虐與疏忽照顧的事件，家扶基金會著手倡導兒童保護之迫切性。此後，逐步發展保護性專業人力的培力，以民間力量先行工作再主動與縣市政府部門合作，針對兒童保護案件之家庭，提供必要的協助與服務。「兒童福利法」歷經多次修法，尤其在1993年以「兒童最佳利益」為處理兒童事務之最高原則，針對有關兒童保護相關條文，如強制通報、安置保護、監護權轉移及主管機關權責等均加以規範，方才開啟制度化回應兒童保護需要及服務的濫觴（彭淑華，2011）。在2000年，由台灣省政府警政處提供0800422110的熱線，以開啟兒童保護的全面通報服務。

　　雖然1993年兒童保護服務參照美國1974年「兒童虐待防治法」及1980年「收養援助兒童福利法」，納入家庭處遇服務計畫，推動以家庭為核心之支持處遇服務模式，強化家庭照顧兒童的功能，使其能早日重返正常家庭生活，減少家外安置。但可怕的是只是雷聲大雨點小，此階段雖有機關較有明確的權責，但缺乏實質且具體服務的情況下，反將兒少保護責任歸諸於個別家庭（余漢儀，1999）。兒童局在1999年11月20日成立於台中黎明路，受內政部管轄，並成為兒童保護工作之主責機關，日後賡續提供兒少保護工作及家庭維繫與家庭重聚服務。

　　主管兒童少年福利的主管機關——兒童局，為因應避免人力、資源重疊與浪費，順應國際兒童年齡之界定，遂於2003年將原有兒童福利法、少年福利法，在2003年合併修正為兒童及少年福利法，並列有保護工作專章，實施兒少保護個案家庭處遇服務計畫，同時加重政府協助家庭管教之責任，以督促政府發揮支持、補充及必要的替代功能。2011年，兒童及少年福利與權益保障法立法通過，立法內涵朝向符合聯合國世界潮流保障兒

童少年權利，強調「尊重兒少權利與自由」之政策理念，特別在權利展現，如表意權、身分權、教育與福利權、文化休閒權、安全及免受傷害權、勞動就業權、社會參與權、閱聽權及福利保護權，將兒少從「保護照顧的依賴者」，提升為「權益保障的需求者」，進一步紓解世代不正義現象，以中央政策制度緩和城鄉差距的挑戰（葉肅科，2012）。

　　兒童不僅是國家未來的主人翁，更是擁有自由權益的市民及國民。當兒童受到身心傷害時，家庭、社會甚至國家需要保障其身心權益，促進其正常教育，這也是兒童福利法立法之最主要精神。然而兒童保護必須是多元的（pluralism），因為兒童虐待／傷害的原因也是多元的，例如，父母的社經地位、社會對暴力之價值規範、個人社會化經驗、父母之精神狀態、家庭情境的壓力或子女所致的壓力等，針對種種成因必須提供好的處遇甚至預防的策略，來使暴力行為之影響減至最少，更要防止暴力事件不再發生。

　　防止暴力事件不再發生，確實是吾等社會最需要的兒童保護策略，然而此種策略不僅是當兒童發生傷害事件時，給予處遇，而是更需要積極的預防措施。個人認為要確保兒保輸送體系的建構與發展，首先政府要建立完善的政策及法規，必要時提供或興辦民間人力所不能及的大型服務機構，同時積極立法建立社福專業的證照制度，委託一些專業的機構，藉著過程之督導協助以確保責信（accountability）之發揮。對於一些安置等處遇計畫儘量朝向公設民營的委託方式，善用社會專業資源，對於服務人員之專業考核、監控規範機構執行人力，避免專業人員工作衰竭，甚至提供在職訓練以加強其管理技巧或迎合其生涯規劃。服務輸送雖委託民間，但政府公信力卻不可能轉移，故政府有責任保證民間團體也能維持基本的服務品質，直接的消費者回饋（feedback）也是政府作為服務輸送之績效指標（余漢儀，1995）。

　　從兒童及少年相關立法及制度建立之沿革可得知，我國兒童少年福利早期側重殘補性保護服務，迄今已逐漸重視兒少權益保障，包括權利、自由及選擇，主要照顧者的權利義務益顯重要。政府除了強制性介入家庭，保護兒少外，亦需提供家庭支持性、補充性的服務，建構家庭支持處遇制度、營造兒少健全發展的生態環態，以讓「以家庭為核心」的理念能有效落實。

　　除此之外，個人認為兒童保護輸送體系更要確保：(1)通報制度的確實執行而且要普及性，但需要集中通報體系之運作，如以各種誘因及罰則摒除「知情不報」或「錯誤通報」之障礙，集中通報以利檔案建立，及時調查並後續轉介服務；(2)結合各種體系，如社政、衛生、教育、司法及警政機關成為平行之網絡做專業的調查，並給予必需的協助；(3)完善的保護服務的處遇並確使工作人員之充權增能原則（empowerment principle）；(4)兒童最佳利益之選擇，規劃家庭重聚服務及家庭維繫服務等之長遠規劃的方案；(5)執法人員之再教育，因為兒童虐待是屬於法律也是兒童福利的議題（legal issue）；(6)消除社會與家庭之暴力規範與迷思；(7)減少社會造成激起暴力的壓力；(8)結合家庭與社區之間非正式的支持並加以整合成完整的社區網絡。

　　綜合上述之論點，我們可得知：

　　第一，理想的兒童福利是主導性的（proactive）。主導性兒童福利指的是，政府要主動提供幫助兒童潛能得以發揮的環境及一些預防策略及措施來避免兒童受到傷害。由於資源有限，政府部門的兒童福利常以處遇（treatment）來解決父母無法滿足孩子成長必要需求時的問題為主（如殘補式的兒童福利服務）。例如，因死亡、離婚、分居、監禁導致父母無法發揮親職功能；或因疾病、藥物濫用等而成為不適任父母；有時則因孩童的生理、心理特質使親子互動不良而導致虐待；又有時是家庭所在的體系出了問題，如失業，而使父母無法充分扮演其角色（余漢儀，1994）。政府部門在處遇時，對服務對象之選定尚須考慮到公平（equity）、效率（efficiency）及政治上可行性（political feasibility）三個原則之間的平衡（Schalock & Thornton, 1988；引自余漢儀，1994）。所以，政府在選擇的處遇方案常是以暫時性，而且可以短暫預收成效的服務為主。社會工作者應扮演兒童虐待的守護者（goal keeper），應主動找出高危險家庭，一方面提供他們生活必需之家庭支持，另一方面推動各種訓練方案，例如戒毒、戒酒、職業訓練、親子溝通技巧、照顧特別需求之教養策略等之壓力管理技巧，以增加其生活的復原力（洪貴貞譯，2003）。

　　第二，對於遭受迫害或傷害的兒童，以及潛在的兒童受害者之生命與

福利而言，處遇是絕對必要的方法。但即使有效的處遇方案和實行，也無法打破與暴力有關的文化規範與價值觀的循環面，這些循環也助長了兒童及家庭虐待或暴力的本質。因此，只有進行此類的處遇方案，是不足以改變社會和家庭有暴力性和虐待性的特質，唯有靠社會改造及積極的社會處遇才能有效遏止兒童惡虐事件發生。所以說，兒童保護預防方案與兒童福利政策之中心目標是防範惡虐情形的發生。

兒童保護服務係兒童福利輸送服務的主要範圍之一，由於涉及層面涵蓋司法、衛生、社政、教育、警察等不同部門，例如，兒童的教育及就學行為係由教育體系關心照顧；若涉及虐待或家庭扶助或家庭就業需求時，則有社會福利體系提供協助；若有身心健康之問題，亦有衛生保健體系提供服務；若不幸其行為涉及刑罰法令之觸犯，則有警察及司法機構予以適當之處遇及輔導。所以兒童保護之服務需要現有體系多發揮其應有的功能及加以聯繫，則兒童在產生有被傷害之事實而需要被保護時，均能在任一體系中得到應有之服務。

張紉（1988）從實際各體系之兒童保護功能分析中指出有兩個缺失：其一是兒童如未就學就業時，其生活狀況及行為問題，缺少一個專責機構提供適切的輔導服務；其二是各體系在執行其功能時，亦有若干限制。例如，兒童保護涉及有一些特殊需要的服務對象濫用親權，或父母因疾病、藥物濫用而成為不適任父母，諸如此類的親子角色失能而使家庭成為不適孩子成長之所在，但家庭之挽救及重聚，則需衛生保健體系幫助父母戒除藥物，家庭需要扶助、兒童需要安置等，而使得家庭因社會福利服務之介入程度深淺不同（如居家服務以加強父母例行的親職功能、親職教育、諮商輔導協助等提高其親職能力之支持性服務；如課後托育協助父母之一部分親職功能之補充性服務；如寄養、領養服務可暫時或永久取代父母之親職功能之替代性服務），以對兒童及家庭的生活及福利有所改善。筆者曾經到一國民中學請校長協助有關社政業務，不料竟遭受其斷然拒絕，甚至該校長還揚言：「在我們整個學校當中，與社會局有關係的只有一個部門——就是『福利社』。」現今社會僅靠父母已不能完全解決其兒童照顧之問題，而且父母不再扮演兒童社會化之唯一角色，社會上全體人員應為所

有的兒童及其行為負責（Clinton, 1996）。學校也應打破只扮演教育服務之單位，提供學校為本位之服務（school-based service），而成為一社會服務機構（social service agencies），例如，老師應對兒童可能有被虐待之症狀要提高警覺及敏感性，或透過通報系統或轉介給學校社工人員進行家庭處遇工作。此外，學校社工人員應將學校行政區之父母聚集在一起進行親職教育，倡導兒童保護之預防觀念。

針對以上的缺失，乃因缺乏各體系（部門）之各機構之結合運作，構成一個區域性的兒童保護輸送服務之網絡。兒童福利服務網絡之功能性，在居中協調各單位，使上百個兒童在教育、司法／警察、健康及福利各層面均能得到充分的保障及服務，以健全兒童及其家庭之身心。此種缺失也反應我國自1993年修法推展兒少保護工作迄今已逾二十年，因應社會變遷、家庭結構改變、文化多元化、兒少福利法修法等因素，各縣市依據現有資源發展多樣化的服務型態和服務方案，也造成地方政府單位間服務的差異，加上跨縣市、跨單位的平行整合不易，難以確保服務品質。

從組織學的觀點來看，單靠其內部之資源和力量，甚難獲取足夠達成組織設立目標的資源；尤其是非營利組織，如社會福利機構、宗教慈善團體、學校、醫院等，大都需要從其所在的地區中，爭取地區的支持，以獲得足夠的資源，支持其業務的發展（蕭新煌等，1983）。由於福利服務體系中的資源是有限的，民眾的需求是無限的，再加上各項昂貴設備及高使用率的服務浪費，使得原本有限的福利服務資源更加捉襟見肘，在無法滿足民眾的需求下，許多社會問題也因此產生。福利服務在缺乏充裕的福利服務資源情況下，也必須透過不同資源的交流，以滿足其需求；因而造成福利服務組織對外建立互動的必然性（吳嘉壯，1988）。在美國的現象，也是因為國家的經濟政策中，從未真正思考建構一個以家庭為中心（family-centered base）以及健康安全為導向的社會環境，所以造成兒童受虐情形嚴重。

 第三節　兒童少年保護服務之處遇模式

由圖4-2所示，兒童少年保護服務應環繞著兒童少年福利之支持性、補充性及替代性之服務數線。

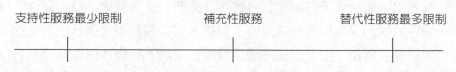

圖4-2　兒童少年福利服務數線

支持性服務顧名思義是將服務輸送到家庭，而且讓兒童身處於原生家庭中，最能符合兒童之最大利益（best interests of children）。在美國，這些服務包括：(1)家居服務（homemaker service）；(2)有需求家庭之暫時補助（Temporary Assistance for Needy Families, TANF）及其他的實物及金錢補助；(3)兒童及家庭之社會服務；(4)親職教育；(5)自助團體等。這些服務給予家庭最大自主及最少限制，期望家庭因而得到支持並能獨立強化家庭功能，促進兒童最佳的生長與發展之潛能發揮。

補充性服務是協助家庭來撫育兒童及少年，此類服務包括：(1)喘息照顧；(2)日間托育；(3)居家照顧；(4)親職教育；(5)TANF或其他金錢或實物補助；(6)支持機構如大哥哥、大姊姊中心；(7)對兒童及家庭的社工服務，此類服務有時會與支持性服務重疊。

替代性服務包括：(1)危機照顧；(2)寄養照顧；(3)收養；(4)社區照顧；(5)機構照顧，這些服務乃採取外力介入家庭，並將兒童少年做家外安置（out-of-home placement），以讓兒童少年避免待在原生家庭（已失去家庭功能），並轉移至一安全的庇護環境（shelter center）。此外，原生家庭還要接受專業之社工處遇以重建家庭功能（rebuilding family function），以期兒童能做返家之準備，此類服務在1970～1980年間是美國很盛行的兒童少年保護服務之處遇方式。

The figure 4-2 contains:
支持性服務最少限制　　　補充性服務　　　替代性服務最多限制

Ivanoff、Blythe及Tripodi（1994）指出，兒童少年福利服務不僅在給予家庭之限制而已，相對地，支持與補充的服務更是保持與原生家庭的維繫，強調家庭為本位的服務，而且也強調兒童的福利；然而，替代性服務則是以兒童考量為主，一切措施皆以保護兒童避免受到身心傷害為考量。身為兒童少年福利之主責社工，必須仔細評量家庭是否失功能以及家庭之需求為何，進一步考量所掌握的社區資源，再做個案（包括兒童及其家庭）需要何種服務之考量及決定。

一、美國SWPIP模式

SWPIP運用兒童少年保護處遇主要是針對家庭為主的照顧及對困難家庭之介入。美國有愈來愈多的州採取此種模式來評估兒童受虐情境及處遇方式。兒童少年福利主責社工一方面介入家庭提供兒童保護，另一方面為家庭提供社會服務以支持家庭功能之重整。使用SWPIP應用於兒童少年保護個案需要好的處遇技巧，尤其個案又分為身體、情緒、性及疏忽之不同情境，家庭的環境背景又有很大不同，因此，運用此模式需要有一些實務能力及技巧，除此之外，對於個案之評估更需要完善的工具以及適當的處遇技巧（Ivanoff, Blythe, & Tripodi, 1994）。

(一)以溫暖、真誠、同理、積極關注及充權增能與案主及家庭建立立即關係

在兒童少年保護情境中，大多數的案主及家庭都會在艱困情境，而且也可能還會有人受到傷害，所以要介入家庭有所困難，加上兒童及其家庭也常常是非自願性案主（involuntary clients）。身為兒童少年福利之主責社工，因為通報或法律規定，社工才有權力以一位外人身分介入家庭，甚至威脅（合法權力）家庭要將兒童做家外安置。此種角色必然會造成家庭的威脅，而且可能被視為毀壞家庭的元凶。因此，我們希望在此種處遇中，對家庭調查及執行處遇最好不是同一個社會工作者。

不管你要採取何種哲學或處遇模式，在第一次與案主接觸時，必須考量

案主與家庭的福利，尤其對這些非自願性案主，但此種技巧也是提供增強及充權家庭的策略之一，**表4-4**提供一些實務方法來作為充權受虐家庭的技巧。

表4-4　充權受虐家庭之實務技巧

1.應用溫暖、個人化及支持方式並呈現你對兒童及家庭情境的瞭解與同理。
2.如果社工能用非威脅或非強迫性的態度，那家庭就不會懼怕你的權威。
3.幫助案主瞭解你所採用個人性之合理權威，如此一來，案主才能瞭解其他權威角色也是合理的。
4.誠實、無所隱瞞的行程，以確定個人之威信。
5.澄清個人保護服務之角色與功能，讓案主及家庭瞭解你對改變的期待，以及瞭解沒有改變之行為後果。讓案主瞭解你將與他們共同規劃處遇計畫，並與他們一起併肩合作，去除危機因子。
6.讓家庭瞭解兒童保護處遇可能帶來創傷，而社工之責任會幫助減少這些創傷。
7.避免對案主缺乏敏感性；缺乏敏感性會帶給案主生氣、敵意及抗拒，而損害彼此之合作關係。
8.不能讓案主認為你與他們對抗，甚至成為他們的敵人。
9.避免案主對你的合作權威產生抗拒。

資料來源：Mather, J. H., & Lager P. B. (2000). *Child Welfare: A Unifying Model of Practice*, p.142. Belmont, CA: Brooks/Cole/Thomson Learning.

　　表4-4有關兒童少年保護處遇之技巧，假定社工是一兒虐事件調查者，亦是一服務輸送之提供者。誠如上述，身為一主責社工，又要當兒虐事件調查者兼服務提供者實為兩難之工作，而且也難以實施輸送服務，**表4-5**提供身為此兩角色的社工，在SWPIP所需要的額外實務方法。

表4-5　SWPIP在兒童少年保護服務之額外實務方法

1.仔細傾聽家庭成員之感受，企圖瞭解是何種情境導致這種地步。此種技巧不是在責備行為，而是找出可以改善之因子以避免受虐情境再度產生。
2.瞭解自我，個人對此兒虐事件的反應以及專業責任。個人之責任是要確信兒童案主之安全，此種確保安全可由對家庭之非責難性的溝通來達成。
3.允許家庭成員在保護功能之脈絡下決定處遇方式。要記得，家庭一定要參與處遇計畫及共同訂定契約來執行處遇計畫，儘量充權案主及其家庭來因應環境並採取改變策略。
4.要明白專業之保密性及做決策之限制。同時要幫助案主瞭解個人角色之限制，此種方法將允許案主確信自己的責任。

資料來源：Mather, J. H., & Lager P. B. (2000). *Child Welfare: A Unifying Model of Practice*, p.143. Belmont, CA: Brooks/Cole/Thomson Learning.

(二)採用多元系統檢證兒童少年情境

◆兒童與少年

　　社工處遇之第一優先順序是檢證案主的兒童虐待情況，同時也是一種危機的評估。如果你是一兒虐情境的調查者，將是你優先的主要檢證，而如果你是提供支持性服務的社工，那你需要回顧原生調查者的檢證，然後再進行家庭的風險檢證。此種檢證最關心兒童目前安置的危機評估，目前有關兒童／少年保護服務之檢證已發展出許多量表及工具。Holder及Corey（1986）已辨別出至少四種風險檢證的關鍵決策：(1)兒童是否處於立即危險的風險中；(2)調查中，何種服務及行動可保護兒童之案主；(3)兒童是否要採取家外安置；(4)有否個案計畫提及兒童瀕臨危機（Pecora, Whittaker, Maluccio, Barth, & Plotnick, 1992）。身為社工，在執行兒童保護處遇計畫之前，要預先回答上列之問題。

　　Pecora等人（1992）建議兒童保護處遇至少要發展三種不同形式的危機檢證：(1)矩陣模式；(2)實徵—預測模式；(3)家庭檢證量表，諸如由美國兒童福利聯盟所發展兒童幸福感或家庭危機量表（Child Well-Being or Family Risk Scales），或由Holder及Corey（1986）所設計的危機情境之兒童（the Child at Risk Field, CARF）（表4-6）。雖然所有工具皆有其信效度，而且也不一定完全適用各種不同受虐形式、案主年齡、性別、文化或家庭情境。但身為兒童主責社工必須要牢記：(1)瞭解自己的受限；(2)沒有可靠的工具，不要做任何決策；(3)做決策時，儘量考量各種不同之因子；(4)兒童安全是唯一及最優先之考量。

◆核心家庭

　　圍繞兒童及家庭的系統檢證是規劃處遇策略的關鍵。當與案主家庭建立關係之後，將會使社會工作者能夠採用正向介入之方法。有關社會工作兒童福利之檢證方法很多，但何者最為有效？有關檢證實與案主及家庭情境有關，除此之外，也與家庭及案主之優勢能力及支持有關。有關此種之檢證，除了上述對兒童之檢證外，其餘對家庭的檢證亦是相當重要的。但對家

兒童社會工作
——SWPIP實務運用

表4-6　危機情境之兒童（CARF）

1.父母如何看待兒童？
2.兒童如何呈現自我，特別是其行為與情緒反應？
3.兒童目前情況及受傷性如何？
4.哪些是父母反常的行為、情緒或適應能力？
5.過去及現在家庭中成人之歷史背景如何？
6.在家庭，父母使用何種管教風格？
7.父母與家庭外（非親戚）之他人之關係為何？
8.家庭之人口背景為何？
9.家庭有何功能，彼此互動及溝通為何？
10.家庭之背景環境，如延伸家庭、家庭支持為何？
11.造成兒童虐待事件之氛圍為何？
12.兒童遭受何種虐待類型？
13.家庭對處遇之看法為何？
14.家庭外何種因素會減低處遇效果？

資料來源：Mather, J. H., & Lager P. B. (2000). *Child Welfare: A Unifying Model of Practice*, p.147. Belmont, CA: Brooks/Cole/Thomson Learning.

庭之檢證，最近乃是採取生物－心理－社會之社工模式（bio-psycho-social social work practice），更是以個人之生命歷程（life course）及家庭之系統（system）來檢討家庭之環境因子及影響效果。

◆延伸家庭

　　社會工作之處遇是採取系統觀點來對家庭做檢證，因此，從系統之觀點，則包括家庭之任何成員、鄰里及其他系統（如教會或宗教），社會工作人員須仔細對家庭之外的因子來做檢證，因此，當社會工作人員在進行個案工作時，家系圖就是此類型的檢證方法，而且也相當重要。為了保護兒童的福祉，此種檢證要完全而且要儘快達成，此種檢證並不完全要依靠結構式之量表，有時反而使用非結構式的訪談（nonstructured interview）會更具效果。同時，在訪問時，社會工作者要具敏感性，仔細對兒童所處之環境做一視覺的觀察，看看是否具有任何可疑之情境及家庭動力圖。

◆社會系統

　　檢證之目的不僅在於兒童及其家庭，有時也要對影響家庭之外在系統加以檢證，例如，利用生態圖（ecomap）來分析兒童及其家庭與外在系統

之關係。生態圖可用以快速收集個人與家庭對外在系統之連結，也就是瞭解個案及其家庭所擁有的社會資源（**圖4-3**）。

◆**資源系統**

　　資源系統係指在社區中幫忙提供服務、方案及資源的系統，以幫助個案及其家庭的處遇。大部分的資源系統與社會系統或服務及方案重疊，例如，在社區中，有學校、教會、庇護所、法院、觀護人室、輔導中心、安置機構等。所以檢證這些資源系統並尋求是否可能之資源以幫助個案及其家庭的社區處遇。

◆**方案與服務**

　　兒童福利之專責社工須評估及調查在社區中有哪些機構可以共同執行處遇計畫，還有這些機構提供哪些服務及方案計畫可用來支援家庭進行行為改變。社會工作者最重要的是在整合資源，必要時可將案主做適當的轉介服務（referred service），尤其是做資源網絡（resource network）之聯結，必要時，社會工作者應隨時建立個人之資源聯絡簿。

(三)與所有系統成員規劃處遇計畫及訂定契約

　　在SWPIP模式中之第三個層面，社會工作者要整合系統之所有成員共同規劃處遇計畫，以及要與所有成員訂定執行計畫的契約，這些人員不僅包括個案及其父母，有時還包括延伸家庭成員、兒童照顧人員、老師、健

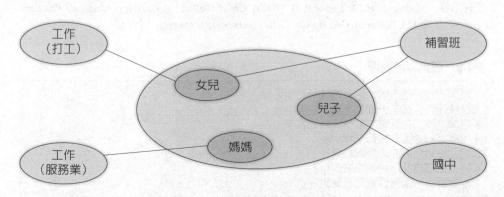

圖4-3　單親家庭之生態圖

康照顧人員、心理輔導人員或其他社區資源系統。

◆案例檢閱與協調會議

兒童少年虐待之案例檢閱與協調，需要有經驗之社工執行個案管理及與案主互動關係。個案管理是兒童福利處遇之核心技巧，在兒虐個案中，社會工作者之個案管理參見**表4-7**，而其實施過程則參見**表4-8**。

◆邀請家人參與規劃

在兒虐情境之處遇中邀請家人一起參與，不但是處遇規劃，而且也是整個服務方案的協調。一旦方案決定之後，那家庭的成員皆要一起參與執行家庭之方案及處遇。

表4-7　個案管理

社會工作個案管理實務：
・基於信任及促進個案與社工關係的過程。
・利用社會工作之雙重焦點，一方面瞭解人在情境，另一方面幫助身處危機之群體。
・目的在幫助有複雜、多重或失能之個案提供連續性之照顧。
・企圖對案主之生病或失功能之情緒問題，提供臨床的處遇。
・使用仲介及倡導的社工技巧來提供服務輸送。
・提供關鍵案主社區處遇或長期照顧服務，包括經濟、健康／醫療、社會，及個人照顧需求。
・提供最小限制環境的服務。
・需要對案主的功能能力及支持系統做檢證，以決定照顧層次及種類。
・維護案主之個人價值與尊嚴及共同決策之責任，以確保傳統社會工作價值。

資料來源：Mather, J. H., & Lager P. B. (2000). *Child Welfare: A Unifying Model of Practice*, p.154. Belmont, CA: Brooks/Cole/Thomson Learning.

表4-8　個案管理過程

1.採用正向方法來擴大所有系統及有關之個人。
2.快速建立在個案管理之不同系統的角色。
3.對於共同處遇計畫之所有人共同合作。
4.與個案訂定過程執行之契約。
5.迎合一般所訂的目標與結果。
6.終案必須確保所有系統皆同意。
7.經常評估個案管理過程及結果。

資料來源：Mather, J. H., & Lager P. B. (2000). *Child Welfare: A Unifying Model of Practice*, p.154. Belmont, CA: Brooks/Cole/Thomson Learning.

◆與家庭支持服務團體訂定執行計畫的契約

　　兒虐之社工處遇中必須依賴社區中之相關服務團體的支援與方案，主責社工要確信家庭服務方案之資源，要能邀請他們一起參與協調及開聯合會議，對於參與整個支援團體成員及案主要分別訂定契約，此步驟將有助於建立支持系統及充權增能整個家庭處遇計畫。契約將包含時間表及會議場所，目標與工作內容，以及執行契約方案可能遭遇的困難以及解決方式。整個契約應包括支援系統建立的優點、目標、解決方案的責任與任務，以及結果與評估。

(四)執行社工處遇計畫

◆持續執行訪談技巧及實務演練技術

　　方案執行的關鍵在於強化案主及其家庭之優勢，並導引他們自我解決問題。例如，如果你懷疑案主之父母有酗酒或吸毒之問題，那你要為案主父母尋求匿名戒酒（毒）機構或團體，另一方面要充權案主父母參與成長團體，以尋求行為改變，此外，邀請案主父母參加親職教育或父母成長班，以改變管教子女的方法。

◆持續協調服務

　　社會工作處遇表另一個主要的角色，就是持續監督整個處遇方案之執行，並要求案主及相關人員要依循處遇方案之契約來執行。因此，社會工作者要持續利用個案管理服務維持家庭支持以及整合所有可能之資源，以達成處遇之目標，包括時間表、會議日期設定、角色澄清及責任分工與劃分清楚。

◆支持及充權增能個案及其家庭

　　處遇中最大障礙（困難）之一，就是在處遇過程中持續對案主及其家庭提供支持及強化家庭功能。家中又是充滿各種不同的次系統，要整合它實在不是一件易事，更何況要強化他們的團結及合作一起發揮家庭功能更是一件難事，這也是兒童福利主責社工之責任；個案管理服務及執行方

案。而且整個處遇又涉及整個社區資源，所以建立兒虐之社區資源網絡更是主責社工刻不容緩的任務，如此一來，才能充權增能案主及其家庭。

◆辨別障礙及解決方法

每個家庭是特殊的，而且個案之行為特性，家長之特性以及所居住社區的背景亦是大不相同，所以在執行任務處遇計畫時，也分別存有一些阻礙及優勢。因此，瞭解案主及其家庭之正式及非正式支持（資源），以及對兒虐行為之有效分析，有賴於處遇服務計畫持續的執行及有效的評估，以確信所有問題皆能獲得解決。

◆督導服務及處遇計畫

督導服務方案並確保方案的順利亦是個案管理服務的一環，因此，身為方案之執行者更是督導者才能有效幫助方案之執行。在SWPIP負責督導工作，不僅如傳統個案工作只督導個案或／及其家庭，而且其也必須對涉及方案之所有人或機構（及其方案）加以督導。也就是說，督導個案乃是應用人在情境（PIE），要對個人、家庭、系統及環境加以督導。

(五)評估結果與結案

◆評估結果

服務方案之評估一般是過程取向，也就是對整個服務介入之脈絡加以評估。評估與其說是一種過程取向，不如說是結果取向。就結果評估，那就要辨明方案及服務之效果，也就是對個案、家庭、資金資源及其他系統之效果加以分析，通常要使用有信度／效度之評量工具，有時也可利用非結構的訪問之書面資料當作評估工具。

◆結案

兒虐個案之主責社工之目的，就是要確保兒童安全以及確信兒童權利沒有受損，再者就是提供兒童保護並確保家庭的穩定以及功能發揮。所以，結案亦是另一類服務的開始，這也只是一線之隔。

(六)從多元系統加以追蹤

◆家庭

兒童虐待之情境大都發生在家庭內，不然也會帶給家庭很多沮喪及憤怒。所以整個方案之執行還是要依賴家庭系統，尤其是非自願性案主，因此，與案主及其家庭建立關係乃是主責社工首要任務，所以主責社工進入案主家庭，並不是身為一家庭侵入者而是家庭協助者，尤其對父母管教技巧，親職能力，或提升兒童的發展與福祉。

◆社區

對社區之處遇就是確保社區資源的運用，以及建立支持家庭之網絡，例如，教育、心理輔導、親職教育、職業輔導或物質濫用之戒除等。此外，社區之社工角色主要在於充權增能及倡導，除了教育社區居民瞭解這類兒童福利服務之重要性，進而促成有意願之居民（志工）挺身而出或提供資源幫助此類服務方案之輸送。

◆方案與服務

如同社區之追蹤、社區資源之方案及服務以及方案或服務的品質更是要被確保。主責社工要確保品質控制，以達到全面品質管理（total quality of management）。如果社區中缺乏相關方案與服務，那麼社工應對社區及社會加以倡導或建立自助的社區處遇，以充權增能個案及其家庭。

◆政策

社會工作者應瞭解處遇的重要性，以及服務和方案之侷限性，尤其對兒虐家庭之危機評量。因此，為此類案主及其家庭提供資源網絡及充權增能家庭，最終之目的是消弭此類的問題及預防更嚴重的事件發生。社工人員要倡導社會政策，進而改變社區之服務與方案及資源，最後確保行政資源建立，提供服務輸送，以確保案主及其家庭需求解決，消弭家庭危機於無形，並預防此類事件的再發生，以給予兒童最佳生存（活）之利益。

二、我國家庭處遇服務

(一)服務理念

　　我國家庭處遇服務有三大理念：安全、權益及永久性（**圖4-4**）。安全（safety）之理念爲保護兒少免於再度被虐待；緊急救援保護安置及安全維護措施。權益（well-being）之理念爲促進兒少家庭身心健康與社會適應；福利資源運用、社會資源連結。永久性（permanency）之理念爲讓兒少在安全穩定的家庭環境長大；家庭維繫／重聚、出養。

(二)服務主軸

　　家庭處遇服務對象不等於所有兒少保護家庭。因家庭處遇服務資源有限，資源用在最需要及最可能改變的家庭，其服務乃運用於「家庭仍有機會成爲兒少提供符合安全、權益及永久性的成長環境」之個案。兒少服務主軸是以兒少保護程度之不同進行不同服務主軸，其內容如下：

◆高／中高度

1. 信念爲單次管教失常或不當對待，對兒少尙無錯誤信念認知。
2. 程度爲親職能力稍低，尙未造成具體虐待或疏忽情事。
3. 照顧服務、家庭成員願意並參與照顧及保護兒少。
4. 服務主軸爲調查後結案、家庭維繫服務、參與親職教育或福利服務資源支持。

安全	權益	永久性
・113保護專線 ・結構化決策模式	・社會資源連結 ・各項協助及福利方案	・親屬安置優先 ・長期輔導計畫

圖4-4　實踐兒少保護服務工作理念的策略

資料來源：衛生福利部（2014）。

◆中／中低度

1.信念爲不良管教方式與信念，未能尊重兒少人格權。
2.程度爲親職能力不足造成疏忽，較不嚴重的身體虐待。
3.照顧服務爲尚有可以充權或運用之照顧者／保護者。
4.服務主軸爲調查後開案、家庭重聚服務，或強制性親職教育或福利資源連結。

◆低度／無

1.信念爲把兒少視爲附屬品或私有物，仇視兒少或妖魔化。
2.程度爲嚴重疏忽，嚴重程度較高的身體虐待、亂倫。
3.保護服務爲家庭沒有合適照顧者／保護者。
4.服務主軸爲規劃長期輔導計畫或永久移出家庭策略，如親職剝奪或收出養服務。

(三)執行內容重點

　　家庭處遇計畫乃爲一方案服務，其核心策略是成爲實踐安全福祉與永久性理念。其執行步驟爲理解家庭→評估家庭→家庭參與→計畫執行→成效評估，執行內容重點如下：

◆理解家庭

　　策略爲理解兒少保護家庭，才能以非責怪、非懲罰的理念與家庭發展處遇服務計畫。社工人員加強對自我及家庭的理解，反思自身經驗及文化結構的影響，眞正理解兒少保護家庭。具體內容包括有瞭解家庭文化、背景；家庭爲核心家庭的意義與影響；對於男性與女性成人在家庭所扮演的角色；家庭對於管教與照顧的態度；家庭的權力結構與決策機制；家庭的溝通模式、衝突與處理方式。

◆評估家庭

　　策略爲評估工具的運用，可以系統化方式，輔助社工人員決策、避

免評估與處理的落差；重視來自案家、社工蒐集及外部評估資訊；並以安全為評估優先項目。具體內容包括兼顧兒少「安全」、「永久性」及「福祉」；檢視兒少保護通報事件之評估資訊；家庭需求與優勢評估；特殊議題之外部諮詢機制；兒少保護調查對案家的影響。

◆家庭參與

策略為家庭參與個案研討會議或服務計畫會議；家庭可能是最瞭解自身服務需求的「專家」；欠缺家庭承諾或參與之家庭處遇計畫、執行及成效皆將面臨最大挑戰。具體內容包括家庭相信自己被聆聽與尊重，加強參與意願；協助並促進案家對計畫目標任務的承諾與投入；確保機構與家庭朝向共同的目標。

◆計畫執行

策略為具時效性且明確目標的設定，引導社工人員積極執行計畫；定期計畫執行進度檢視，可適時引入學者專家，公私部門及家庭共同參與。具體內容包括運用重大決策會議機制；與家庭一起發展服務計畫；服務目標與預期成果的擬訂；排定服務的優先順序；服務的定期評估檢視。

◆成效評估

策略為「安全」、「權益」及「永久性」為家庭處遇服務計畫的目標，也是成效良窳的關鍵；對兒少本身、父母等照顧者，整體家庭之成效評估缺一不可。具體內容包括兼顧兒少「安全」、「權益」及「永久性」；兒少身心健康、行為、教育及適應；父母或照顧者的衝動控制、親職技巧、物質成癮改善；家庭角色、界限、溝通型態及基本需求的滿足；社會環境孤立的改善、社會支援資源的有效運用。

結　語

兒童福利已不再是單純的人道主義問題，至少目前世界潮流對兒童福利努力的目標，已不只是消極的針對需要救濟和特別照顧的不幸兒童，而是更進一步積極對每個兒童權益的保護，包括各種福利需求，如教育、衛

生、社會各方面的福利事業。而兒童保護服務是兒童福利主要工作內容之一，所以兒童保護之福利政策，應該運用一切有效之社會資源（專業服務及相關體系的資源），滿足兒童時期生理、心理及社會環境的需求，促使兒童得以充分發揮其潛能，達成均衡且健全發展之目的。

　　兒童傷害及虐待原因是多元性的，所以服務之提供也是要多元性，兒童保護之輸送除了處遇之外，更要朝解決問題取向，兒童最佳利益考量，社工專業發揮使能，除了為案主提供照顧與保護，更要為案家重建功能，因為兒童虐待的產生大都是家庭問題，而且兒童畢竟最適合生長於功能健全的親生家庭，而處遇的方式不只是提供殘補性，更要積極提供支持性及補充性的服務方案，甚至要更有前瞻性的預防服務。

　　保護兒童、少年的工作絕不是僅靠政府機構便可以做好。要做好兒童、少年保護工作，除了要社會大眾關愛兒童及青少年，重視他們權利外，在國家社會福利政策及法規上，亦要有確保其權利之具體措施之明文規定。結合司法、醫療、警察、衛生、教育及社政等機構及民間團體、組織完備的兒童保護網絡更有其重要性。從不同的角度和立場來分析、探索有關兒童、少年的問題及需求，進而在瞭解問題之後，對兒童、少年提供多元化的福利服務，共同創造一個安定、祥和，充滿愛與溫暖的社會環境，利用專業化的服務網絡，使兒童、少年能健全的成長。

　　兒童目睹家庭暴力，甚至遭受家庭暴力，長大後會成為施暴者嗎？（有關此種處遇，將在下一章專章介紹）會成為受虐者嗎？終其一生會成長在暴力的陰霾下嗎？這些問題或許是一種迷思，讓兒童免受傷害、虐待、剝削，這不也是我們從事兒童福利工作者最大的心願嗎？落實兒童保護之輸送，除了對兒童虐待家庭的介入，給予處遇外，並且針對問題的成因後果做廣泛的分析及探討，施予合適的危機處遇及治療等輸送服務。投資一元於兒童受虐事件發生前的第一道防線（如親職教育或家庭諮詢與輔導）的福利服務工作，相當於三至五元投入日後事後補救處遇。低成本、高效益的預防方案，以及以家庭為本位之兒童照顧政策（family-base child care policy）實是值得考慮及推廣。而初級預防方案之實施，應以社區特質為中心，發展設計符合各社區特質的親職教育課程及宣導，使父母皆有再

教育之機會，使其能成功地扮演好親職角色，發揮家庭應有之功能，使兒童能成長在親生家庭之中，符合兒童最佳利益，以杜絕兒虐的再發生（馮燕，1995）。再者，進行社會改造的社區意識，喚醒社會大眾對兒童少年的關心及對相關兒童少年被虐待症候的敏感與留意，志願成為兒童少年守護者的一員；這也是福利社區化，社區福利化的本質。加強兒童保護工作者的專業教育及訓練，提升社會工作專業能力之品質與專業倫理，以及建構整合性兒童保護服務體系和網絡，以提供一跨專業、跨機構，優質的兒童保護服務功能（彭淑華，2005）。綜觀以上，期勉各單位部門聯合力量，為台灣的未來，營造福祉社會，許給兒童一個無傷害的成長環境。

 參考書目

一、中文部分

內政部（2004）。《中華民國九十二年社政年報》。台北：內政部。

內政部兒童局（2006）。《兒童保護執行概況》。台中：內政部兒童局。

王順民（1999）。兒童福利的另類思考——以縣市長選舉兒童福利政見為例。《社會福利服務——困境、轉折與展望》，頁39-68。台北：亞太。

王順民（2002）。〈兒童保護與安置政策〉。輯於中國文化大學社會福利學系主編，《當代台灣地區青少年兒童福利展望》。台北：揚智文化。

余漢儀（1994）。〈兒童福利之績效評估——以台北市社會局為例〉。《國立台灣大學社會學刊》，23，97-142。

余漢儀（1995）。《兒童虐待——現象檢視與問題反思》。台北：巨流。

余漢儀（1996）。《兒童保護服務體系之研究》。內政部委託研究。

余漢儀（1997）。〈變調的兒童保護〉。發表於「台灣社會福利運動的回顧與展望研討會」。台灣大學社會學系主辦。

余漢儀（1998）。〈兒保過程中之社工決策〉。《國立政治大學社會學報》，28，81-116。

余漢儀（1999）。〈兒童保護——蹣跚學步的台灣經驗〉，載於林萬億等著，《台灣社會福利的發展：回顧與展望》，頁127-178。台北：五南。

吳嘉壯（1988）。《影響醫療組織間互動關係發生因素之探討》。國防醫學院公共衛生研究所碩士論文。

卓春英（1995）。〈社會團體應有的社會責任〉。《社會福利雙月刊》，121，31-32。

洪貴貞譯（2003）。Vimala Pillari著，《人類行為與社會環境》。台北：洪葉文化。

張紉（1988）。《台北市少年偏差行為偏差度之研究》。台北市少年輔導委員會。

張寶珠（1997）。〈正視兒童虐待現象與預防輔導工作〉。《社區發展季刊》，77，174-177。

郭靜晃（1996）。〈兒童保護輸送體系之檢討與省思〉。《社區發展季刊》，
　　75，144-155。

郭靜晃（2001）。〈兒童寄養服務之另類思考——家庭維繫服務及家庭重聚服務
　　模式之探究〉。《兒童福利期刊》，1，209-220。

郭靜晃（2004）。《兒童福利》。台北：揚智文化。

郭靜晃（2005）。《親職教育理論與實務》。台北：揚智文化。

彭淑華（2005）。〈保護他（她）？傷害他（她）？——兒童少年安置機構中之
　　機構虐待圖像之檢視〉。「邊緣／高風險青少年社區及外展工作理論、實務
　　與實踐」國際研討會，中華民國青少年兒童福利學會、文化大學社會福利學
　　系主辦。

彭淑華（2011）。台灣兒童少年福利政策與法令制度之發展，社會福利模式——
　　從傳承到創新研討會。台北：中華救助總會、財團法人中華文化社會福利事
　　業基金會。

馮燕（1995）。兒童保護服務網絡的社區防治工作——生態區位觀與流行病學理
　　論模型的應用。八十四年國家建設研究會社會福利分組報告。

馮燕、李淑娟、劉秀娟、謝友文、彭淑華（2000）。《兒童福利》。台北：國立
　　空中大學。

葉肅科（2011）。〈台灣兒童及少年福利與權益保障法：回顧與展望〉。《社區
　　發展季刊》，114，147-158。

衛生福利部（2014）。「兒童少年保護服務——家庭處遇工作模式實踐與展望」
　　國際研討會，2014/12/4-5。大坪林聯合開發國際會議廳。

蕭新煌等（1983）。《山地行政政策之研究與評估報告書》。省民政廳委託研究
　　計畫，中央研究院民族學研究所執行。

蘇靖媛（1989）。《養父母收養動機與收養安置方式之研究》。中國文化大學兒
　　童福利研究所碩士論文。

二、英文部分

Barth, R. P. & Price, A. (1999). Shared family care: Providing services to parents and
　　children placed together in out-of-home care. *Child Welfare, 78*(1), 88-107.

Child Welfare League of America (1959). *Standards for Family Care Services*. New
　　York: CWLA.

Clinton, H. (1996). It takes a village to educate a child.《天下》，11，66-73。

Filip, J., McDaniel, N. S., & Schene, P. (Eds.) (1992). *Helping in Child Protective Service: A Competency-based Casework Handbook*. Englewood, CA: The American Humane Association.

Garbarino, J., Dubrow, N., Kostelny, K., & Pardo, C. (1992). *Children in Danger: Coping with the Consequences of Community Violence*. San Francisco: Jossey-Bass.

Gelles, R. J. (1989). Child abuse and violence in single-parent families: Parent absence and economic deprivation. *American Journal of Orthopsychiatry, 59*, 492-501.

Holder, W. M., & Corey, M. (1986). *Child Protective Services in Risk Management: A Decision Making Handbook*. Charlotte, NC: Action for Child Protection.

Ivanoff, A. M., Blythe, B. J., & Tripodi, T. (1994). *Involuntary Clients in Social Work Practice: A Research-Based Approach*. New York: Aldine de Gruyter.

Kadushin, A. & Martin, J. A. (1988). *Child Welfare Service* (4th ed.). New York: Macmillan.

Mather, J. H. & Lager, P. B. (2000). *Child Welfare: A Unifying Model of Practice*. Belmont, CA: Brooks/Cole/Thomson Learning.

Pecora, P., Whittaker, J., Maluccio, A., Barth, R., & Plotnick, R. (1992). *The Child Welfare Challenge: Policy, Practice, and Research*. New York: Walter de Gruyter.

Schalock, R. L. & Thornton, C. V. D. (1988). *Program Evaluation: A Field Guide for Administrators*. NY: Plenum Press.

Stoesz, D. (1988). Human service corporations and the welfare state. *Society, 25*(6), 53-58.

U. S. Bureau of the Census (1989). *Statistical Abstract of the United States, 1989*. Washington, DC: U. S. Government Printing Office.

Chapter 5
婚姻暴力目睹兒童福利服務

- 婚姻暴力與目睹兒童之定義及現況
- 婚姻暴力對目睹兒童之影響
- 目睹婚姻暴力兒童之處遇模式

　　家庭是每位兒童不論在生理或心理上最爲依賴的地方，也是兒童社會化最早、影響最深遠的場所；而婚姻不僅是兩個個體因愛而結合的單純情感關係，由婚姻所形成的家庭更是整個社會制度中重要的一環。近二十年來，婚姻暴力已成爲先進國家所關注的社會問題之一，而台灣也一樣。過去，由於受到「家醜不可外揚」以及「法不入家門」的傳統觀念影響，使得婚姻暴力問題一直未被凸顯出來。直到1994年「鄧如雯殺夫案」引起社會極度震驚，許多不堪丈夫長期虐待，自衛失手殺夫的案件相繼爲新聞媒體所披露後，這才使婚姻暴力問題逐漸浮出檯面，成爲大衆關注的焦點。

　　雖然「家庭暴力防治法」條文中的第2條及第3條明白表示：「所有的家庭成員（包括未成年子女）皆爲保護協助的對象。」但是，國內家庭暴力的防治工作卻是以婚姻暴力中的受虐婦女爲主要的研究對象，並爲保護協助討論的焦點；在有限的人力、經費和資源下，往往忽略家庭其他成員，尤其是目睹父母婚姻暴力的子女，因此，造成兒童長期處於此種家庭環境下，不僅無法使其身心健全成長，更有可能成爲「暴力循環」下的另一個加害者。

　　「目睹暴力兒童」的界定是兒童在婚姻暴力事件中，雖沒有直接遭受暴力，卻經常直接或間接目睹父母親一方對另一方施暴的狀況。目睹暴力的兒童通常會呈現後遺症，例如生理方面出現頭痛、胃痛、易疲勞、抵抗力差、注意力不集中或衛生習慣不佳等；行爲方面出現退化行爲、過度表現、討好別人或破壞行爲等；情緒方面出現恐懼焦慮、自責、有罪惡感等。長期會造成語言遲緩、反社會行爲，甚至成爲日後的暴力施虐者。

　　根據台北市婦女救援基金會（婦援會）統計，從1999～2003年，全國至少有十三萬名「目睹暴力」兒童，大約每年有三萬名兒童親眼看到父母之間的暴力行爲（黃筱珮，2004），相較於司法院統計自1999年7月至2002年12月，以家庭暴力開案件數六萬四千餘件來計算，短短一年內，國內目睹家庭婚姻暴力兒童的成長人數竟高達一倍之多。對此現象，相關單位應予以重視及管理，以免情況持續惡化而終致社會未來重大問題之發生。在2011年婚姻／同居關係暴力件數爲56,734，再依平均一個家庭1.2個兒童，所以估計將近七萬個兒童爲目睹暴力兒童。

目前，國內在面對目睹兒童的處遇經驗上，缺乏制度上的正當性，行政資源明顯不足，且單一案主中心的服務價值也使得婦女保護與兒童保護成為兩個獨立且平行的系統，影響了目睹兒童處遇工作的邊緣化（陳怡如，2001）。

基於兒童是社會的資產及國家社會未來之寄託，且我國兒童福利及少年福利已於2003年5月28日合併為兒童及少年福利法，更有專章明文規範兒童之保護工作，其中針對兒童基本權益與婚姻暴力目睹兒童之現象卻未能涉及。直到2011年修訂為兒童及少年福利與權益保障法，第64條就規定：兒童及少年有兒虐事實或屬目睹家庭暴力之兒童及少年，經政府機關列為保護個案者，主管機關應於三個月內提出兒童少年家庭處遇計畫；必要時，得委託兒童及少年機構或團體進行處遇計畫。本章嘗試以目前美國社會工作實務規範（SWPIP）為架構，提出對此類兒童之相關處遇指引，以為婚姻暴力目睹兒童福利服務之參考。

 # 第一節 婚姻暴力與目睹兒童之定義及現況

一、婚姻暴力的定義

Stark和Flitcraft（1996: 214）定義婚姻暴力是指，在現任及過去的合法或有實質的婚姻型態的關係中，所受的恐嚇或遭受身體上的傷害，身體和性的侵害；或許會伴隨著言語上的威脅和虐待；財產的損失；使其與朋友、家人和任何可能的支持來源隔離孤立；其他特定形式的恐嚇，包括小孩或是跟監；對於金錢、個人物品、食物、交通、通訊和相關照顧及保護資源的控制（引自游美貴，2004）。國外學者通常會以三個基本的指標來定義婚姻暴力：(1)暴力內容的關係；(2)暴力發生的作用；(3)加害者的特有行為。因此，他們將婚姻暴力定義為：成人或青少年對其親密伴侶的一種攻擊與控制的行為模式，包括身體的、心理的及性的攻擊，也同時包括經濟上的控制。

英國家庭服務局（Home Office）針對婚姻暴力（domestic violence）所下的定義為：婚姻暴力是指任何時間、地點所發生介於現在或過去親密伴

侶間的暴力行為，包括身體、心理或經濟上的虐待（Home Office, 1999:3；引自游美貴，2004）。

國內《婚姻暴力助人者在職訓練手冊》（台北市政府社會局，1996）則指出，我們對婚姻暴力的定義不是法律上的，而是行為上的定義。婚姻暴力是一種強迫的行為模式，包括：身體、心理及性方面的虐待。施虐者是有意識的控制伴侶。婚姻暴力絕非一次的單一事件，而是一種行為模式。它的形式有：

1.孤立：使受虐者依賴伴侶，孤單而無外援。
2.財務管制：使受虐者仰賴伴侶，特別的脆弱。
3.恐嚇和威脅：使受虐者害怕，擔心若不順從將有可怕的後果。
4.情緒虐待：使受虐者失去自信、依賴、脆弱、感到自卑。
5.肢體虐待：使受虐者照著施虐者想要的去做或懲罰受虐者。
6.利用孩子來控制或懲罰母親：施虐者傷害孩子，以要脅母親順從他的要求。

綜合上述國內外的定義，此處婚姻暴力可定義為：介於現在或過去親密伴侶間，或有任何實質婚姻關係的暴力行為，包括身體、心理及性或經濟上的暴力（游美貴，2004）。

二、目睹婚姻暴力兒童之定義

所謂暴力目睹兒童（child witness）之界定，陳怡如（2001）根據Jaffe、Wolfe與Wilson（1990）之定義，乃經常目睹雙親（指現在或曾經有婚姻關係的父母）之一方對另一方施予暴力之兒童，包括直接看到威脅、毆打、羞辱、辱罵或間接聽到毆打或言語暴力行為，或是僅是看到它最後的結果，如第二天看到母親的傷痕等，並就此將目睹暴力兒童分有廣義及狹義兩種。就廣義而言，包括單純目睹暴力與自身同時受虐的子女（兒童）；就狹義來講，是指單純目睹暴力的兒童。

雖然「家庭暴力防治法」以促進家庭和諧，防治家庭暴力行為和保護被害人權益為目的，然而，自實施以來，家庭暴力的防治工作仍以婚姻暴

力中的受虐婦女為主要的研究對象，並作為保護協助討論的焦點；而在有限的人力、經費和資源下，對其他的家庭成員，尤其是目睹父母婚姻暴力的子女，或在父母暴力衝突中亦受虐的子女，則成為婚姻暴力防治計畫中最被忽略的對象（沈慶鴻，2001）。

趙小玲（1999）亦指出，婚姻暴力問題的重要性並不僅止於其對受虐婦女身心所造成的直接傷害，更有可能間接地波及所有家庭成員，甚至導致整個家庭隨之瓦解。尤其是對於目睹暴力的兒童來說，長期處於此種家庭環境下，不僅無法使其身心健全成長，更有可能成為「暴力循環」下的另一個加害者。

因此，基於兒童生長在家庭暴力環境，常因父母親有婚姻暴力而受到波及，為凸顯目睹暴力子女的議題，與兒童保護案件有所區別，本文排除兒童及少年福利與權益保障法中的兒童保護案件（上一章已提及），不包括直接受到暴力的兒童，以直接、間接目睹父母親發生暴力之十二歲以下兒童為目睹婚姻暴力兒童為主要對象。

三、婚姻暴力目睹兒童實務工作現況

隨著科技的進步，產業結構面臨重大改變，使得國內失業率一再的攀升，近來雖有改善，但對要扶養家計之中高齡人口的失業情形卻未見好轉，加上社會快速的變遷，使得家庭中父母在面對經濟與生活壓力下，情緒難免失控常有紛爭，而外籍配偶家庭也因為文化背景與語言溝通等因素，相關暴力事件也時有所聞，是以，目睹暴力兒童的統計人數就不斷的上升。

根據內政部統計，自1999年7月至2002年12月，計有六萬四千餘件的家庭暴力開案件數，若以每個家庭平均有一名孩子來估算，在這段期間內至少有六萬四千名目睹家庭暴力兒童，需要社會關注；而媒體也報導，根據婦援會的資料顯示，每年有三萬多名經常目睹婚姻暴力的兒童（邱瓊平，2003）。但到2004年11月，台北市婦女救援基金會統計，從1999年至2003年，全國至少有十三萬名「目睹暴力」兒童，親眼看到父母之間的暴力行為（黃筱珮，2004）。若就內政部統計與中時電子報的數據而言，可看出僅僅一年之內，國內有關目睹兒童人數就增加一倍以上，也就是說，在

2003年中，台灣平均每天約有一百八十名兒童，親眼目睹家中父母的婚姻暴力行為。在2011年，有近56,734的婚暴件數，以平均一戶1.2兒童，約有七萬目睹兒童。

台北市婦女救援基金會執行長陳琬惠指出，根據統計台灣約有四分之一的家庭有暴力問題，因此「目睹暴力兒童」絕對不在少數。由於家暴問題對於兒童的傷害，往往集中在身體直接受虐的問題，因而忽略這一群沒有直接受暴但卻目睹暴力的兒童所遭受的創傷（曹以會，2004）。

陳怡如（2001）在本土實務所建構的目睹兒童的圖像上發現，目睹兒童有其多樣性與個別差異，難以歸類說單一的行為模式即是目睹兒童的特性，除了目睹經驗所帶來的情緒與行為問題之外，兒童身處在暴力家庭所面臨的相關議題是值得關注的。可是，實務機構將兒童目睹父母婚暴視為生活壓力，並且在對目睹兒童的處遇經驗上，也因為單一案主中心的服務價值，促使婦女保護與兒童保護成為兩個獨立且平行的系統，而造成目睹兒童處遇工作的邊緣化，深究其因則是兒童的處遇工作未被確認、目睹兒童是隱性的案主、目睹兒童是次級的案主此三個因素所相互影響之結果。

綜合上述，國內家庭暴力防治法之實施已十年有餘，由於防治工作一直是以婦女為主要服務對象且為保護協助之焦點，其中未明確將目睹兒童列入家庭暴力的受害者，對於目睹暴力也未明訂是否為遭受暴力的一種，加上，兒童及少年福利與權益保障法中也未有關於暴力目睹兒童的福利服務之強制性規定，造成提供服務的各機構對於目睹兒童的處遇就有不同的認定，使得處遇工作未被確認，產生目睹兒童是隱性的案主或目睹兒童是次級的案主相互影響之結果，也就是說，對目睹婚姻暴力兒童的不重視，進而助長了此一現象的持續擴大。

 ## 第二節　婚姻暴力對目睹兒童之影響

國內對於「目睹暴力兒童」的關注不多，而根據國外的研究，再對照國內個案，「目睹暴力兒童」在外顯表現上會呈現兩極化，部分兒童會顯現暴力傾向及過動，但是也有部分兒童會以安靜且退縮的方式來表現恐

懼。以下先就理論觀點提出暴力行為對目睹兒童的影響，再依據相關研究陳述兒童在目睹暴力行為後可能會產生的行為症狀。

一、社會學習理論與暴力的代間傳遞

針對婚姻暴力對目睹兒童的影響，基本的立論探討為暴力的代間傳遞。社會學習論的主要論述為個體的暴力行為與其社會化過程有關，或可說人們所處的家庭情境會影響個人的行為，也就是說，一個長期處於家庭暴力威脅與家庭暴力虐待情境下的個體，在長時間的耳濡目染與學習下，自然學會了家庭暴力的行為。

所謂「代間移轉」（intergenerational transmission）與「暴力循環論」（cycle of violence）則探討童年時期曾受過暴力經驗者，長大後是否會成為施暴者？施虐者是否多數都可追溯其童年時期曾經有過受虐經驗？代間移轉論指出，一個在暴力家庭中長大的孩子，會學習父母的暴力行為，長大後，男孩容易成為施暴者，而女孩則容易成為受害者，這是一種代代相傳的暴力行為（葉蕭柏，2001）。

二、目睹婚姻暴力對兒童的影響

在針對婚姻暴力的相關研究中顯示，兒童不僅牽涉其中，常常也是受害者，在暴力家庭中長大的孩子，會出現一些偏差行為。

趙小玲（1999）的研究發現，父母間的衝突暴力行為確實會影響學童的行為問題，並且是暴力行為愈高者，學童的行為問題愈高；其中，男生有較多的外向性行為問題，女生有較多的內向性行為問題。

陳若璋（1992）與沈慶鴻（1997）亦指出，有家庭暴力的童年，將使男孩習得父親的暴力攻擊行為。

許多研究更是指出，目睹父母婚姻暴力的兒童，產生負面的影響有時甚至持續到青年時期，對於外在的行為方面，則易有攻擊性。

根據家庭系統解釋為：兒童選擇自父母的衝突中抽離，而形成問題兒童，也就是在父母的婚姻衝突下，父母對子女的分心使子女受了迂迴的影

響，成了替罪羔羊（引自呂翠夏，1993）。所以，父母間的暴力行為，不僅影響兒童的內向性問題，對外在行為的學習上，也學得了犯罪性的攻擊行為。

根據《婚姻暴力助人者在職訓練手冊》表示，美國（全國防止虐待婦女方案）的統計，由於施虐者造成的孤立，在暴力家庭成長的兒童，往往有與他人互動的困難；且目擊母親被虐的兒童可能有下列的症狀（台北市政府社會局，1996）：

- 睡不著、害怕睡覺、做噩夢、做危險的夢
- 頭痛、胃痛
- 擔心被傷害或被殺害、過度擔心危險
- 打架、傷害別的兒童或動物
- 脾氣火爆
- 退縮
- 無精打采、沮喪、沒有活力
- 感到孤單、孤立
- 物質濫用
- 企圖自殺或從事危險的活動
- 害怕去上學或與母親分離、逃學
- 偷竊、過度警戒或害怕
- 表現完美、超成就、行為像小大人
- 擔心、注意力不集中
- 尿床或退化到早期發展階段
- 飲食問題
- 生理問題如氣喘、關節炎、潰瘍
- 否認有問題或解離
- 認同攻擊者

目睹暴力對兒童的傷害是非常久遠的，曾經有二十多歲的成年人寫文章給婦援會，文中明白指出，幼年時目睹暴力對他造成的影響，到了成年

還是存在，因此他還在接受長期的精神治療，且對婚姻不信任。

　　因為兒童畢竟不是成人，在受到傷害時的自我復原能力是薄弱的，尤其親眼目睹最親的父母上演全武行，在心靈深處所受到的戕害更不是一兩天可以恢復過來的，故如何讓這些在父母婚暴下無助瑟縮的孩童能夠得到較好的處遇，這也是所有關懷兒童福祉之人（包括社會工作者）所關懷的事件。

第三節　目睹婚姻暴力兒童之處遇模式

　　基於兒童是社會的資產及國家社會未來之寄託，且我國兒童福利法及少年福利法已合併修正為兒童及少年福利與權益保障法，針對兒童基本權益與婚姻暴力目睹兒童之現象，嘗試以目前美國社會工作實務規範（SWPIP）為架構，提出相關處遇模式，以為婚姻暴力目睹兒童福利服務之參考。

　　SWPIP處遇之步驟包括有準備層面（preparation phase）、關係建立層面（relationship phase）、檢證層面（assessment phase）、規劃層面（planning phase）、執行層面（implementation phase）、評估及結案層面（evaluation and ending phase）、追蹤層面（follow-up phase），此步驟之執行主要在確保增強兒童及家庭走向獨立自主且不再受社工專業依賴的家庭照顧為目標（郭靜晃，2004），其每一層面之工作重點整理如**表1-1**，而運用於兒童福利之社會工作專業規範見**表1-2**。

　　據此，根據**表1-1**與**表1-2**，運用美國社會工作實務規範（SWPIP）分析個案如下：

專欄
5-1
目睹家庭暴力個案

　　小雪（化名），今年十歲，小雪的父母是奉兒女之命才結婚的，自她懂事開始，就會為著生活中的大小事動口又動手，有的時候是金錢糾葛（因為父親工作不穩定），不然就是對孩子的教養理念不同，再不就是父親懷疑母親「討客兄」，每次都是從父親喝酒引起，母親說了父親幾句，然後父親指責母親是一個不守婦道的爛女人，通常都是因為父親說不過母親，兩人才會開打的，最近一次小雪親眼目睹父親拿著酒瓶即往母親的頭上砸下，在母親頭上劃出一道血口子，頓時血流如注，父親仍不罷手，母親苦苦哀求父親手下留情，一方面還不忘提醒在一旁的小雪離開現場不要受到波及……事件在警察上門，母親送醫院後暫告一段落，然後母親和她被送進庇護中心，母親拜託庇護中心的社工人員幫助她離婚，因為父親一直不肯離婚，酒醒後的父親總會又跪又哭的求母親原諒。小雪覺得父母親之所以走到今天全是她害的，如果不是因為她，父母就不用結婚了。其實她對父親的感情是很矛盾的，父親待她不錯，想要什麼都會買給她，可是她也好恨父親，好怕有一天他會把母親打死，沒有一次父母打架她不是被嚇得半死的，而且還一邊大哭大叫，甚至常常因此做噩夢，並且不想上學。只是，父母要離婚了，她只能選邊站嗎？小雪覺得人為什麼結了婚又要離婚？父母可不可以不要離婚，這樣她就不必選邊站了。

一、人在情境中

(一)兒童

　　什麼才是對小雪最好的安排？離婚後的父母誰會得到她的監護權？要目睹子女選邊站確實是一件殘忍的事，父母膠著的關係讓小雪覺得是自己的錯，如果不是因為她的出生，父母可能不會結婚，罪惡感又自責相當深的小雪，經歷父母在她面前一次又一次的傷害彼此，重複創傷經驗事件讓她有的時候會做噩夢，並且不想上學。所以，如何幫助小雪和她的家庭，是社工面臨最大的挑戰，社工必須探究案主家庭的瓦解是唯一的一條路

嗎？有沒有別的可能性？在小雪的心靈深處，其實並不希望父母離婚。

(二)家庭

小雪的家庭之所以面臨分崩離析肇因於家庭暴力，一方面是因為小雪的父親工作不穩定，所以影響到收入來源，基於「貧賤夫妻百事哀」的俗語，其父母常為錢爭吵，然後打架的起火點總是為了父親喝酒，酒後指責母親「討客兄」。社工人員在進行處遇時，必須完全感受小雪父母和小雪的真正感受。

小雪的父親每次毆妻都是因為酒精作祟，酒醒後會跪求原諒，可見其知道酒醉時的毆妻行為是錯的，只是，小雪的父親可以把酒戒了，時時保持清醒嗎？如果他真的同意，也真的這麼做了，小雪的母親會打消離婚的念頭嗎？再者，同意戒酒的小雪父親可以持續多久的時間滴酒不沾？

(三)社會支持系統

社會支持系統或許能夠對這個婚暴家庭提供一些協助，例如兒童心理治療師、遊戲治療師、團體治療師、婚姻諮商師、戒酒機構、法律顧問等共同支持他們走出負面情境的陰霾，如果這些支持系統庇護中心裡的既有資源不符合，社工人員可以代為尋找資源、轉介資源、聯結資源，或建立資源。

(四)方案整合服務

社工人員必要時應該扮演一個居間倡導者和個案管理者，組織一個個案管理團隊，發展社區內所有可用的資源，成立目睹兒處遇小組，評估小雪創傷後壓力症候群的症狀（Post-Traumatic Stress Disorder, PTSD）及提供支持以促進其語言表達感受。連結社區的多元服務，兒童目睹暴力行為，兒童是暴力的受害者，必須被轉介到適當的醫療服務單位。

提供不同的兒童專業工作者訓練，其主題包括：暴力對兒童的影響；社區暴力、家庭暴力、媒體暴力與兒童；兒童的創傷壓力症候群、兒童目睹暴力的評估與處遇；在班級裡對目睹兒的介入策略；對婚暴家庭的兒童

進行評估與處遇；對父母進行讓兒童免於暴力的工作坊；目睹暴力兒童的復原力；小兒科醫師與目睹兒工作時的角色；設計並執行目睹兒的服務方案等（陳怡如，2003）。

二、以同理、真誠，關懷案主和案主家庭

家暴裡的目睹兒童多為跟隨遭受家暴被害者，才會離開兒童待的原生家庭，個案裡夾在雙親中的小雪是最無辜的家暴目睹兒童，一邊是父親，一邊是母親，母親為了要結束暴力、痛苦的婚姻，所以決定要和父親離婚，父母離婚之後意味著彼此可能永遠交惡，老死不相往來，她氣憤父親打母親，可是她還是覺得父親並不是一個太壞的爸爸，她不想在父親與母親之間二選一。

這樣一個婚暴家庭，身在其境的目睹兒童不只需要特別的服務，還需要一些支持系統對她的家庭提供協助，小雪母親離婚的決定可能對她是好的，但不一定對小雪是好的，社工員有必要透過與案主建立關係，進一步對其家庭做處遇規劃。

三、診斷問題

正確的檢證問題發生的原因，才能確保最佳的處遇過程與好的處遇結果，以增進案主與案家的福利，案主小雪雖然隨母親進入庇護中心，社工員仍須評估其與社會環境的互動，例如小雪求學的學校、母親的娘家、社區有哪些資源可以運用，以及案家還可以透過哪些資源的提供產生循序漸進的正向改變。

四、規劃處遇計畫與訂定契約

首先，邀請兒童心理治療師、遊戲治療師、團體治療師、兒童諮商師、戒酒機構、法律顧問、幼兒教育專家、小兒科醫生、婚姻諮商師等針對個案做案例分析，並且提供專業意見，這是身為社工人員的職責所在，不但要教育兒童與家庭如何運用資源，還要負責整合專業人士參與處遇計畫。

其次，應該邀請案主一家人一起參與規劃，家暴目睹兒童的問題絕對不是只要處遇兒童單一方或是彼此施暴的父母，就可以解決，必須成人與兒童問題一起處遇，才能達到事半功倍的效果。當然，不論兒童的歲數，兒童的最佳利益一定要被保障。社工人員有責任監督服務輸送的過程是否有任何疏失。

五、執行處遇計畫

(一)持續關懷，熟練實務運用技巧

社工人員與小雪一家人仍要保持一定程度的關懷，不要因為已經轉介給不同的專業人員處遇，所以表現出無事一身輕的冷漠態度，幫助小雪適應庇護中心的生活，自責可能在她心裡產生了不小的陰影，她必須承受家暴的恐懼，還有父母隨時會離婚的壓力，更是小雪不想面對的，社工員應該幫助小雪移轉注意力，避免負面情緒的產生。

(二)幫助案家增能、擴權、充權

兒童有權在自己家中安全成長，而強化兒童安全的最佳方式就是增強母親的權能，在小雪的案例中社工員應該幫助小雪父親增能充權，告訴他戒酒雖然不是一件容易的事，可天下無難事、只怕有心人，如果能夠下定決心，有毅力的持續下去，成功指日可待；小雪的母親長期在丈夫的暴力之下，難免對自己沒有自信，將來不論是否走上離婚的路，都需要擴權增能，才能提供一個良性循環的美好生活給小雪。

(三)督導服務與處遇方案

方案不是一成不變的，也不是完美無缺的，所以社工人員必須要有敏銳的心洞察可能的疏漏，一邊進行處遇計畫，一邊進行方案的評估與修正，尤其在一些比較複雜的案主問題上頭，更是必須時時檢視，對不同需求的個案家庭做不同的服務規劃，切不可食古不化不知變通，以小雪的例子來說，不論在庇護所裡處遇過多少目睹兒的案主，在前一個案主身上效

果顯著的處遇方案，不一定適合套用在所有相似背景的案主，依據社工人員往昔的經驗來處遇，社工員還是要很小心，畢竟人是活的，要活用方案，並且以案主的優先利益爲利益。

(四)團體治療

◆目睹兒童團體

整合認知行爲與遊戲治療，爲目睹兒童提供一個表達過去創傷記憶及痛苦感受的機會，並進行社會技巧訓練（如情緒教育、放鬆訓練、憤怒管理），同時也教導兒童自我保護的方法等。

◆親職團體

「當母親的獲得良好支持時，孩子也會有較好的適應」的事實，而針對受虐母親進行親職教育團體，其團體探討的主體包括：定義受虐與婚暴行爲、婚暴對兒童的影響、如何協助有創傷壓力症候群的兒童、如何在自我照顧與照顧孩子二者中取得平衡、情緒及行爲管理的技術、離婚與分離的議題。

◆參與施虐者團體治療

發揮外展精神，將服務擴展至施虐者處遇團體，與施虐者處遇方案進行合作，直接在施虐者的團體中探討兒童目睹婚暴的議題，運用實務報告、討論、兒童治療的錄影帶、兒童的藝術創作作品來探討此一議題，期待透過目睹兒童的探討提升施虐者的改變意願（陳怡如，2003）。

六、結案

結案時案主難免會有一些分離焦慮，因爲案主已經習慣了你的幫助，案主無法瞭解你爲什麼不能繼續幫助他，也許會爲了留住你而做出一些不理性的行爲，甚至退回起始點，尤其在處理一些特殊際遇的兒童，例如案例中的目睹兒童，處遇的最後階段，其與社工人員的依附情感往往會比一般人深，社工員有必要在結案前漸進式的鋪陳可能的離別，澄清彼此的角

色，將案主帶回他原來生活的軌道，以不留明顯痕跡的方式幫助案主抽離，會是一種比較無害的結案方式。

七、利用多重系統做追蹤

(一)家庭

　　為建構目睹兒童的支持環境，提升父母對兒童的支持能力與增進其親職技能，亦是處遇過程中重要的一環。早期由於實務機構較易接觸到受虐母親，親職教育主要以母親為對象，然而過度強調親職功能卻可能忽略母親受害的事實，因此在協助母親發揮母職角色之前，須體認「讓受虐婦女先成為女人，再成為母親」（Bilinkoff, 1995）。

　　本文個案為因家暴而造成目睹兒童之家庭，結案後的追蹤接觸是很重要的，案主小雪的父親是否持續戒酒？父母溝通狀況如何？是否還會動手動腳？小雪的父母是否決定離婚或復合？小雪的心態健不健康？是不是需要其他的處遇計畫？結案後的追蹤非常重要，不時鼓勵小雪一家人，不論未來選擇什麼樣的生活，家人扮演極重要的角色，再不可傷害彼此。

(二)社區

　　對社區而言，不僅要建立通報家庭暴力的網絡，還要防範家庭暴力和目睹兒童的發生，例如，婚姻與家庭、親職教育、情緒管理等課程都是很重要的，可以將其整理成有效率的方案，滿足社區居民不同的需求。

(三)方案與服務

　　婚暴目睹兒童在生命的歷程中有其獨特的經驗與需求，他們同時要面對的不只是生活的適應與成長壓力，還有來自於其父母不和睦所帶來的一連串問題，所以發展出適合我國目睹兒童的處遇方案有其必要性。因此，參酌國外行之有年、效果良好的處遇模式加以調整應用在本土的處遇上，並收集研究相關處遇的臧否，以提升我國對目睹兒處遇的效能，設計發展適合目睹兒的處遇方案，更是不容推諉的責任。

(四)政策

◆建立婚暴目睹兒童的福利服務輸送網絡

　　資源與人力的不足是許多福利服務機構所必須面臨的重要課題，因此，如何整合已有的福利服務輸送網絡，納入不同的專業分工與合作計畫，在建立目睹兒童福利服務輸送系統上是重要的，如此才能解決目睹兒童處遇上人力不足、資源短缺的問題，發揮各機構的專業長處，避免案主成為機構間的流浪兒。

◆修訂兒童及少年福利法與家庭暴力防治法

　　由於兒童及少年福利法未清楚列出「目睹暴力屬兒童虐待」，而家庭暴力防治法也未明確列出「目睹兒童同為家庭暴力的受害者」，造成各機構對提供兒童處遇有不同的認知。目睹兒童可能因為無明顯受虐的事實而不被兒保系統納入，而婦保工作又以婦女為主體，形成兒保與婦保在目睹兒的處遇問題上缺乏整合性，團隊合作低，並且本位主義濃。因此好的福利服務不可缺少法理的依據，再好的福利服務若是無法可循，也是根基不穩、站不住腳的服務，對案主往往不能一視同仁的對待。唯有透過修法，尋求明確的政策依據，福利的資源才能夠得到公平的提供，不會被其他福利服務所競爭、排擠。

◆調整基層執法者的處理方式

　　在多數國家的家庭暴力處理上，警察人員扮演著相當重要的角色，由於地方警察可以提供免費、快速的救援服務，使得他們經常成為最先接觸家庭暴力的政府單位。然而，為了改善警察處理家庭暴力的能力，並其使在短期內可獲得某些成效的策略，包括：提供警察適當的侵入住宅、逮捕與保釋等權力、擬定使用這些權力的政策綱領、設立特殊單位處理家庭暴力事件，以及對所有警察實施家庭暴力處理訓練，使其正確瞭解家庭暴力的特質與處理方式（黃翠紋，1998）。

結　語

　　在婚姻暴力中成長的目睹兒童因為是隱性的受害者，身體並無明顯的傷痕，受傷的是不易覺察與解讀的心靈，所以一直以來較不受相關輿論的重視，直到晚近，才慢慢有一些研究開始針對這個議題來著墨。因此，除了實務界的社會工作者、心理諮商人員、精神醫療工作者等，對目睹兒童有一定程度的瞭解之外，一般大眾，乃至於目睹兒直接接觸最多的父母及其學校老師，面對目睹兒童多半是一知半解的，遑論要其提供協助目睹兒童的服務。因此，本文針對國內目睹婚姻暴力兒童處遇模式尚未建立標準規範之際，嘗試以美國社會工作實務規範（SWPIP）為架構，運用個案瞭解婚姻暴力目睹兒童的特殊需求，提出上述本土性的處遇模式外，並有相關建議如下：

一、積極推展SWPIP的實務模式與跨單位協調合作機制

　　目睹兒童是一個牽涉到心理層面相當複雜的社會問題，必須仰賴不同專業領域的學者專家與社區資源通力合作，才能有效的解決問題，跨單位的協調與合作可透過組織、特殊專業團體、社區居民或政府相關機關等層面，來積極推展SWPIP的實務模式，包括成立跨單位組織或專門的目睹兒童福利機構，讓兒保與婦保的系統分工合作，以擴展目睹兒童的多樣緩衝處遇計畫，而不是只是對兒保提供緊急的保護措施。

二、目睹兒應列為法律積極保護對象

　　目前家庭暴力防治法所定義之保護範圍是「禁止家庭成員間實施身體及精神上不法侵害之行為」，兒童及少年福利與權益保障法也只在第64條指出，「主管機關應提出兒童及少年家庭處遇計畫；必要時，得委託兒童及少年福利機構或團體辦理」，並無強制執行之法源依據。若是法律可強制將目睹兒童的身心創傷列入考慮，目睹兒童即可依循法律請求保護與協助；並詳細載明處遇流程，讓實務操作的社福機構亦能依法行政。

三、經濟弱勢目睹兒童家庭的經濟補助

　　法律應該明確規定對經濟弱勢的目睹兒童家庭需求發展出補救機制，例如目睹兒童的學雜費補助、營養午餐補助、特別照養補助，讓正式的福利資源關懷目睹兒童的經濟需求，讓暴力的心靈受害者不再是個封閉的個體。

四、通報網絡的建立與自我保護意識的充分宣傳

　　社會大眾比較容易注意到肢體虐待，對家庭暴力目睹兒童心靈虐待的知識較不足，警察單位對於家暴法的主動執法意願亦不高，再加上學校系統對發現家暴兒童之處理往往略帶生嫩，說明了不論是專業或是非專業系統都應該對「家庭暴力目睹兒童處遇」進行再教育，故透過大量的報章媒體的傳播與宣導，以及對專業系統的在職教育，擬定目睹兒童通報與處遇計畫方案，訓練目睹兒童處遇實務人員，以及提供特殊機構或一般社會大眾必要的家暴防治教育計畫，皆爲刻不容緩的任務。

五、保護通報者

　　通報系統何以成效不彰？除了傳統「法不入家門」的觀念作祟之外，不願多管閒事的理由更多的卻是不想惹禍上身，因爲與其膽戰心驚憂心通報後被施虐者報復，不如抱持著多一事不如少一事的鄉愿心態自掃門前雪。因此，在積極建構完善通報網絡的同時，保護通報者的觀念也應該被重視。

　　當前，我國在面對婚姻暴力問題時，是依據「家庭暴力防治法」來處理，其防治工作是以直接遭受暴力傷害之婦女或直接受虐之兒童爲對象，對於經常目睹父母雙親間暴力行爲的兒童卻常常被忽略，這些兒童因爲長期成長在暴力環境之下，產生認知與行爲上的偏差，甚而成爲「暴力循環」下的另一個加害者。

　　在現有法令無強制性以及行政資源不足的情況下，使得服務機構面對目睹婚姻暴力兒童的工作，並無一致的服務認同，究其原因乃是單一案主中心的服務價值，促使婦女保護與兒童保護成爲兩個獨立而平行的系統，加以處遇工作的未被確認、目睹兒童是隱性的案主，以及目睹兒童是次級的案主等三個因素相互影響之下，形成了目睹兒童處遇工作的邊緣化。

參考書目

一、中文部分

台北市政府社會局（1996）。《婚姻暴力助人者在職訓練手冊》。

呂翠夏（1993）。〈婚姻衝突對幼兒社會情緒發展之影響〉。《台南師院學報》，26，255-275。

沈慶鴻（1997）。《婚姻暴力代間傳遞之分析研究》。國立彰化師範大學輔導學系博士論文。

沈慶鴻（2001）。〈被遺忘的受害者——談婚姻暴力目睹兒的影響和介入策略〉。《社區發展季刊》，94，241-251。

邱瓊平（2003/11/24）。ET Today。

徐震、李明政、莊秀美（2000）。《社會問題》。台北：學富文化。

陳怡如（2001）。〈婚姻暴力目睹兒童處遇現況之探討〉。《社區發展季刊》。94，252-267。

陳怡如（2003）。《婚姻暴力目睹兒童處遇工作之探討——一個體制外的觀察與反省》。私立輔仁大學社會工作系碩士論文。

陳若璋（1992）。〈台灣婚姻暴力策略高危險因子之探討〉。《台大社會學刊》，21，123-160。

郭靜晃（2004）。〈兒童福利專業〉。《兒童少年福利與服務》。台北：揚智文化。

曹以會（2004/11/18）。〈童年恐懼持續到成年〉。《中時晚報》。

黃翠紋（1998）。〈變遷的社會中警察處理家庭暴力策略之探討〉。《社會發展季刊》，84，71-85。

黃筱珮（2004/11/19）。〈目睹家暴兒僅1%被輔導〉。中時電子報。

葉蕭柏（2001）。〈家庭暴力理論觀點與防治策略〉。《社區發展季刊》，94，289-305。

趙小玲（1999）。《國小學童所知覺的家庭暴力與行為問題的關聯研究》。國立台東師範學院國民教育研究所碩士論文。

游美貴（2004）。〈原住民兒童目睹婚姻暴力及接受福利服務經驗之探討——以

台灣東部為例〉。慈濟大學社會工作系第二屆民間社會福利研討會——台灣的社會福利發展。

二、英文部分

Bilinkoff, J. (1995). Empowering battered women as mothers. In E. Peled, Peter G. Jaffe, & Jeffery L. Edleson (Eds.), *Ending the Cycle of Violence: Community Response to Children of Battered Women.* Thousand Oaks, CA: Sage.

Jaffe, P. G., Wolfe, D. A., & Wilson, S. K. (1990). *Children of Battered Women.* Newbury Park, CA: Sage.

Mather, J. H. & Lager, P. B. (2000). *Child Welfare: A Unifying Model of Practice.* Belmont, CA: Brooks/Cole/Thomson Learning.

Stark, E. & Flitcraft, A. (1996). *Women at Risk: Domestic Violence and Women's Health.* Thousand Oak, Ca: Sage.

三、網站部分

司法院統計處。從司法院網站，可獲得家庭暴力防治法實施後法院審理家暴案件之統計分析，http://www.judicial.gov.tw/2004/10/14查閱。

Chapter 6
特殊需求之兒童少年福利服務

- 愛滋病兒童及少年
- 藥癮及酗酒家庭之兒童及少年
- 性別認同混淆之兒童及少年
- 身心障礙兒童及少年
- 運用SWPIP實務模式於特殊需求之兒童及其家庭

社會的變遷造成個人價值及家庭的多元性，而兒童身處於這些特殊境遇及出生時由於基因遺傳因素，加上成長過程中受到所處環境（person in environment）之互動影響下，造成個體在心理、生理、社會及學習與大多數的一般兒童有所不同，包括有身心障礙兒童少年、暴力型家庭、低收入戶型家庭、單親家庭、罹患特殊疾病（如愛滋病、癌症、酒癮基因、糖尿病等）、同性戀家庭、未婚媽媽家庭、寄養及收養家庭，以及少數族群家庭等。本章將著重愛滋病家庭、藥癮及酗酒家庭，以及有身心障礙兒童之成因及現有策略做介紹，並以美國SWPIP模式說明如何為這些家庭做社會工作處遇。

本章所敘述特殊需求之兒童及少年（如愛滋病、藥癮及酗酒家庭，性別認同混淆以及身心障礙兒童），不僅是兒童福利社會工作者所關心其家庭的特殊需求，同時也是一嚴肅的社會問題，而且數字有逐年上升之趨勢。如果沒有及時預防或提供資源給予幫助，這些孩子必然會遭受社會隔離而影響其日後的發展。

第一節　愛滋病兒童及少年

1993年美國有4,906名兒童被鑑定罹患愛滋病。直到1995年愛滋病個案上升為8,000名（Centers for Disease Control and Prevention, 1995）。最近由於社會政策的干預，愛滋病兒童開始有下降趨勢（McCarthy,1999）。Lockhart及Wodarsk（1989）就呼籲，社會工作者必須要強調對愛滋病兒童影響之相關議題，例如法律、社會及醫療層面。對於HIV呈現陽性之懷孕婦女，在妊娠接受治療，會減少孩子出生時帶有HIV陽性之可能性。然而，強制性的醫療及檢驗涉及了個人之隱私，所以美國尚未發展強制性檢驗之程序。

愛滋病對兒童及家庭有很大的影響，尤其愛滋病之傳染性及造成個體死亡會籠罩著整個家庭，進而使家庭對愛滋病患者過度保護或與別人隔離。如此結果造成兒童及少年增強反叛及被拒絕的感受（Lockhart & Wodarsk, 1989）。兒童及少年被隔離或拒絕也深深影響其家庭，因此，社會工作者需

要發展社區服務來指導愛滋病的認識及影響，同時，社區的互助團體也應倡導及表達關心（Goldstein, McGowan, Antle, Brownstone, Donoghue, James, Rodger, & Sloane, 1996），社區的居民才會對愛滋病減少敵視，並能採取可能步驟及措施來提供支持。

我國自1984年發現第一例愛滋病患後，衛生醫療單位即積極投入愛滋防治工作，經過多年的努力，儘管在感染者的醫療照護上，做得還算不錯，但對於新增感染者的控制，卻仍未盡理想，感染人數持續上升，2014年台灣地區列管新增感染的人數即已達2,300人。從1984年至2012年止，共有感染者24,239例，其中兒童少年為669例，占2.76%（**表6-1**）。

根據衛生署疾病管制局統計，2015年4月為止，感染愛滋病毒通報人數已有758人，1984年至2015年4月30日累積感染愛滋病人數為30,422人，其中29,447人為本國籍，占所有通報人數96.8%。其中十五至二十四歲青少年約占了通報人數的23%；零歲至十四歲共有55名，占所有通報人數0.19%。分析青少年感染愛滋病毒之主要危險因素是以性行為為主，十個青少年就有九人是因性行為而感染愛滋病。

根據衛生署疾病管制局最新公布之資料顯示，截至2003年10月底，本國籍感染愛滋病者累計人數約為5,042人，新增感染人數約為659人；而2001年及2002年愛滋病毒感染者年增加率分別為22%、18%，以2003年通報資料預估本年增加率將由2002年的18%降為3%，顯示自2001年12月行政院所成立的愛滋病防治委員會推動的成效。

聯合國愛滋病防治組織（UN愛滋病）將愛滋病毒感染流行程度，分為：

1.低度流行型：高危險族群的愛滋病毒盛行率小於5%。
2.集中感染型：高危險族群的愛滋病毒盛行率大於5%；但一般人口盛行率低於1%。
3.廣泛感染型：懷孕婦女愛滋病毒感染盛行率超過1%，亦指愛滋病毒已廣泛散布在一般人口。

我國愛滋病疫情指數一直為大家所關注。從族群的愛滋病毒盛行率之監測資料中發現：較常於男同性性行為聚集場所的男同性性行為者最近兩

表6-1　台灣地區本國籍感染人類免疫缺乏病毒者依年齡／性別統計表　1984年至2012年

HIV診斷年	0-9		10-19		20-29		30-39		40-49		50-59		60-69		70-79		80以上		總計
	F	M	F	M	F	M	F	M	F	M	F	M	F	M	F	M	F	M	
1984	0	0	0	0	0	5	0	4	0	0	0	0	0	0	0	0	0	0	9
1985	0	2	0	4	0	3	0	5	0	0	0	0	0	0	0	0	0	0	14
1986	0	2	0	2	0	4	0	1	0	0	0	0	0	0	0	0	0	0	9
1987	0	3	0	2	0	4	1	1	0	1	0	0	0	0	0	0	0	0	12
1988	0	0	0	1	1	11	1	3	0	3	0	0	1	1	0	0	0	0	21
1989	0	1	0	0	0	18	0	9	0	1	0	2	1	1	0	0	0	0	37
1990	0	0	0	0	0	12	0	18	0	4	1	0	1	0	0	0	0	0	31
1991	0	0	0	5	1	35	1	25	0	8	0	3	0	4	0	1	0	0	78
1992	0	0	0	8	3	51	3	32	1	8	1	8	1	6	0	1	0	0	123
1993	0	0	0	8	6	41	2	36	0	19	1	7	1	8	0	3	0	0	132
1994	0	1	0	6	7	55	5	36	1	28	1	10	2	3	0	3	0	1	160
1995	0	0	0	7	5	57	5	75	4	36	3	15	0	9	0	3	0	1	221
1996	0	0	0	6	6	77	9	98	5	32	2	15	1	6	0	10	0	0	267
1997	0	0	0	14	5	104	10	120	4	35	2	30	1	13	0	2	0	0	341
1998	0	0	0	11	9	120	8	126	4	57	4	25	2	13	0	8	0	0	388
1999	1	4	1	11	8	153	18	146	13	64	4	26	1	13	1	7	0	0	471
2000	1	0	1	17	13	179	11	169	11	62	8	33	1	15	0	4	0	2	527
2001	2	0	2	14	2	234	6	226	9	81	8	42	1	17	0	9	0	1	652
2002	0	0	0	20	9	275	13	266	11	90	12	36	5	17	1	10	0	1	767
2003	1	3	4	25	5	318	12	277	10	118	6	46	2	22	1	11	0	1	860
2004	1	3	2	46	57	575	32	510	11	191	3	54	3	15	3	11	0	1	1,520
2005	1	3	9	38	219	1,103	113	1,153	40	518	12	126	3	30	0	8	0	3	3,380
2006	3	3	3	22	151	827	94	1,054	38	539	10	134	4	22	0	13	0	1	2,918
2007	2	1	1	31	54	614	65	632	33	334	17	102	7	28	0	7	0	2	1,930
2008	2	1	1	48	23	648	37	545	16	275	12	99	1	15	2	13	0	1	1,740
2009	0	1	2	51	19	702	19	465	11	234	11	92	3	23	0	8	0	1	1,643
2010	0	0	0	53	10	840	22	517	16	208	6	73	7	29	2	7	0	4	1,796
2011	0	1	0	63	10	964	19	524	19	238	10	83	5	17	1	12	0	1	1,968
2012	0	1	0	78	13	1,076	25	651	16	245	11	66	7	20	1	9	2	5	2,224
總計	12	28	34	595	636	9,105	531	7,724	273	3,422	144	1,127	61	347	14	157	2	27	24,239

資料來源：衛生福利部疾病管制署（2015）。

年之愛滋病毒盛行率介於5～9%之間，相對來說，其餘群體的愛滋病毒盛行率則偏低。另外，國內懷孕婦女產前篩檢的盛行率爲十萬分之七。由此來推論，我國愛滋病整體疫情應介於低度流行和集中感染型之間，並非廣泛感染型態的愛滋病感染嚴重地區（**表6-2**）。

　　以各國所通報的資料相較，台灣歷年愛滋病疫情之增加率與各國相較仍屬偏低，亞洲地區之國家中中國大陸已被世界衛生組織警告，因其愛滋感染人數急遽增加，每年新通報感染者日益增加。然而，就愛滋病低盛行率的現象來看，並非盛行率低就代表其爲愛滋感染之低風險地區，其實並不然，根據資料分析顯示，國內的愛滋病疫情存在著一些問題（如男同性性行爲者占所有通報人數的五成、感染者呈現年輕化趨勢等問題），如何才能有效控制愛滋病疫情，避免我國的疫情走向廣泛感染型態的愛滋病感染嚴重地區，這些問題皆是目前所須重視及面對的。

　　根據世界衛生組織估計，至2001年止，全球已超過6,480萬人感染愛滋病，其中2,480萬人已死亡，而每年約有500萬人感染（**表6-3**）。根據疾病管制局2002年統計之資料顯示，台灣地區愛滋病毒感染者已達4,087人，而實際之感染人數則可能是列管人數的五到十倍。分析其危險因子，以性行爲感染占所有感染者91.7%，感染年齡以二十至二十九歲占最多數（36.3%），其次

表6-2　本國籍感染愛滋病者之危險因素別統計表　　　　　1984至2004年3月31日

危險因子	感染者數※	百分比	發病數	百分比	死亡數	百分比
異性戀	2,118	38.49%	824	49.76%	474	50.27%
同性戀	1,937	35.20%	443	26.75%	215	22.80%
雙性戀	630	11.45%	267	16.12%	160	16.97%
血友病患	53	0.96%	20	1.21%	33	3.50%
毒癮者	161	2.93%	34	2.05%	22	2.33%
接受輸血者	12	0.22%	4	0.24%	7	0.74%
母子垂直感染	9	0.16%	2	0.12%	1	0.11%
不詳	582	10.58%	61	3.68%	30	3.18%
疑似傷口感染	1	0.02%	1	0.06%	1	0.11%
總計	5,503	100.00%	1,656	100.00%	943	100.00%

說明：※含發病數。

資料來源：台灣疾病管制局公告網站（2004）。1984至2004年本國籍感染愛滋病者之年齡別統計表，取自http://204.68.250

表6-3　全球1998～2002年15歲以上年齡分層統計

| 區域 | 全球 | 亞洲 | | 台灣 |
人數		東亞	東南亞	（本國籍）
2001年新感染數	500萬	27萬	80萬	653
2002年新感染數	500萬	27萬	70萬	759
2002年與2001年相較增加率	0%	0%	-13%	16%

資料來源：台灣疾病管制局公告網站（2004）。全球1998至2002年15歲以上年齡分層統計，取自http://207.68.164.250

為三十至三十九歲（33.5%），顯見此青壯年族群普遍沒有安全性行為的認知。近來因網路一夜情氾濫，搖頭pub方興未艾，根據疾病管制局資料分析：2001年有五例新增愛滋病毒感染之搖頭族個案，至2002年5月底，則已發現五例。另外，根據衛生署疾病管制局發布最新資料顯示，台灣累計愛滋病毒感染人數已達4,289人（本國籍為3,942人），根據衛生署統計，2004年新增愛滋感染人數可能突破千人，年增加率將突破兩成，比起過去五年平均年增加率為一成五，我國愛滋病感染有擴散之趨勢，預估至2010年，我國愛滋人數可能比現在多出一倍以上（〈愛滋年增率，今年將破兩成〉，2004）。以每年將近20%增加率推估，到2011年，預估將超過一萬四千名愛滋感染者，2021年則有三萬八千名愛滋感染者，台灣愛滋感染增加之速度亦令人憂心。在台灣，性行為仍是愛滋病主要感染途徑，90.9%新感染者是經由性行為感染，加上網路一夜情氾濫，搖頭pub林立，e世代族群性態度及性行為日益開放，而發生性行為時，多數都沒有採取任何安全性措施，愛滋感染恐將日益嚴重。因搖頭藥丸使用後，大部分人會感到十分high，也有部分人則會或臥或躺，享受那種全身軟綿綿、輕飄飄的感覺，此時自制及防衛能力下降，加上情境作用，彼此容易發生性關係，而且多半未使用保險套，使得搖頭pub成為散播愛滋病毒的溫床。另外，出入三溫暖的男同志，約為7%感染愛滋，其中，未割包皮的風險是割包皮者的11.5倍（〈割過包皮，愛滋風險少十倍〉，2004）。

第二節　藥癮及酗酒家庭之兒童及少年

心理疾病診斷統計手冊DSM-IV-TR（American Psychiatric Association, 2000）包含了物質使用障礙（substance use disorders），並分為物質濫用（substance abuse）和物質依賴（substance dependence）。產生障礙的物質除了酒精之外，還包括DSM-IV-TR中的十一項物質，當然也可能發生多重物質濫用或依賴。

物質依賴為使用物質而形成失功能狀態，引起長達一年以上的臨床上重大痛苦和損害。在這段時間，耐受性和戒斷性增加，使用或想要獲得該物質的慾望增加，以及因為使用物質而放棄其他活動（APA, 2000: 195）。

物質濫用不會比物質依賴來得嚴重，係指剛開始不當使用某種物質，並且已經出現不能完成工作和家庭角色責任的問題，而且明知道極有可能是使用該物質所造成，但是卻不顧物質反應所導致的頻繁的人際或社會問題，仍執意持續使用該種物質。

Straussner（1989）針對藥物對中樞神經系統和個人思維和行為所產生的不同影響來分類各種精神振奮藥物（**表6-4**）

帶有藥癮媽媽所生產的孩子對社會、家庭及其個人的衝擊，不比其他兒童福利領域來得小。據美國產前藥癮研究與教育協會（The National Association for Prenatal Addiction Research and Education）估計，約有11%的兒童因母親在懷孕時服用藥物，造成嬰兒有嚴重的健康問題（Chasnoff, 1988）。這些孩子出生後可能有體重偏低、情緒激動、成長停滯、發展遲緩及大動作發展遲緩等問題（Chasnoff, 1988）。社會須為這些出生時即帶有疾病的孩子準備龐大的醫療照顧以及日後教育的費用（Miller & Fisher, 1992）。美國一些州（如紐約、威斯康辛、俄亥俄）的法院曾裁決，無力照顧子女的父母不得再生子女，包括遊手好閒、不能付子女撫養費的父親、染毒又無家、嗑藥又酗酒之家庭（〈染毒又無家，法官不准她生小孩〉，2004）。需要如此龐大的經濟及情緒的挹注，也使兒童福利領域不得不重視其議題；這些孩子可能被遺棄或疏忽，甚至被虐待，兒童福利之社會工

兒童社會工作
——SWPIP實務運用

表6-4　不同物質類別對個人的影響

物質類別	對腦部的影響	物質名稱
鎮定劑	・緩和、鎮定腦細胞 ・改變判斷力和行為 ・使用後會產生激越（茫醉）現象	酒精飲料、巴比妥酸鹽和鎮定催眠劑、低劑量大麻（大麻和哈希什）、輕微鎮靜劑——利眠寧（Librium）、安定（Valium）
興奮劑	・增加或加速腦功能運作 ・會導致精神錯亂和精神病（症狀包括幻覺、妄想和性慾亢進） ・如果使用強效古柯鹼，可能會產生暴力行為，例如游離鹽基古柯鹼（Freebase）或粉末古柯鹼（Crack）	安非他命、古柯鹼、咖啡因、尼古丁
麻醉劑／鴉片	・減輕疼痛 ・產生鎮定效果 ・可能會導致昏迷無精打采的現象（做白日夢／幻想） ・停止使用時可能會引起身體激越現象（此時可能會出現恐慌和暴力行為）	鴉片、嗎啡、海洛因、可待因、Paregoric鴉片止痛劑、methadone美沙酮、Demerol鴉片鎮痛劑、Darvon麻醉性止痛劑、Prinadol止痛劑
精神振奮劑／迷幻藥	・對思維和知覺產生扭曲（如視覺幻覺、身體形象扭曲） ・可能產生人格解體、憂鬱、敵意 ・可能因為焦慮和現實扭曲而導致暴力行為	二乙基麥角醯胺（LSD）、天使之塵（PCP、angel dust）、DOM、STP、梅斯卡林（Mescaline）、斯洛塞敏（Psilocybin）

資料來源：改編自Straussner (1989), pp.151-152. New York University Press.

作者必須要為這些孩子尋覓寄養家庭，以迎合孩子發展的需求。然而，社會上並沒有足夠寄養家庭供應這些孩子。此外，Mundal、VanDerWeele、Berger與 Fitsimmons（1991）的研究發現：有藥癮之母親比沒有藥癮之母親在孩子出生後有較多分離及依戀的問題。因此，社會工作者應幫助有藥癮的準媽媽處理藥癮的問題，以及給予機會充實她們教育子女和如何與孩子建立依戀關係之技巧。Gustavsson（1992）提醒當社會工作員與案主建立關係時，若案主使用化學藥物要能以非責難的態度及敏感性來面對。

　　應用訓練、教育及管理技巧（Training, Education and Management Skills, TEAMS）之創新方案的研究已證實，對教導兒童福利領域之社會工作者瞭解藥癮父母有很大的幫助。這些方案必須教導專業人員瞭解藥物對嬰兒之

影響,以及介紹最好的方法來因應這些影響。這些方案的最大效果,不僅針對兒童福利社會工作者瞭解改善的方法,而且能為這些族群預防日後的困境(Edelstein, Kropenske, & Howard, 1990)。

根據法務部的資料顯示,以吸毒人口與入罪比例而言,台灣地區保守估計吸毒與販毒人數已逾二十萬人,換句話說,每一百人中至少有一人吸食毒品,數量相當驚人。「如果以終身盛行率來推算,吸毒人口應該超過四十萬。」台北市立療養院成癮防治科主任林式穀分析:除了吸毒人口的增加外,國內的毒品犯罪也相當嚴重,吸毒累犯的比率高達66.9%,而在監獄服刑的犯人當中,煙毒犯就占了四成。

由於台灣並非毒品生產國,隨著吸毒人數的增加,毒品消費量也向上攀升,更直接促使販毒走私活動的日益猖獗。法務部的反毒報告統計,2001年全年包括警、調、憲、海巡等司法警察機關查獲各級毒品就有兩千餘公斤,2000年增加約740公斤。

周碧瑟(1999)在一項受行政院衛生署的委託研究——「台灣地區在校青少年藥物使用流行病學調查研究」發現,在校有抽菸及喝酒行為之青少年約占三至四成,在十二歲之前已開始抽菸及喝酒,而用藥之盛行率男性比女性高(約為3.5倍左右)(**表6-5**)。而整個抽菸之盛行率約占一成三左右;喝酒之盛行率約為一成五;用藥之盛行率為1%(**表6-6**)。此外,近幾年青少年在校用藥之順位仍以安非他命為主,其次為強力膠,再來為海洛因,不過近幾年已有轉換為FM2、快樂丸及搖頭丸的趨勢(**表6-7**)。

此外,根據青輔會於1997年曾對台灣地區(不包括金門、馬祖)共1,604名年滿十二至二十四歲的青少年,以電話訪問方式所進行「青少年對毒品看法之研究」的調查報告顯示,青少年對毒品與防治吸毒犯罪之認知情形大致如下:

當研究者詢問受訪的青少年,他們所知「一般人所說的嗑藥是指哪些東西」時(**表6-8**),有近八成(78.8%)的青少年回答「安非他命」,表示安非他命是他們最熟悉的毒品。其他毒品中,較為人所知的分別是:海洛因(有31.9%的青少年提及),過去較熱門而現在較少被提及的是:強力膠(24.9%)、嗎啡(24.8%)、紅中、白板(23.8%),以及大麻(20%),

表6-5　台灣地區在校青少年抽菸、喝酒及性別用藥盛行率（1992～1999）

年代	12歲以前開始抽菸		12歲以前開始喝酒		用藥盛行率（%）		
	人數	%	人數	%	男生	女生	男女比
1992	376	23.0	396	31.9	2.1	0.3	6.8
1994	225	25.3	245	31.1	2.1	0.6	3.5
1995	298	25.9	385	33.1	1.7	0.5	3.4
1996	396	26.5	585	35.2	1.7	0.4	4.3
1997	629	38.5	739	42.5	2.0	0.8	2.5
1999	455	35.6	690	44.0	1.4	0.4	3.5

資料來源：周碧瑟（1999）。「台灣地區在校青少年藥物使用流行病學調查研究」。行政院衛生署八十八年度委託研究計畫。

表6-6　台灣地區在校青少年抽菸、喝酒及用藥盛行率（1992～1999）

年代		抽菸		喝酒		用藥	
	調查人數	人數	盛行率%	人數	盛行率%	人數	盛行率%
1992	12,381	1,737	14.6	1,350	11.8	161	1.3
1994	8,320	961	12.1	892	11.4	115	1.4
1995	12,247	1,227	10.1	1,279	10.6	133	1.1
1996	12,470	1,563	12.6	1,820	14.8	131	1.1
1997	11,831	1,633	14.9	1,741	16.7	171	1.4
1999	10,699	1,278	12.5	1,568	15.2	102	1.0

資料來源：周碧瑟（1999）。「台灣地區在校青少年藥物使用流行病學調查研究」。行政院衛生署八十八年度委託研究計畫。

表6-7　台灣地區在校青少年用藥種類比例順位（1992～1999）

年代	第一位	第二位	第三位
1992	安非他命（65.8%）	大麻（7.4%）	強力膠及海洛因（6.0%）
1994	安非他命（75.0%）	強力膠（11.7%）	海洛因（5.9%）
1995	安非他命（70.9%）	強力膠（8.6%）	海洛因（5.4%）
1996	安非他命（67.0%）	海洛因（7.0%）	大麻及古柯鹼（各5.0%）
1997	安非他命（43.1%）	強力膠（23.9%）	FM2安眠鎮靜劑（9.2%）
1999	安非他命（41.7%）	強力膠（11.6%）	快樂丸（10.7%）

資料來源：周碧瑟（1999）。「台灣地區在校青少年藥物使用流行病學調查研究」。行政院衛生署八十八年度委託研究計畫。

表6-8 受訪青少年所提及之毒品及提及次數、百分比

名稱	提及人次	占受訪者總人數%
安非他命	1,264	78.8
海洛因	511	31.9
強力膠	400	24.9
嗎啡	397	24.8
紅中、白板	381	23.8
大麻	321	20.0
速賜康	186	11.6
古柯鹼	158	9.8
其他	108	6.7

說明：本題為複選題。

　　　受訪總人數：1,604人。

資料來源：行政院青輔會全球青年服務日網站。受訪青少年所提及之毒品及提及次數、百分
　　　　　比。2004年5月12日，取自http://gysd.nyc.gov.tw。

這些也是常在大眾媒體上出現的。另外，受訪者提起頻率較少的包括：速
賜康（11.6%）、古柯鹼（9.8%），以及其他的麻醉藥品及幻覺劑，比方說
天之塵等（6.7%）；有關藥物濫用者常用之術語可參考**表6-9**。

　　根據統計目前全國煙毒婦女受刑者有三千多人，加上被逮捕率為一
成，推估國內吸毒婦女高達三萬人之多，台中醫院婦產科醫生陳學修指
出，吸毒婦女因為精神恍惚，懷孕經常會危及生命，臨床上胎死腹中、子
宮潰爛危及生命，甚至連懷孕或是已罹患婦科重疾都渾然不知的個案相當
多。另外，也有不少因煙毒被捕入獄服刑的女受刑人，在戒治後精神狀況
逐漸恢復後，才發現自己已經懷孕或出現危險的婦科重疾。

　　目前健保對於三十四歲以上的高齡產婦及高危險群產婦，都給予二千元
補助做羊膜穿刺篩檢，陳學修醫師表示，但是在獄中服刑的懷孕女受刑人連
要自費做唐氏症胎兒篩檢都不能，相當無奈，更何況是必須外出受檢高齡產
婦的羊膜穿刺檢查。高危險群的吸毒女受刑人一旦懷孕，所生出的嬰兒出現
病變及畸形的機率高於一般婦女的三倍，而先天性病變胎兒一出生，對於受
刑人本身及社會都是一項沉重的壓力及負擔（健康醫療網，2003）。

表6-9　藥物濫用者常用之術語

嗑藥、克藥	泛指藥物濫用
安公子、安仔、冰糖、冰塊、鹽、speed	安非他命
快樂丸、搖頭丸、綠蝴蝶、亞當、狂喜、忘我、Ecstasy	MDMA
液態快樂丸	GHB
小白板	短效型苯二氮泮類（benzodiazepines）安眠鎮靜劑triazolam（Halcion）
煩寧、安定、凡林	長效型benzodiazepine安眠鎮靜劑diazepam（Valium）
FM2、約會強暴丸、十字架、615、815	中效型或長效型（視劑量而定）benzodiazepine安眠鎮靜劑flunitrazepam（Rohypnol）
蝴蝶片、藍色小精靈	短效型benzodiazepine安眠鎮靜劑alprazolam（Xanax）
Rush	冠心病、心絞痛用藥amyl nitrate
卡門、K、Special K、K他命	Ketamine
老鼠尾巴	捲成香菸狀的大麻
紅中	短效型巴比妥鹽類鎮靜劑secobarbital（Seconal）
青發	中效型巴比妥鹽類鎮靜劑amobarbital（Amytal）
白板、弗得、忽得	非巴比妥鹽類鎮靜劑methaqualone（Normi-Nox）
燕窩	FM2與白板之混合物，目前盛行於香港
白粉、四號	指海洛因（四號為較純之海洛因）
孫悟空	又名速賜康，成分為潘他唑新，屬麻醉止痛劑
煉丹	指吸食強力膠或有機溶劑
螞蟻蛋	指純度高之毒品
打管、走水路	指從血管注射毒品
開桶（台語）	從鼠蹊部注射毒品
藥仔頭、雞仔（台語）	販毒者
茫（台語）	麻醉或安眠藥之欣快感
摔（台語）	毒癮發作之痛苦症狀
熬生柴	戒斷時痙攣之痛苦
啼（台語）	指鴉片類之戒斷症狀，如流淚、打呵欠
拔筋（台語）	指吸食過量導致抽搐、休克或死亡

資料來源：管制藥品管理局預警宣導組（2004）。藥物濫用者常用之術語。2004年5月11日，取自http://www.nbcd.gov.tw/prop/prop_3.asp

第三節　性別認同混淆之兒童及少年

　　根據Kohlberg認知發展論，兒童在社會化的歷程中，其性別角色概念的形成，會經過三個階段：基本性別認同階段（basic gender identity）、性別穩定階段（gender stability）、性別恆定階段（gender consistency）。而兒童進入青春期後，隨著第二性徵發育與性別差異的意識浮現，雖然會出現短暫的迷惑、困擾或是企圖隱藏性徵等（如刻意讓發育的胸部不明顯），但多半仍可在適應期中順利度過，並完成性別認同的階段任務。若在成長過程發現自己受同性別的人吸引，如性幻想、性衝動或是性愛對象以同性為主，這即稱為「性取向」（sexual orientation）問題，與一般多數人選擇不同性別偏好，也可能成為日後「同性戀」（homosexuality）。同時處於同性密友期及性取向認同的時期，青少年常會因與同性朋友交往過密而懷疑自己是否是同性戀，面對這樣的青少年，若其仍處於探索階段者，我們應協助其確認性認同與性取向。

一、兒童及少年因性取向不同導致產生的外顯症狀

(一)個人系統

　　艾瑞克森（Erikson）在其理論中提及，認為一個人的自我認同會發生在十二至十八歲，認同如果無法建立便會形成人格發展上的危機。有性取向認同困擾的青少年由於在道德、家庭、學校及社會的壓力下，無法正向面對自己的性取向，而特別容易有情緒上的困擾，而學校及社會的疏遠與排斥，更使其感到孤獨、退縮，而常常會有認同困擾、沮喪、焦慮、低自尊、罪惡感、逃家、逃學等問題。這類兒童或少年掙扎與挑戰相形之下比成人更多，許多人選擇延後現身或不願現身，因為汙名帶來的壓力，使其面臨憂鬱、自殺及濫用藥物的危機。

(二)家庭系統

　　兒童及少年在原生家庭中，家庭親密關係的發展與兒童及少年建立同儕親密關係與生活適應有關，雖許多家庭都能接受同性戀存在的事實，但卻不能接受家庭內有同性戀者的存在。絕大多數的兒童或少年同性戀者，其發聲最大的障礙在於家庭，其實父母過度的反應，反而可能讓兒童或少年為反對而反對，而往同性戀取向發展。

(三)社會系統

　　兒童及少年發展任務中，同儕的互動與接納扮演重要角色。當同儕探索與異性關係時，同性戀兒童或少年敏感於自己的不同，因而會孤立自己於同儕團體之外，或否認自己的性取向。同儕是少年階段最認同的關係，研究顯示部分的同性戀兒童或少年選擇對同儕現身，而現身後的同儕關係也令多數的兒童或少年同性戀者感到滿意。

二、國內相關政策與法令

(一)性別平等政策綱領

　　依據性別平等政策綱領，在「教育、文化與媒體」方面，致力於改善各級教育與科系的性別隔離現象，鼓勵學生適才適性發展，具性別貶抑之文化意涵，並鼓勵媒體製播性別平等意識節目，以消弭性別歧視及性別刻板印象。

(二)性別平等教育法、性別工作平等法

　　在此前的2003年，性別平等教育法保障不同性傾向的師生能在校園中平等工作或受教，也規定教育機構應實施反性別歧視教育。2011年行政院版性別平等教育法修正通過，納入性別氣質和性別認同。2007年7月，立法院三讀通過性別工作平等法，禁止僱主因性別傾向不同而拒絕僱用、採取差別待遇。

(三)人權保障基本法

2003年10月，行政院提出人權保障基本法草案，該草案允許同性婚姻，並允許同姓夫婦享有和異性戀夫婦相同的權利保障；但草案遭部分內閣成員和立法委員反對，使得該草案至今仍未進入立法程序。

(四)同性婚姻案件

2012年4月10日。台北高等行政法院首度開庭審理台灣首件關於同性婚姻的案件。但此案於2013年1月23日撤銷，使同志婚姻釋憲機會再延後。

三、生態系統的處遇原則

性別認同混淆可能來自遺傳、賀爾蒙失調或過去遭遇及環境所致，然而性傾向是個人對親密行為的性喜好。從現有的傳統價值及法律制度仍未能給予這些案主自處，因此在輔導與處遇之原則應以個人、家庭、學校的生態系統為本位，原則如下：

(一)個人系統

1.尊重接納的態度。
2.審慎的診斷態度。
3.關心案主的情緒感受。
4.依案主之意願，擬定輔導目標。
5.視案主的問題為整體性的問題，而非只是同性戀的問題。

(二)家庭系統

1.瞭解孩子和父母親互動情況。
2.鼓勵父母瞭解性取向認同議題。
3.與孩子一同討論未來發展。
4.營造家庭是一個開放與接納的場所，讓兒童及少年自在地分享想法與顧慮。

(三)學校系統

1.將正確的同性戀議題列入性教育課程中。

2.圖書館增列同性戀相關書籍，以提供正確的資訊。

3.不對同性戀作道德、價值上的評斷，而將之視為兩性交往議題。

4.針對學校輔導老師及導師做一系列的相關在職訓練。

5.人權教育配合宣導，把同性戀納入教材中，使學生能有機會瞭解別人，進而尊重別人的選擇。

　　兒童及少年自我接納的過程中常伴隨別人混雜的反應，不論同性戀或性別認同混淆，他們的價值觀跟一般人無異，也渴望與某一特定對象保有親密關係。個體一旦開始接受性取向或性別認同是代表「我」這個人的一部分，就比較能接受自己的感覺、較能夠視自己為一完整、複雜又獨特的個體，也較容易以正向健康的方式認同自己，並達到較為適應良好的狀況。社工人員秉持助人倫理原則，應接受多元文化的價值觀，並要深入瞭解兒童及少年的發展，廣泛吸收性別取向認知可能產生的議題，以充權兒童及少年個案的自我抉擇。

第四節　身心障礙兒童及少年

　　身心障礙兒童及少年在社會中是經常被遺忘及被忽視的一個族群，由於有些人覺得身心障礙之失能兒童在旁邊，會有渾身不舒服之感，因此，此類的服務與方案尚未能引起大眾的青睞。Morris（1997）認為最主要的原因，是失能兒童被其他族群的兒童及少年所隔離（isolation）。失能兒童（disabled children）會因種類不同而各有不同之盛行率，約占1～3％之間。這些兒童及少年的福利是讓這些族群能融入社會活動，一方面帶給他們適應與成長，而另一方面讓社會能接納他們。因此，社會要能瞭解這些兒童及少年之需求，並協助其成長及自我實現。

　　同樣的，這些兒童及少年之家庭也需要獲得支持與諮商，以因應其

孩子的各種困境；父母的壓力及缺乏資源可能造成兒童在家中遭受虐待（Baladerian, 1994），而使兒童成為寄養及收養的家外安置，也是兒童福利情境中常見的議題。

而對失能兒童的首要工作是鑑定以及找出他們在哪裡？認定（assess）失能兒童的過程必須借助於專業心理學家、社會工作者或是相關特殊服務的協調員，而非一位課堂中的教師或其他人員所能勝任。「早期發現」、「早期篩檢」、「早期療育」的早期療育服務概念一直是政府盡力推廣之工作。問題是這些孩子在哪裡，一些具有明顯失能特質的兒童，往往是由小兒科醫師或專門處理兒童或家庭問題的社會福利服務單位所發現，並建議他們接受托育或學校教育。現在我國的兒童福利政策之一，是希望第一線的托育服務工作者能透過自發性的學前教育篩檢計畫，找出一些不具有明顯失能性質的兒童。因為這些計畫是非強制性，只能靠道德勸說及鼓勵的方式，說服家長能自願地帶孩子前往篩檢，以期早期發現，但大多數的父母卻持有消極抵抗之心理。

本節將分別就身心障礙兒童之類別、身心障礙兒童與家庭之需求，以及身心障礙兒童之政策與資源做介紹，茲分述如下：

一、身心障礙兒童之類別

1. 智能障礙：智力功能顯著低於平均水準負二個標準差，智商低於比西量表68分以下，魏氏智力測驗70分以下，有適應行為方面的缺陷，要在十八歲以前被鑑定出來。可分為輕度、中度、中重度、極重度。
2. 視覺障礙：視覺之構造或機能，部分或全部障礙，經最佳矯正後，右眼未達0.3萬國式視力表，或視野在20度以內。可分為弱視及盲兩類。
3. 聽覺障礙：聽覺器官構造及功能永久缺陷，優耳聽力減損25分貝以上，可分為輕度、中度、重度。聽力減損在90分貝以上者為聾。
4. 語言障礙：語言理解能力或表達能力與同齡兒童相較有顯著差異。可分構音障礙、聲音異常、語暢異常、語言發展遲緩。

5.肢體障礙：因發展遲緩、中樞或周圍神經系統發生病變、外傷、其他先天性骨骼肌肉系統疾病而造成，例如腦性麻痺（CP）（依行政院衛生署所訂「身心障礙等級」之標準）。

6.身體病弱：由醫師診斷鑑定罹患慢性病，須長期療養。

7.性格及行為異常（嚴重情緒障礙）：長期情緒或行為反應異常，嚴重影響生活適應（得參考精神科醫師診斷）。

8.學習障礙：因神經心理異常而顯現出注意、記憶、理解、推理、表達、知覺或知覺動作協調等能力有顯著問題，導致聽、說、讀、寫、算等學習上有困難。

9.顏面傷殘：先天或後天原因使顏面、頸部發生殘缺變異，或造成呼吸、咀嚼、吞嚥等功能障礙，對社會生活適應困難。

10.自閉症：因神經心理功能異常而顯現出溝通、社會互動、行為及興趣表現有嚴重問題，造成生活適應及學習上有顯著困難。

11.多重障礙：具兩種以上不具連帶關係且非源於同一原因造成之障礙而影響學習（可參照各類障礙鑑定基準）。

12.其他發展遲緩：未滿六歲之嬰幼兒因生理、心理或社會環境因素，在知覺、認知、動作、語言及溝通、社會情緒、心理或自理能力等方面之發展較同齡顯著遲緩，但其障礙類別無法確定（依嬰幼兒發展及養育環境評估）。

根據教育部特殊教育通報網（2014）統計資料顯示，台灣目前身心障礙學生在學齡前階段共有12,910人，國小39,088人，國中26,162人，高中職20,292人（**表6-10～表6-13**）。

表6-10 各縣（市）學前階段身心障礙學生統計（含特殊學校）

	智能障礙	視覺障礙	聽覺障礙	語言障礙	肢體障礙	腦性麻痺	身體病弱	情緒行為障礙	學習障礙	多重障礙	自閉症	發展遲緩	其他障礙	小計
新北市	69	4	54	17	50	43	30	8	0	61	200	1598	41	2175
台北市	69	0	35	2	18	74	18	5	0	35	228	854	4	1342
台中市	154	2	44	105	63	23	46	15	0	67	99	960	11	1589
台南市	46	8	22	1	20	5	18	0	0	27	32	796	30	1005
高雄市	55	10	37	279	45	16	50	0	0	48	102	707	15	1364
宜蘭縣	3	4	6	1	5	6	2	0	0	5	0	330	2	366
桃園縣	59	0	29	14	39	4	3	0	0	95	56	669	35	1003
新竹縣	14	2	4	0	7	2	5	3	0	4	9	195	5	250
苗栗縣	12	0	6	13	13	4	13	0	0	19	7	386	4	477
彰化縣	18	3	17	14	27	18	5	0	0	17	12	736	3	870
南投縣	12	1	5	0	10	0	1	0	0	5	20	141	0	195
雲林縣	10	3	12	4	14	2	6	0	0	4	23	393	0	471
嘉義縣	27	1	4	0	8	0	8	1	0	3	11	194	2	259
屏東縣	45	0	6	1	7	9	1	0	0	8	19	303	15	414
台東縣	15	0	3	2	3	1	1	1	0	17	8	92	2	145
花蓮縣	2	0	6	1	11	0	1	0	0	5	1	255	1	283
澎湖縣	5	0	1	0	0	0	1	0	0	0	2	27	1	37
基隆市	18	1	2	3	9	1	7	0	0	10	9	42	4	106
新竹市	12	1	6	1	8	4	11	0	0	21	10	226	4	304
嘉義市	27	2	9	1	8	0	3	0	0	10	14	103	1	178
金門縣	2	2	0	0	2	2	0	0	0	2	2	61	0	73
連江縣	0	0	0	0	0	0	0	0	0	0	0	4	0	4
總計	674	44	308	459	367	214	230	33	0	463	866	9072	180	12910

資料來源：教育部特殊教育通報網（2014）。各縣（市）學前階段身心障礙學生統計（含特殊學校）。

表6-11 各縣（市）國小階段身心障礙學生統計（含特殊學校）

	智能障礙	視覺障礙	聽覺障礙	語言障礙	肢體障礙	腦性麻痺	身體病弱	情緒行為障礙	學習障礙	多重障礙	自閉症	發展遲緩	其他障礙	小計
新北市	1278	42	187	172	155	106	173	206	785	260	1110	92	36	4602
台北市	472	36	143	130	77	117	104	820	1299	171	1226	0	61	4646
台中市	1339	50	154	139	155	44	221	439	1324	436	473	0	69	4843
台南市	728	17	70	31	98	5	103	50	812	122	265	219	98	2618
高雄市	1372	41	109	249	133	4	191	67	1743	171	565	11	674	5330
宜蘭縣	205	10	40	37	48	7	31	47	59	75	81	103	5	748
桃園縣	923	27	108	72	125	13	30	229	934	470	382	50	101	3464
新竹縣	418	11	33	19	26	3	34	77	327	61	77	0	32	1118
苗栗縣	358	7	21	34	27	6	49	10	528	115	82	0	8	1245
彰化縣	705	25	73	145	61	13	47	136	800	126	103	0	27	2261
南投縣	283	7	16	36	30	2	31	52	278	60	58	7	17	877
雲林縣	417	11	38	33	44	0	55	48	395	47	74	0	4	1166
嘉義縣	297	5	16	19	28	0	40	36	334	34	40	0	30	879
屏東縣	670	15	33	30	41	7	47	33	707	70	97	0	103	1853
台東縣	162	3	7	6	15	0	10	12	186	75	34	0	5	515
花蓮縣	206	2	18	21	19	6	21	21	118	45	77	0	1	555
澎湖縣	40	0	6	5	9	0	4	14	37	10	28	1	11	165
基隆市	169	4	7	7	19	5	18	51	35	34	89	1	12	451
新竹市	222	6	30	11	27	4	23	105	465	75	144	0	15	1127
嘉義市	138	5	18	1	17	0	15	23	202	18	51	0	6	494
金門縣	24	0	5	8	1	0	2	4	50	8	15	0	1	118
連江縣	2	0	0	0	2	1	0	0	3	0	1	1	3	13
總計	10428	324	1132	1205	1157	343	1249	2480	11411	2483	5072	485	1319	39088

資料來源：教育部特殊教育通報網（2014）。各縣（市）國小階段身心障礙學生統計（含特殊學校）。

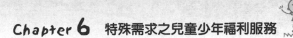

表6-12　各縣（市）國中階段身心障礙學生統計（含特殊學校）

	智能障礙	視覺障礙	聽覺障礙	語言障礙	肢體障礙	腦性麻痺	身體病弱	情緒行為障礙	學習障礙	多重障礙	自閉症	發展遲緩	其他障礙	小計
新北市	1007	47	118	42	137	68	131	177	804	169	665	0	10	3375
台北市	278	28	69	6	62	51	54	245	744	30	651	0	35	2253
台中市	1012	37	80	10	74	52	46	209	718	163	264	0	8	2673
台南市	492	31	56	10	68	1	73	39	923	72	142	0	70	1977
高雄市	916	22	67	19	111	5	152	59	1444	118	297	0	112	3322
宜蘭縣	140	5	17	5	42	4	12	52	170	34	66	0	1	548
桃園縣	680	33	69	21	82	7	40	243	1065	245	260	0	41	2786
新竹縣	276	2	22	3	14	9	14	71	340	43	45	0	10	849
苗栗縣	246	5	16	8	16	7	30	17	611	57	45	0	2	1060
彰化縣	542	12	37	33	36	6	41	101	505	68	40	0	8	1429
南投縣	253	5	11	5	18	2	13	39	263	42	35	0	4	690
雲林縣	364	12	25	9	40	0	55	23	374	33	19	0	1	955
嘉義縣	198	5	16	2	22	0	21	15	268	19	20	0	1	587
屏東縣	395	7	17	1	32	10	29	20	311	54	51	0	24	951
台東縣	108	0	8	3	22	0	6	11	194	21	15	0	10	398
花蓮縣	205	5	12	9	18	1	10	16	161	23	25	0	3	488
澎湖縣	34	0	4	1	4	0	3	14	23	8	15	0	1	107
基隆市	112	7	7	3	15	1	19	49	50	22	53	0	13	351
新竹市	144	6	17	0	21	0	17	52	486	55	109	0	2	909
嘉義市	82	8	10	4	21	1	16	13	158	10	28	0	5	356
金門縣	18	0	0	1	4	0	3	2	42	9	4	0	1	84
連江縣	0	0	0	0	0	0	0	4	7	0	2	0	1	14
總計	7502	277	678	195	859	225	785	1471	9661	1295	2851	0	363	26162

資料來源：教育部特殊教育通報網（2014）。各縣（市）國中階段身心障礙學生統計（含特殊學校）。

表6-13　各縣（市）高中（職）階段身心障礙學生統計（含特殊學校）

	智能障礙	視覺障礙	聽覺障礙	語言障礙	肢體障礙	腦性麻痺	身體病弱	情緒行為障礙	學習障礙	多重障礙	自閉症	發展遲緩	其他障礙	小計
新北市	651	30	63	12	112	15	91	111	588	65	378	0	17	2133
台北市	390	35	99	8	121	38	110	238	1078	39	577	0	46	2779
台中市	680	41	87	10	96	15	61	203	622	52	191	0	11	2069
台南市	467	25	82	10	94	1	80	81	812	50	66	0	8	1776
高雄市	693	27	78	11	142	1	126	49	973	43	226	0	45	2414
宜蘭縣	106	8	15	2	15	4	11	39	221	13	59	0	4	497
桃園縣	497	20	61	9	94	7	31	214	678	71	189	0	52	1923
新竹縣	168	4	9	1	18	2	14	39	229	17	23	0	2	526
苗栗縣	242	6	11	6	22	2	27	12	403	10	20	0	1	762
彰化縣	413	12	35	14	57	7	27	75	349	28	23	0	7	1047
南投縣	196	3	24	2	19	0	22	21	190	19	24	0	2	522
雲林縣	271	4	7	3	36	1	22	39	245	18	9	0	4	659
嘉義縣	110	3	7	0	22	0	8	17	180	2	10	0	2	361
屏東縣	255	9	27	1	37	2	26	7	178	22	27	0	8	599
台東縣	104	5	4	2	6	0	5	8	121	6	8	0	4	273
花蓮縣	172	5	12	4	20	1	20	15	135	9	23	0	0	416
澎湖縣	38	0	2	0	4	0	2	3	10	6	4	0	1	70
基隆市	107	4	3	3	20	1	16	43	36	14	22	0	1	270
新竹市	146	12	13	1	20	1	15	48	406	24	73	0	4	763
嘉義市	99	9	15	6	28	0	22	10	132	12	19	0	2	354
金門縣	21	0	3	0	4	1	1	1	25	5	7	0	0	68
連江縣	3	0	0	0	0	0	0	1	6	1	0	0	0	11
總計	5829	262	657	105	987	99	737	1274	7617	526	1978	0	221	20292

資料來源：教育部特殊教育通報網（2014）。各縣（市）高中（職）階段身心障礙學生統計（含特殊學校）。

　　目前幼教班及國小階段學生安置以自足式特教班（包括集中式及融合班）和巡迴輔導（包括視聽障巡迴輔導及在學教育之巡迴輔導班）爲主；而高中階段學生也是以自足式特教班（包括綜合職能科、實用技能科、復健科、美工科及體育融合班）和巡迴式輔導班（包括視聽障巡迴輔導及在學教育之巡迴輔導）爲主。目前高中（職）職業轉銜教育共有四個進路（圖6-1），分述如下：

進路一：高中職畢業生經學校轉銜團隊評估無法順利就業者，將學生轉銜至提供職業訓練或庇護性就業單位。

進路二：經轉銜團隊評估具有較高工作能力者，轉銜至提供支持性就業服務的單位。

進路三：經轉銜團隊評估已具有工作能力者，直接提供就業媒合至職場上，亦不需密集性的就業支持。

進路四：暫時無就業潛能者，轉至社政單位提供社區生活支持服務。

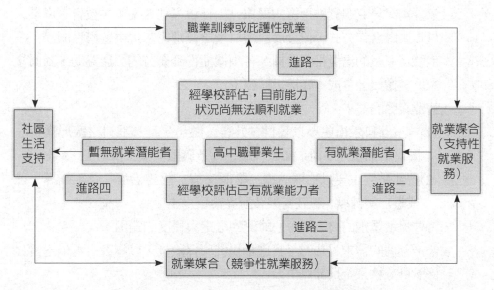

圖6-1　高中（職）職業轉銜教育進路圖

資料來源：身心障礙學生教育資源網（2014）。高中（職）職業轉銜教育進路圖。取自 http://www.cter.edu.tw/guide/map.htm

二、身心障礙兒童與家庭之需求

身心障礙兒童的種類繁多，形成之因素大約有兩種：基因遺傳及產前因素。有些兒童出生時即有明顯之外表（如唐氏症或脊柱裂之孩子），但有一些不是能從行為判斷出（如自閉症）。自閉症的孩子之盛行率約為3.3～16‰（Wing, 1993），這些數據的不同乃是此問題與診斷的複雜性。當然有些問題可以在產前透過遺傳諮商及產前照顧來加以預防，但社會工作者之角色是要將已發現的孩子，透過各種方案與政策來滿足其需求，支持他們達成最高潛能及鼓勵父母尋求最適當之資源，給予孩子最大的照顧。基於兒童的特殊需求，接下來內容介紹有關身心障礙兒童之就醫、就養、就學、就業及其他需求，分述如下：

(一)身心障礙兒童之就醫需求

1. 早期療育的需求：為了讓發展遲緩或有可能發展遲緩的六歲以下的兒童能夠盡早克服發展遲緩的現象，由社會福利、衛生、教育等專業人員以團隊合作方式，依發展遲緩兒童之個別需求提供整體性服務。不但能使兒童的潛能得到發揮，各項機能得到充分的發展協助，對爾後家庭負擔與社會成本亦得以減輕。
2. 醫療復健的需求：
   (1) 矯型外科手術主要以骨科、外科、眼科、耳鼻喉科之畸形矯正、障礙結構重建手術、顯微神經手術及義眼裝填手術為主。
   (2) 復健醫療主要以物理治療、職能治療、語言治療、社工輔導、職業鑑定與輔導、義肢支架裝配等治療為主。
3. 特殊兒童鑑別的需求：身心障礙的鑑定與程度的鑑別。
4. 醫療補助的需求：1995年實施全民健康保險後，殘障者已可依適當之保險身分納入全民健保中。
5. 生活輔助器具補助的需求：依「內政部獎助辦理殘障者生活輔助器具補助作業要點」，對於低收入戶殘障者全額補助，非低收入戶視輔具之迫切需要性，給予全額或半額補助。

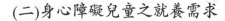

(二)身心障礙兒童之就養需求

1. 養護照顧方面的需求：對於極重度障礙兒童，可藉由專業的、集體的照顧方式，來代替父母非專業或無能的教養。家長可申請至內政部所委託辦理的殘障福利機構接受就養服務，由政府補助全額至四分之一額度。例如：

    (1)身心障礙者托育養護費用補助。

    (2)身心障礙者臨時照顧服務。

    (3)居家照顧服務。

2. 生活補助方面的需求：有些特殊兒童的醫療復健費用相當可觀，對於貧困家庭特殊兒童的父母而言，將是一大負擔，因此政府應予以適當的生活補助。例如：

    (1)身心障礙者津貼。

    (2)身心障礙者生活補助。

    (3)醫療補助。

    (4)發展遲緩兒童療育補助。

    (5)身心障礙者租賃房屋租金補助。

    (6)社會保險保費補助。

(三)身心障礙兒童之就學需求

1. 特殊教育安置的需求，可分為三類：

    (1)最早形式的特殊學校。

    (2)傳統的自足式特殊班。

    (3)目前普及的資源教室。

    特殊教育的目的是希望特殊兒童最後能克服其適應上的困難，重新過獨立自主的生活，回到正常的環境而不需要特別的保護。因此，最接近「正常環境」的資源教室成為未來特殊教育的主流。

2. 特殊教育課程的需求：為因應各類特殊兒童個別差異及特性而發展或設計出的各種學科、計畫、活動及教學材料（如個別化教育計畫）。

課程、教材及教學均應保持彈性，對資優生應加強啟發思考與創造力，對身心障礙學生則應加強復健及職業教育。

(四)身心障礙兒童之就業及輔導需求

身心障礙兒童其受教育的最終目的就是學得一技之長，投入社會，獨立生活。因此，離校前的職業訓練、就業輔導及離校後的職業保護與繼續輔導都是必要的。

(五)身心障礙兒童之其他需求

1.心理諮商輔導的需求：
    (1)實施心理輔導以提振兒童自信，培養其面對現實、積極進取的人生觀。
    (2)諮商輔導的對象不限於兒童本人，還包括父母、家人、學校中其他的師生。
    (3)輔導特殊兒童之周圍的人，應以健康的態度對待他們，使其心理上容易健全成長。
2.親職教育方面的需求：大多數特殊兒童的父母對於孩子的未來往往不知所從，透過親職教育、專題演講、活動等方式，將訊息傳送給父母，使其能夠扮演適當的親職角色，有利兒童未來的發展。
3.無障礙空間的需求：特殊兒童身體的障礙，經過醫療復健後，得有行動能力，但社會應消除環境中的行動障礙，如建築、道路、交通設施等無障礙空間的設計，將有助於擴大特殊兒童的生活與學習空間。
4.早期通報系統的需求：早期發現、早期治療，以減輕障礙的程度並建立身心障礙兒童指紋資料，以防止走失事件發生。

三、身心障礙兒童之政策與資源

在美國近二十幾年來，身心障礙之兒童福利受到1980年之收養協助及兒童福利法（Adoption Assistance and Child Welfare Act of 1980）之影響，已漸漸拋棄過去所常用之機構安置，逐漸走向強調家庭穩定的永久性規劃

（Maluccio, Fein & Olmstead, 1986）。儘管如此，許多特殊需求之兒童及少年仍有相當多比率依然使用家外安置，依Petr及Barney（1993）之估計，美國家外安置至少有20.5%是屬於特殊需求之兒童。這些驚人的數據應給予社會工作者一種警訊與省思，這些有特殊需求之家庭需要積極性的支持及資源。

在美國，針對特殊需求兒童及其家庭的政策及經費是透過州政府的綜合補助（state block grants），而且各州在經驗補助及社會服務也大有不同，但是針對這些為數不少的特殊需求兒童及其家庭的需求，其所需要的安置服務應有不同的方案，這是兒童福利實務須費思量之處。根據Petr及Barney（1993）的研究發現，這些特殊需求之兒童及其家庭僅有的資源是類似症狀之家庭給予他們支持，因此，社會工作者需要將這些家庭聚合在一起，成立共同支持之團體。

儘管美國於1975年頒布，1986年修訂特殊教育法（The Education of All Handicapped Children Act，又稱為94-142公法），強制規定所有特殊需求之兒童有接受教育之權利，但大多數美國有身心障礙兒童之家庭不相信特殊教育能幫助他們的子女，而且他們覺得特殊教育之個別化教育計畫可以滿足兒童之需求。1990年，失能教育法（Individuals with Disabilities Act）企圖提供家長從訴求過程表達其子女之教育計畫（Harvey, 1995）。這個法案日後也擴充對身心障礙兒童及家庭的反歧視過程。這些政策雖可以造成一些改變，但對身心障礙之兒童及其家庭仍然有很多對政策改變之期望，以期確保他們的安全感。

在美國有一些社會服務方案（如保護服務及寄養服務），用來服務身心障礙兒童及其家庭。當孩子被鑑定為瀕臨危機（at-risk）時，就需要保護性服務。藥癮家庭之兒童、愛滋病兒童及其他特殊需求之兒童常被認為瀕臨危機之兒童（意指兒童在產前、生產時以及產後遭受到不同危險因子的侵襲，而提高其在發展過程中產生問題的機率），因為他們的父母及其家庭缺乏資源及支持來照顧其子女的特殊需求。此外，家庭在照顧他們時，也必須承擔不同於一般家庭的壓力及經驗（NCCAN, 1993）。特殊需求之兒童常有被疏忽及虐待的情形發生，因為父母的否認及身心障礙兒童的能

力難以指出被虐待的事實，特殊需求之兒童的虐待常很難被鑑定。

　　兒童福利之社會工作者也常被醫院、醫療照顧者或治療師通報有處於危機之個案。一旦被鑑定爲瀕於危機之兒童，務必要儘快協助其家庭。支持及具體的服務可以減少困境及提升正向之影響效果。有時在此種情境中對兒童是非常危險的，例如有藥癮的母親會拒絕讓她的孩子接受治療，所以寄養服務是唯一的替代方法，直到整個處遇規劃完成。而處遇時機的適當才能有效預防日後困境產生。

　　美國目前對特殊需求兒童及其家庭的方案種類也不少，最重要的是要鑑定瀕於危機之情境以期提供預防及有效處理方案。此外，結合微視及鉅視的處遇方案最爲有效。還有一些共同支持的互助團體、教育與立法團體，以及政府支持的服務方案，皆可對特殊需求之兒童及其家庭有正面的支持效果。在此領域之社會工作者，不僅身爲這些團體的一員，而且以身爲領導者爲特殊需求兒童及其家庭提供支持、建立資源網絡，以及倡導他們的權益，才能爲他們帶來具體且正向的改變。

　　相對於台灣，自1980年公布施行殘障福利法以來，歷經多次修訂，惟爲因應身心障礙者需求、社會發展及國際潮流，乃於1997年4月30日修正殘障福利法爲「身心障礙者保護法」，明訂衛生、教育、勞工、建設、工務、國民住宅、交通及財政等相關目的事業主管機關權責及專章，並明列醫療復健、教育權益、促進就學、福利服務、福利機構等法定權益及福利，亦有罰責之規定。截至2003年底，經鑑定依法領有身心障礙手冊者，計有861,030人，占總人口之3.81%。政府爲加強推展身心障礙者福利，每年均專列身心障礙者福利經費，且送有增加，近十年來已編列相關經費逾一千餘億元。內政部（2004）之工作重點爲：(1)強化身心障礙者人口基本資料管理；(2)身心障礙者生活及托育養護費用補助及輔助器具補助；(3)身心障礙者參加社會保險之保險費補助；(4)身心障礙福利機構輔導；(5)身心障礙者社區照顧服務；(6)辦理身心障礙者個別化專業服務；(7)辦理身心障礙者各項福利服務活動；(8)行政院身心障礙者權益促進委員會及內政部身心障礙者保護委員會；(9)強化身心障礙者輔助維修及到宅評估服務；(10)委託設置多功能、聽語障、顏面損傷、資訊科技及足部輔助資源推廣中心；

(11)身心障礙者輔助器具資源；(12)身心障礙者輔具資源服務整合推廣；(13)規劃財產信託制度。未來發展的方向為：(1)強化經濟安全制度；(2)加強社區照顧服務；(3)提升機構照護品質；(4)加強培訓身心障礙者福利服務專業人員；(5)促進福利資源整合；(6)增進社會參與機會；(7)積極推動身心障礙者保護法並研修身心障礙福利相關法規。

我國提供哪些資源給予這些瀕臨危機之特殊需求兒童及其家庭呢？以下將依行政資源、學校資源及社會資源分別敘述：

(一)行政資源

1. 教育行政機構：指教育部、各縣（市）教育局等主管教育政策與執行的部門。在中央為教育部；在省（市）為省（市）政府教育廳（局）；在縣（市）為縣（市）政府教育局。凡有就學方面的疑問，可就近請教當地之教育局。在台北市由教育局第五科承辦。相關特殊教育資源可參考**表6-14**。

2. 社會行政機構：指主管社會福利政策制定與執行的機構。主要服務對象為六歲以下及十五歲以上非為義務教育服務範圍內的殘障者，主要服務內容大都在就養、就業與其他方面的權益部分。如有申請殘障手冊、各項補助等有關殘障福利方面的事宜，可就近請教各社政單位。**表6-15**列出台北市政府相關身心障礙福利之辦理單位。

3. 醫療行政機構：主要由衛生署及各縣（市）衛生局負責，提供早期發現、醫療鑑定、醫療復健與推廣業務。

(二)學校資源

1. 特殊學校：可分為三類——通學制、住宿制、混合制。

2. 特殊班：依性質不同可分為三類：

   (1)自足制特殊班：特殊老師擔任班級所有身心發展異常兒童教學工作。

   (2)合作制特殊班（或稱部分時間特殊班）：即身心發展異常兒童在一天中規劃一部分時間在特殊班上課，一部分時間在普通班上課。

兒童社會工作
——SWPIP實務運用

表6-14　台灣地區特殊教育資源中心一覽表

名稱	電話	服務項目
台北市立師範學院特殊教育中心	02-23111880 諮詢專線 02-23896215	1.特殊教育法規、行政。 2.特殊兒童轉介鑑定及就學輔導。 3.特殊兒童家長親職教育。 4.特殊教育教學資源的交換與提供。 5.殘障福利、醫療有關資訊。 6.其他有關特殊教育問題。
國立新竹師範學院特殊教育中心	035-257055 諮詢專線	1.特殊兒童之鑑定就學及心理輔導。 2.特殊教育法規與殘障福利法之諮詢。 3.特殊個案之輔導諮詢及追蹤研究。 4.特殊學生家長親職教育。 5.特殊教育教學實務問題。 6.其他特殊教育事項之辦理。
新竹縣特殊教育資源中心	035-572346 諮詢專線	1.特殊兒童之就學鑑定安置。 2.特殊學生家長親職教育。 3.特殊教育教學問題之研究。 4.特殊教育教學資源之蒐集。 5.知動訓練室之開放。 6.教具、圖書之借用使用。
國立台中師範學院特殊教育中心	04-2263181#362 諮詢專線 04-2294765	1.特殊法規及特殊行政之疑難問題。 2.特殊兒童之鑑定及教育。 3.特殊兒童教學實務問題。 4.特殊教育教學資源之交換與提供。 5.特殊兒童教養與親職教育。 6.特殊兒童個案研究、追蹤與輔導。 7.其他有關特殊教育事項。
台中縣特殊教育資源中心	04-5205563諮詢專線	相關諮詢服務
國立彰化師範大學特殊教育資源中心	04-7232105 #1481 #1462 諮詢專線 04-7255802	1.特殊學生之鑑定就學及心理輔導。 2.特殊教育法規及疑難問題之諮詢。 3.特殊教育教學問題之研究與諮詢。 4.特殊教育教學資源之交換與提供。 5.特殊學生家長親職教育輔導。 6.輔導諮詢及追蹤研討。 7.教學實務問題研討。
雲林縣特殊教育資源中心	05-6333158 #18 #19 諮詢專線	
國立嘉義師範學院特殊教育資源中心	05-2263411 #2320 諮詢專線 05-2263645	1.特殊法規及特殊教育之疑難問題。 2.特殊兒童教材編選與教學。 3.特殊兒童之教養與親職教育。 4.特殊兒童之保健與心理輔導。 5.特殊兒童之鑑定與教育安置。 6.特殊兒童教育資源之交換、借用與提供。 7.特殊兒童個案研究、追蹤與輔導。 8.特殊教育行政及實務研討。 9.其他有關特殊教育事項。

表6-15 台北市身心障礙福利辦理單位

福利措施	服務項目	辦理單位	備註
殘障津貼	依殘障類別等級及年齡核發	區公所社會課	
殘障生活補助	低收入戶每人每戶補助6,000元，非低收入戶每人每戶補助3,000元（輕度殘障2,000元）	區公所社會課	
收容教養補助	低收入戶依核准收費標準全額補助。餘依經濟狀況補助。	社會局第三科	
社會保險保費補助	補助自付保險費	保險承辦單位	依輕、重度補助
生活輔助器具補助	在最高額度內全額或半額補助	區公所社會課	
按摩業管理	核發按摩執照許可證或半額補助	區公所社會課	限視覺障礙者
創業貸款利息貼補	貼補貸款額度（最高60萬元）之利息	社會局第三科	
獎助自力更生	補助營業場所租金及設備費	社會局第三科	
定額進用	公立機關人員人數在50人以上（私立在100人）皆須進用殘障人士	社會局第三科	
交通運輸優待	公車免費，捷運儲值票半價	區公所社會課	
殘障專用停車優待	免費停車	社會局第三科	

(3)資源教室：身心發展異常兒童大部分時間在普通班上課，小部分時間在資源教室上課，目的在協助障礙的改善，或特殊的學習需求。

3.普通班：將身心發展異常兒童安置在普通班，以肢障學生最普遍。

4.床邊教學：即在醫院成立特殊班或個別指導身心發展異常兒童，以罹患慢性病（如心臟病、腎臟病、肝病、肺病）為主。教導方式可由老師面授、電視錄影帶、廣播等。

5.養護機構附設特殊班：我國特殊教育法第16條規定：少年監獄、少年輔育院、社會福利機構及醫療機構附設私立特殊教育班（如台北市立陽明教養院、台北市私立第一兒童發展中心等）。

6.在家自行教育：自1987年開始試辦，以重度殘障兒童為主，在各縣（市）政府教育局或學校設輔導老師，每週提供一至二次到家輔導服務。

(三)社會資源

1. 公私立殘障福利機構：提供具有需求的各類殘障者直接的教養服務，包括日間托育及住宿機構。

2. 社會團體：國內有各類的社會團體如：家長協會、殘障人協會、基金會、協進會、服務中心、諮商中心、重建中心等，均可提供各項特殊教育項目。

3. 學術團體：國內各師範院校均設有特殊教育系及特殊教育中心，及其他大專院校的復健、醫學、社會、兒童福利等相關科系，均可提供諮詢。另外，尚有中華民國特殊教育學會與中華民國啓智教育協會等學術團體，可提供特殊教育服務。

4. 輔導諮詢機構：國內各師範院校特殊教育中心均附設有諮詢專線的服務，有許多具有專長的諮詢委員，提供電話、晤談、信件、網路郵件等服務。

5. 醫療服務與諮詢機構：醫療院所的相關部門可提供身心各項檢驗，大致包括耳鼻喉科、眼科、外科、骨科、復健科、精神科、腦神經科、兒童心理衛生中心、聽語中心、語言治療室、復健醫學中心、顱顏中心等。

6. 職業訓練與輔導機構：除全國就業輔導處及職業訓練中心等政府提供全民職業訓練與輔導外，政府亦在殘障福利機構中設置庇護工廠、福利工廠或支持性就業等職訓措施。以台北市勞工局爲例，設置身心障礙者創業輔助方案如下：

   (1) 自力更生創業方案：協助擬創業之身心障礙市民營業場所租金及設備費補助（由勞工局身心障礙者就業資源中心承辦）。

   (2) 創業貸款利息貼補：第一年可貼補利息之貸款金額最高以八十萬元爲限，貼補金額逐年遞減（由勞工局身心障礙者就業資源中心承辦）。

   (3) 視障者創業補助：協助視障者從事按摩業，補助營業場所租金、設備費、裝潢費（由勞工局視障者就業促進組承辦）。

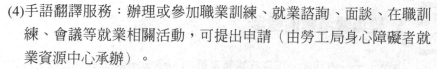

(4)手語翻譯服務：辦理或參加職業訓練、就業諮詢、面談、在職訓練、會議等就業相關活動，可提出申請（由勞工局身心障礙者就業資源中心承辦）。

7.其他資源：如電視、廣播電台、社區服務中心、民眾服務中心、衛生所等機構，也是可運用的資源。例如媒體常態性提供的探討特教專題或有關特殊兒童的系列報導。另外，有許多有心人士舉辦的座談會、演講及相關活動，均可利用，藉以獲取更多資訊，也能彼此交換心得與經驗。

第五節　運用SWPIP實務模式於特殊需求之兒童及其家庭

　　因為SWPIP模式是基於預防與處遇的觀點，所以處理產前即有負向因子環境的特殊需求兒童，如愛滋病、藥癮及特定遺傳因子（如唐氏症、智障、脊柱裂等），對於日後預防有很好的效果，尤其透過社會工作者在產前照顧的關懷及提供有效的資源與支持，將可以減少最大的傷害。

　　誠如預防也可以用在產後，尤其任何的意外均可能使孩子成為特殊需求的兒童（如生產時造成腦傷）。這些傷害可能造成情緒失調、學習障礙、語言障礙及感覺統合失調，而這些行為鮮少可以從兒童外表判斷出來。此外，過多的藥物攝取（意外或故意）也是造成日後兒童及少年成為特殊需求的另一主因，而藥癮孩子出生後可能有一些相似及相異之處，SWPIP模式將提供一些處遇方法給上述有特殊需求的兒童與家庭。

一、以溫暖、真誠、同理、積極關注及充權增能與案主及家庭建立立即關係

　　社會工作者服務特殊需求兒童及其家庭，常常會接觸超過一個家庭，甚至單一的機構。例如**專欄6-1**的小茹個案，其有原生父母、延伸家庭、寄

<table>
<tr><td>專欄
6-1</td><td>罹患愛滋病的個案</td></tr>
</table>

　　小茹二十一個月大，正住在寄養家庭中。小茹出生即有愛滋病，必須經常接受疾病測試。小茹是黃先生與黃太太的獨生女。黃先生在小茹出生後十個月死於因愛滋病所致肺炎併發症，而黃太太在產前也被診斷出有愛滋病，現在小茹和祖父母住在一起。雖然小茹的祖父母想要照顧黃太太及小茹，但因年老及缺乏其他家庭的支持，黃太太決定將小茹送到兒童福利機構，打算讓別人收養。小茹雖被診斷出為HIV陰性，帶有愛滋病病毒，但尚未有任何症狀。如果小茹接受新的醫療處遇，小茹可能有機會康復。最近，小茹的寄養家庭已有意願要收養她。

養家庭及健康醫藥專業。身為社會工作者，要與小孩有關係的成人建立立即關係，而這些照顧者都有同等重要性。

　　雖然小茹的媽媽已將小茹安置在寄養家庭，但對小茹的現況及其日後的生活（是否小茹的親戚可以持續照顧）尚未定案。此外，在小茹與其他醫療專業的關係也會影響小茹的照顧及其家庭生活。在小茹的案例中，有時醫療專業因涉及不同領域也可能有不同的看法。小茹母親的任何決定可能對她而言是好的，但這些決定並不一定對小茹或其祖父母是好的。所以有能力整合及協調對小茹提供照顧的不同成員，並且能符合小茹及其家庭的最佳利益，遂變成日後社工處遇的最重要因素。

　　特殊需求的兒童及其家庭不僅需要特別的服務，而且常常也需要特定的時間來幫助他們及其家庭所遭遇的問題。特殊需求的兒童及其家庭常常是一個自願性個案，會主動尋求資源及支持，所以社會工作者與他們建立關係就比較容易、自然。然而，特殊需求的兒童，例如藥癮家庭就不是那麼一回事，因為他們通常不會自願性尋求支持，而且社會工作者在孩子出生前也難以知道，孩子是否具有危機。基於這個原因，社會工作者需要與醫院及醫療的行政人員有所聯繫，可以事先瞭解兒童的危機情境，並能預先對有可能發生危機的兒童及其家庭做處遇規劃（記得SWPIP在與案主建立關係之前要先有準備階段，而在準備階段，必須先與社區相關機構、行政及相關人員建立關係）。

二、採用多元系統檢證兒童情境

(一)兒童

　　兒童之情境必須採用生物－心理－社會（bio-psycho-social）模式仔細加以鑑定。在特殊需求的兒童案例中，他們必須面臨許多生、心理的挑戰，所以要仔細地鑑定兒童及其家庭的優、劣勢。在**專欄6-1**中，小茹雖沒有受到病毒感染的症狀，對其外在行為沒有影響，但小茹帶有愛滋病病原，卻會影響其日後與社會互動及個人內在的自我發展。雖然小茹日後有機會可以接受治療，但是對兒童正面的治療效果也僅是開始而已。這個現實也給予將照顧小茹的寄養家庭造成難題。如果小茹病情惡化，必須評估寄養家庭能給予小茹的優勢將成為處遇計畫的評估指標。

(二)核心家庭

　　瞭解核心家庭角色是蒐集有關特殊需求的情境是如何產生的資訊。父母最常見的反應是罪惡感及應為孩子成為特殊需求情境負責。在小茹的案例中，父母的病症當然會影響小茹的感受及心情，接著當然會影響小茹母親要將小茹送給別人收養的決定。當小茹生母決定將小茹安置到寄養家庭以期保護小茹，及減少小茹祖父母一來要照顧小茹生母，又要照顧小茹的負擔，但這不意味小茹生母真的期望要將小茹送給寄養父母撫養，可能也是不得已的決定。所以，社會工作者要能同理小茹生母的感受及恐懼（如她與小茹的病情），而這些感受卻是小茹生母不欲為別人所知悉。這也是社會工作者要幫助小茹生母從小茹最佳利益中找尋最佳的決策。

(三)延伸家庭

　　小茹祖父母的觀點及期望也是做決策的要素之一。在美國關於此種案例，法院會將撫養權優先給小茹祖父母或親戚。雖然小茹祖父母認為他們應會得到撫養權，但小茹生母卻決定給寄養家庭，這個決定會使小茹祖父母覺得有罪惡感甚至心碎。所以一個成功的處遇計畫也應包括小茹祖父母

的參與討論。即使一旦小茹決定被收養，小茹祖父母的支持及日後持續的關心，也是小茹日後成長與發展的重要基石，甚至可以建立小茹生長中的自然幫助的網絡。

(四)社會系統

非正式社會系統的存在與使用可以有所助益，但有時也因兒童的特殊需求造成困難。因為有些人會因兒童生、心理的挑戰，以及慢性及急性身體症狀，而使得他們的支持不會持續且日漸減少；然而，當非正式系統不足以支持，也可透過正式的社會系統，例如政府的醫療或經濟補助。此外，共同支持團體因他們情境與經驗相似，也可以補償非正式系統支援的不足，這可以透過社會機構加以仲介、協調或建立。

(五)支援系統

有一些正式支援系統可以提供給特殊需求的兒童及其家庭，但是會因他們所居住的社區及地區之不同，也有不同的政策及資源。如果特殊需求兒童及其家庭所居住的社區沒有此種資源，這便需社會工作者居間倡導、協調，以建立他們所需的支援系統。

(六)方案與服務

假定小茹因其愛滋病病症在其社區缺乏一些資源系統，此時，社會工作者便要仔細思考對策及可應用之資源。應用個案管理原則組織個案管理團隊，擴展及發展社區可用的資源，必要時可以在醫院系統，集合團隊的共識，先在醫院成立支持方案。社會工作者就是要協調社區中不同組織及成員，集中個案需求，為其建立所需要的方案及服務。

三、與所有系統成員規劃處遇計畫及訂定契約

(一)案例檢閱及協調會議

社會工作者應集中所有相關專業，例如健康及醫療人員、社會工作者

或其他心理輔導人員參與協調會議，並為個案之特別需求的案例做檢閱及提供專業之意見。這是社會工作者職責所在，不但要教育兒童及其家庭使用服務及資源，而且要教育其他專業人員如何參與整個處遇計畫。以社區為本位的個案管理（在小茹案例中）應包括兒童福利服務、健康及醫療專業、小茹家庭及其他相關資源系統。

(二)邀請家人參與規劃

在社工處遇中應邀請小茹生母、祖父母及其他親戚一起參與規劃處遇計畫，以減少當中的溝通失調，或不能整合大家的意見而減少日後支援的提供（**專欄6-2**）。

專欄 6-2　與家庭成員規劃處遇計畫及訂立契約

參與者：小茹生母、祖父母、寄養父母及社會工作者。

社會工作者：今天大家能一起出席這個會議，真的很棒！讓我們大家表達對小茹的想法。

小茹生母：我很高興，大家都能來。我真的很擔心這個會議，但我想與大家談談我對小茹的想法。

寄養母親：我也是很擔心。希望你們可以讓我收養小茹，但不知這個決定對你們是否公平。

祖父：這點讓我很難堪，也難以接受。

社會工作者：我知道，黃老先生。不過，我們來談談有什麼方法可以讓小茹過得更好。

小茹生母：我想讓小茹能在一有愛的家庭中生長，但我也害怕小茹日後不知是否會發病，然後，你會後悔收養她。

小茹祖母：小茹與我的女兒是我們的僅有。我很害怕失去小茹，也不知你會不會好好疼她。

社會工作者：我們何不從如何為小茹計畫日後生活開始，大家來列一張清單，關於我們期望她能如何以及我們可以為小茹做什麼。

(三)與家庭支持服務團體訂定執行計畫的契約

與個案及支援團體成員訂定契約，將有助於建立支持系統及充權增能他們執行計畫。當然，要記得不管兒童的年齡，也要考量兒童的最佳利益。不管個人角色為何，卻要務必盡力提供支持，以建立社區服務來滿足兒童及家庭的需求，而且還要監督整個輸送服務的過程。

四、執行處遇計畫

(一)持續執行訪談技巧及實務演練技術

社會工作者持續對小茹生母提供服務可允許她能表達害怕及猶豫，也能幫助做決策時有被支持及瞭解的感受。常常對特殊需求情境做決策時，會對兒童的損失感到憂傷。憂傷可能是父母所持續承受的痛苦，尤其對慢性特殊需求的兒童（**專欄6-3**）。此時，社會工作者要幫助父母瞭解這些感受是正常的，並能轉移他們的注意焦點以減輕痛苦感覺。

(二)持續協調服務

社會工作者另一個主要的角色就是持續監督整個服務的執行。因為特殊需求兒童及其家庭因為其慢性病症，要持續很長的時間使用服務資源，所以社會工作者的角色就是維持支持水準及整合所有資源，以達成處遇之目標。同樣地，社區中有愛心、助人的父母或志工也是很重要的資源。當父母被充權增能，他們才有能力滿足孩子，並幫助孩子正向的成長。

(三)支持及充權增能兒童及其家庭

在小茹案例中，社會工作者要充權增能小茹生母及寄養父母，儘管是否被收養是一回事，要儘量提供支持以滿足小茹的照顧需求。小茹如果發病也可能有一些症狀，如發展遲緩、慢性吸呼道感染、營養不良等。這些醫療因素，小茹生母家庭的反應以及可能被收養的過程都需要被充權增能。當然，維持小茹生母及寄養父母的關係也是很重要。假如這些家庭目

因應慢性的憂傷

社會工作者：我認為你昨天在決定處遇時，表現得很好。我知道這是一痛苦的決定。

小茹生母：的確。我對她的疾病及她必須與別人同住感到罪惡，雖然這可能對她比較好。我覺得我已澈底地失去小茹了。

社會工作者：這的確是很難的決定，尤其是妳覺得完全失去小茹。雖然小茹在妳眼前，但妳覺得小茹已不屬於妳的了。

小茹生母：不僅如此，我覺得我已失去她及再次傷害她，這完全是我的錯（小茹生母開始哭泣）。

社會工作者：（靠過去、拍她的肩膀及握住她的手）。

小茹生母：她一定會恨我的。感謝主！她有一個愛她的家庭。

社會工作者：對我來說，不能說什麼來讓妳舒服一點也讓我覺得難過，因為妳的決定是我的想法。我真的能瞭解妳的感受，有什麼感覺，好好宣洩（繼續拍她的肩膀）。但是，我們不能忘記小茹現在並沒有發病，而且現在有很多的治療可以減少小茹發病的危機。妳是對的，雖然小茹的寄養父母現在也很愛她，但是我們上週也討論過，如果妳決定讓小茹被別人收養，妳也要告訴小茹妳很愛她，而且也不願意離開她。

標不同，那便需要社工員居中協商，以達成共識。當這些家庭在處遇中每一個步驟獲得成功，而且能被充權增能，他們才能為小茹創造更美好的生活。

(四)辨別障礙及解決方法

在特殊需求兒童的個案，可能在執行契約中存在著一些阻礙，除了個人之人際因素外，還有時間的因素。這需要透過正式資源，例如政策與資源來達成目標。在特殊需求的兒童及家庭中，服務需要長期，而且也需要外在的資源。所以社會工作者要確信政策是持久性而且也是其最需要的資源。

(五)督導服務及處遇計畫

　　當社會工作者是方案督導時，對兒童和其家庭的觀點要具有敏感性。表面性的服務方案看起來對某些家庭可以提供支持，但事實上卻是沒有效果的服務，尤其是特殊需求的兒童及其家庭，個案可能夾雜多元之情緒。所以，社會工作者要瞭解在社區中有哪些人可以提供支援及服務，對不同需求的個案及家庭的服務與方法可能大有不同。換言之，哪些處遇模式對哪些家庭會產生效果，社會工作者要很清楚這些概念，而且服務方案不是有做就好，還要有監督及全面品質管理（TQM）。這其中還要包括與不同團隊的合作，除此之外，處遇執行也要允許家庭決定其優先順序及方案。

五、評估結果與結案

　　特殊需求兒童與其家庭的結案評估及結案，必須端視契約的執行。如同前述，特殊需求兒童及其家庭的處遇要比其他個案花更多時間。社會工作者的角色是充權增能個案及其家庭可以獨自因應困境，而且幫助特殊需求兒童及其家庭的政策與服務，也不是靠社會工作者就可以提供。終究，家庭要能自助，而且要呼應兒童的權利，這也是社會工作者的主要角色之一，幫助教育及協助他們因應困境，以達成獨立照顧的最終目標。

(一)評估結果

　　在特殊需求兒童及家庭的個案中，即使個案僅有小小的進展（步）也要評估其結果，尤其這些個案不同於其他兒童福利的個案，兒童可能或者根本不能完全恢復，但是他們的發展是依目標達成，而且要以其特殊需求來加以衡量。每個人有其個別差異，考量個人的進展也是對家人及兒童有很大的鼓舞。

(二)結案

　　特殊需求個案之處遇可以是短期，也可以是長期的。然而社會工作者以機構角色或身分介入時，可能僅是短期的任務，但身為個案之個案管理

者的角色必須是長期的，而且比你應負的責任還要花更長時間。所以身為特殊需求兒童及其家庭的社會工作者，有時也要比處遇計畫花費更多的時間及持續地參與個案服務。

結案會使個案及其家庭喪氣，因為個案不知道也不能理解社會工作者為何不理他。所以盡早為個案及其家庭澄清你的角色會對他們有所助益，但也可能在某些情境下不允許社會工作者如此做。記得！特殊需求兒童在他的生命中已有許多傷害，所以用漸進的方式終止與案主的關係，是此類個案在結案中最有成效的方法。

六、從多元系統加以追蹤

(一)家庭

因為特殊需求的個案及其家庭需要許多資源與服務，所以追蹤家庭服務的延伸也要有所不同。因此，社會工作者在此階段的主要責任是持續追蹤個案所使用的方案與服務（可能由別的機構服務），並且要倡導由其家庭來接受這些服務與方案。然而時間也是一種阻礙，父母期望為他們的孩子倡導權利，但可能因為要將大部分時間用於照顧孩子而退卻。

這也是這類家庭需要喘息服務或其他方式的家庭支持，一則可以舒緩他們的壓力，另一方面也可以幫助家庭成員為他們及孩子創造良性改變的機會。

(二)社區

如同前面所述，倡導的角色是充權增能家庭，而且要針對其所居住的社區及地方政府能回應他們的需求。記得社會工作者在追蹤層面的角色，是教育社區提供特殊需求情境的預防，而且要教育社區居民瞭解這些孩子及其家庭的需求，進而有意願及能提供資源幫助個案及其家庭達到處遇之目標。

(三)方案與服務

關於特殊需求兒童及其家庭的方案與服務在許多社區中是有限的，甚至根本沒有，例如交通、喘息照顧、日間托育、居間照顧服務及志工，都可能對個案及其家庭有所助益。Indyk、Belville、Luchapelle、Gordon及Dewart（1993）提出對HIV個案的社區為本位的處遇模式，證實對持續需要協調的家庭幫助最大。

(四)政策

如同上述，特殊需求兒童及其家庭的政策要能解決這些家庭的困境及提供方案與服務，以預防更嚴重的問題。因此，為此家庭提供資源網絡，及充權增能他們持續為他們的目標努力邁進，進而改變服務及方案，以確保需求達成，解決他們的困境，並能預防此類事件的再發生。

結　語

本章主要在討論特殊需求兒童及其家庭，例如愛滋病、藥癮家庭及身心障礙兒童的盛行率、問題成因及所面對的生活困境。特殊需求兒童及其家庭因家庭的生理障礙及心理障礙，對其日後生長與發展有不同的影響。然而不同需求的兒童會有不同的障礙，其父母可能有許多相似性的困境，但也可能有其不同的需求與困境。解鈴尚需繫鈴人，最佳的服務管理者及資源在其家庭，所以充權增能家庭最能保護個案兒童及幫助家庭，為其家人提供最大的幸福感。另外，其他類似症狀的家庭因其過去的經驗，也能提供個案相當多的支持與建議，如能組成共同支持的團體也能聚集成一股民意，倡導政策以及喚起社區的支持，更是無形中的一股力量。

本章針對愛滋病、藥癮家庭、性別認同混淆與身心障礙兒童及其家庭介紹相關服務方案，例如收養及寄養服務。雖然此類家庭最常使用的是寄養、收養或機構安置的殘補式服務，而且數目也日益增多。而收養、寄養服務，不管是暫時性或永久性的規劃，其對孩子日後的影響在兒童福利領域需要加以研究及方案評估。而收養、寄養是否符合孩子的最佳利益？家

庭維存服務也是一種可以選擇的方式或社區為本位的處遇方式。本章最後以美國SWPIP模式，介紹有關身為社會工作員如何為此類個案及其家庭提供個案管理模式，而最好的政策就是充權增能家庭及預防家庭對困境的惡化，此類服務需要更多人、更多專業，甚至社區的整合，至少這些孩子也不是出生就願意成為特殊需求兒童，而生長及發展是他們生存的權利。

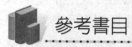

參考書目

一、中文部分

內政部（2004）。《中華民國九十二年社政年報》。台北：內政部。

周碧瑟（1999）。「台灣地區在校青少年藥物使用流行病學調查研究」。行政院
　　衛生署八十八年度委託研究計畫。

染毒又無家，法官不准她生小孩（2004年5月17日）。《聯合報》，14版。

割過包皮，愛滋風險少十倍（2004年7月19日）。《聯合報》，6版。

愛滋年增率，今年將破兩成（2004年7月19日）。《聯合報》，6版。

二、英文部分

American Psychiatric Association (APA) (2000). *Diagnostic and Statistical Manual of Mental Disorders* (4th ed., text rev.). Washington, DC: Author.

Baladerian, N. J. (1994). Intervention and treatment of children with severe disabilities who become victims of abuse. *Developmental Disabilities Bulletin, 22*(2), 93-99.

Centers for Disease Control and Prevention (1995). *HIV/AIDS Surveillance Report: Year-end 1995, 7*(4). Atlanta: Author.

Chasnoff, I. J. (1988). Drug use in pregnancy. *Pediatric Clinics of North America, 35*(6), 1403-1412.

Edelstein, S., Kropenske, V., & Howard, J. (1990). Project training, education and management skills: Meeting the needs of infants prenatally exposed to drugs (T.E.A.M.S.). *Social Work, 35*(4), 313-318.

Goldstein, A., McGowan, S., Antle, B. J., Brownstone, D., Donoghue, S., James, M., Rodger, M., & Sloane, G. (1996). Leading the way: Innovating support for children, youth, parents and guardians affected by HIV and AIDS. *The Social Worker, 64*, 67-73.

Gustavsson, N. S. (1992). Drug exposed infants and their mothers: Facts, myths, and needs. *Social Work in Health Care, 16*(4), 87-100.

Harvey, V. S. (1995). Interagency Collaboration: Providing a system of care for students. *Special Services in the School, 10*(1), 165-181.

Indyk, B., Belville, R., Luchapelle, S., Gordon, G., & Dewart, T. (1993). A community-based approach to HIV case management: Systematizing the unmanageable. *Journal of Social Work, 38*, 380-387.

Lockhart, L. L., & Wodarsk, J. S. (1989). Facing the unknown: Children and adolescents with AIDS. *Social Work, 34*(3), 215-221.

Maluccio, A. N., Fein, E., & Olmstead, K. A. (1986). *Permanancy Planning for Children: Concepts and Methods.* London and New York: Routledge, Chapman and Hall.

McCarthy, M. (1999). Prenatal AIDS decreasing rapidly in USA. *Lancet, 354*, 573.

Miller, L. B., & Fisher, T. (1992). Some obstacles to the effective investigation and registration of children at risk-issues gleaned from a worker's perspective. *Journal of Social Work Practice, 6*(2), 129-140.

Morris, J. (1997). Gone missing? Disabled children living away from their families. *Disability & Society, 12*(2), 241-258.

Mundal, L. D., VanDerWeele, T., Berger, C., & Fitsimmons, J. (1991). Maternal-infant separation at birth among substance using pregnant woman: Implications for attachment. *Social Work in Health Care, 16*(1), 133-143.

NCCAN (National Center on Child Abuse and Neglect) (1993). Report. Washington, D.C.: NCCAN.

Petr, C. G., & Barney, D. D. (1993). Reasonable efforts for children with disabilities: The parents' perspective. *Social Work, 38*(3), 247-254.

Straussner, S. L. A. (1989). Intervention with maltreating parents who are drug and alcohol abusers. In S. M. Ehrenkranz, E. G. Goldstein, L. Goodman, & J. Seinfeld (Eds.), *Clinical Social Work with Maltreated Children and Their Families*, pp.149-177. NY: New York University Press.

Wing, L. (1993). The definition and prevalence of autism: A review. *European Child Adolescent Psychiatry, 2*, 61-74.

三、網站部分

台灣疾病管制局公告網站（2004）。1984至2004年本國籍感染愛滋病者之危險因

素別統計表。取自http://207.68.164.250

台灣疾病管制局公告網站（2004）。1984至2004年本國籍感染愛滋病者之年齡別統計表。取自http://207.68.164.250

台灣疾病管制局公告網站（2004）。全球1998至2002年15歲以上年齡分層統計。取自http://207.68.164.250

行政院青輔會全球青年服務日網站（2004）。受訪青少年所提及之毒品及提及次數、百分比。2004年05月12日，取自http://gysd.nyc.gov.tw

身心障礙學生教育資源網（2014）。取自http://www.cter.edu.tw/guide/map.htm

健康醫療網（2003）。2003年5月12日，取自http://health.healthonline.com.tw/news/ n51.html

教育部特殊教育通報網（2014）。各縣（市）高中（職）階段身心障礙學生統計（不含特教學校）。取自http://www.set.edu.tw/frame.asp

教育部特殊教育通報網（2014）。各縣（市）國小階段身心障礙學生統計（含特教學校）。取自http://www.set.edu.tw/frame.asp

教育部特殊教育通報網（2014）。各縣（市）國中階段身心障礙學生統計（含特教學校）。取自http://www.set.edu.tw/frame.asp

教育部特殊教育通報網（2014）。各縣（市）學前階段身心障礙學生統計（含特教學校）。取自http://www.set.edu.tw/frame.asp

教育部特殊教育通報網（2014）。高中（職）職業轉銜教育進路圖。取自http://www.set. edu.tw/frame.asp

管制藥品管理局預警宣導組（2004）。藥物濫用者常用之術語。2004年5月11日，取自http://www.nbod.gov.tw/prop/prop_3.asp

Chapter 7
青少年性行為與懷孕

* 青少年未婚懷孕之定義及成因
* 青少年未婚懷孕之政策與方案
* 如何運用社會工作專業規範於青少年未婚懷孕服務

　　有感於現今青少女在感情與性愛觀念開放的同時，性教育知識明顯不足，媒體對性的自由報導，而其中的資訊通常是被誤導或扭曲，導致出現愈來愈多青少女好奇偷嘗禁果，進而產生諸多未婚懷孕的案例，進而造成諸多社會問題。在2008年4月21日中時電子報報導〈少女色誘一錯再錯2男判緩刑〉：十五歲少女情竇初開，因早熟，面貌、身材發育良好，個性活潑開朗，經常上網交友，因而在去年結識二十八歲男子，相約見面後，情不自禁發生親吻、愛撫接近「全壘打」行為，被女方家長發現後報警，將男子依與少女猥褻罪嫌移送法辦。該少女先後結交兩名男友發生關係並懷孕，因少女發育良好，從外表看不出是未成年，兩男因此先後獲得緩起訴、不起訴，卻食髓知味，又受不了少女召喚，繼續發生關係，遭法院判刑，法官雖然同情，予以緩刑機會，但仍告誡情色男女，幼齒千萬碰不得！像這樣未成年偷嘗禁果而懷孕的案例層出不窮。

　　隨著時代的變遷，現代青少女對性的開放與多元的接受程度已超乎先前的年代，加上媒體與報章雜誌對性的自由的報導，使得青少女婚前性行為與同居的情形也愈加嚴重，然而伴隨而來的各種現象，如墮胎潮、未婚懷孕、未婚生子的增加，將會衍生更多的社會問題，並付出更多的社會成本。

　　當青少女一旦發現未婚懷孕時，首先會考慮是否需墮胎，若決定將孩子生下，則又要考慮是否結婚、由人領養，抑或獨自扶養孩子（Schamess, 1993）。這些情境常會將青少女陷入兩難的困境中，而國內外有相當多的文獻均指出青少女生育，因身心皆未成熟，不論在個人、產下的嬰兒健康、家庭、社會、經濟、教育、生殖的生理影響等多方面來看，均有不利的影響。國內外許多文獻從身、心、社會等多方面來探究青少女懷孕問題，結果顯示青少女懷孕比成年婦女有更多問題及壓力。此外，中國傳統之價值觀念，對於未婚生育的社會文化包容度較低，認為是不道德的，尤其是青少女未婚懷孕更無法被家人及親友所接受，當受到無情的批判與指責時，其心中的壓力、煎熬可想而知（李育純，2006）。

　　青少年的性行為（sexuality）是深受家庭、社會及文化影響的複雜發展過程（Chilman, 1989）。青少年性行為與懷孕的情形在美國十分普遍，而且造成的影響也很大。雖然美國由於墮胎及流產造成青少女生育子女的比

率下降，但是懷孕的比例卻是上升的，而美國也是所有工業國家中未婚懷孕比例最高的國家。據估計，美國每年約有五十一萬八千名十九歲以下的女性生育子女，並有約一百二十萬名婦女懷孕，有四分之三是意外受孕的（Sugland, Manlove, & Romano, 1997）。自1973年起，美國每年大約每九個少女就有一個未婚懷孕（Dryfoos, 1990）。台灣在1997年青少年生育率約為17‰（內政部，1997）。

在2002年，台灣青少年未婚懷孕之比例約為12.95 ，這個數據雖是逐年下降，遠比1981年之31‰及1997年的17‰來得低，但是比日本、韓國、新加坡來得高。根據2014年1～11月統計，台灣戶籍登記出生人數為189,230人，較上年同期增加4.17%；粗出生率為8.09‰，折合全年粗出生率為8.84‰，較上年略增0.30‰；其中男嬰97,931人，占51.75%、女嬰91,299人，占48.25%，性比例為107.26，較102年同期減少0.28人。出生嬰兒按婚生狀況分：

1. 婚生狀況結構：103年1-11月婚生子女計182,121人，占96.24%，非婚生子女7,103人占3.75%，無依兒童6人；103年1-11月非婚生嬰兒比率較102年同期減少0.26個百分點。
2. 非婚生嬰兒占出生人數比率按縣市別分：以台東縣11.01%最高，花蓮縣10.21%次之，基隆市5.80%居第三（**表7-1**）。

關於青少年懷孕之議題是十分複雜的，有一些青少女想要懷孕，但青少年的社會工作者對於此想法卻抱持保留的想法，並處心積慮地想要預防青少女懷孕（Sugland, Manlove, & Romano, 1997）。相對地，在台灣，青少女未婚懷孕生子之比例占亞洲第一位，占出生人口的5%，青少女生育率為12.95‰，超過日本的4‰韓國的2.8‰、新加坡之8‰，最年輕的媽媽只有十二、十三歲，每年有二、三十萬的婦女墮胎，其中有40%是青少女。青少女未婚懷孕並不容易預防，在美國也只有二分之一的青少年會在性行為的過程中採取避孕措施（Kadushin & Martin, 1988）。即使採取避孕措施也是用較不可靠的方式，原因是青少年之性教育做得不具成效，以及青少年持有個人神話（personal fable），覺得懷孕的事不會降臨到他們身上（Strauss & Clarke, 1992）。未婚懷孕、墮胎、生子除可能直接危害少女之身心健康

表7-1　縣（市）別出生登記狀況（2014年1～11月）

縣市別	出生登記人數（人）	粗出生率（‰）	較102年同期增減千分點	性比例（每百女嬰對男嬰數）	非婚生嬰兒比率（%）	生母為大陸港澳地區 或外國籍者 比率（%）			生父為大陸港澳地區 或外國籍者 比率（%）①		
						合計	生母為大陸港澳地區者	生母為外國籍者	合計	生父為大陸港澳地區者	生父為外國籍者
總計	189,230	8.09	0.30	107.26	3.75	6.63	3.90	2.73	1.06	0.26	0.80
新北市	34,614	8.74	0.42	106.02	3.63	7.47	4.71	2.75	1.24	0.37	0.87
臺北市	26,067	9.68	0.58	105.74	2.64	5.08	3.43	1.65	1.92	0.40	1.52
臺中市	23,547	8.69	0.40	107.90	3.53	5.92	3.75	2.17	0.95	0.22	0.73
臺南市	13,884	7.37	0.23	106.76	2.99	5.21	3.08	2.14	0.62	0.11	0.51
高雄市	20,188	7.26	0.17	108.60	4.18	5.82	3.21	2.61	0.98	0.25	0.73
宜蘭縣	3,176	6.92	-0.03	105.57	4.60	6.23	3.21	3.02	0.72	0.26	0.46
桃園縣	15,725	7.67	0.14	109.64	4.87	9.88	5.52	4.36	1.27	0.34	0.92
新竹縣	5,183	9.71	0.27	110.69	3.26	7.54	3.55	3.99	0.94	0.18	0.75
苗栗縣	5,406	9.54	0.72	103.46	3.20	6.86	3.79	3.07	0.51	0.09	0.42
彰化縣	10,908	8.43	0.30	107.81	2.56	6.20	3.48	2.71	0.56	0.13	0.43
南投縣	3,190	6.18	0.04	109.46	5.67	7.93	3.79	4.14	0.46	0.14	0.32
雲林縣	4,836	6.84	0.27	109.62	4.32	7.94	3.99	3.95	0.41	0.06	0.35
嘉義縣	2,675	5.07	-0.38	111.30	4.30	10.28	5.27	5.01	0.38	0.13	0.26
屏東縣	4,831	5.68	0.27	106.72	5.53	7.06	3.23	3.83	0.99	0.24	0.75
臺東縣	1,589	7.07	0.45	110.46	11.01	4.28	1.83	2.45	0.66	0.06	0.60
花蓮縣	2,370	7.10	-0.06	107.53	10.21	4.81	2.28	2.53	0.79	0.30	0.49
澎湖縣	856	8.47	0.51	108.27	1.52	4.44	1.99	2.45	0.35	0.12	0.23
基隆市	1,861	4.97	-0.30	101.84	5.80	9.24	5.48	3.76	1.06	0.23	0.83
新竹市	4,920	11.44	0.40	103.47	2.30	5.08	3.11	1.97	0.85	0.15	0.70
嘉義市	1,906	7.04	0.39	113.20	4.25	5.56	2.99	2.57	1.01	0.35	0.66
金門縣	1,337	10.80	0.42	110.22	1.80	10.10	9.20	0.90	0.76	0.68	0.08
連江縣	161	13.04	0.91	87.21	3.11	9.32	4.35	4.97	1.31	1.31	—

說明：本表數據係按登記日期統計。
附註：①為102年資料。

資料來源：內政部戶政司（2014）。

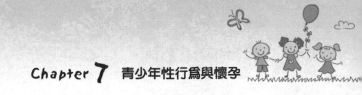

外，亦將造成社會經濟及社會問題、花費可觀的社會成本，爲此，世界各國莫不將青少年的性及生育教育視爲重要的健康議題。

本章將以美國社會工作專業實務之規範，闡述如何處遇青少年性行爲及懷孕，共分三節——青少年未婚懷孕之定義及成因、青少年未婚懷孕之政策與方案，以及如何運用社會工作專業規範於青少年未婚懷孕服務。

第一節　青少年未婚懷孕之定義及成因

雖然兒童少年福利對年齡之定義爲十八歲之前的個人，但是青少年懷孕指的是十三至十九歲婦女的懷孕。當然這段年齡層不是唯一會懷孕的年齡階段，在美國，也有很多十三歲以下的兒童有懷孕記錄，而且資料顯示懷孕的年齡層有下降的趨勢（Sugland, Manlove, & Romano, 1997）。

台灣自1996年至2000年爲止，國中生發生未成年懷孕比例逐年激增，由0.4%增至1.4%。其中有高達六百零八所學校處理過未成年懷孕少女問題！未成年懷孕少女對於事後的處置方式，仍以選擇「墮胎」者最多（約48%），其次是「結婚生子」（約28%）。

相對於勵馨基金會（2001）的一份問卷調查結果顯示，有61.21%的青少年受試者認爲未婚懷孕的青少女會選擇非法墮胎一途，是不相上下的。報告中更指出，導致未成年未婚懷孕的主因常是「欠缺有效的避孕措施」、「尋求愛與安全感」、「成年男友的引誘與要求」、「親子關係不佳」，以及「錯誤的性知識與迷思」等，而國中生以「親子關係不佳」爲主要因素，而高中、職部分則以「欠缺說不的社交技巧」占重要原因之一。

未成年少女懷孕的調查均顯示，台灣未成年小媽媽人數一直居亞洲之冠，平均每二十名嬰兒中就有一位是未成年少女所生，初次性行爲年齡層下降到十二至十四歲，國內醫院曾通報的最年輕媽媽年齡只有十二歲，也就是國小六年級。其中十五至十九歲有偶的青少女生育率高達70%，是所有年齡層最高的比率，隱約透露出台灣青少女未婚懷孕比率持續增加（〈十四國性調查台灣青少年全球五個第一〉，1999）。

台灣地區十五至十九歲有偶青少年生育率已經從民國50年的362‰上揚

到民國85年的772‰（行政院青輔會，1998）。台灣青少年一旦懷孕決定生產後，仍有85%以上的青少年決定結婚，產生婚生子女（江千代，1988）。然而青少年早婚的婚姻並不穩定，其在十年內離婚是二十歲以上初婚女性的二倍，此外，若是在婚前懷孕，其婚姻穩定度也偏低（李棟明，1998）。

青少年懷孕之議題不僅要關心想要成為父母之青少年，還要特別關心他們所生育的孩子。研究指出，年齡太輕的媽媽所生產的孩子較容易罹患先天疾病及體重過輕，而且愈可能難產及死亡（Dryfoos, 1990）；當然這也與青少年父母之年齡、家庭社經地位及種族有關。而且年紀太輕的青少年懷孕（尤其是十四歲以下），有可能是遭受其生父性侵害（如近親相姦）（Mather & Lager, 2000）。

有關青少年懷孕之社工處遇最重要的是，幫助青少年如何在懷孕情境中做決定，例如是否要繼續懷孕將孩子生下來？父親所扮演的角色？而假如決定要生下孩子，孩子是要自己撫養抑或送給別人收養？社會工作者要評估青少年是否有能力照顧孩子、經濟能力是否足夠、青少年父母的再教育問題、孩子相關收養的問題諮詢（假定孩子是決定要被收養），以及要追蹤青少年有關親職教養能力以及日後的節育問題的諮詢。

一、影響青少年性行為之因子

在青少年時期，青少年是透過同儕互動引入性興趣和行為。這種對性關係的興趣不斷增加的推動力，來自於社會期望和性成熟。Udry和Billy（1987）設計了一個模式來解釋青少年前期性行為的轉移（**圖7-1**）。在此一模式中，三個基本向度說明了青少年性活動的開始：動機、社會控制、吸引力。第一個向度「動機」可由三個生理因素來說明：(1)可由賀爾蒙分泌的層次來說明；(2)可由希望獨立及從事成人的行為的願望來說明；(3)也可以由鼓勵或減弱性活動動機的某些內化的規範和態度來說明。第二個向度「社會控制」則提供了在其中產生性活動的規範化環境。根據這一模式，這些控制是父母的社會化和習俗、學校成績和學業抱負、朋友的態度和性經驗的產物。另外，還可以在此加上宗教信仰與價值觀的影響。第三個向度「吸引力」影響著伴侶的可獲得性。吸引力一部分由思春期所定，

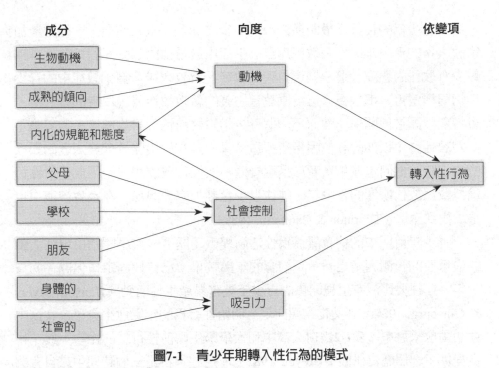

成分　　　　　　　　　向度　　　　　　　　依變項

生物動機
成熟的傾向
內化的規範和態度
父母
學校
朋友
身體的
社會的

動機
社會控制
吸引力

轉入性行為

圖7-1　青少年期轉入性行為的模式

資料來源：Udry, J. R. & Billy, J. O. G. (1987). Initiation of coitus in early adolescence. *American Sociological Review, 52,* 842.

另一部分由社會接受性或聲望所定，其他的一部分則由一個人是否被判斷為漂亮或英俊（外貌）所決定。

　　在一項評價此一模式的研究中，研究者們發現：對白人男孩來說，可由賀爾蒙水平和受異性的歡迎度最為有效地預見性行為的轉移。轉入性活動的常模在男性中如此明確，因而很難找出許多能說明這一轉移的因素。對白人女孩而言，各種不同的社會控制，包括父母、學校成績、朋友的態度和行為，都在預測其性活動方面起重要作用。

　　許多研究支持這一見解：特別是對女孩，賀爾蒙本身並不能說明青少年捲入性活動，這些活動是產生於一種社會情景。父母的價值觀、求學期望、父母對孩子的社會和學校活動能適宜控制的能力、同儕群體的規範，都在青少年是否願意在性活動中變得積極主動方面起作用（Brooks-Gunn & Furstenberg, 1989; Hanson, Myers & Ginsburg, 1987; Newcomer & Udry, 1987）。

對青少年的性行為最明顯的環境影響之一是「宗教參與」。經常參加宗教服務的青少年，把宗教視為自己生活中最重要的部分，對婚前性行為較少有放任的態度。這一發現對天主教徒、新教教徒、猶太教徒中的青少年均同樣適用。那些視自己為原教旨主義的新教教徒或施洗者的青少年，會特別強調這種關係。然而，一個青少年對婚前性行為的態度，還有除了其宗教社會化以外的許多因素所塑造。青少年在做出關於參與宗教的獨立的決定時，他們也產生了關於是否接受婚前性行為的想法。因此，對性行為持較為放任態度的青少年，往往很少會參加宗教服務，在宗教參與中也很少找到滿足（Thornton & Camburn, 1989）。

青少年前期中的約會關係為性活動提供了開端。較早開始出現性活動的最重要的預測因子之一，是約會的年齡較早。已有較固定情侶關係的青少年，往往要比沒有這種關係的青少年更容易產生性活動（Hanson, Myers & Ginsburg, 1987）。文化的傾向是，開始性行為的年齡愈來愈早，女孩中性活動愈來愈多。表7-2為白人高中和大學學生婚前性行為的比率，此一報告提供了一個歷史概觀（Dreyer, 1982）。這些資料是三個時期中來自有關青少年性行為的研究訊息的總和。高中程度的男孩和女孩性行為的百分比在1925年後持續增長。在1974～1979年間，超過一半的男孩和略少於一半的女孩已有了性行為經驗。有趣的是，在大學程度上，女孩有性行為的百分比逐年增加，但男孩卻在1966～1973年以及1974～1979年兩個時期有所降低。1980年代早期積累的資料描繪了不同種族和性別的人開始性活動的方式（Hofferth & Hayes, 1987）。根據統計有60%的白人男性在十八歲時已

表7-2　三個歷史時期中白人高中與大學學生婚前性行為的百分比

年代	高中		大學	
	男孩	女孩	男孩	女孩
1925-1965	25	10	55	25
1966-1973	35	35	85	65
1974-1979	56	44	74	74

資料來源：Dreyer, P. H. (1982). Sexuality during adolescence. In B. B. Wolman (Ed.), *Handbook of Developmental Psychology*. Englewood Cliffs, N J: Prentice-Hall.

有過性行爲，60%的白人女性在十九歲時已有過性行爲；60%的黑人男性在十六歲時已有過性行爲，60%的黑人女性在十八歲時已有過性行爲；有40%以上的黑人男性在十五歲或更早已有過性活動。女孩比男孩早進入思春期約兩年，這一性別差異是十分顯著的，然而，女孩的第一次性行爲卻遲於男性，文化因素有著明顯的作用。

當然，性關係並不必然涉及性行爲。在變爲有性行爲的成人過程中，包括許多性活動層次，從握手到熱烈的愛撫。此外，最初的性行爲體驗並不必然導致頻繁的性活動模式。例如，體驗過思春期早期初始性生活的男孩，可能在一年甚至更長的時間不再有性經驗（Brooks-Gunn & Furstenberg, 1989）。

大多數青少年都涉入各種各樣的浪漫關係。有些青少年期的人在性方面較放任，在性活動方面常常很積極，包括由愛撫至性交。另一些青少年前期的人則很少有身體上的活躍性。這些人當中，有些人對性關係缺乏興趣或對性關係仍存有很多考慮。人們看待性關係的方式可能很不相同。有些青少年被十分浪漫、美麗的想法所俘虜；有些人非常迷戀搖滾明星、體育明星、電影明星，或是其他具性象徵的人物；也有一些人則表現出對性題材有固執的迷戀。無論所產生的成人性意向如何，青少年期的性喚醒意識正反映了社會對性的看法。憑藉適當的自我監督、社會支持和社會化，大多數人能夠將這一性系統置於控制之下，並用其他社會資源來整合性衝動。

在美國，性系統對於青少年來說，是心理社會發展中最令人頭痛的成分之一。大多數父母都感到無法與自己的孩子融洽地討論性問題。不僅個人的想法、衝動、幻想可能會導致內疚感或混亂，年輕人還面對著來自同儕、大眾媒體和宗教社團關於性行爲的相互衝突的訊息。性傳播的疾病潛藏著新的危險，尤其是對愛滋病的擔憂，引起對表達性衝動的焦慮。在電視和電影中，青少年看到大量的性親近的事例，它們暗示性滿足應當得到比在現實生活中更直接和更大的滿足。此外，他們在性生活關係中所尋求的，通常並沒有情緒上的親近和理解。許多人所面臨與性相關的問題，例如，不情願的懷孕、婚姻不忠誠、強暴、兒童性虐待、色情文學、性傳播的疾病，都是在美國相當多的青少年和成人身上社會化過程中不能促成

兒童社會工作
——SWPIP實務運用

成熟性關係的佐證。而相對地，台灣時下的年輕人為了追求時髦價值，享受名牌及物慾誘惑之下，加上同儕相互影響，而造成青少年的援助交際。連帶地，兒童及青少年不管是援助交際或被迫從娼，可能伴隨其他危機因素（如無家可歸或逃家），但性行為的結果也使得他們面對很可怕的風險（如愛滋病、凌虐、暴力、藥物濫用）。

二、青少年期為人父母

　　過早進入性生活的結果之一，可能就是青少年懷孕。在1983年，五十萬名新生兒是由十九歲或者更年輕的女性所生，四十二萬七千例合法墮胎是對這一年齡組的女子實施的。在這一年齡上，有近百萬的青少年期女孩懷過孕，其中大約有一半是靠墮胎中止懷孕的，這說明了懷孕是青少年期女孩所不想要的（U. S. Bureau of the Census, 1987）；到1997年，青少年懷孕生子上升至五十二萬左右。由上述的資料中，可看出青少年懷孕問題的嚴重性（Sugland, Manlove, & Romano, 1997）。

　　鼓勵避免過早懷孕的社會政策和公共計畫在墮胎中的作用，往往強調懷孕對青少年期女孩和她們孩子的消極後果；然而，對懷孕青少年期女孩的研究普遍發現：這些女孩子和那些性活動較頻繁但並沒有懷孕的人相比，在態度、智力、健康或認知能力上並沒有很大差異。我們必須十分謹慎，不可單就因為懷了孕便把這一組青少年歸類是偏離常軌的。

　　解釋青少年懷孕高發生率的一個關鍵因素，是美國的父母、教師和十幾歲的孩子們對避孕的矛盾心理。與許多歐洲國家的青少年相比，大多數美國青少年並沒有把避孕整合到對自然性活動的看法中去，如各種避孕方法以及這些方法與導致避孕的生物因素間關係的知識（Morrison, 1985）。一項對性活動較頻繁的青少年期女孩的研究報告指出，只有35%的人會採用避孕方法，27%的人從不避孕，39%的人則在這方面沒有一貫性。對避孕方法不一貫使用或拒絕使用的結果是32%的人懷了孕（Zelnik & Kantner, 1980）。

　　使用或不使用避孕方法，是與宗教信仰、家庭態度和行為，以及同儕規範相聯繫的。例如，低收入的黑人青少年與白人青少年相比，對控制生育有著更為消極的態度，他們也更為看重生育能力。因此，性活力較強的

黑人女孩往往很少使用避孕方法（Edelman & Pittman, 1986; Pete & DeSantis, 1990）。大約有40%的青少年期女孩認為避孕是男子的責任，但大多數男子在避孕方法的使用上是無效的或不一貫性的（Franklin, 1988）。這種對待避孕的態度和價值觀，加上對如何使用避孕方法缺乏具體的知識，即能理解為什麼避孕技術在性活力高的美國青少年身上沒有達到其應有的成效。

　　青少年當父母的現象是一種很複雜的現象，它觸及年輕父母的生活、所生的孩子、自己的父母，以及學校、諮詢服務中心和家庭計畫服務中心（這些機構是用來幫助那些過於年輕的父母應付其父母職責的）（Franklin, 1988）。對年輕的母親和她的孩子來說，青少年期懷孕和為人父母的後果依賴懷孕發生所處的心理社會背景。關鍵因素似乎在於：透過繼續維持與孩子的父親或她自己的父母和朋友的關係，以獲得充分的社會支持，維持足夠的經濟支持的能力（Barth, Schinke, & Maxwell, 1983）。當這些資源都十分缺乏，或者當這些資源在孩子出生後逐年減少時，年輕母親的心理健康、教育和職業的成就，以及日後照顧自己孩子的能力，便會受到極大損害。

　　年輕父母最為矛盾的現象之一，是年輕女孩渴望做母親與養育孩子的實際經驗之間的對比。以下是兩個年輕母親的自白：

> Ann（十四歲）：當我懷孕時，我父母希望我去墮胎，但我只是一個孩子，而當你只是一個孩子時，有一種孤獨的感受。我就說：「不，我要保住這孩子，因為現在我已經有了會對其感到親近的人，不會再整天都孤獨了。」（Fosburgh, 1977）
>
> Mary（十七歲）：這真了不起，因為現在我有了他，而任何人都不能將他從我身邊奪走。他是我的，我創造了他，他是偉大的。有些現實能給我幸福。他能使我笑，他能使我哭，他能使我生氣。（Konopka, 1976）

　　許多青少年並不具有維持他們所預想的與自己孩子的照顧關係的情緒的、社會的或經濟上的資源。他們也許無法預見到：為了他們的孩子的需要，他們自己的需要必須經常被犧牲。這種期望與現實之間差距的結果，是年輕的母親對她的孩子具有敵意。在青少年期母親的家庭中，虐待孩子的可能性是極大的，尤其於貧窮和單親家庭與早年懷孕的家庭中（Gelles, 1989;

Zuravin, 1988），而這些家庭遂成為兒童福利實務工作者最為關心的重點。

生產與分娩中的併發症會危害新生兒的健康。年幼的母親會比年長的母親容易產生這些併發症嗎？十九歲以下的母親和年長母親相比，在懷孕的前三個月裡很少會進行孕期護理。十七歲以下的母親生下的嬰兒比二十、三十多歲的母親生的孩子有更大的危險。年幼的母親所生之嬰兒在出生後第一年中死亡的危險較高，早產或是出生體重過低、因伴隨分娩產生的併發症而導致神經系統損傷的機率都較高（Held, 1981; Honig, 1978）。因此，年輕的父母們往往不得不應付發育上有缺陷孩子的種種特殊需要。

然而，這些危險可能更多來自於同時存在的社會經濟因素而不是生理缺欠。Roosa（1984）比較了兩家大城市醫院中，二千七百多位頭胎生育中的生產與分娩經歷。表7-3顯示出四組母親所經歷的特殊困難的百分比，這四組母親是低收入的和中等收入的青少年母親及低收入的和中等收入的年長母親。這些資料中並沒有顯示年輕的母親比年長的母親有更大的分娩併發症的危險。兩種收入組中的年輕母親都有比年長母親較高的自然分娩率。致命的疼痛在年長、低收入母親中特別高。

結婚的懷孕青少年比不結婚的青少年境況好嗎？青少年懷孕和青少年結婚對日後的學業成就、職業成就、婚姻的穩定有著不同的結果。在青少年期即有孩子，往往與低教育和職業程度相隨，無論年輕的母親是否結

表7-3　不同年齡和社會地位母親的特殊生產與分娩經歷的百分比

	少年母親		20～30歲母親	
	低收入 （1,188人）	中等收入 （199人）	低收入 （583人）	中等收入 （824人）
生產綜合症*	3.7	2.5	3.6	3.2
胎兒骨盆不相稱	3.7	7.2	3.8	8.4
異常方式	3.2	3.6	5.3	4.6
致命的疼痛	5.4	4.6	9.6	4.7
自然分娩+	77.9	65.6	66.6	55.4

說明：*包括胎盤前置、胎盤突然分離、致命大出血、臍帶脫垂等。
　　　+團體差異在統計上十分顯著。

資料來源：Roosa, M. W. (1984). Maternal age, social class, and the obstetric performance of teenagers. *Journal of Youth and Adolescence, 13*, 365-374.

婚。在青少年期結婚和二十歲或更晚些時候結婚相比，伴隨著較大的離婚或離異的可能。然而，有些令人驚訝的是，沒有孩子的青少年期婚姻與青少年期結婚且育有孩子相比，與日後婚姻的不穩定性有相當大的關聯性（Teti & Lamb, 1989）。

在一項進一步揭示導致某些性關係決定，包括決定生孩子的因素的嘗試中，Pete和DeSantis（1990）對五個懷了孕並在近期生孩子的黑人女孩做了個案研究。將這些觀察推廣到所有黑人青少年母親或所有青少年母親時，必須十分謹慎。這五個女孩年齡皆為十四歲，都就讀國中二年級，皆來自佛羅里達州邁阿密的低收入家庭。儘管樣本十分小，此研究所集中焦點卻是十分貼切的，因爲它考慮到這一關鍵年齡組的觀察角度。所有青少年中黑人不到15%，然而47%的未婚青少年的生育是出自黑人女孩。此外，貧窮的黑人青少年往往在很年輕時便生孩子，他們過早生育的可能性，促成了黑人嬰兒中有明顯較高的疾病與死亡的發生率。

在與這些年齡很小的母親的談話中發現的一些因素，我們對於青少年期懷孕的部分看法提出了質疑，對部分的看法則給予了肯定。

其一，這些女孩都拒絕了其他的性活動的機會。她們表示：她們要等待，直到建立起一種她們認爲可在其基礎上有所信任和愛的關係時，才會主動要求性。她們並不是延遲性生活以避免懷孕。她們聲稱與其發生性關係的人不應拋棄她們。

其二，她們由於各種原因而沒有使用避孕方法。有些人相信她們不會懷孕（「我想我太年輕，不可能懷孕」）。有些人依賴其男朋友使用避孕方法，但所使用的方法常不能堅持或者根本沒用。這些女孩大都對使用避孕方法很困惑，或缺乏獲得這些避孕方法的管道。

其三，這些女孩都描述了自己的日常生活，其中大部分是無人照顧的自由時間。她們與沒有或不能有效地監督她們行爲的成人生活在一起。一個女孩自其母親因偷竊被抓後，搬出自己的家。另一個女孩與祖母住在一起，祖母從未與她談論過性或她的社會生活。雖然這些女孩都說她們感到與父母或祖父母很親近，這些成人並沒有監督這些女孩的社會生活或談論關於性的決定。

其四,這些女孩盡可能地否認她們已經懷孕了。

儘管Deb已經幾個月沒來月經了,每天早上噁心,多次暈眩,她強烈地否認自己已經懷孕達幾個月之久……正如她所明確表白的,「我盡可能地不告訴別人我懷孕了,盡可能拖長它,我沒有懷孕。」(Pete & DeSantis, 1990)

最後,這些女孩都認為,一旦一個人懷孕,生下孩子並照顧孩子,便是她的責任。由於她們確認是否懷孕的時間拖了太久,待確定而決定時,墮胎已不可行了。另外,讓人收養是根本不被考慮的。她們的父母或祖父母中沒有人認為這些女孩應該結婚,因為她們太年輕了。孩子的父親都繼續保持與這些母親和嬰兒的聯繫,參與嬰兒的照顧,為孩子提供一些經濟援助。案例中三位父親每隔一個週末便把孩子接到自己的家中。儘管這些女孩的父母或祖父母對其懷孕很失望,但他們並不會拒絕這些年輕的媽媽。有些人甚至對於已懷孕的事實承擔起自己的責任。懷孕和生育並沒有導致這些女孩的支持系統的退化。

雖然對青少年懷孕的注意力大都集中在女孩身上,但目前對青少年父親的關心及注意力亦逐漸增長。許多年輕的母親不願意揭露孩子父親的姓名,因此,很難確定青少年爸爸的數量,而這些父親中有許多並非年輕人而是年長的人。自1984年以來的全國資料報告中指出,在近四十八萬名青少年媽媽所生的孩子中,只有19%是青少年爸爸(Hardy & Duggan, 1988)。關於青少年父親的態度、知識和行為或是父親身分對青少年男性日後發展的影響,還沒有很系統化的研究(Robinson, 1988)(專欄7-1)。

對青少年期母親的大多數研究發現:與刻板化形成對照,那些父親中有許多人仍然維持著與母親和孩子的聯繫。有的青少年父親和母親結了婚,有些則與母親及孩子住在一起,但並未結婚。在許多情況中,父親對母親和孩子給予經濟支持,即使這一對並不結婚。然而,許多父親幾乎沒受什麼教育,也很少有固定工作,因此,他們所能提供物質上的支持是極其有限的(Hardy & Duggan, 1988; Robinson, 1988)。

別忘了未婚爸爸

在過去的幾十年來，社會工作人員一向以未婚媽媽為其服務的案主，所以母親是唯一要替孩子做許多決定的人，而父親總是被忽略掉。通常少女的父母對這些父親都會抱持某種程度的敵意，而且大家也多半認為這些父親在發現女友懷孕之後不會負責任，但近幾年的研究卻發現，有愈來愈多的父親並不想放棄他們的骨肉，所以社會工作人員有必要讓這些父親能夠參與服務過程。

其實，青少年父親和母親一樣要面對情緒上的掙扎及兩難情境，而許多父親想要他們孩子的理由和母親是一樣的，他們都只想到了與孩子共處時的快樂時光，卻沒有想到照顧孩子時的困難，不過母親在面對照顧孩子的事實時多半會試著接受，但父親則較無法接受。許多父親是真的想要養育他們的孩子，所以即使他們沒有和孩子的母親結婚，他們在孩子出生後一年內都會參與孩子的照顧工作。不幸的是，多數的未婚爸爸在一年後會慢慢放棄他們的角色，因為工作養家和照顧孩子的責任變得太過沉重，以致他們無法負擔，此時如果社會工作人員能夠注意到這些父親，並提供適時的服務，對於這些父親、母親及孩子等都會有很大的幫助。

在談青少年未婚懷孕時，預防其實是很重要的，我們必須儘早開始進行性教育，在教育的課程中加入如何正確使用避孕措施及禁慾的重要，而這些課程對男性及對女性是一樣重要的。此外，讓這些未婚爸爸與社區中其他青少年分享身為父親的經驗，並提醒大家小心，也是不錯的做法。

資料來源：Robinson, B. E. (1988). Teenage pregnancy from the father's perspective. *American Journal of Orthopsychiatry, 58*, 46-51.

對懷孕的女孩來說，孩子的父親往往仍是一個很重要的人物。在一項對青少年母親的社會關係網絡的研究中，Held（1981）發現，每一個母親把孩子的父親視為最有可能贊同她懷孕的人。孩子的父親也被列為年輕母親的生活中三個最重要的人之一。

為人之父與引起青少年男子的驕傲、內疚和焦慮的矛盾情感相聯繫。他必須掙扎著面對這一事實：他的性冒險導致了一次懷孕，這會讓他所關心的人帶來矛盾和痛苦。他必須面對和女友在應付一次未意料的懷孕中所

要做的選擇。他也許有一種要從他的孩子的出生中擺脫出來的感覺。為他的女友和孩子提供經濟支持的責任感可能使他輟學而進入勞動市場,雖然他被聘僱的可能性很小（Hendricks & Fullilove, 1983）。

對於青少年孕期教育計畫中很少考慮到青少年父親的需要。然而,有限的證據顯示,許多父親體驗到與懷孕有關的壓力,他們應能從某些諮詢中獲得解決的方法（Lamb & Elster, 1985）。曾針對未婚父親問題的研究指出,應對父親的責任予以更多的強調,不僅包括對母親和孩子的經濟支持,也包括繼續與孩子保持互動關係。把年輕的父親包括到家庭計畫教育、父母教育和職業訓練的努力,能幫助改善年輕母親和孩子的社會情況,並有助於年輕父親的心理社會發展。

毫無疑問的,對於過早當上父母對女孩和男孩來說,都是個相當棘手的問題。當青少年因懷孕而導致教育中止、失去家庭與同儕的支持,以及經濟的匱乏和貧困,對這年輕女孩及她的孩子的生活機遇會嚴重地減少。然而,這些結果並非必然發生的。大多數人依賴於家庭成員、學校、社會機構及同儕的幫助,且有些年輕父母比其他人有更好的個人資源帶入其新的為人父母的角色。這個部分可能是教育家和人群服務機構的專家們所無法提供的（Olds, Henderson, Tatelbaum, & Chamberlin, 1988）。

三、青少年未婚懷孕之成因

有關青少年懷孕的研究很多,其中以Furstenberg、Brooks-Gunn及Chase-Lansdale（1989）的研究最廣為人知,研究發現:青少年未婚懷孕本身並不是他們故意要懷孕的,而是他們缺乏對這些結果的注意。此外,Cervera（1993）的研究發現:如果青少年對現在較不滿,也不能預測其日後的發展,可能會導致他們選擇早點懷孕。另外,根據統計資料指出,來自低收入家庭的青少年有較高的懷孕率,而種族（如黑人）也是一種預測青少年未婚懷孕的指標。每一千萬名十五至十九歲的女性中,其每年未婚懷孕比率:白人占51%,印第安原住民占84.4%,而黑人則占112.4%（Children's Defense Fund, 1996）。而這些種族的差異也可能與其收入、教育及生活狀態有關。

　　為什麼青少女在懷孕之後要生小孩？在1990年代，也只有5%的青少女在生完小孩後，將小孩送給別人收養，其餘皆是自己撫養，這些統計也反映了現代社會上較能接納未婚媽媽及單親家庭的觀點。當然，還有其他的原因，根據美國兒童福利聯盟（CWLA, 1996）指出，造成青少年未婚懷孕的原因有：社會對性行為的反應、青少年有限的發展機會、社會性道德及行為標準的改變、媒體對性傳播及家庭結構的轉變及貧窮。上述的原因也影響青少年性行為的活躍，而性活躍卻造成未婚懷孕，也造成性病增加及使得青少年因有孩子而未能發展最大潛能，在缺乏支持及資源之下形成貧窮家庭（也就是年輕貧窮化及女性貧窮化之單親家庭）。

　　青少年正處於充滿希望與挑戰的階段，在青少年期，他們需要面臨許多家庭的議題（如性與認知的成熟）。青少年被社會期望行為要像成人，但不允許有性行為及喝酒。此外，當社會改變了而且家庭結構也與行為有所不同，許多青少年將懷孕當作離開原生家庭的理由及尋求自我獨立的生活。現在愈來愈多的方案不僅只教導青少年性教育而已，而是要給予青少年希望及獲得更佳生活的方法以鼓勵他們晚點懷孕，以免造成不良之影響。而青少年對於性持有何種態度呢？

　　在性態度方面，戴瑞斯保險套公司在1999年針對全球十四個國家、四千二百名十六至二十一歲的青少年進行不記名問卷調查，調查內容共分為性教育、性啟蒙與性生活三大選項。在性教育來源的部分，台灣青少年有46%從「朋友」處獲得性知識（戴瑞斯保險套公司，1999）（**表7-4**）。

　　有80.25%的人認為女性最好應該保持處女之身一直到結婚，但有25.38%的人認為男生可以有婚前性行為。足見男女兩性間仍有「雙重標準」存在，尤以性交態度較為明顯（簡維政，1992）。

　　而秦玉梅（1987）針對高職三年級學生人工流產、手淫、同性戀、撫摸、性交及口交等態度調查之研究發現，學生的性態度係介於中立與保守之間，男生比女生開放；對人工流產態度方面是介於同意與中立之間；對手淫的態度略微負向，有43.9%認為其為不健康之行為，介於中立與保守之間；對於同性戀態度則是保守，有58.07%認為同性戀是有罪的；另外，有36.69%的學生同意已墜入情網者可以撫摸胸部。台灣省家庭計畫研

表7-4　1999年全球性調查台灣與各國之各項比較

	台灣	加拿大	捷克	法國	德國	希臘	義大利	墨西哥	波蘭	新加坡	西班牙	泰國	英國	美國	全球
大部分性教育的來源（父母／兄弟姊妹／性伴侶／朋友／學校／醫生護士衛生所／書籍手冊雜誌／電視／其他）	朋友	學校	朋友	性伴侶	朋友	朋友	朋友	學校	書籍雜誌	朋友	朋友	朋友	學校	朋友	朋友
接受第一次性教育的平均年齡（歲）	13	11.5	12.5	12	11.3	12.9	11.5	11.9	12.7	13.5	11.7	13.5	11.4	12	12.2
發生第一次性行為的平均年齡（歲）	17	15	16.3	15.8	15.6	16.3	16.4	-	16.3	-	16.5	16.5	15.3	15	15.9
對第一次性經驗的感覺沒有預期中的好（%）	33	37	27	40	31	26	30	23	22	19	28	22	33	35	29
第一次性行為中沒有採取避孕措施（%）	49	26	35	15	15	18	39	49	27	49	15	41	16	34	38
第一次性行為中沒有採取避孕措施是因為缺乏避孕工具（%）	62	47	20	47	50	22	47	38	21	25	52	50	25	49	28
每年之平均性行為（次／年）	84	113	97	99	116	100	78	69	75	63	66	92	133	128	98
曾經發生過性行為的性伴侶人數（人）	4	5.5	4.1	6	4.9	4	4.9	3.3	3.8	5.6	3.5	3.9	6.4	7.5	4.9
預期在婚後才發生性行為者（%）	43	9	2	4	1	2	5	40	9	42	1	42	4	17	16
認識有同年齡的朋友不小心而懷孕（%）	45	76	74	46	58	55	49	66	74	46	56	57	71	79	61
認識有同年齡的朋友墮胎（%）	39	62	54	45	39	49	32	35	30	47	43	38	55	61	45
對不慎懷孕感到恐懼（%）	22	21	26	17	14	26	33	18	37	28	31	32	25	22	25
對傳染到性病／HIV感到恐懼（%）	44	44	47	41	57	47	19	63	36	36	49	45	47	51	45
一點也沒有因為擔心感染HIV/AIDS而改變行為（%）	19	35	25	28	37	28	66	29	33	29	44	12	28	32	32
隨身攜帶保險套（%）	10	31	20	41	48	38	23	21	24	7	26	9	34	34	26
男性中認為自己滿足較重要的百分比（%）	41	35	31	14	33	37	38	22	30	44	33	29	25	35	32
女性中認為自己滿足較重要的百分比（%）	58	36	25	46	43	66	44	41	41	49	51	26	34	50	44

資料來源：戴瑞斯保險套公司（1999）。〈1999年全球青少年性態度調查〉。《中央日報》，1999年10月12日，8版。

究所曾於1995年12月至1996年1月，對台灣地區各縣（市）高中高職及五專在校學生進行抽樣調查發現，曾與異性發生過性行為者男生為10.4%，女生為6.7%，平均初次與異性發生性行為之年齡為男生十六‧二歲，女生為十六‧五歲（彭台珠、王淑芳，1998）。戴瑞斯保險套公司在1999年針對全球十四個國家、四千二百名十六至二十一歲的青少年進行不記名問卷調查中，在初次發生性行為的部分：台灣青少年平均年齡為十七歲，加拿大平均十五歲，捷克平均十六‧三歲，法國平均十五‧八歲，德國平均十五‧六歲，希臘平均十六‧三歲，義大利平均十六‧四歲，波蘭平均十六‧三歲，西班牙平均十六‧五歲，泰國平均十六‧五歲，英國平均十五‧三歲，美國平均十五歲，全球平均十五‧九歲。除此之外，台灣青少年第一次性行為未採取避孕措施也高達49%；未採取避孕措施是因缺乏工具之比例也達62%；而預期在婚後才發生性行為達43%。這些數據皆比國外青少年之比例來得高，也顯示台灣青少年性態度傾向保守，但性行為卻是開放的。其所衍發的懷孕、墮胎、生育及感染性傳染病問題日趨嚴重。

四、青少年未婚懷孕的影響

未成年少女發生性行為或未婚女子發生性行為在中國傳統文化的價值觀中，多半將之視為是負面、不道德的，倘若再加上未婚懷孕，更為嚴重；Smith（1984）將青少女懷孕視為高危險妊娠，因為青少女只重視自己，對胎兒缺乏關注，怕同儕拒絕及缺乏家庭和社會的支持，以致無法接受完善的產前檢查，綜合多項研究顯示，青少女未婚懷孕、生產，對個人及寶寶的身心健康、家庭及社會等皆有影響。

(一)生理的影響

青少女懷孕被視為高危險妊娠，其妊娠合併症有誘發性高血壓、子宮功能不全、流產等，而其產下之新生兒，則亦併發早產、體重不足、胎兒子宮內生長遲滯及胎死腹中等。低齡的青少女孕婦常因生育條件未成熟及來自家庭壓力等的環境因素，而較易產生不良生育結果；由此可知青少女孕婦對低出生體重及早產是非常顯著的危險因子，此外，在懷孕期間的行

為方面，青少女孕婦不若成年孕婦那麼重視懷孕，較忽略懷孕期間的身體照顧，產檢次數較少，營養攝取較不足，並且有較高物質濫用的比例。

(二)心理的影響

當青少女一旦發生未婚懷孕的情形，無可避免的心理會遭受很大的衝擊，接踵而來的難題、壓力、罪惡感及羞愧感皆非一個年輕女孩所能解決。同時她們內心亦掙扎著是否要墮胎的衝突，常讓她們不知所措，即使在寶寶生下來之後，年輕女孩在面臨角色的突然改變及育嬰責任，常常也顯的不知所措。青少女一旦懷孕後，在心理上最大的問題就是發展任務的中斷、受阻，加上懷孕的任務，有太多的心理任務要完成，其成功與否都將深深影響自己與寶寶的將來。

(三)社經地位的影響

在未成年時期生育的青少女母親很容易讓人和貧窮與經濟依賴聯想在一起，而許多研究都證實了這樣的觀點。在台灣的資料方面，江千代（1988）分析1980年的戶政資料發現十五至十九歲的已婚青少女母親有67.9%沒有工作，在有工作的人當中，81.0%從事作業員或推銷員的行業。從一些現有的統計資料可以間接瞭解這群青少女母親的工作機會並不多，工作收入也偏低。由國內外的研究結果或調查數據可以發現，工作機會與收入和個人的經濟狀況密不可分，而工作機會又與教育程度有關，學歷越低的女性其工作機會就越少，收入亦越低。因此，教育完成情形對個人日後的社會經濟狀況有重要的影響。

(四)家庭的影響

在中國傳統價值觀中，認為青少女懷孕是不正常、不道德的，尤其是未婚懷孕更被視為是不知潔身自愛、咎由自取的後果，如此不但對青少女本身產生強烈影響，對家庭亦是影響甚劇。當家庭中有青少女懷孕時，整個家庭成員往往會出現憤怒、壓力、敵意及罪惡、無法接受等情緒反應，且其兄弟姊妹也會不知如何面對此一事件，而懷孕期間的花費等均會造成

家庭經濟上的額外負擔。國內未成年媽媽的人口特徵資料發現其不但教育程度普遍在國中以下，另外青少女懷孕容易成為單親家庭，即使結婚了，離婚的比率也高。由上述資料可看出許多青少女未婚媽媽均遭遇了許多家庭困擾。

(五)婚姻的影響

在婚姻狀態方面，台灣的青少女一旦懷孕決定生產後，仍有85%以上的青少女決定結婚，產下婚生子女（江千代，1988）。國內外有許多針對早婚問題所進行的研究也發現早婚者的婚姻並不穩定。李棟明於1988年發表的女性初婚穩定性研究發現第一次婚姻在二十歲以前的女性，其婚姻穩定性最低；其十年內離婚的可能性是二十歲以上才初婚的女性的二倍左右；另外，若是在婚前懷孕，其婚姻穩定性也偏低（李棟明，1988）。國內外的研究一致顯示，女性未滿二十歲就結婚的婚姻並不穩定。台灣卻有高比例的未成年青少女因為要生產而結婚，這樣的婚姻可能並不能長久穩定維持，一旦婚姻出現問題，其所衍生的其他影響亦值得注意。

(六)社會的影響

台灣社會在快速變遷下，隨著初次性行為開始的年齡降低以及聲色刺激的增加，青少女懷孕、生育所衍生的問題已經成為台灣的新興社會問題之一。在美國未成年生育對社會面的影響方面以未成年母親依賴社會福利、增加社會成本支出為主。福利內容的優渥間接使得未婚青少女媽媽為了保有福利的支持而拒絕結婚或工作。為了減輕社會福利的負擔，美國當局在1996年將這方面的福利重整，頒行了新的福利法案（Temporary Assistance for Needy Families, TANF），將補助定有時間性、增加小孩父親的責任以及鼓勵工作就業，期望能夠藉著有限制的福利提供，促使青少女媽媽投入就業市場，增加經濟獨立以減少對社會福利的依賴。

(七)循環效應

有些青少女生育研究將研究對象延伸到這些青少女母親的上一代以及

下一代，研究結果發現青少女生育此行為會在世代間循環延續。美國的一些長期追蹤研究顯示她們所處的貧窮狀態也會一併延續到下一代。小孩出生在單親、低社經地位的家庭中，較缺乏物質和醫療資源，而青少女媽媽有較高比例容易忽略小孩的照顧，使這些孩子在學齡前的身心發展較其他小孩慢一些、生病的比例亦較高、在學校期間相對地出現較多行為問題與適應障礙、能夠在二十歲前完成高中的可能性也比較低、有較高的可能從事違法行為；特別在女兒方面，她們會比延後生育者的女兒高22%的機會也成為青少女生育者，使得青少女生育問題一直延伸下去。因此，青少女生育所衍生的問題必須受到重視並處理，以改善其未來生活及下一代的狀況，避免不良的情境一再重複出現。

綜合上述文獻可知青少女未婚生育因身心尚未成熟，不論是對個人、學業、家庭會產生極大的衝擊，同時生涯發展受限，將來較易有可能成為社會援助者、弱勢族群，成為社會負擔。而反觀國內目前對於青少女未婚懷孕、生產的相關問題，尚未受到足夠重視，使得青少女未婚媽媽在有限的資源及協助下，將面臨更多的困境與考驗。事實上，青少女未婚生育不僅僅是健康問題，更是嚴重的社會問題。

第二節　青少年未婚懷孕之政策與方案

一、青少年未婚懷孕政策

即使在美國，也很少有公共（社會）政策會特別針對青少年懷孕而設計，頂多是墮胎的社會政策，其強調懷孕對青少年及孩子有不良之影響。為何沒有這些政策呢？原因是社會上的主流價值認為青少年不應該懷孕，所以任何政策與方案會變相鼓勵青少年嘗試性行為。最普遍的政策是有關兒童及家庭的合法權利，在1968年美國最高法案宣告即便是未婚生子，母親仍擁有孩子的合法權利。此項法律宣告也影響日後有關兒童的支持補助、繼承、福利相關法規、贍養費、家庭訪視及收養相關法令的制定

（Downs, Costin & McFadden, 1996）。這也是宣告所有兒童一律平等的兒童權利。

之後，聯邦政府也提撥預算給予各州政府對有關未婚懷孕及生子的直接補助，例如醫療補助、身心障礙兒童教育補助、職業教育預算、獨立生活補助及母子健康補助等，現在已由地方政府接管這些補助項目及負責統籌與監督，儘管如此，對於青少年懷孕的服務項目及支持仍是不足的，而是需要日後更多的改革（CWLA, 1996）。

台灣每二十至三十萬名墮胎婦女中，青少女墮胎比率占40%，台灣省婦幼中心推估少女墮胎率是生育率的十倍，且每年產下新生兒的比率有5%是小媽媽所生下的。台灣未成年小媽媽人數一直居亞洲之冠，平均每二十名嬰兒中就有一位是未成年少女所生，初次性行為年齡層下降到十二至十四歲，國內醫院曾通報的最年輕媽媽只有十二歲，也就是國小六年級。其中十五至十九歲有偶的青少女生育率高達70%，是所有年齡層中比率最高的。根據台北婦幼醫院院長江千代於中華民國婦產科醫學會中表示，台灣地區十五至十九歲的少女，一旦發現懷孕，每五個只有一個少女會將孩子生下來，換句話說，有八成的少女都會以墮胎的方式來處理未婚懷孕的問題（**表7-5**）。若以目前十五至十九歲少女每年產下一萬多名嬰兒來推估，台灣的青少女墮胎的人數將超過四萬名以上，這是一個不容社會大眾忽視的問題（勵馨基金會，2001）。

表7-5　墮胎率及墮胎發生次數──20至59歲未婚婦女墮胎率與平均墮胎次數

年齡層	曾經墮胎百分比	平均墮胎次數	樣本總數
20-59 歲	5.9	0.11	698
20-29 歲	5.0	0.08	560
30-39 歲	8.3	0.16	96
40-59 歲	11.9	0.40	42

說明：1.有關未婚婦女之墮胎經驗及次數係以自填問卷蒐集相關資料。
　　　2.因該項調查未蒐集未婚個案是否為原住民，故無法提供依原住民與否之複分類分析結果。
　　　3.樣本數採最大可利用值。
資料來源：利用衛生署家庭計畫研究所「1998年台灣地區第八次家庭與生育力研究調查」分析結果。

　　台灣省婦幼衛生中心的研究推估，認為每年墮胎人次與出生數相去不遠，也就是三十二萬左右。最近婦產科醫界更是公開宣稱，國內一年約有四十萬人次墮胎，以人口比例計算，墮胎率還比性開放著稱的法國高出六倍（**表7-6**）。

　　許多婦產科醫師指出，因為健保給付婦產科診所的費用不合理，不少診所醫師早就不接生小孩，反倒以墮胎來彌補收入；部分醫師甚至來者不拒，對無父母同意墮胎的未成年少女，照做不誤。最為普遍的流產手術是「子宮搔刮術」，大約十分鐘至十五分鐘就大功告成，但收費可達五千至七千元。值得注意的是，許多婦產科醫師認為墮胎個案不斷上升，但還不

表7-6　台灣地區各級全民健保特約醫療院所婦幼衛生工作（1997～2002年）

單位：人、人次

	產前門診檢查 O.P.D. Exam.		生產方式 Type of Childbirth			流產人次
	初檢人數	34歲以上初檢人數	產婦人次	自然產人次	剖腹產人次	
1997年	45,737	6,472	39,432	25,823	13,609	2,849
1998年	35,996	6,431	31,939	20,536	11,403	2,339
1999年	279,031	34,369	256,793	171,127	85,666	47,178
2000年	272,936	36,221	275,526	182,338	93,188	44,822
2001年	244,665	23,057	238,551	159,296	79,255	42,405
2002年	214,708	29,392	228,220	152,426	75,794	42,079
未滿15歲	72	-	56	48	8	16
15-19歲	8,753	-	7,481	6,141	1,340	1,558
20-24歲	46,945	-	48,268	36,808	11,460	7,631
25-29歲	78,135	-	82,756	56,988	25,768	11,604
30-34歲	59,725	8,314	65,866	40,665	25,201	10,658
35-39歲	18,367	18,367	20,769	10,279	7,275	427,418
40-44歲	2,576	2,567	2,915	1,678	2,899	435,209
45-49歲	88	88	100	42	58	360
50歲以上	47	47	9	7	2	78

說明：1999年以前僅含公立醫院資料。

資料來源：衛生署統計處（2003）。台灣地區各級全民健保特約醫療院所婦幼衛生工作，
　　　　　取自http://www.moi.gov.tw/W3/stat/home.asp

包括自行服用墮胎藥RU486流產的案例，這些族群的潛在人數有多少，同樣令人關切。曾有立委舉發有不肖業者透過網路販售RU486，還吸取高中生和大學生當直銷下線，就是看中校園的廣大市場。另外，婦產科診所表示，由於RU486的出現，診所的墮胎數已經下降不少，但擅用RU486墮胎所出現的問題，更是值得重視。

而台灣相關政策之推動部門為行政院衛生署，其推動模式請參考**專欄 7-2**。

台灣公部門政策之推動模式

我國自1985年1月1日施行的優生保健法，其主旨為「實施優生保健，提高人口素質，保護母體健康及增進家庭幸福」，至此人工流產始以法律列舉之事由為限（適應規制型立法），成為婦女之權利。

政府的優生保健法規定：「未婚之未成年婦女懷孕而有優生保健法之情形，依優生保健法第9條第二項規定，未婚之未成年或禁治產人，依前項規定施行人工流產，應得法定代理人之同意，如未得法定代理人之同意，該法並無另作處罰規定，是縱合乎第一項六款情事，仍應取得法定代理人之同意，否則仍應負墮胎刑責。」。

一、優生保健法的修法建議——針對第9條第二項的修法

優生保健法第9條第一項有條件承認婦女的墮胎權，依優生保健法第9條第二項有規定：「未婚之未成年人或禁治產人，依前項規定施行人工流產，應得法定代理人之同意」為「父母同意條款」，及「有配偶者，依前項第六款規定施行人工流產，應得配偶之同意，但配偶生死不明或無意識或精神錯亂者，不在此限」是為「配偶同意條款」。

再者；查我國優生保健法立法原意，衛生署在1985年統計發現，已婚婦女墮胎比例高達23.1%，而當時人口成長率高達18‰，目標必須要降到12.5‰，對優生保健法的急迫性做了很詳盡的說明；同時揭示優生保健法也是要針對未成年少女懷孕的問題合法解決。

　　因此，相對於配偶同意條款只限第6條第一款，未成年少女懷孕依第9條第六款情事中，都要父母同意才能進行，尤有甚者，我國地方法院檢察官認為未成年少女人工流產如違反「父母同意條款」，就直接對手術醫師逕行引用刑法第188條以下的墮胎罪普通法判刑而不再適用優生保健法「特別法」。行政院會通過衛生署提出的優生保健法修正草案，除了將名稱改為母子保健法之外，也刪除人工流產或結紮必須經過配偶同意的條文。同時，醫師如果沒有經過法定代理人同意，替未婚的未成年少女施行人工流產，將處新台幣一萬元以上，五萬元以下罰鍰。

　　優生保健法自1985年公布施行以來，已經十八年未修正。行政院這次大幅修正，並將法案名稱改為「母子保健法」；因為修改幅度甚大，草案明訂新法施行日期，由行政院以命令定之，以期立法修正通過後，有過渡期可以適應。

　　修正草案其他修正重點有：

1. 基於人工流產藥物RU486已核准上市，人工流產方式增列「藥品」的方式。
2. 明訂遺傳性疾病的檢驗、診斷、治療及諮詢的醫療機構、人員，非經衛生署指定，不得為之，以保障醫療品質，並增列違反者的罰則。
3. 密醫施行墮胎、結紮手術，罰鍰大幅提高為新台幣十萬元以上、五十萬元以下。其中也因為優生保健法第三章第9條第六款而在我國女性團體中引起爭議。其中爭議之點如下：
   第一款：雙親之一有「有礙優生」之遺傳性疾病、傳染病或精神疾病者。
   第二款：近親有「有礙優生」之遺傳疾病者。
   第三款：醫學認定，懷孕或分娩危害母親生命、身體或精神健康者。
   第四款：醫學認定胎兒有不正常發育者。
   第五款：因強制性交、誘姦而懷孕，或依法不得結婚而相姦受孕者。
   第六款：因懷孕或生產，將影響其心理健康或家庭生活者。

　　以上前五款皆是針對著畸形兒、母親有生命危險或強制性交所造成懷孕等的情況。目前在台灣每年約有三十多萬無辜胎兒的生命被剝奪，而其中95%以上卻是在「母親健康」、「胎兒健康」、「非強暴懷孕」的情況下殘酷執行的。其所依據的，就是今天我們呼籲要刪除的——第三章第9條第六款之「因懷孕或生產，將影響其心理健康或家庭生活者。」

　　就因為這第六款所允許的「例外」墮胎，每年達到墮胎總量的95%以上。

　　行政院「母子保健法」草案中，明訂已婚婦女想中止懷孕，無須經過先生同意簽字，但該草案卻未納入針對青少女自願中止懷孕及兩性生育健康等議題。

　　因此，優生保健法修法案在2003年8月27日行政院院會中，經過行政院游院長同意，主動撤回「優生保健法修正案」，表示此次行政院草案中雖然將「優生保健法」更名為「母子保健法」，但其中一些爭議過大的條文，將對社會造成很大的衝擊，特別是婦女墮胎或結紮可不經配偶同意、青少女墮胎可不經父母同意等條文，有違尊重生命與維護家庭原則，衛生署顧慮到行政院修正草案應增加尊重胎兒生命的價值，此外，被撤回的行政院修正草案，在某種程度上，已經接受宗教團體發動連署所建議的墮胎前「輔導」與「靜思期」條款的呼籲。對於刪除「第六款」，「尊重生命全民運動聯盟」代表呼籲修法應回歸「尊重生命」與維護家庭的起點。始料未及的是：行政院修正草案中，增列允許成年已婚婦女可在不經丈夫同意之下，逕行墮胎或結紮法條。甚至在婦女團體要求下，擴充「未成年未婚」之少女，可不經父母同意，逕行墮胎的法條。

　　最令優生保健醫師引為隱憂的是未成年少女懷孕問題依然存在，RU486開放給藥局販售，結果走投無路的少女不可能會回到母親懷抱懺悔，再由法定代理人帶去優生保健醫師處去合法施行人工流產。這些少女最後仍是得求助藥局去買RU486自行DIY，然後血崩發炎，大陸進口的RU486偽藥在大藥房均有販售，但四年來全國地方及高等法院因使用RU486而被依「違反藥事法」起訴者只有三位醫師，而竟然沒有一家藥房或藥師因販賣RU486偽藥而被查獲。即使RU486已經合法上市，後若有醫師一時失察，仍沿用過去大陸進口的RU486偽藥，依然要受「違反藥事法」起訴。

二、衛生署宣導活動進入校園

　　根據衛生署統計，台灣未成年少女每年產下一萬多名嬰兒，而懷孕少女有55～60%會去墮胎，以及三分之二的父母希望未成年懷孕的女兒施行人工流產，而少女墮胎會影響少女健康。此外，依內政部警政署統計自1997年迄今，性侵害受害者逐年增加，其中以十二至十七歲之少女為最多（勵馨基金會，2001）。青少年健康為全球性之公共議題，世界衛生組織（WHO）首次在2003年以「青少年的性健康、生殖健康和權利」為世界人口日之主題。我國近年來社會開放，青少年性問題日趨複雜，青少年性知識不足、性行為開放，且發生性行為時多未採

取避孕措施，除了導致末婚懷孕及墮胎問題外，還要面臨感染性傳染病等風險，嚴重影響青少年健康。

　　依據衛生署1995、2000年針對台灣地區十五至十九歲高中職及五專二年級學生所做性知識、態度、行為調查結果顯示，青少年性態度、行為日漸開放，但性防禦保護措施不夠，容許有性行為者五年內提升至10.5%、五年內有過性行為者增加2.15%、發生性行為時末採取避孕措施者2000年為30.5%、第一次發生性行為年齡略顯下降（2000年為十六‧一歲）。另根據內政部人口統計資料，我國十五至十九歲青少女生育率：1986年為17.69‰，1996年為17.22‰，2002年為12.95‰，雖逐漸下降，但相較於新加坡的8‰（2000年）、南韓的2.8‰（2000年）以及日本的4‰（1996年），顯然台灣地區該年齡層生育率較高（衛生署統計處，2003），並已引起社會大眾之重視，為與國際健康議題接軌，因此，如何避免青少女懷孕及降低生育率，為目前亟須推動之工作。

　　2004年衛生署主要宣導內容分為兩個部分：第一，青少年男女交往ABC三原則，A（abstinence）即避免發生性行為，若發生性行為時，採B（be-faithful）固定單一性伴侶，及C（condom）使用保險套等避孕方法。第二，約會守則：青少年男女聯誼時宜團體活動、避免獨處、明確情感表達、勇於拒絕。

　　另外，製作宣導手冊，共分為高中職性教育手冊男女生專書，打破性別歧視與偏見，以說故事及案例討論與十七、十八歲的孩子談禁忌遊戲、安全避孕與性病、預防強暴性侵害以及婚姻規劃。這本名為《金色年華》的高中職性教育手冊有別於男女性的刻板印象，女生專書是天藍色封面，男生專書是桃紅色，封面上的字倒著印，小便斗正著看倒著看變成男用及女用，打開扉頁，開宗明義第一句話「請將性別偏見與刻板印象丟入便池，如廁後請沖水」。手冊的第一章是要突破性別角色限制，學習彼此的特質及欣賞對方的優點，以求兩性和諧相處，交友時真情告白，拒絕別人及被拒絕都是兩性交往的必修功課。這本手冊也以分析各種避孕方式的安全性，破解安全期避孕法、性交中斷法的迷思，一旦發生強暴迷姦，也教受害者保留證據保命要緊，而墮胎藥不可隨意濫用，最後在決定早婚做小媽媽及小爸爸前三思，為主要宣導內容。另外，相關之諮詢及服務（如各區域之青少年保健中心）可至青少年網站查詢。

資料來源：青少年網站；衛生署公共衛生年報（2003）；衛生署統計處（2003）；勵馨基
　　金會（2001）。

二、青少年未婚懷孕服務及社工過程處遇

(一)青少年未婚懷孕服務

在社工處遇中有一些服務及方案可用於青少年未婚懷孕，例如家庭計畫、親職教育，有關青少年發展之推廣教育、托嬰（育）服務、未婚媽媽之家、營養補助方案、獨立生活方案、職業訓練及現金補助。然而，有關兒童福利社會工作者對於此類案主應扮演何種角色呢？是預防抑或是殘補為主，當然隨之而來的方案及服務也會有所不同。

預防的方案可採取性教育的方案，除了教導性知識、性行為之預防，還要幫助青少年設定日後發展的目標，建立自我尊重及幫助他們達成所設定目標。此外，獨立生活方案可以幫助青少年離開他們不想待（或困苦）的原生家庭環境安置他們，給予他們新的機會發展獨立的個體。這個方案是需要許多支持才能成功，例如獨立生活的社區（independent living community），類似寄養家庭社區，青少年在此社區中，可以接受其他青少年或社會機構的支持，來幫助個人自立生活。

其他方案可使用學校資源系統以幫助青少年更容易獲得資源及減少烙印（如學校的中輟方案）。這些服務可包括個人諮商、團體或家庭處遇、生涯規劃、親職教育及家庭管理技巧訓練等。由於青少年受到同儕極大的壓力、媒體之渲染、加上本身又缺乏果斷力，以至於常陷入沒有保護之性交之類的「風險行為」（risk behavior）。Schink、Glichrist及Small（1979）就應用認知行為處遇來幫助青少年預防未婚生子，此處遇包括四個步驟：(1)資訊取得；(2)認知、理解和儲存資訊；(3)做決定；(4)決定的實踐；以達到自我肯定及有拒絕能力之社會技巧訓練，此外還可協調各種服務來組成資源及支持，以行使個案管理之效。

台灣目前民間機構運作之現況，以勵馨基金會和台北市女權會針對未婚少女懷孕，有相當程度的積極作為。勵馨基金會除了參與性調查研究，發表《青少女紅皮書》，也在2001年籌製近半年的「未成年懷孕」防治短片《霜淇淋的滋味》，開始進入校園進行宣導工作，並與全國國、高中職

老師及學生們進行分享與探討，關心未成年少女懷孕防治工作（勵馨基金會，2001）。

女權會自1999年11月1日設置「愛我身深女生鈴鈴——青少女健康熱線」，目的為提供青少女經歷青春期生、心理變化的支持力量，提供她們獲得正確的性觀念，扮演倡導青少女身體自主以及自我保護的補救與預防管道，整個協助過程中青少男與父母也是此健康熱線重要的服務對象。

基督教門諾會花蓮善牧中心也針對未婚懷孕之少女設立中途之家「希望園」，不過針對花蓮、台東兩縣市，因為其地區未成年婦女生育率總是名列全台之冠，至今尚未有社福團體針對這兩縣市之未婚懷孕的婦女，提供必要的服務和相關訊息，在就學年齡的未成年少女們，在面臨懷孕的問題時，往往不知所措，也沒有正式的求助管道，只好選擇鴕鳥心態，盡可能地隱瞞家人、老師以及同學，一旦被發現懷孕的事實時，多半已懷胎五個月以上。根據調查顯示，花蓮地區有為數不少的少女可能自願或被迫選擇結婚，提早進入婚姻生活，或者因為種種因素，只好生下小孩，成為未婚媽媽，當然選擇墮胎方式的仍占多數（基督教門諾會花蓮善牧中心，2004）。

花蓮善牧中心於1994年底，購得新的中途之家，取名為「希望園」，希望能在家庭式的生活中，以正常的教育、教養，使孩子們對人生重建新的希望。其收容對象、收容數量、管理方式、所需費用等，茲分述如下：

1. 收容對象：(1)縣（市）政府安置；(2)法院裁定安置、個案自行求助、機構、學校轉介（以未婚小媽媽為主）十八歲以下之不幸少女，及縣（市）轉介之個案。
2. 收容數量：三十三人。
3. 管理方式：(1)採取家庭管理制；(2)中途之家成員構成：中途之家主任、督導、社工員、輔導員、諮商員（阿姨）。
4. 所需費用：所收容之個案全部免收費（特殊情況向家長酌收基本生活費），中心並負擔其生活費、學雜費、交通費、保險費及醫療費等。
5. 個案處理：按個案情況區分為：(1)緊急短期收容；(2)短期收容；(3)長期收容；(4)獨立宿舍。

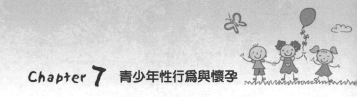

結案之後的關懷個案，又依個案教育程度及其個人狀況區分為：(1)在園生：在外具有危險性之個案及個案穩定度，在園內庇護，不宜外出；(2)就讀生：係個案狀況；高中生騎單車，國中生走路上學；狀況特殊由輔導員接送；(3)習藝生：由輔導員接送，日間習藝，夜間就讀補校；(4)就業生：已輔導就業，初期由輔導員接送，進而自行通勤，日間上班，夜間下班返回園中。

還有其他相關未婚媽媽服務機構另列如下：

未婚媽媽服務機構	聯絡電話	
天主教福利會	02-23117642	0800-885288
基督教救世會	02-27290265	02-27299923
勵馨基金會	02-25509595	0800-257085
慧心家園	02-27011828	
花蓮善牧中心	03-8224614	
勵馨基金會少年服務專線	02-23679595	
台北市女權會（青少女健康熱線）	02-25330300	
國際單親兒童文教基金會	02-25527888	
杏陵基金會	02-23627363	
兒童福利聯盟	02-27486008	
台灣生命之光協會	02-32278660	
財團法人善牧基金會	02-89145580	
財團法年基督教希望之光會	06-2516061	
台灣婦產科醫學會（生育諮詢專線）	02-25684819	

(二)青少年未婚懷孕服務社工之過程處遇

青少年未婚懷孕之服務可以是預防式，也可以是殘補式。在過去二十年來，針對未婚懷孕的服務方案最常使用性教育模式，但是此種方案並沒有產生很好的效果（Chilman, 1991）。之後，社會工作者改用對青少年施予自我尊重、自我肯定訓練，以及強調其日後的正向目標，似乎帶來較好的預防效果（Ooms & Herendeen, 1990）。目前這些方案正運用到學校課程中，這些方案服務配合個別和團體的方案，並以預防為本位，透過學校

之家庭生活課程，協調各項服務的外展，結合企業的合作關係。此外，實施科際整合的社區方案來與學校、家庭及宗教機構同步進行，也是很重要的，這些方案具有預防性、周延性、可及性及協調性，例如，美國曾有一項方案結合公立中學、心理衛生單位、公共衛生以及社區托兒等措施，以便能協助青少年父母（Allen-Meares, 1979）。

對未婚懷孕青少女之處遇過程最重要的是先辨別是否懷孕。在過去，青少年少有資源可以提早預先知道是否懷孕，除非到醫院檢查身體，而現在只要到便利商店即可買到驗孕劑，透過驗孕劑的自我檢測，在幾分鐘內即可知道自己是否懷孕。至於醫療諮詢如何影響青少年，目前尚未能得知，但是當青少年在獲知自己已懷孕時，能得到此種醫療諮詢，一方面可幫助青少女做決定，另一方面則可幫助她們在懷孕中得到正確的醫療資訊。有許多青少女已懷孕很多個月，而自己尚不知道，可能因為她們嘗試想隱瞞，或者打從心底根本就否認自己是懷孕。青少女不確認自己是懷孕的過程會損害嬰兒及其自我的健康。

另外，不能確認自己已懷孕會導致青少女無法做日後的決定。在美國有些州規定超過三個月的懷孕期採取墮胎是不合法的，因其對母體及嬰兒是非常危險的。

一旦確認懷孕之後，青少女需要進一步決定，此時若能獲得家中的支持是很重要的關鍵，也深深影響青少女日後的自我概念及日後的生活。這種決策過程是要青少女自我決定，而且是不能被強迫或在有壓力情況下來做決定（CWLA, 1996）。

而青少年在獲知懷孕之後，可以做哪些決定呢？大致有下列幾項：(1)墮胎；(2)繼續懷孕並將孩子生下；(3)生下孩子，找人收養。在此決策過程中，孩子的父親也有權參與決策的過程，這也是他的合法權利。

墮胎是一難做的決定（**專欄7-3**），但一旦做了決定，還需要有一些諮詢服務，例如處理墮胎的感受、如何撫育嬰兒，或足夠的醫療諮詢以確保母子（女）的健康及幸福感。而這些諮詢皆需要青少年的參與討論及自我做決定。

墮胎——難做的決定

無論是任何年齡層的女性，在她們的生命裡，墮胎都是最難、最痛苦的決定之一。墮胎是很複雜且矛盾的問題，贊成和反對雙方的論點都一樣振振有詞。反對墮胎人士認為，無論什麼理由，在懷孕的任何時期，只要墮胎就是謀殺，是不道德的行為。贊成的人士則認為女性有權利去支配自己生育的過程，有權利決定自己的命運。

「墮胎」這個問題由來已久。1973年，羅伊案的最高法庭判決州政府不能剝奪女性墮胎的權利。儘管如此，後來仍陸續有數條法律條文侵犯到女性的這項權利。早在1976年，海德修正條款即刪除了健保基金對墮胎的補助金，使得貧苦婦女進行墮胎益形困難。在這之前，墮胎費用有33%由聯邦政府支付。1989年，韋伯案審理的最高法庭因為比較保守，再度允許州政府限制女性墮胎。韋伯案的判決允許州政府禁止公立醫院和私人診所進行墮胎手術，並且禁止公務員參與協助墮胎。自此以後，最高法院更通過多起案例，墮胎雖然合法，但進行不再如以往便利，對年輕或經濟能力不夠的女性尤然。舉例而言，美國約有三十個州以上規定未滿十八歲的女性若要進行墮胎，必須事先告知父母，或取得父母的同意方能進行——某些州甚至還需要已經不具監護權的父親或母親同意。至於領取聯邦政府補助金的勞工家庭，不可主動向醫師討論墮胎的可行性，只有醫師可以建議患者考慮墮胎，而且可以進行墮胎手術的醫師已愈來愈稀少。有些醫師是因為完全沒有接受過墮胎手術的訓練，有些則是畏於抗議人士的暴行而不再執刀。儘管如此，至今為止，大多數女性還是運用自己的選擇權。

女性在面臨如此困難的抉擇時，究竟是如何下決定的呢？她必須忠實地去發掘自己對於墮胎的感覺。她需要有人協助她考慮其他可行的辦法，諸如生下孩子交由他人領養，或者親自扶養，或是交由家人扶養。她要看清楚自己的人生發生了什麼事？孩子的父親是否知情？她有沒有任何支援？她還有沒有別的小孩？她的未來計畫是什麼？她個人的道德觀和宗教信仰對墮胎的看法為何？她負擔得起墮胎手術的費用嗎？墮胎手術第一期花費約為三百美元，她養得起孩子嗎？

社會工作人員在協助女性思考墮胎問題時，扮演著一個非常重要的角色。但此時的關鍵是，社會工作人員必須能夠將個人價值和專業價值劃分清楚。整件事最重要的考量是：這位女性必須能夠自己做決定，別人不能替她做決定。雖然許

多女性在墮胎後覺得有罪惡感，心情沮喪，但假使墮胎是出於自願而非被迫，通常女性事後較不會後悔，情緒上的問題也較少。事實上，墮胎後發生心理問題的女性不到10%。在墮胎手術後情緒反應較激烈的女性，通常在事前也較為矛盾，覺得自己受到逼迫，甚至已有人格發生問題的徵兆出現。另一方面，不願進行墮胎的女性，在孩子出生後所面臨的問題則更多。研究報告指出，當初不願進行墮胎的女性所生下來的孩子，在他們九歲時，就醫次數較其他同年齡孩童多，學校成績較差，人際關係較不理想，同時個性較為易怒。

　　一位在墮胎前得到鼓勵，有充裕時間可以思考，再做出決定的女性，墮胎後往往比較能夠接受自己所做的決定。在墮胎前後尋求諮商，有助女性平衡自己的情緒。其目標在於協助女性做決定——無論當時她覺得好過或不好過——一個她最終認為是正確的決定。

資料來源：張宏哲、林哲立編譯（2000）。Ashford, J. B.、Lecroy, C. W.、Lortie, K. L.著。《人類行為與社會環境》，頁195-196。台北：雙葉書廊。

　　由以上未婚懷孕的問題對個案、家庭及社會的影響很大，而基於預防勝於治療，預防方案的良窳對未婚懷孕的發生是很重要的預測指標，該如何做？當然以處遇的方案愈完整愈好（相關降低未婚懷孕之策略，請參考**專欄7-4**）。

專欄 7-4　處遇原則：降低未婚懷孕

　　由以上對未婚懷孕所造成的各種問題來看，可得知預防未婚懷孕的發生是很重要的，該怎麼做才好呢？當然以處遇的方案愈完整愈好，以下提供一些建議：

一、擴大的性教育措施

　　最佳的性教育模式其實多半來自美國以外的其他國家，美國是西方國家中青少年未婚懷孕率最高的國家，其青少年未婚懷孕率是英國及加拿大的二倍，是瑞

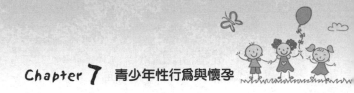

典的三倍，然而這些國家有過性經驗的青少年卻不比美國少，且其開始性關係的年齡也普遍較輕，不過他們的性教育開始得較早，瑞典甚至在兒童七歲的時候就開始進行性教育。大多數的家長希望學校能及早提供性教育。除了性教育以外，仍須教導青少年做決定的能力、生活技能及生涯規劃。例如，設計一套預防課程，該課程即強調教導青少年解決問題及擇善固執的能力，使其能夠在適當的時間拒絕可能造成懷孕的行為。

二、增加獲得避孕措施的管道

許多人相信取得避孕措施管道的增加能協助降低青少年未婚懷孕，而學校的醫務中心應該是發送這些措施的好地方，因為學校是以社區為中心基礎，學生比較不覺得到保健中心是一件不光榮的事，而且保健中心的工作人員與學生的互動較密切。美國一個著名的例子是「健康迎頭趕上」（Health Start）方案，該方案在四所學校的上課時間定期舉行，主要提供初級與預防服務，內容包括身體方面、急診、精神醫療與社工諮詢輔導等。

三、給年輕人更多的生涯選擇

因為有許多未婚懷孕的媽媽其實與其所擁有的有限社會資源有關，因此，有必要改變這些青少年所處的社會環境，使他們覺得人生還有其他的選擇（Dryfoos, 1990）。有愈來愈多的學者相信，必須讓青少年有不要懷孕的動機，才能有效避免未婚性行為；用很簡單的語言表達了這個觀念，就是：「最好的避孕措施就是希望。」

四、加強社區參與及支持

大家很容易視性教育為個人或學校的責任。在一項重要的調查中，Thornburg（1981）發現，只有17%的青少年表示其性教育來自母親，另外2%來自父親，然而我們也知道，當親子間的溝通增加時，青少年比較會在發生性關係時使用避孕措施。不過對於降低未婚懷孕的努力必須擴充到社區的層面，如果能改變對性教育的態度，就能夠加強相關的服務，正如歐洲國家多抱持社區責任的看法，所以其青少年未婚懷孕的比率相對較低。

資料來源：Dryfoos, J. D. (1990). *Adolescents at Risk: Prevalence and Prevention*. New York: Oxford University Press.; Thornburg, H. D. (1981). Sources of sex education among early adolescents. *Journal of Early Adolescents, 1*, 171-184.

第三節　如何運用社會工作專業規範於青少年未婚懷孕服務

　　本節提供美國社會工作專業實務運用社工實務規範（SWPIP）對未婚懷孕青少年提供專業的服務處遇。雖然對未婚懷孕青少年的處遇並不是社會工作的專門領域，學校及心理輔導領域也會常常使用，而且是強調認知社會學習理論模式來對青少年懷孕過程做評估及處遇。此理論模式假定青少年的行為問題來自特定的認知，而此種認知〔當作刺激（S）〕，導致了外顯的不良行為（R）結果（Sundel & Sundel, 1993）。兒童福利之社會工作者須瞭解此種模式，透過一些處遇來改變青少年的認知，教導他們在日常生活用更適應的行為以防止懷孕。

　　社會學習理論說明行為形成的過程，也引用一些心理學的名詞，例如模仿學習、行為制約與增強等，而且此理論也經實徵研究驗證（Zarb, 1992; Sundel & Sundel, 1993）。在行為制約過程中，家庭與同儕扮演了很重要的角色。父母的教養方式及父母的角色模範已塑化青少年的人格發展，此外，在早期的家庭孕育中，已提供青少年初期社會化之經驗及回應青少年之依賴需求。因此，社會工作處遇應強調如何建立家庭支持，同時，充權增能青少年獲得日後生活的目標。以下即針對社工專業規範處遇之六個層面逐一介紹：

一、用溫暖、真誠、同理、積極關注及充權增能方法與家庭及個案建立立即關係

　　透過關係建立之方法（溫暖、同理、積極關注、充權增能等），與家庭建立正向關係，可幫助家庭與個案對社會工作者的信任與尊重。

　　然後，社會工作者可鼓勵及教導青少年使用新學習的方法應用到日常生活情境，並且獲得好的學習結果，而且要立即獲得獎賞（rewards）。

社會工作者進入家庭後，要爲父母及青少年解釋未婚懷孕後之影響（如經濟、心理及教育等），但解釋爲何青少年懷孕並不是與案主建立關係或處遇成功的關鍵要素，其實青少年大都知道爲何懷孕，甚至有些青少年是自己想要懷孕（Sugland, Manlove, & Romano, 1997）。事實上，青少年懷孕有很多成因，並不是他們缺乏避孕知識。

社會工作人員要以一種非責難的態度面對青少年的性行爲與態度，更不能強制他們接受任何訓練課程。積極關注與同理才不會損及個案與社工人員之間的關係。剛開始，社會工作者可以鼓勵他們討論有關身爲媽媽或懷孕的感受，這將有助於青少年加強爲他們身陷困境中做決策的能力。如果社會工作者能瞭解青少女在懷孕的可能感受，例如，罪惡感、困窘或羞恥，將會有助於社會工作者協助個案來做決策，此外，社會工作者也要鼓勵青少女談談孩子的父親，利用開放式的溝通及適當的非語言的接觸（如眼光接觸、身體語言、同理的語調），鼓勵青少女說出自己的感受。

然而，社會工作者也要相當注意青少年懷孕與家庭暴力事件有關。研究指出，家中的不穩定，例如，身體虐待、情緒剝奪、拒絕、缺乏父母的管教與青少年未婚懷孕有關（Sugland, Manlove, & Romano, 1997）。

因此，在探討有關青少女對其家庭的感受，尤其是對懷孕的相關態度與感受就特別重要。有許多青少年未婚懷孕的個案中，一旦青少女的未婚懷孕揭露後，她立即被其家庭拒絕，而獨留她自己解決懷孕的問題，這也會帶給青少女個案罪惡感與憂鬱。**專欄7-5**就是應用上述之例子說明社工員如何與個案建立第一層次的關係。

專欄 7-5　與個案建立關係

社工員：妳好，我是郭○○，是××機構的社工員。我透過妳學校張老師的介紹，來與妳談談，並看看是否可以提供妳一些協助。我們的機構專門爲未婚懷孕青少女提供一些援助及服務。

個案：是啊！張老師跟我說過你會來看我。

社工員：如果妳不想告訴我，那也可以。今天我只是順路經過，剛好有機會來看妳並介紹有關我們的機構和我自己。我知道妳最近很煩惱，而且要做很多決定。張老師告訴我妳很掙扎於各種決定，妳一定非常困惑。

個案：是啊！我想也是。有個人嘗試給我一些建議，並告訴我「應該如何做」。我只知道我不想墮胎，我想生下孩子，但我不認為我可以應付結婚之後的生活。

社工員：我能瞭解妳一定會有此感覺。這很不公平，在這麼年輕就要面對如此多的抉擇。

個案：是啊！我的父母期望我瞭解什麼是對的，而且毫無疑問地也要如此做。

社工員：我們機構不但可以提供妳當媽媽的諮詢服務，而且也可以為妳的家庭提供給妳支持的諮詢服務，這樣對妳的父母也有好處。妳可以告訴我有關妳父母對懷孕有什麼反應及感覺嗎？

個案：好啊！我的父母非常生氣。他們希望我和男朋友儘快結婚，生下的孩子才不會是父不詳或非婚生子女。但是我現在不能離開學校，也不想中輟，何況，我男朋友的父母也不能給我們經濟援助。同時，我的男朋友此時也不想結婚，而我也不確定我是否想結婚。

社工員：結婚對妳現在可能是一件很可怕的事。告訴我，作為一個媽媽，妳有何感受？

個案：我覺得害怕。我不敢確定我是否能照顧這麼小的baby（可鼓勵個案多談一些感受）。

社工員：妳認為過幾天我再來談這些感受，是否比較有幫助？或許我可以幫妳整理妳的情緒，如果可以獲得妳家裡的協助，可能對妳的決定會有所幫助。妳是否在意我與妳父母談談，看看他們有什麼想法。

個案：好啊！如果你認為對我有所幫助的話。

社工員：那就再看看哦！妳看起來像一個成熟及感性的小淑女哦！妳可以過幾天再打電話給我，我們再約時間碰面，好嗎？這段期間，我會與妳父母談談，看看有什麼可以幫助妳的地方。

個案：好吧！這是不錯的點子，我過幾天再打電話給你。

資料來源：Mather, J. H. & Lager, P. B. (2000). *Child Welfare: A Unifying Model of Practice*. New York: Brooks/Cole/Thomson Learning.

　　在剛開始與個案接觸時，和個案建立信念的關係是很重要的。千萬不要催促個案做任何決定，並且瞭解個案此時有任何不安的情緒，皆屬正常的。同時，盡可能請個案延遲做決定，待社工員與個案及其家庭面談過，並找出任何可幫助個案的資源，再做計畫。

　　在與個案的下次面談時，要與個案之父母約時間做面對面的訪談，而且要獲得個案的首肯。雖然父母對於個案的未婚懷孕有負向的態度，但家庭是個案的物質與情緒支持的主要來源，同時，個案仍住在其原生家庭中。若個案不能獲得原生家庭的支持，那社工員必須幫個案尋求其他支援系統，以免個案倍覺孤立。

　　針對青少年未婚懷孕的家庭協商是一個漫長的歷程，一時可能無法獲得滿意的結局，有時家庭可能成為一長期的家庭衝突場所（Kadushin & Martin, 1988）。因此，對個案之原生父母的初步接案時，就要保持同理及積極關注，不管原生父母對個案未婚懷孕的態度如何，有一點很重要的是，社工員必須要同理父母的感受，因此，真誠的互動將有助於彼此關係的建立。

　　另外，在與父母接觸時，也必須說明服務機構的宗旨及社工員的角色，而機構與社工員更須以充權增能及增強的技術整合各種系統之資源，幫助個案改進其行為功能，同時也要鼓勵個案以誠實、開放的溝通方式談論其對懷孕的感受。在整個處遇過程中，社會工作員要強調個案的優勢及復原力，而不是糾正個案的弱勢及缺點。同時鼓勵家庭的成員一起幫助個案共同解決問題及做決策。

二、利用多元系統檢證個案之情境

　　在此檢證層面不在於評估為何青少年要懷孕。許多青少女是因為覺得生活空虛，想要解決對父母依賴的衝突，找理由離開不幸福的家庭，或想要嘗試自立的生活。雖然如此，瞭解青少年之心路歷程，尤其是認知層面是很重要的，青少年比成年人在於延宕滿足及控制自我內在歷程較為困難。Trad（1994）的研究發現，未婚懷孕青少年比一般青少年有較多外控

兒童社會工作
——SWPIP實務運用

行為。以下即為SWPIP利用多元系統來檢證個案之未婚懷孕，包括個案本身、核心家庭、延伸家庭系統、社會系統、資源系統、方案與服務，茲分述如下：

(一)青少年個案

對於青少年及其情境仔細及正確的評估，將有助於日後與其訂契約及制定處理方案。而檢證層面應包括影響其生活情境的問題與阻礙、優勢與資源、發展層次與生活轉銜及各種不同的系統。

首先，要對青少年之生活與情緒做評估，同時以身心層面觀點之整合來對青少年加以評估，最後方案的目標對目的之制訂會有所助益，以免目標及目的訂得太高，而使個案永遠成為一自我挫敗感的人。

另外，須將處遇之優先順序訂出，先讓青少年找出其最想解決的三大問題，成為目前的問題焦點。如果個案無法找出其困擾之三大問題，可以腦力激盪的技術，幫助青少年找出有關其懷孕的三大困擾問題。然後，針對個案所列的三大問題，再詢問過去其遭遇此問題時，是以何種因應策略來解決問題，並尋求是否有其效用。此時必須讓青少年個案分辨什麼是有效的及無效的解決問題的策略，如果青少年仍用這些無效的策略，要教導青少年尋找改變的策略，而這些策略就是日後處遇的目標。

再者，個案常常知行不合一，個案知道沒有避孕的性行為會導致懷孕，但他們還是採取沒有避孕的性行為，不僅在青少年期如此，甚至在成年期也如此。原因是青少年擁有非理性的信念及一些迷思。此時，社會工作者應幫助個案辨明什麼是非理性信念而導致其懷孕（有關非理性信念，請參考**專欄7-6**）。

從**專欄7-6**之個案來看，可以看出個案之無助感，缺乏自我肯定之內在控制，伴隨個人之發展及成長的改變，使得自我產生缺陷之感（Trad, 1994）。而這種非理性信念及缺乏內在的自我控制讓個案產生無法控制的問題行為，所以個案需要以充權增能技術來增強其自我肯定能力。

專欄 7-6　辨明非理性信念

個案已和其男友約會半年多了,她堅信已墜入愛河。當他們在談情說愛時,男友常要求個案與他發生性關係。個案從沒有過性經驗並且害怕有性關係。她常想如果不答應男友的要求,她可能會失去男友(但她又很愛他),或者被同儕恥笑「遜」或「恐龍妹」。她也不敢跟男友提及用避孕保險套,並認為這是男方的責任(避孕)。

針對上述之個案,個案有三點非理性信念:

1. 沒有性關係會損及與男友的關係。
2. 沒有性就是「遜」或「恐龍妹」。
3. 不敢向男友啟口用保險套,而且也不知如何使用,害怕被男友嘲笑「笨」。

(二)核心家庭

家庭中之親子關係常會影響青少年之性行為活動。如果青少年身處一被虐待、疏忽或被拒絕的家庭,青少年會對外尋覓另一種愛的渴求,而去嘗試與男友發生親密的性關係。而當她被家中發現懷孕之後,又受到家中的辱罵,而使得她覺得被家中父母隔離。青少女未婚懷孕常與家庭中之不和諧關係有關,尤其是母女的關係。如果青少女與母親的關係是衝突的,常常容易產生一些問題行為。

在檢證個案之核心家庭可包括下列層面:(1)個案對物質的需求及其意願,以及家庭的能力是否可滿足個案之需求;(2)個案之情緒需求及其意願,以及家庭的能力可否滿足個案之需求。如果個案之原生家庭不能迎合個案之需求,那麼社會工作者則要尋求其延伸家庭或其他支援系統是否有能力滿足個案之需求,例如養育寶寶之親子需求。

另外,家中經濟之情形也必須列入評估。個案在生下孩子後,是否有能力自己撫養或送給別人收養。生下孩子後,個案將成為單親媽媽,而家

中是否有足夠資源或願意幫助個案，例如當個案仍要上學，家中是否有能力僱用或提供人力來幫助個案照顧寶寶。另外，個案對於生活上所需之費用是否有能力支付。此外，個案及寶寶之醫療照顧及補助更是一筆額外開銷。這些補助可從家中或公共部門獲得嗎？這都是社會工作者須列入評估之處。

至於評估個案之情緒需求時，是針對整個家中的成員來評估的。也就是說要評估整個家庭成員在家中的角色，包括父親、母親、祖父母、外婆（公）、伯叔姨姑等，是否還有能力及精力來幫助個案照顧寶寶，此外，還要包括他們的意願及家中是否有足夠能力來提供當個案無法照顧嬰兒時的幫忙。除了幫忙照顧寶寶之外，還有一些可以與個案談心或建立家庭聯結之資源，也是在此評估的範圍。

透過此種檢證，社會工作者須使用增強模式來探索家中之資源及優勢所在，以幫助日後執行處遇的目標及目的，社會工作者可依循下列原則來辨明家庭的優勢：

1. 家中最主要的成員是否可以幫助個案在生下孩子時能提供最有利的援助。
2. 社會需要關心未婚懷孕之青少女及其家庭之需求。
3. 家庭能為其孩子提供最佳的訊息。
4. 家庭成員有其優勢幫助個案。
5. 所有人皆擁有學習、成長及改變的天生能力。

(三)延伸家庭系統

下面提供一些指引，可幫助兒童福利之社會工作者在評估個案之家庭系統時之考量：

1. 青少女個案及其家庭之關係是產生有效社會工作的因素。
2. 家庭系統之評估是辨明個案能照顧寶寶之能力及優勢，而不是問題與障礙。
3. 能提供援助給個案之家庭成員要能決定他們的需求，並且可以與社會

工作者溝通並表明他們的需求。

4. 提供援助的家庭成員要能針對個案及寶寶的需求提供資訊。

5. 要考量家庭及社區之優勢，及被當作協助滿足個案及寶寶需求的非正式資源。

在對家庭檢證層面中，社會工作者要視家庭爲一系統，因爲家庭是複雜且具多層面，所以社會工作者會較容易找出家庭的優勢，因此，工作重點要強調及增強家庭系統的優勢。雖然個案在此社工處遇中被視爲有問題，但社會工作者首先要尋找能幫助個案自立及關心其與寶寶的需求滿足，並且列出一些資源清單以幫助個案發展處遇計畫中之目標設定。

在**專欄7-5**，社會工作者要能開放地與個案及其男友家庭談論及尋求他們的資源及優勢。不管個案是否會選擇與其男友結婚，社會工作者一方面要提供個案之情緒支持，另一方面同時尋找可用資源幫助個案生下寶寶（如金錢支持、醫療服務，以及支持與提供寶寶的必需品等）。

此外，關於寶寶之父親參與整個處遇過程也是很重要的，父親可對個案提供支持及成爲一支援系統，同時也要考量其權利來參與任何相關的決定。

(四)社會系統

在1960年代期間，已有相當多的方案利用科際整合及多重服務的觀點來幫助單親白人媽媽。這些方案爲美國白人青少女提供健康、教育及社會服務，以避免青少女因懷孕而中輟。今日的方案已延伸至各個種族，尤其當青少女想要生下孩子，除了提供許多社區資源與方案，加強個案完成其應有的發展任務，同時也增加其親子能力。

(五)資源系統

資源系統強調社會工作者提供社區處遇方案來幫助個案生下孩子（親自孕育，或送給別人收養）。現在有愈來愈多的青少女選擇生下孩子並親自孕育（獨自或尋求協助），社會工作者也提供孩子生下之後的各種服

務，例如，健康諮詢、住宅服務，以及其他有關個人及人際的問題。為了
要達到個案之需求，社會工作者會提供支持性及補充性的服務，因此「社
區資源」遂成為此項評估的重點。下列是有關社區資源的評估要點：

1.提供產前、生產過程及孩子出生後之醫療服務。
2.教育或生涯諮詢、訓練及安置。
3.經濟協助及預算諮詢。
4.心理諮詢及團體支持服務。
5.托育服務及協助。
6.家庭計畫服務與諮詢。
7.親職教育訓練服務及兒童發展、教育及諮詢。
8.法律諮詢與服務。
9.交通服務。
10.住宅資源。

對於未婚青少女一人與baby獨居時，其孤寂及被隔離感常會形成一嚴
重的問題，所以心理的諮詢服務及互助團體的支持，將會有助於她們克服
罪惡、被拒絕及完全是母親承擔責任的感覺。

(六)方案與服務

儘管未婚懷孕之青少年，選擇生下孩子後，是否要獨立孕育或送給別
人收養，除了社區服務資源外，還需要一些支持性與補充性的服務，這些
服務可以建構社區照顧，包括有：

1.心理諮詢及支持服務（收養安置前與後）。
2.家庭計畫服務及諮詢。
3.產前與產後之醫療服務。
4.收養安置之服務與諮詢。
5.殘補式的服務、未婚媽媽之家、成人收養或寄宿之家庭照顧服務。
6.教育或職業服務的諮詢。

7.法律服務。

8.交通服務。

　　上述之服務並不能提供一整合性的服務網絡，個案還須依賴家庭的資源，例如經濟支持及兒童照顧。因此，社會工作者在服務未婚懷孕之青少年個案時，應儘量以可利用之正式與非正式之資源。爲了有效使用有限之資源，兒童福利之社會工作者也要發展評量工具以用於測量處遇之結果與成效。因此，基準線的評量（在評估時）以及問題的嚴重性，皆是日後考量優先順序之方案處遇之參考。首先在檢證層面，社會工作者應要求個案填寫自我管理量表，例如，The Walmyr Assessment Scales就是一具信、效度的評量工具，此工具是1992年由Walter Hudson及其同儕所發展的，用於評量未婚懷孕青少年之問題行爲，包括有：

1.自我尊重量表。

2.同儕關係量表。

3.性態度量表。

4.家庭關係量表。

5.父母態度量表。

6.對母親之態度量表。

7.對父親之態度量表。

8.兄弟關係量表。

9.姊妹關係量表。

10.一般滿意度量表。

三、處遇計畫與訂契約

　　處遇計畫與訂契約需要個案、家庭成員及社會工作者一起商量、溝通及共同討論後，才能決定方案之目標（goals）及標的（objectives），其有三個過程，分述如下：

兒童社會工作
——SWPIP實務運用

(一)個案檢閱及整合會議計畫

個案之案例檢閱及整合個案計畫之過程，是幫助個案、家庭成員及社會工作者決定處遇之目標及執行這些目標之標的。所有的目標要經大家同意，對日後方案的執行才能獲得更多支持並確保其順利執行。目標要能清楚指出，並依據下列之原則：

1.真實及可達成的。
2.用明確及正向之用語來敘述。
3.可測量及可觀察的。
4.強調資源獲得及行為改變。
5.強調及增強優勢觀點。

標的更是一些明確準則用以達成方案處遇之目標。在**專欄7-5**之案例中，社會工作者應擬定清楚之目標及標的（**表7-7**）。

目標與標的要按部就班，避免一下子就列出很多，而讓個案無法達成或無所依循，這會造成個案形成習得無助感（learned helplessness）。

(二)與家庭成員一起規劃

為了讓個案有動機及意願在困難情境造成改變，所選擇之目標及標的要讓個案能相信會改變他們的生活，以解決或消弭其所面對的問題。對個案而言，他們大都不願去達成目標，所以社會工作者及家人必須要鼓勵及鼓吹這些目標。例如讓個案上補校或推廣教育課程是父母及社會工作者的期望，而

表7-7 個案處置之目標與標的

目標	標的
1.學習有效親子技巧	1-1參加社區所提供親職教育課程 1-2青少年家庭服務協會訂定參加課程之契約
2.獲得高中文憑	2-1參加地方政府舉辦之補校課程 2-2制定讀書與照顧baby之時間表
3.獲得適當的兒童照顧	3-1談論家庭其他成員照顧baby之可行性 3-2與青少年父母課程或團體詢問各種兒童照顧的機構與方案

如何燃起個案心中的意願才是最重要的，因此決定權在於個案。而且社會工作者及家人要給予個案承諾盡力協助個案達成目標。而整個決策過程中，個案、家人及社會工作者之價值要能一致，才能確保方案的進行。

(三)與家庭及支援系統制定方案執行的契約

為了確保方案的執行，要透過協商過程讓個案、家人、支援系統與社會工作者制定共同的同意函及契約。而契約的內容要說明方案執行所發生的事，這將獲得各層面的承諾及努力達成造成行為改變以達到方案目標。

如同第一章在社工專業規範之第五個層面所提及：為了能有效地使用正式社區處遇之服務資源，社會工作者需要瞭解：(1)社區提供哪些服務；(2)這些方案及服務的品質；(3)與這些方案及服務機構建立良好關係。在**專欄7-5**之個案案例中，要個案家人一起訂定執行處遇之契約是相當重要的。社會工作者也可考慮與家庭訂定個別化契約，以確保其在處遇過程中瞭解應扮演的角色。

契約制定完成後，代表此層面的終止。然而，最好的契約如果沒有執行力，其效果等於零。因此，社會工作者與個案須常常針對此契約保持開放與彈性，並檢討契約達成之可行性，以確保方案可順利執行。

四、方案執行

方案執行層面仍依循上一個層面的訂定計畫及契約的層面，可包括下列幾項過程：持續執行訪問及計畫、持續運用個案管理服務、持續對個案及其家庭的支持與充權增能、能辨明障礙及尋求解決之道，以及監督服務與計畫，分別說明如下：

(一)持續執行訪談及計畫

此過程最重要的是持續與個案及其家庭成員維持關係，並提供個案達到目標之可能協助，亦即要將計畫付諸行動以促成個案之行為改變，這也是社會工作者的責任所在，要將計畫付諸實現，幫助個案執行他所同意的工作任務單（契約），整合個案所需要的社會資源，監督個案工作執行的

過程,以及確保行為之正向改變。

在與個案制定契約時,要確信契約的工作處遇之目標能反映案主的慾望及對他是合理的要求,而處遇工作要依個案之能力和發展層次以及其情緒成熟度來考量。此外,個案之文化、種族背景也攸關處遇之成效(如西裔美國人其家庭是一很強的資源體系)。除了家庭之外,宗親和教會也是很好的資源。

兒童福利之社會工作者運用SWPIP處理未婚懷孕之青少年的社工處遇,須注意兩項重點:(1)個案管理服務及強調心理、認知及家庭因素的處遇模式;(2)兒童福利社會工作者還可以利用社區教育、機構間的訓練及社區資源網絡、個案研討會及策略聯盟的建立,來提升方案服務品質。

(二)持續運用個案管理服務

Borgford-Parnell、Hope與Deisher(1994)建議運用下列技術,來提升對未婚懷孕青少女之個案管理服務:

1.外展服務。
2.教育。
3.危機處遇諮詢。
4.藥物處遇及心理衛生轉介服務。
5.獲得醫療照顧及社會服務的協助。
6.經濟及住宅資源的協力。
7.對個案及baby之身體檢查。
8.個人處遇策略。
9.家庭處遇策略。
10.與其他社區服務做轉銜及整合的服務。

(三)持續對個案及其家庭的支持與充權增能

除了個案管理技術之援引來加強方案服務外,兒童福利之社會工作者還要強調個案之心理社會、認知及家庭因素之處遇,包括:

1.認知重組。

2.預演。

3.溝通技巧訓練。

4.行爲分析技巧訓練。

5.任務中心之處遇。

6.問題解決技巧訓練。

7.父母管教技巧訓練。

8.關係增強訓練。

9.自我肯定訓練。

10.危機處遇訓練。

11.家庭處遇。

(四)辨明障礙及尋求解決之道

在兒童福利實務情境中，社會工作者執行計畫時，一定要找出執行之障礙並尋求解決之道。在未婚青少女之個案實務中，個案需要一些技巧來克服障礙，因個案常會覺得有挫敗感，而使得執行計畫常是困難重重。

(五)監督服務與計畫

在個案執行任務中，持續對服務及處遇任務之計畫的督導是有必要的，有時讓個案參與監督方案的執行也可增加個案自我控制，將有助於方案更有效的執行。

五、評估結果與結案

(一)評估結果

在方案的結果評估，社會工作者將採用過去之評量表來做後測，以確信個案之進步情形。最後製作一表格記錄個案之進步情形，以讓個案一目了然，以瞭解個案在方案執行時的變化。另外，必須注意的是正向的改變，如強化個人自我尊重及自我效能，將提供個案持續努力達成目標的原

動力。質性的評估（用文字敘述）也很重要，尤其當評分量表不能完全涵蓋結果時。

(二)結案

結案攸關著社會工作者與個案，因此，結案的層面應在開始關係建立的層面就要好好規劃。若處理不當，將會影響過去計畫執行之效果而前功盡棄，需要小心處理，而且要有技巧，以免個案失去自我持續朝著正向改變歷程的目標努力。在整個方案執行中，社會工作者以一種親近、一致性的關係伴隨著個案好長一段時間，當友誼建立時，在結案層面意味著分離，這會讓個案覺得離情依依或有悲傷之感，但千萬不能讓個案覺得有被遺棄之感，因此，須向個案強調並說明結案之分離是正常的，並且社會工作者要讓個案確信，當個案有需要時，社會工作者隨時會再幫她，而個案也可隨時打電話給社會工作者。

六、利用多重系統做追蹤

(一)家庭

在**專欄7-5**之案例中，個案選擇要生下小孩、自己居住或與其原生家庭住在一起，接下來的處遇計畫將有關其生活的穩定或改變。在早先的結案層面，社會工作者將對個案解釋，日後非正式之碰面將取決於個案是否有需要協助，這個解釋將有助於消除個案在結案時的焦慮，同時也給予社會工作者有機會監督個案對目標的進行。在追蹤的接觸，社會工作者能再度評鑑個案進行的改變及努力，並提供必要的協助。這也可以幫助社會工作者瞭解是否baby有獲得足夠的照顧，或個案是否面臨新的困境。

對家庭追蹤與對個案追蹤同樣重要，確保家庭是否持續融入個案的改變處遇或給予個案支持。如果家庭能持續給予個案支持，社會工作者必須要給家人口頭增強，例如家人幫助個案執行處遇並能達到目標，家人在對個案的改變扮演著極為重要的角色。日後家庭可扮演如何支援個案來照顧寶寶。在追蹤層面，社會工作者要能對正進行的改變過程做評估，及提

供日後困境的協助，儘管如此，家人仍是扮演支持個案穩定力量的最佳人員及支援系統，因此，鼓勵家人持續給予個案支持與協助是追蹤層面的重點。

(二)社區

在追蹤層面的部分，對於社區之評估是要儘量消除日益增加的未婚青少女懷孕的數目。此外，未婚青少女媽媽對社區青少年分享其親自的經驗，也比其他專家的演講來得有效。對社區而言，不僅要預防青少女未婚懷孕，還要預防兒童被虐待或疏忽。例如，對青少女懷孕的保健及寶寶出生時的照顧，是對兒童及其青少女媽媽很重要的方案。

(三)方案及服務

對於方案與服務的追蹤，社會工作者要持續與社區機構聯繫，看看其是否仍對未婚懷孕青少年提供服務。此外，社會工作者有責任提供服務給未婚懷孕青少女的專責人員，這也是專業人員的整合，以便能為這些個案整合更有效的方案，同時也要協助社區開放資源以滿足個案需求。

(四)政策

誠如本章所提及，為青少女未婚懷孕服務之兒童福利社會工作者是要努力預防青少年未婚懷孕，並整合社區資源，為青少女個案提供最佳之方案處遇計畫，監督其處遇執行並能對結果做評估。而社區中大部分的方案是與教育及衛生單位有關，所提供的內容大都是性教育及教導如何避孕。雖然美國許多州鼓勵學校執行性教育課程，但是還是有許多州只提供有限的性教育課程，甚至有些州根本沒做。性教育除了學校可以實施之外，其他如社會服務機構、宗教團體，或其他與健康有關的機構也可以提供性教育課程。而這些機構的社會工作者大部分只是提供避孕、懷孕及兒童生育的資訊，其他如方案執行或諮詢卻尚付闕如。日後在政策上應加強深度的諮詢，協助青少女關心她們的避孕及性行為、生活的願景，以及加強青少女預防及解決問題之決策技巧。

七、行為改變之處遇模式

　　將上列之行為改變技術應用到**專欄7-5**之個案,當社會工作者尋得可能對個案做哪些處遇,並獲得個案口頭或書寫的同意函。在處遇之前,社會工作者要解釋各種處遇可能會產生的結果與影響,不管是正面或負面的,皆要獲得個案之首肯並確保個案已獲得所有的相關資訊,然後才能執行處遇。下面將介紹認知重組、預演及任務中心之處遇模式,其他待下一章再做介紹。

(一)認知重組

　　認知重組(cognitive restructuring)最主要之功能,為教導青少年檢測其扭曲及負向思考,瞭解這些負向思考所帶來不好的影響,並取而代之用更正向及適應的思考模式來處事。當青少年用不真實或不正確的思考模式行事,以及當青少年對非期望的行為和情緒反應做歸因(都是別人的錯)時,這種思考模式被認為是失功能性的(dysfunctional)。認知重組是基於下列的前提:假如個案透過教導能瞭解以及糾正其對事實的扭曲,然後他們可以改變其所相關的失功能性的行為與情緒反應。這對社會工作者而言是很重要的,須瞭解這些技術是被用於糾正個案不正確的想法。當個案討論似乎是正確的負性認知時,這種技術便不適用。

　　社會工作者經由認知重組方法,提出青少年之非期望的感受及自我挫敗行為,例如性行為是與個人之負性或扭曲的思想與信念有關。**專欄7-7**即說明了認知重組的過程是如何產生。

　　在**專欄7-7**的互動中,社會工作者能讓個案:(1)辨明扭曲的信念;(2)辨明因扭曲的信念所帶來的不愉快情緒與行為反應;(3)曲解客觀的情境觀察與個人對事件主觀的詮釋。在**專欄7-7**個案並不能舉出其男友喜歡小萱的證據,而只是其個人當時的想法與感受。這種互動讓個案瞭解她的非理性想法及情緒反應與失功能行為的關係。這也是社會工作者要幫助個案瞭解這些關係,並嘗試激勵個案改變他們的非理性想法,進而消弭失功能的行為。

專欄 7-7　認知重組過程

社會工作者：小英，妳可以描述一下妳男友為何對妳生氣嗎？

個案：有一次，他對我的朋友小萱拍馬屁、放電。小萱是我最好的朋友，我真的對我男友很生氣。

社會工作者：我瞭解，妳男友對小萱說什麼，讓妳覺得他對她放電。

個案：他說：「小萱，妳的T恤好漂亮，好酷哦！穿在妳身上，真是好看！」

社會工作者：當時妳男友對小萱那麼說，妳腦中閃著什麼念頭，妳心中有何想法？

個案：我想他認為小萱長得比我好看。

社會工作者：妳為何有這種想法？有什麼可以證明妳男友認為小萱比妳好看？妳曾聽到妳男友告訴妳嗎？或有別人告訴妳如此？

個案：沒有啊！這也是我的感受。

社會工作者：好吧！讓我們暫時假想妳男友真的喜歡小萱的打扮或認為小萱長得比較好看。那代表他一定比較喜歡小萱嗎？

個案：不會啊！我不認為如此，我不相信他會比較喜歡小萱。

社會工作者：真的。他對小萱所說的話與他對妳的感覺是沒有關聯的，是嗎？

個案：是啊！

社會工作者：所以，那就是妳個人扭曲的想法，不是嗎？

個案：是啊，我認為如此。

社會工作者：那，當時妳想到妳男友與小萱的事，妳覺得如何？

個案：糟透了，自卑。

社會工作者：所以，那時妳就與男友吵架。

個案：是啊！他（我男友）又不覺得有什麼大不了的事。

　　青少年常見的非理性信念及思考習慣有：(1)過度反應；(2)不實際的期盼；(3)妄下斷語（Zarb, 1992）。**專欄7-8**即社工員如何幫助個案辨明什麼是非理性信念，並利用自我觀察來瞭解非理性信念與失功能之關係。

專欄 7-8　辨明非理性之自我練習

　　社工員可要求個案舉出一特定情境，那會造成個案有不愉快的情緒。然後，要求個案列表說明，包括個案所看到之情境、個人的詮釋、自動地列舉負性思考，以及找出正反兩面的證據。

　　以**專欄7-7**為例：

事件觀察	主觀詮釋	扭曲信念
個案男友說他喜歡小萱的T恤及打扮。	我男友應該只對我說，而不應該對小萱那樣說。	既然我男友告訴小萱他喜歡她打扮的樣子。他一定比較喜歡小萱。

支持信念的證據	不支持信念的證據
沒有。	我男友常對我說「喜歡我」，雖然他喜歡小萱，但他也常說小萱不可能是他喜歡（女朋友）的對象。

(二)預演

　　預演（previewing）是一種早期預防處遇的策略，用於協助個案預測及預期行為的結果。因此，在行為還沒有發生之前，個案已知道行為的可能結果，這也類似心理分析學派用於父母管教訓練，要教導孩子瞭解不好行為之自然合理的邏輯結果（natural logical consequence of behavior）。預演是一種處遇實務，要個案瞭解在沒有避孕措施下採取性行為，這對他個人之心理、認知及其家人所造成之影響（Trad, 1994）。

　　有許多青少年皆不會去想行為發生的後果而懷孕了，這種忽視可能的後果及衝動反應是典型青少年發展的特徵之一。預演幫助青少年預測其行為後可能發生的後果，並且強調自我控制，可以幫助其控制日後所造成生活改變的事件。

　　在**專欄7-5**中，個案是窘於與其男友談論如何使用保險套，並沒有考慮在沒有安全防範措施下有性行為之後果，就逕自與男友發生性關係。她完

全知道她因沒有採取防範措施而與男友發生性關係才懷孕的,雖然她不願意看到懷孕的結果。

在預演之處遇中,青少年常被要求想像她身處一自我挫敗(self-defeating)的行爲情境中(如未與性伴侶談論使用保險套,逕自與男友發生性關係),然後,社工人員再要求個案想像萬一懷孕後,她的生活會變得如何?因爲離生產尚有一段時日,個案難以想像,所以預演處遇需要有一些輔助器材來強調預演技巧,例如使用錄影帶幫助個案看別人在孕育小孩,然後再要求個案分享她的想法、意見及感受。然後,社會工作者再要求個案預測(想像)有了小孩之後,生活會變得如何。當然也可以用角色扮演的方法,利用課堂討論來達到預演的目的。

預演之技巧也可用於當未婚懷孕青少女選擇生下baby,後來幫助她們想像如何照顧寶寶及成爲一位媽媽所要面臨的情境。基於少女個案在懷孕期間的知覺觀點的描述,她可以觀察寶寶胎兒在媽媽的活動情形及前兆表徵,並預期下一階段會產生何種發展。如此一來,個案便能獲得對寶寶適當的支持與鼓勵。在這關鍵時期,個案與baby可以建立一種心理聯絡(psychological bond),並鼓勵個案仔細觀察寶寶,並對寶寶之發展能具敏感心及瞭解(Trad, 1994)。

(三)任務中心之處遇

任務中心之處遇(task-centered intervention)是基於任務爲主來達成目標(這些目標已在檢證階段中訂立)。社會工作實務之任務中心方法是教導個案採取何種具體行動的任務,並努力達成這個目標(Hepworth, Rooney, & Larsen, 1997)。任務包括清除導致不良適應行爲的不正確認知或參加社區之親職教室。

即使目標已有很清楚的用語描述,有時這些目標對青少年而言似乎仍是困難重重。因此,社會工作者有必要將整個目標劃分幾個清楚的次目標,並排列優先順序,讓個案逐一達成。例如,青少女個案需要發展好的親職技巧,那麼,達成這個廣泛目標之次目標有:(1)參加親職課程;(2)閱讀親子書籍;(3)學習有關嬰兒發展及常見嬰兒之問題與疾病。特定之任務

幫助青少年執行目標之行動。在第一個任務，個案須與社區親職機構訂定契約或參加社區中未婚青少年媽媽團體，以獲得相關之親子資訊。

　　社會工作者首先要詢問個案要先達成哪一個任務，以及其優先順序如何；有時社會工作者須協助個案發展任務目標。然而，個案必須要有自主性，並且獲得個案的完全同意，才能幫助個案充權增能自己達成目標。假如個案不能決定目標或次目標之優先順序，社會工作者可以與個案用腦力激盪方式協商，直到找到目標為止。腦力激盪技術（brainstorming technique）可以幫助社會工作者與個案產生個案可能選擇的任務。假如個案沒有想到或忽略重要的任務，那社會工作者可以提供一些建議讓個案來選擇。

　　在任務確定之後，社會工作者可幫助個案達成這些任務。Hepworth、Rooney及Larsen（1997）利用任務執行順序模式（Task Implementation Sequence Approach, TIS），幫助個案訂定執行任務目標之步驟，TIS之步驟有五，分述如下：

1.加強個案執行特定任務的承諾。
2.規劃執行任務的細節。
3.分析及解決可能會遭遇的障礙。
4.要個案執行任務時能先預演及練習。
5.摘要任務實行計畫並給予個案鼓勵及支持。

　　當然在執行進行的計畫時會遭受一些變化，而且難度漸進。所以，規劃任務要劃分其困難度，將會有助激勵個案達成任務的機會，並刺激其努力以適應這些變化歷程。

結　語

　　本章除了指出青少年性行為的氾濫及日漸增加的趨勢，指述影響青少年性行為之因素，以及美國常見處理青少年未婚懷孕的處遇計畫。雖然本章已列舉影響青少年未婚懷孕之成因，但最重要的是不在於青少年缺乏避

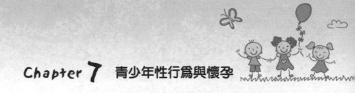

孕知識，而是在於他們缺乏興趣去注意懷孕的嚴重性。青少女未婚懷孕所造成的結果是大小孩養育小小孩，下一代的貧窮及不成熟的父母角色。著重於青少年瞭解懷孕的現實面的預防方案，爲其最有效用的模式，使用可能的資源，形成資源網絡將有助於青少年在懷孕過程中做決策。而baby之父親角色在處遇過程也不可忽視。新的處遇方案是在預防教育爲殘補式，協助中使用家庭支持是很重要的，家庭支持可以成爲未婚懷孕青少女處遇方案中的非正式支援系統。最後，本章也運用SWPIP對未婚懷孕青少女處遇提供個案工作的說明與示範。

參考書目

一、中文部分

〈十四國性調查台灣青少年全球五個第一〉。《中央日報》，1999年10月12日，8版。

內政部（1997）。中華民國台閩地區人口統計。內政部統計年報，146-475。

內政部統計處（2003）。《人口統計公告事項》。台北：內政部。

江千代（1988）。〈二十歲以下生母社經特徵及其家庭計畫知識、態度及行為之研究〉。《人口學刊》，11，163-196。

行政院青輔會（1998）。《青少年白皮書》。台北：行政院青輔會。

李育純（2006）。〈論青少年未婚懷孕及其影響〉。《網路社會學通訊輔導期刊》，57。

李棟明（1998）。〈台灣地區育齡有偶婦女初婚的穩定性研究〉。《人口學刊》，11，33-53。

秦玉梅（1987）。《高職三年級學生性知識態度、行為及家長、教師對性教育之看法調查研究》。國立台灣師範大學衛生教育研究所碩士論文。

張宏哲、林哲立編譯（2000）。Ashford, J. B.、Lecroy, C. W.、Lortie, K. L.著。《人類行為與社會環境》。台北：雙葉書廊。

彭台珠、王淑芳（1998）。〈由少女未成年生育看婚前性行為〉。《慈濟護專學報》，7，65-78。

衛生署公共衛生年報（2003）。《全民保健——青少年保健》。

勵馨基金會（2001）。未婚懷孕服務方案成果報告。

戴瑞斯保險套公司（1999）。〈1999年全球青少年性態度調查〉。《中央日報》，1999年10月12日，8版。

簡維政（1992）。《青少年性態度及性行為影響因素之研究》。中國文化大學兒童福利研究所碩士論文。

二、英文部分

Allen-Meares, P. (1979). An in-school program for adolescent parents: Implications for social work practice and multidisciplinary teaming. *School Social Work Journal, 3*(2), 66-77.

Barth, R. P., Schinke, S. P., & Maxwell, J. S. (1983). Psychological correlates of teenage motherhood. *Journal of Youth and Adolescence, 12*, 471-487.

Borgford-Parnell, D., Hope, K. R., & Deisher, R. W. (1994). A homeless teen pregnancy project: An intensive team case management model. *American Journal of Public Health, 84*(6), 1029-1030.

Brooks-Gunn, J. & Furstenberg, F. F., Jr. (1989). Adolescent sexual behavior. *American Psychologist, 44*, 249-257.

Cervera, N. J. (1993). Decision making for pregnant adolescents: Applying reasoned action theory to research and treatment. *Families in Society: The Journal of Contemporary Human Services, 74*(6), 355-365.

Child Welfare League of America (1996). *Standards for Child Welfare Services.* Washington DC.

Children's Defense Fund (1996). Births to teens. *CDF Reports, 16*(8).

Chilman, C. S. (1989). Some major issues regarding adolescent sexuality and childrening in the United States. In P. Allen-Meares & C. Shapiro (eds). *Adolescent Sexuality: New Challenge for Social Work.* New York: Haworth Press.

Chilman, C. S. (1991). Working poor families: Trends, causes, effects and suggested policies. *Family Relations, 40* (April), 191-198.

Downs, S., Costin, L. B., & McFadden, E. J. (1996). *Child Welfare and Family Services: Policies and Practice* (5th ed.). New York: Longman.

Dreyer, P. H. (1982). Sexuality during adolescence. In B. B. Wolman (Ed.), *Handbook of Developmental Psychology*. Englewood Cliffs, N J: Prentice-Hall.

Dryfoos, J. G. (1990). *Adolescents at Risk: Prevalence and Prevention.* New York: Oxford University Press.

Edelman, M. W. & Pittman, K. J. (1986). Adolescent pregnancy: Black and white. *Journal of Community Health, 11*, 63-69.

Fosburgh, L. (1977). The make-believe world of teenage maturity. *New York Times Magazine,* August 7, 29-34.

Franklin, D. L. (1988). Race, class, and adolescent pregnancy: An ecological analysis.

兒童社會工作
——SWPIP實務運用

American Journal of Orthopsychiatry, 58, 339-355.

Furstenberg, F. F., Brooks-Gunn, J., & Chase-Lansdale, L. (1989). Teenaged pregnancy and child bearing. *American Psychologist, 44*, 313-320.

Gelles, R. J. (1989). Child abuse and violence in single-parent families: Parent absence and economic deprivation. *American Journal of Orthopsychiatry, 59*. 492-501.

Hanson, S. L., Myers, D. R., & Ginsburg, A. L. (1987). The role of responsibility and knowledge in reducing teenage out-of-wedlock childbearing. *Journal of Marriage and Family, 49*, 241-256.

Hardy, J. B. & Duggan, A. K. (1988). Teenage fathers and the fathers of infants of urban teenage mothers. *American Journal of Public Health, 78*, 919-922.

Held, L. (1981). Self-esteem and social network of the young pregnant. *Adolescence, 16*, 905-912.

Hendricks, L. E. & Fullilove, R. E. (1983). Locus of control and use of contraception among unmarried black adolescent fathers and their controls: A preliminary report. *Journal of Youth and Adolescence, 12*, 225-233。

Hepworth, D. H., Rooney, R. H., & Larsen, J. A. (1997). *Direct Social Work Practice: Theory and Skill* (5th ed.). Pacific Groove, CA: Brooks/Cole.

Hofferth, S. L. & Hayes, C. D. (Eds.) (1987). *Risking the Future: Adolescent Sexuality, Pregnancy, and Childbearing, vol. 2*, Working papers and statistical reports. Washington, D.C.: National Academy Press.

Honig, A. S. (1978). What we need to know to help the teenage parent. *Family Coordinator, 27*, 113-119.

Hudson, W. (1992). *Walmyr Assessment Scale*. Tempe, AZ: Walmyr.

Kadushin, A. & Martin, J. K. (1988). *Child Welfare Services* (4th ed.). New York: Macmillan.

Konopka, G. (1976). *Young Girls: A Portrait of Adolescence*. Englewood Cliffs, N J: Prentice-Hall.

Lamb, M. E. & Elster, A. B. (1985). Adolescent mother-infant-father relationships. *Developmental Psychology, 21*, 768-773.

Mather, J. H. & Lager, P. B. (2000). *Child Welfare: A Unifying Model of Practice*. New York: Brooks/Cole/Thomson Learning.

Morrison, D. M. (1985). Adolescent contraceptive behavior: A review. *Psychological*

Bulletin, 98, 538-568.

Newcomer, S. & Udry, J. R. (1987). Parental marital status effects on adolescent sexual behavior. *Journal Marriage and Family, 49*, 235-240.

Olds, D. L., Henderson, C. R., Jr., Tatelbaum, R., & Chamberlin, R. (1988). Improving the life-course development of socially disadvantaged mothers: A randomized trial of nurse home visitation. *American Journal of Public Health, 78*, 1436-1445.

Ooms, T. & Herendeen, L. (1990). Teenage pregnancy programs: What have we learned? Background briefing report and meeting highlights. Family impact seminar.

Pete, J. M. & DeSantis, L. (1990). Sexual decision making in young black adolescent females. *Adolescence, 25*, 145-154.

Robinson, B. E. (1988). Teenage pregnancy from the father's perspective. *American Journal of Orthopsychiatry, 58*, 46-51.

Roosa, M. W. (1984). Maternal age, social class, and the obstetric performance of teenagers. *Journal of Youth and Adolescence, 13*, 365-374.

Schamess, S. (1993). The search for love: Unmarried adolescent mothers' views of, and relationships with men. *Adolescence, 28*(1), 425-438.

Schink, S., Glichrist, L., & Small, R. (1979). Preventing unwanted adolescent pregnancy: A cognitive-behavior approach. *American Journal of Orthopsychiatry, 49*, 56-81.

Strauss, S. S. & Clarke, B. A. (1992). Decision-making patterns in adolescent mothers. *Image: Journal of Nursing Schooling, 24*(1), 69-74.

Sugland, B., Manlove, J., & Romano, A. (1997). Perceptions of opportunity and adolescent fertility operationalizing across race/ethnicity and social class. *Child Trends.* Washington DC.

Sundel, S. S. & Sundel, M. (1993). *Behavior Modification in the Human Services: A Systematic Introduction to Concepts and Applications* (3rd ed.). Newbury Park: CA: Sage.

Teti, D. M. & Lamb, M. E. (1989). Outcomes of adolescent marriage and adolescent childbirth. *Journal of Marriage and Family, 51*, 203-212.

Thornton, A. & Camburn, D. (1989). Religious participation and adolescent sexual behavior. *Journal of Marriage and the Family, 51*, 641-654.

Trad, P. V. (1994). Teenager pregnancy: Seeking patterns that promote family harmony. *The American Journal of Family Therapy, 22*(1), 42-56.

U. S. Bureau of the Census (1987). *Statistical Abstract of the United States, 1988*. Washington D.C.: U. S. Goverment Printing Office.

Udry, J. R. & Billy, J. O. G. (1987). Initiation of coitus in early adolescence. *American Sociological Review, 52*, 841-855.

Zarb, J. M. (1992). *Cognitive-Behavioral Assessment and Therapy with Adolescents*. New York: Brunner/Mazel.

Zelnik, M. & Kantner, J. F. (1980). Sexual activity, contraceptive use, and pregnancy among metropolitan area teenagers: 1971-1979. *Family Planning Perspectives, 12*, 230-237.

Zuravin, S. J. (1988). Child maltreatment and teenage first births: A relationship mediated by chronic sociodemographic stress? *American Journal of Orthopsychiatry, 58*, 91-103.

三、網站部分

青少年網站。取自http://www.young.gov.tw/index2.htm

基督教門諾會花蓮善牧中心（2004）。2003年4月12日，取自http//:www.s328000. womenweb.org.tw

勵馨基金會（2001）。少女紅皮書。2004年4月12日，取自http://www.goh.org. tw/ chinese/e-news/2000/Nov.asp

衛生署統計處（2003）。台灣地區各級全民健保特約醫療院所婦幼衛生工作。 2004年4月12日，取自：http://www.moi.gov.tw/W3/stat/home.asp

Chapter 8
犯罪兒童少年之福利服務

- 兒童、少年非行概況
- 犯罪兒童少年之行為分析
- 觸法兒童少年之安置輔導
- 強化兒童少年之安置輔導措施
- 運用SWPIP實務模式於犯罪少年

第一節　兒童、少年非行概況

　　在美國，有關兒童及少年行為偏差及犯罪比例逐年在增加。依據Sicklund（1992）的估計，美國一年有八萬二千名青少年是因為身分犯（status offenses）被警察逮捕，此外，有一百五十萬名青少年是經由法院審理的犯罪行為。值得注意的是，在有關身分犯的例子中，最常見的是藥物濫用及酗酒等違法行為（Hawkins, Jenkins, Catalano & Lishner, 1988）。近年來，受全球化快速變遷，台灣社會及家庭功能亦逐漸走向多元化，許多社會問題亦逐漸醞釀產生；其中就以正值生、心理巨變轉型期之青少年，更容易因為外來環境的壓力或誘惑，而產生不同程度的適應問題，甚至衍生許多令人擔憂的青少年非行（為避免不良的標籤作用，造成少年人格烙印效應，因此，對於特定年齡層有觸犯刑罰法律情形，多不稱為「犯罪」，而稱為「非行」）或偏差行為（如藥物濫用與吸毒、校園暴力、飆車、性侵害、網路犯罪等），青少年偏差問題時有所聞（青輔會，2004）。

　　台灣近幾年來兒童及少年問題日益增加，程度也日趨嚴重。尤其以少年事件處理法於1997年10月29日大幅修正前，兒童、少年遭受虐待、侵犯之案例日益增多；國中生輟學比率也逐年提高（彭駕騂，1989；教育部訓育委員會，1996）。在兒童、少年諸多行為問題中，以觸法之問題最為嚴重。依據過去的統計資料指出：「長久以來，兒童、少年觸法行為一直是台灣社會變遷中特別明顯的社會問題，不僅人民感受如此，實際犯罪狀況統計亦是如此。」（伊慶春，1994）。台灣地區各地方法院「少年事件調查報告」亦多發現，兒童與少年觸犯刑罰法律之總人口數呈現倍數上升趨勢（司法院統計處，1996）。另外，王淑女、許臨高（1991）及王淑女（1994）的調查研究也指出，近四成比例在學少年曾有一種以上之不良行為，包括：打架、賭博、逃學、偷竊、攜械、恐嚇勒索、從事色情交易（援交）、吸毒、參加幫派等。但自少年事件處理法於1997年修訂頒布以來，援引美國之轉向制度（diversion system），採取「除刑不除罪」之刑事政策，將情節輕微之兒童或少年轉介至社會福利機構做社區處遇，造成兒童、少年觸犯刑罰法律之人

數逐年遞減；然而，由於保護處遇及轉介安置輔導成效不彰，加上社會變遷之不良環境因子深深影響兒童及少年，也促使再犯罪之比率逐年升高。

一、犯罪人數

比較近十年（91年至100年）來各少年法院（庭）審理終結而裁判觸法之少年兒童犯罪總人數（不含虞犯）之變化，少年兒童犯罪總人數自91年（13,822人）以後逐年減少，至96年減為9,058人，為近十年來最低，100年略為回升至11,373人。比較近十年少年兒童犯罪情形，九成五以上均係少年兒童保護事件，其中以91年13,312人最多，96年8,641人最少，100年則有11,010人；而在少年兒童刑事案件部分，近十年各年人數迭有增減，惟大致呈逐年遞減，以91年510人最多，99年302人為近十年最少，100年則有363人。另虞犯人數十年來呈增加趨勢，以91年644人最少，100年1,979人則為近十年最多（**表8-1**）。

若以犯罪總人數比較，近十年少年兒童犯罪人數約占各年總犯罪人數的0.05～0.11％之間，比率呈逐年下降趨勢，以91年所占比例0.11％最高，96～98年均占0.05％為最低，100年所占比例為0.06％。

二、犯罪類型

少年兒童犯罪，在犯罪類型分類上，歷來均以竊盜罪所占的人數比率最高（26.40～46.07％），100年竊盜罪人數亦居少年兒童犯罪之首位，計3,003人，占少年兒童總犯罪人數的26.40％，惟竊盜罪所占之人數比率近十年來呈逐年下降走勢，100年為近十年最低。其次是傷害罪，近十年傷害罪比例逐年增加，以91年占10.43％最低，100年占25.89％為最高。而妨害性自主罪自90年以來，亦呈逐年增加趨勢，至100年計798人（占7.02％）（**表8-2**）。

表8-1 各少年法院（庭）審理少年兒童觸犯刑罰法令人數暨虞犯人數

單位：人、%

年別	觸犯刑法法令少年兒童													虞犯少年兒童			
---	總計					刑事案件			保護事件					人數			指數
	人數			指數	百分比	人數	指數	百分比	人數	指數	百分比			合計	男	女	
	合計	男	女														
91	13,822	11,175	2,647	100	100.00	510	100	3.69	13,312	100	96.31			644	305	339	100
92	11,652	9,876	1,776	84	100.00	476	93	4.09	11,176	84	95.91			929	461	468	144
93	9,566	8,093	1,473	69	100.00	365	72	3.82	9,201	69	96.18			1,204	582	622	187
94	9,063	7,676	1,387	66	100.00	372	73	4.10	8,691	65	95.90			890	440	450	138
95	9,064	7,734	1,330	66	100.00	336	66	3.71	8,728	66	96.29			872	479	393	135
96	9,058	7,790	1,268	66	100.00	417	82	4.60	8,641	65	95.40			857	489	368	133
97	9,430	8,083	1,347	68	100.00	313	61	3.32	9,117	68	96.68			1,182	735	447	184
98	9,300	7,937	1,363	67	100.00	319	63	3.43	8,981	67	96.57			1,385	949	436	215
99	9,935	8,523	1,412	72	100.00	302	59	3.04	9,633	72	96.96			1,151	778	373	179
100	11,373	9,826	1,547	82	100.00	363	71	3.19	11,010	83	96.81			1,979	1,481	498	307

說明：本表不包含未經個案調查人數。

資料來源：司法院（表1712-06-09-05、1712-06-14-05）。

表8-2　歷年少年兒童犯罪主要犯罪類型人數統計表

單位：人、%

年別		合計		竊盜罪		殺人罪		傷害罪		強盜搶奪盜匪罪		恐嚇取財罪		毒品犯罪		贓物罪		妨害性自主罪		其他	
		人數	百分比	人數	百分比	人數	百分比	人數	百分比	人數	百分比	人數	百分比	人數	百分比	人數	百分比	人數	百分比	人數	百分比
91	計	13,822	100.00	6,127	44.33	216	1.56	1,442	10.43	567	4.10	252	1.82	244	1.77	345	2.50	466	3.37	4,163	30.12
	男	11,175	100.00	5,123	45.84	141	1.26	1,249	11.18	519	4.64	223	2.00	157	1.40	270	2.42	436	3.90	3,057	27.36
	女	2,647	100.00	1,004	37.93	20	0.79	193	7.29	48	1.81	29	1.10	87	3.29	75	2.83	30	1.13	1,161	43.86
92	計	11,652	100.00	5,123	43.97	182	1.56	1,523	13.07	406	3.48	253	2.17	177	1.52	399	3.42	501	4.30	3,088	26.50
	男	9,876	100.00	4,421	44.77	169	1.71	1,317	13.34	366	3.71	220	2.23	116	1.17	321	3.25	475	4.81	2,471	25.02
	女	1,776	100.00	702	39.53	13	0.73	206	11.60	40	2.25	13	0.73	61	3.43	78	4.39	26	1.46	637	35.87
93	計	9,566	100.00	4,171	43.60	147	1.54	1,331	13.91	333	3.48	231	2.41	290	3.03	315	3.29	421	4.40	2,327	24.33
	男	8,093	100.00	3,556	43.94	138	1.71	1,195	14.77	306	3.82	204	2.52	205	2.53	251	3.10	405	5.00	1,830	22.61
	女	1,473	100.00	615	41.75	9	0.61	136	9.23	24	1.63	27	1.83	85	5.77	64	4.34	16	1.09	497	33.74
94	計	9,063	100.00	3,678	40.58	212	2.34	1,657	18.28	312	3.44	198	2.18	255	2.81	234	2.58	473	5.22	2,044	22.55
	男	7,676	100.00	3,170	41.30	200	2.61	1,389	18.10	276	3.60	181	2.36	174	2.27	191	2.49	438	5.71	1,657	21.59
	女	1,387	100.00	508	36.63	12	0.87	268	19.32	36	2.60	17	1.23	81	5.84	43	3.10	35	2.52	387	27.90
95	計	9,064	100.00	3,594	39.65	196	2.16	1,807	19.94	302	3.33	204	2.25	177	1.95	219	2.42	509	5.62	2,056	22.68
	男	7,734	100.00	3,132	40.50	177	2.29	1,573	20.34	269	3.48	178	2.30	119	1.54	184	2.38	469	6.06	1,633	21.11
	女	1,330	100.00	462	34.74	19	1.43	234	17.59	33	2.48	26	1.95	58	4.36	35	2.63	40	3.01	423	31.80
96	計	9,058	100.00	3,388	37.40	181	2.00	1,796	19.83	302	3.33	208	2.30	228	2.52	205	2.26	554	6.12	2,196	24.24
	男	7,790	100.00	2,980	38.25	169	2.17	1,551	19.91	271	3.48	183	2.35	165	2.12	180	2.31	515	6.61	1,776	22.80
	女	1,268	100.00	408	32.18	12	0.95	245	19.32	29	2.29	25	1.97	63	4.97	25	1.97	39	3.08	422	33.28
97	計	9,430	100.00	3,338	35.40	187	1.98	1,995	20.73	247	2.62	209	2.22	416	4.41	160	1.70	591	6.27	2,327	24.68
	男	8,083	100.00	2,898	35.85	174	2.15	1,715	21.22	229	2.83	175	2.17	312	3.86	136	1.68	560	6.93	1,884	23.31
	女	1,347	100.00	440	32.67	13	0.97	240	17.82	18	1.34	34	2.52	104	7.72	24	1.78	31	2.30	443	32.89
98	計	9,300	100.00	3,110	33.44	121	1.30	1,967	21.15	223	2.40	198	2.13	623	6.70	164	1.76	611	6.57	2,283	24.55
	男	7,937	100.00	2,670	33.64	106	1.34	1,709	21.53	213	2.68	158	1.99	457	5.76	134	1.69	585	7.37	1,905	24.00
	女	1,363	100.00	440	32.28	15	1.10	258	18.83	10	0.73	40	2.93	166	12.18	30	2.20	26	1.91	378	27.73
99	計	9,935	100.00	3,226	32.47	108	1.09	2,045	20.58	145	1.46	274	2.76	904	9.10	211	2.12	695	7.00	2,327	23.42
	男	8,523	100.00	2,821	33.10	102	1.20	1,815	21.30	134	1.57	243	2.85	656	7.70	184	2.16	650	7.63	1,918	22.50
	女	1,412	100.00	405	28.68	6	0.42	230	16.29	11	0.78	31	2.20	248	17.56	27	1.91	45	3.19	409	28.97
100	計	11,373	100.00	3,003	26.40	83	0.73	2,944	25.89	60	0.53	348	3.06	1,061	9.33	170	1.49	798	7.02	2,906	25.55
	男	9,826	100.00	2,670	27.17	75	0.76	2,609	26.55	58	0.59	297	3.02	802	8.16	154	1.57	747	7.60	2,414	24.57
	女	1,547	100.00	333	21.53	8	0.52	335	21.65	2	0.13	51	3.30	259	16.74	16	1.03	51	3.30	492	31.80
近2年增減		1,438	14.47	-223	-6.07	-25	-0.36	899	5.30	-85	-0.93	74	0.30	157	0.23	-41	-0.63	103	0.02	579	2.13

說明：一、本表不包含未經個案調查人數及虞犯少年兒童。
　　　二、強盜搶奪盜匪罪包括懲治盜匪條例、擄車及海盜罪、搶奪及海盜罪、強盜罪。
　　　三、毒品犯罪包括違反毒品危害防制條例及違反麻醉藥品管理條例。

資料來源：司法院（表1712-06-09-50、1712-06-14-05）。

三、犯罪人口率

近十年來，各年少年人口數迭有增減，惟少年之犯罪人口率，則大致呈下降的趨勢，其中以91年最高，每十萬人中有703.21人犯罪；94年最低，每十萬人中有452.77人犯罪，100年每十萬人中有605.95人犯罪。未滿12歲之兒童人口數自91年以來逐年減少，而兒童之犯罪人口率，近十年來則迭有增減，其中以100年兒童中每十萬人有8.33人（犯罪人口數為219人）犯罪，為近十年來最高；最低為92年每十萬人之5.71人犯罪。

四、保護案件

主要犯罪種類如下：

(一)竊盜罪

近十年來各少年法院（庭）受理少年兒童保護事件，經裁判交付保護處分之犯罪少年兒童中，均以觸犯竊盜罪的人數最多，惟人數呈現逐年遞減趨勢，91年約各占全年少兒童犯罪人數之五成，逐年遞減，至96年以後跌至四成以下，100年少年兒童竊盜罪人數有3,001，占全年少兒童犯罪人數之27.26%，為近十年來少年兒童保護事件竊盜罪所占比例最低。

(二)妨害性自主罪

妨害性自主罪自88年修法公布實施，將強制性交、強制猥褻及利用權勢姦淫等罪（刑法第221條至229條之1）列為「妨害性自主罪」，至於近親相姦、公然猥褻及散布猥褻圖畫等罪，仍稱為「妨害風化罪」（刑法第230條至245條）。而鑑於社會自主權意識抬頭，且性觀念趨於開放，加上色情資訊等影響因素，少年兒童妨害性自主罪在整體少年兒童犯罪所占比例有逐年增加的趨勢，100年少年兒童妨害性自主人數有798人，所占比例為7.25%，犯罪人數及所占比例均為近十年最高。

(三)毒品犯罪（含麻醉藥品管制條例及毒品危害防制條例）

自87年毒品危害防制條例公布實施，對於單純施用者依據除刑不除罪的刑事政策，以及治療勝於懲罰、醫療先於司法的理念，原則上改為施以戒除之處分，因此依規定單純施用毒品之少年兒童均先送觀察勒戒，其後若經專業精神科醫師評估無繼續施用毒品傾向，則由少年法院（庭）為不付審理之裁定。

由於新興毒品推陳出新，藉由三、四級管制毒品，如K他命等引誘少年兒童施用，造成少年兒童藥物濫用情形趨於嚴重，近三年來毒品犯罪人數有所增加，有關單位應嚴加注意，100年有882人（占8.01%），人數為近十年最高。

(四)傷害罪

近十年來，少年兒童保護事件中觸犯傷害罪人數迭有增減，惟所占比率因整體少年兒童犯罪人數減少而有逐年升高的趨勢；犯罪人數最少及所占比率最低均為91年，分別為1,357人與10.19%；100年有2,924人，占26.56%，犯罪人數占近十年新高。

(五)強盜搶奪盜匪罪

近十年來，少年兒童保護事件中觸犯強盜搶奪盜匪罪的人數及比率有逐年降低趨勢，其中以91年犯罪人數（367人）及所占比例最高（占2.76%），之後各年人數與所占比率呈逐年減少的趨勢。100年少年兒童保護事件中觸犯強盜搶奪盜匪罪人數為74人（占0.68%），所占比例為近十年最低。

(六)公共危險罪

歷年少年兒童保護事件中觸犯公共危險罪人數及所占比率有逐年升高的趨勢，91年觸犯公共危險罪人數為306人，占2.30%，為十年來最低，100年有973人（占8.84%），犯罪人數及所占比率均為十年來最高。

(七)恐嚇取財罪及擄人勒贖罪

少年兒童保護案件中觸犯恐嚇取財罪，以91年最多，計246人，占1.85%，往後則逐年遞減，至95年後略有回升，100年有348人，占3.16%。而在觸犯擄人勒贖罪人數及比率方面，各年人數多為0，其中以97年3人最多（占0.03%）。

近十年來保護事件少年兒童之犯罪年齡，大都集中在「14歲以上18歲未滿」四個年齡層，約占全部保護事件少年兒童人數八成左右。而各年齡層所占比例迭有變動，13歲以上14歲未滿之年齡層有下降趨勢；而17歲以上18歲之年齡層則呈增加趨勢，但100年略為減少（占26.79%）。而若以學制而言，近六年來14歲以上16歲未滿之年齡層（約國中階段）所占比例呈減少趨勢，而16歲以上18歲未滿的年齡層（約高中階段）所占比例則呈增加趨勢，顯示近幾年來少年兒童觸法年齡有趨向高年齡層的情形。

100年少年兒童犯罪年齡亦大多分布於「14歲以上18歲未滿」年齡層之間，其中以17歲以上18歲未滿者所占比例最高，占26.79%，其次是16歲以上17歲未滿者，占21.07%；15歲以上16歲未滿者，居第三位，占18.91%。

五、刑事案件

近十年來各少年法院（庭）審理觸犯刑罰法令之少年，刑事案件部分以91年人數最多，計510人，之後逐年減少，100年為363人。近年來少年刑事案件觸法人數，大多以強盜罪所占之比率最高，其餘為傷害罪、妨害性自主罪、殺人罪與毒品犯罪。100年刑事案件犯罪少年人數排名，依序為毒品危害防制條例、妨害性自主罪、強盜罪、傷害罪及殺人罪等，由於少年事件中刑事案件均屬較為重大之犯行，近年毒品危害防制條例有逐年增加之情形。

近十年來刑事案件少年之年齡，以「16歲以上18歲未滿」之兩個年齡層較多，且以「17歲以上18歲未滿」之年齡層人數最多。100年刑事案件少年年齡與罪名之關係，16歲以上18歲未滿之年齡層犯罪人數首位之罪名為毒品

危害防制條例罪，其次為強盜罪、妨害性自主罪；14歲以上16歲未滿的年齡層犯罪人數前三名包括毒品危害防制條例罪、妨害性自主罪與強盜罪。

綜觀上述趨勢之轉變，造成兒童、少年觸犯刑罰法律之因素可分為生理因素、心理因素、家庭因素、學校因素、社會因素等。與社會環境日趨多元化、社會經濟變化快速、個人價值觀念改變、物質需求增加、家庭與學校之支援系統薄弱、少年物權觀念薄弱及缺乏經濟自主能力等，致使兒童、少年涉犯竊盜案件之人數居高不下，這也成了犯罪之「入手」，相對地，兒童、少年涉案也有暴力化及多樣化之傾向。除此之外，社會風氣開放與多元、自主意識抬頭、性觀念開放，加上色情資訊氾濫，也導致少年涉犯妨害性自主案件之人口數增加，以及女性兒童、少年也占有相當高比例之犯罪人口數。近年來，政府推動兒童與少年之輔導，於1998年教育部訂頒「中途輟學學生通報及復學輔導方案」，成立跨部會專案督導小組，建構中輟學生通報及復學網絡以來，已有效降低中輟學生犯罪機會，而減少中輟學生犯罪人數；此外，有鑑於少年犯罪早年常集中於年輕化，司法院頒布之少年事件處理法秉持「以教育代替處罰，以輔導代替管訓」的精神，援引美國社區處遇制度及刑事政策，儘量不使兒童、少年之犯罪人口數有趨向高年齡層及高教育程度。美中不足的是，轉向、保護處遇及轉介安置輔導之美意，因輔導成效不彰，也造成兒童、少年再犯比率持續升高。

第二節　犯罪兒童少年之行為分析

犯罪兒童少年之行為常有違反社會規範，甚至被定義為行為偏差。行為偏差（behavior deviation）可從法律、社會及心理等三個層面來加以認定。從法律的層面是指違反法律規定之犯罪行為；而社會及心理學之定義為違反社會規範、危害社會安寧與秩序，及基於心因病態因素所導致之不合一般人之行為，稱之為異常或偏差行為。

張春興（1986）對偏差行為界定為個體偏差或過失行為，即個體行為具反社會性或破壞性之行為，但未涉及心理疾病。詹火生（1987）則認為

偏差行為即違背社會或團體所制定之規範行為。謝高橋（1982）認為偏差行為即破壞社會規範之行為。許春金（1991）則以統計之常態分布模式來分析行為之偏差性。

綜合上述，偏差行為會因不同社會文化而有不同之界定模式，大抵係以違反當地文化之社會規範之行為，也會受社會變遷而改變其界定。

為什麼青少年會產生偏差行為呢？研究結果發現其影響因素不外乎個人、家庭、學校及社會等，或彼此之交互作用之影響結果，也呼應張春興所言青少年之偏差行為，種因於家庭，顯現於學校，惡化於社會，也更呼應社會工作對人在情境理論所指的生物－心理－社會（bio-psycho-social）之模式，來說明青少年偏差行為之產生因素。除此之外，犯罪學者援引犯罪學理論的觀念來解釋，分述如下（周震歐，1987；謝高橋，1982；李旻陽，1992）：

1. 犯罪古典學派：認定自由意志是犯罪之主因，亦即犯罪是自我抉擇的結果，其矯正必須超過因犯罪所獲得之快樂，才能有阻止之效果。
2. 犯罪人類學派：認為犯罪是由他事實所決定，而否認自由意志學說，較偏重於解剖學上之異同論。
3. 犯罪生理學派：強調個人生物性之遺傳、基因及腺體分泌激素所影響。例如，XYY染色體說。
4. 犯罪社會學派：強調社會系統的性質與功能之作用，包括：Durkheim之秩序迷亂（anomie）說、文學轉移（次文化論）、社會控制論、自我及角色緊張、差異連結（differential association）之學習作用、標籤與衝突理論等論點。
5. 犯罪心理學派：強論個人之內在心理因素社會化及學習化之結果，以心理分析論與行為論為重要代表。

綜合上述，青少年犯罪行為之成因為個人之生物性、心理性及與社會互動下的產物，而非僅靠一因素即可用來解釋青少年之犯罪行為。鍾思嘉於1991年受教育部訓委會委託，針對青少年竊盜行為做個人心理性質之分析，其整理國內外有關文獻發現，青少年之偏差行為在人格特質有如下的

傾向：

1.自我概念：

(1)較消極與自我貶抑。

(2)和諧度差，較呈現有自我衝突。

(3)在「生理自我」、「家庭自我」及「社會自我」的分數較差。

2.人格結構：

(1)有反社會（antisocial）、無社會（asocial）及精神病態（psychopathic）之人格傾向。

(2)呈現有強迫性人格。

(3)對社會及人群較有疑心，缺乏安全感，容易緊張、焦慮及憂慮。

(4)富攻擊性及拒權威之傾向。

(5)情緒較不穩定。

(6)自我反省能力差，思考、判斷及抽象理解能力較差。

(7)缺乏自我控制能力。

(8)不具有合作及親和之人格性質。

3.價值觀：

(1)較注重自我中心之價值觀。

(2)缺乏內控，自我規範能力薄弱。

(3)較具自我防衛性態度。

(4)較具目的性價值，較不具服從、合群、親愛等價值。

(5)價值存有衝突判斷，也較不和諧。

4.心理需求：

(1)較不重視省察、謙卑、成就、順從、秩序支配、持久等方面之需求。

(2)較重視自主、表現、攻擊、親和、變異、救助等方面之需求。

(3)重視物質化之經濟層面需求，較少有精神層面之心理與成就需求。

5.道德認知：

(1)比一般青少年較晚熟之道德發展，集中於Kohlberg之第三階段

——人際關係和諧取向（乖孩子導向）之道德判斷與認知、較傾向工具性取向之道德認知。

(2)智力比一般青少年來得低，也有道德停滯和遲緩的傾向。

綜合上述，犯罪少年之心理具消極、貶抑自我之概念、反社會行為、低自我控制力之人格，而且在道德認知發展較不成熟，具有個人之工具性價值，較傾向於自主攻擊性之心理需求。

到底青少年為何會產生偏差行為？有多少人在青少年期有過偏差行為？應該是不少。不僅我們個人感受很多，而且研究亦顯示，大約超過80%的美國青少年曾有過某種型態的偏差行為（如酗酒、藥物濫用、偷竊、逃學等）（Santrock, 1999），大部分的偏差行為則發生在十五至十六歲之間，男性的發生率比女性高，但這幾年來女性有增加之趨勢。

許多偏差行為都與青少年在同儕中所占的地位有關，大部分的偏差行為都是與同儕一起或為同儕而做的，較輕微的偏差行為有時是正常的，因為可能是想獲得同儕接納與增強自尊的一種手段。當偏差行為發生在較早期時，這種行為多被視為異常行為（conduct disorder），但如果該行為已觸犯法律的話，則稱為偏差行為（delinquency）而且較不容易被矯正。研究顯示，早期的異常行為往往可以預測後來的偏差犯罪行為，例如，一個較具攻擊性的兒童，到了青少年期就比較可能會有偏差行為。值得注意的是，多數的成年犯在青少年都曾觸法，但在青少年時期犯法的少年長大後卻未必會成為犯法的人（Dryfoos, 1990）。

許多研究嘗試去發現影響偏差行為產生的前置因素（Dryfoos, 1990），他們發現，這些青少年多半來自缺乏社會及情感支持的問題家庭，這也讓同儕的影響相對變得更重要，負面的同儕影響可能導致幫派的參與。此外，學業成就低落、欠缺解決問題及社會技巧能力等也是影響因素。Dryfoos（1990）將各個對偏差行為前置因素的研究結果整理出來，如**表8-3**所示。

Chapter **8** 犯罪兒童少年之福利服務

表8-3 偏差行為產生的前置因素

前置因素	與偏差行為之相關
個人背景因素 年齡 性別 種族背景	＊＊早期開始 ＊＊男性 互相衝突與不完整的研究結果
個人因素 對教育的期待 學業成就 一般行為 宗教信仰 同儕影響 從眾性／叛逆性 參與其他高危險的行為	＊＊期待較低 ＊ 較少參與學校活動 ＊＊低年級時學業成績低落，語言表達能力較差 ＊＊逃學、搗亂、偷竊、撒謊 ＊＊較少去教會 ＊＊影響大，不避免同儕的影響 ＊＊特立獨行 ＊＊早期的上癮行為 ＊＊較早的性關係
心理因素 先天上的缺憾	＊＊過動，焦慮，攻擊行為 ＊殘障
家庭因素 家庭的組成形式 收入 父母角色 父母的高危險行為	＊ 資料不一致 ＊＊低社經地位 ＊＊缺乏親密關係、壓抑、虐待、缺乏溝通 ＊家人的犯罪行為、暴力、精神疾病、酗酒
社區因素 社區品質 學校品質	＊都市、高犯罪率、高遷移率 ＊壓抑的環境 ＊追蹤能力 ＊學校管理能力不彰

說明：＊部分研究顯示此為主要的因素。
　　　＊＊大部分研究顯示此為主要的因素。

資料來源：Dryfoos, J. G. (1990). *Adolescents at Risk: Prevalence and Prevention.* New York: Oxford University Press.

　　根據統計，目前美國約有二萬五千名青少年在州立的矯治機構中，這些少年有93%為男性，40%為非裔，12%拉丁美洲裔，75%來自未婚或單親家庭，超過50%的少年至少有一名家人被拘留過，而這些被拘留的人中，又有60%曾入獄過。

275

兒童社會工作
──SWPIP實務運用

 第三節　觸法兒童少年之安置輔導

目前我國有關觸犯刑罰法律兒童、少年之處遇，主要是依據少年事件
處理法1997年修訂版，以及2003年制定之兒童及少年福利與權益保障法相
關規定，其中，以安置輔導處遇及轉向制度（由司法矯治機構轉向於少年
兒童福利機構安置輔導）最能代表「以教育代替處罰，以輔導代替管訓」
的精神，茲將少年事件處理法主要條文臚列如下：

一、少年事件處理法

第26條

少年法院於必要時，對於少年得以裁定爲左下列之處置：

一、責付於少年之法定代理人、家長、最近親屬、現在保護少年之人或其
　　他適當之機關、團體或個人，並得在事件終結前，交付少年調查官爲
　　適當之輔導。

二、命收容於少年觀護所。但以不能責付或以責付爲顯不適當，而需收容
　　者爲限。

第26-1條

收容少年應用收容書。

收容書應記載左列事項，由法官簽名：

一、少年之姓名、性別、年齡、出生地、國民身分證字號、住居所及其他
　　足資辨別之特徵。但年齡、出生地、國民身分證字號或住居所不明
　　者，得免記載。

二、事件之內容。

三、收容之理由。

四、應收容之處所。

第二十三條第二項之規定，於執行收容準用之。

第26-2條

少年觀護所收容少年之期間，調查或審理中均不得逾二月。但有繼續收容之必要者，得於期間未滿前，由少年法院裁定延長之；延長收容期間不得逾一月，以一次為限。收容之原因消滅時，少年法院應將命收容之裁定撤銷之。

事件經抗告者，抗告法院之收容期間，自卷宗及證物送交之日起算。

事件經發回者，其收容及延長收容之期間，應更新計算。

裁定後送交前之收容期間，算入原審法院之收容期間。

少年觀護所之組織，以法律定之。

第29條

少年法院依少年調查官調查之結果，認為情節輕微，以不付審理為適當者，得為不付審理之裁定，並為下列處分：

一、轉介兒童或少年福利或教養機構為適當之輔導。

二、交付兒童或少年之法定代理人或現在保護少年之人嚴加管教。

三、告誡。

第34條

調查及審理不公開。但得許少年之親屬、學校教師、從事少年保護事業之人或其他認為相當之人在場旁聽。

第42條

少年法院審理事件，除為前二條處置者外，應對少年以裁定諭知下列之保護處分：

一、訓誡，並得予以假日生活輔導。

二、交付保護管束並得命為勞動服務。

三、交付安置於適當之福利或教養機構輔導。

四、令入感化教育處所施以感化教育。

第44條

少年法院為決定宜否為保護處分或應為何種保護處分，認有必要時，得以裁定將少年交付少年調查官為六月以內期間之觀察。

前項觀察，少年法院得徵詢少年調查官之意見，將少年交付適當之機關、學校、團體或個人為之，並受少年調查官之指導。

少年調查官應將觀察結果，附具建議提出報告。

少年法院得依職權或少年調查官之請求，變更觀察期間或停止觀察。

第50條

對於少年之訓誡，應由少年法院法官向少年指明其不良行為，曉諭以將來應遵守之事項，並得命立悔過書。

行訓誡時，應通知少年之法定代理人或現在保護少年之人及輔佐人到場。

少年之假日生活輔導為三次至十次，由少年法院交付少年保護官於假日為之，對少年施以個別或群體之品德教育，輔導其學業或其他作業，並得命為勞動服務，使其養成勤勉習慣及守法精神；其次數由少年保護官視其輔導成效而定。

前項假日生活輔導，少年法院得依少年保護官之意見，將少年交付適當之機關、團體或個人為之，受少年保護官之指導。

第51條

對於少年之保護管束，由少年保護官掌理之；少年保護官應告少年以應遵守之事項，與之常保接觸，注意其行動，隨時加以指示；並就少年之教養、醫治疾病、謀求職業及改善環境，予以相當輔導。

少年保護官因執行前項職務，應與少年之法定代理人或現在保護少年之人為必要之洽商。

少年法院得依少年保護官之意見，將少年交付適當之福利或教養機構、慈善團體、少年之最近親屬或其他適當之人保護管束，受少年保護官之指導。

第52條

對於少年之交付安置輔導及施以感化教育時，由少年法院依其行為性質、身心狀況、學業程度及其他必要事項，分類交付適當之福利、教養機構或感化教育機構執行之，受少年法院之指導。

感化教育機構之組織及其教育之實施，以法律定之。

第55條

保護管束之執行，已逾六月，著有成效，認無繼續之必要者，或因事實上原因，以不繼續執行為宜者，少年保護官得檢具事證，聲請少年法院免除其執行。

少年、少年之法定代理人、現在保護少年之人認保護管束之執行有前項情形時，得請求少年保護官為前項之聲請，除顯無理由外，少年保護官不得拒絕。

少年在保護管束執行期間，違反應遵守之事項，不服從勸導達二次以上，而有觀察之必要者，少年保護官得聲請少年法院裁定留置少年於少年觀護所中，予以五日以內之觀察。

少年在保護管束期間違反應遵守之事項，情節重大，或曾受前項觀察處分後，再違反應遵守之事項，足認保護管束難收效果者，少年保護官得聲請少年法院裁定撤銷保護管束，將所餘之執行期間令入感化處所施以感化教育，其所餘之期間不滿六月者，應執行至六月。

第59條

少年法院法官因執行轉介處分、保護處分或留置觀察，於必要時，得對少年發通知書、同行書或請有關機關協尋之。

少年保護官因執行保護處分，於必要時得對少年發通知書。

　　修訂後的少年事件處理法，其特色在於：(1)少年有被保護、管束的需要，而無管訓的必要；(2)少年保護事件（之前稱管訓事件）的處理，在於考量是否有保護的必要性，而非主要考量其事件性質與損害的大小。

　　基於這些特色，可以發現少年事件處理法的具體內涵特徵為：(1)少年

事件由專設機構（即少年法院或各地方法院少年法庭）處理；(2)虞犯行為屬少年法院（庭）處理之範圍；(3)保護事件之調查注重少年個案之蒐集；(4)審理之程序採取不公開制度；(5)注重少年保護處分之個別處遇政策；(6)少年之刑事處分採取減輕制度；(7)非行行為情節輕微，或因心神喪失行為，以不審理為原則，並可轉向兒童及少年福利機構或教養機構做適當輔導；或交付法定代理人或現在保護少年之人；或告誡處分；(8)為矯正少年因循怠惰之習性，增訂少年經裁定交付保護管束者，並得命為勞動服務。這些具體內涵，使得少年事件處理法具有明確的執行標準。

　　雖然少年事件處理法修訂後，已具有保護精神，但是少年事件處理法仍未建立以少年為主體的規則導向，使少年事件處理法仍無法擺脫審判、管訓的心態（楊孝濚，1996）。也就是仍舊對行為人兼採嚇阻模式（deterrence model）及復健模式（rehabilitation model）。前者係經由對犯罪人制裁所形成之示範作用，警告其他社會大眾及有犯罪傾向之人，使其不敢犯罪，以發揮一般嚇阻效果；而後者則於刑罰上就其嚴屬性（severity）、敏捷性（celerity）及明確性（certainty）做妥當之安排，並經由有效的刑罰追訴效能，制裁犯罪人，使之不敢再犯罪，期能發揮個別、特殊的嚇阻效果（周震歐，1986）。

二、兒童及少年福利與權益保障法

第67條
直轄市、縣（市）主管機關對於依少年事件處理法以少年保護事件、少年刑事案件處理之兒童、少年及其家庭，應持續提供必要之福利服務。
前項福利服務，得委託兒童及少年福利機構或團體為之。

第70條
直轄市、縣（市）主管機關就本法規定事項，必要時，得自行或委託兒童及少年福利機構、團體或其他適當之專業人員進行訪視、調查及處遇。
直轄市、縣（市）主管機關、受其委託之機構、團體或專業人員進行訪

視、調查及處遇時，兒童及少年之父母、監護人、其他實際照顧兒童及少年之人、師長、雇主、醫事人員及其他有關之人應予配合並提供相關資料；必要時，該直轄市、縣（市）主管機關並得請求警政、戶政、財政、教育或其他相關機關或機構協助，被請求之機關或機構應予配合。

為辦理各項兒童及少年補助與扶助業務所需之必要資料，主管機關得洽請相關機關（構）、團體、法人或個人提供之，受請求者有配合提供資訊之義務。

主管機關依前二項規定所取得之資料，應盡善良管理人之注意義務，確實辦理資訊安全稽核作業，其保有、處理及利用，並應遵循個人資料保護法之規定。

第71條

父母或監護人對兒童及少年疏於保護、照顧情節嚴重，或有第四十九條、第五十六條第一項各款行為，或未禁止兒童及少年施用毒品、非法施用管制藥品者，兒童及少年或其最近尊親屬、直轄市、縣（市）主管機關、兒童及少年福利機構或其他利害關係人，得請求法院宣告停止其親權或監護權之全部或一部，或得另行聲請選定或改定監護人；對於養父母，並得請求法院宣告終止其收養關係。

法院依前項規定選定或改定監護人時，得指定直轄市、縣（市）主管機關、兒童及少年福利機構之負責人或其他適當之人為兒童及少年之監護人，並得指定監護方法、命其父母、原監護人或其他扶養義務人交付子女、支付選定或改定監護人相當之扶養費用及報酬、命為其他必要處分或訂定必要事項。

前項裁定，得為執行名義。

第72條

有事實足以認定兒童及少年之財產權益有遭受侵害之虞者，直轄市、縣（市）主管機關得請求法院就兒童及少年財產之管理、使用、收益或處分，指定或改定社政主管機關或其他適當之人任監護人或指定監護之方法，並得指定或改定受託人管理財產之全部或一部，或命監護人代理兒童及少年設立

信託管理之。

前項裁定確定前，直轄市、縣（市）主管機關得代為保管兒童及少年之財產。

第一項之財產管理及信託規定，由直轄市、縣（市）主管機關定之。

第73條

高級中等以下學校對依少年事件處理法交付安置輔導或施以感化教育之兒童及少年，應依法令配合福利、教養機構或感化教育機構，執行轉銜及復學教育計畫，以保障其受教權。

前項轉銜及復學作業之對象、程序、違反規定之處理及其他應遵循事項之辦法，由中央教育主管機關會同法務主管機關定之。

第74條

法務主管機關應針對矯正階段之兒童及少年，依其意願，整合各主管機關提供就學輔導、職業訓練、就業服務或其他相關服務與措施，以協助其回歸家庭及社區。

第75條

兒童及少年福利機構分類如下：

一、托嬰中心。

二、早期療育機構。

三、安置及教養機構。

四、心理輔導或家庭諮詢機構。

五、其他兒童及少年福利機構。

前項兒童及少年福利機構之規模、面積、設施、人員配置及業務範圍等事項之標準，由中央主管機關定之。

第一項兒童及少年福利機構，各級主管機關應鼓勵、委託民間或自行創辦；其所屬公立兒童及少年福利機構之業務，必要時，並得委託民間辦理。

直轄市、縣（市）主管機關為辦理托嬰中心托育服務之輔導及管理事項，應自行或委託相關專業之機構、團體辦理。

第78條

兒童及少年福利機構之業務，應遴用專業人員辦理；其專業人員之類別、資格、訓練及課程等之辦法，由中央主管機關定之。

　　綜合上述條文可知，兒童及少年福利與權益保障法與少年事件處理法兩者間，最有相關為兒童及少年福利與權益保障法第67條：「直轄市、縣（市）主管機關對於依少年事件處理法交付安置輔導或感化教育結束、停止或免除，或經交付轉介輔導之兒童、少年及其家庭，應予追蹤輔導至少一年。前項追蹤輔導，得委託兒童及少年福利機構或團體為之。」除上述條文明確指出對觸法或虞犯少年之安置處置外，兒童及少年福利與權益保障法其他條文，對於足以影響兒童少年身心健康及可能觸犯刑罰法律（或虞犯）之行為也有所規範，包括：

第43條

兒童及少年不得為下列行為：

一、吸菸、飲酒、嚼檳榔。

二、施用毒品、非法施用管制藥品或其他有害身心健康之物質。

三、觀看、閱覽、收聽或使用有害其身心健康之暴力、血腥、色情、猥褻、賭博之出版品、圖畫、錄影節目帶、影片、光碟、磁片、電子訊號、遊戲軟體、網際網路內容或其他物品。

四、在道路上競駛、競技或以蛇行等危險方式駕車或參與其行為。

五、超過合理時間持續使用電子類產品，致有害身心健康。

父母、監護人或其他實際照顧兒童及少年之人，應禁止兒童及少年為前項各款行為。

任何人均不得供應第一項第一款至第三款之物質、物品予兒童及少年。

任何人均不得對兒童及少年散布或播送第一項第三款之內容或物品。

第44條

新聞紙以外之出版品、錄影節目帶、遊戲軟體應由有分級管理義務之人予以分級；其他有事實認定影響兒童及少年身心健康之虞之物品經目的事業

主管機關認定應予分級者,亦同。

任何人不得以違反第三項所定辦法之陳列方式,使兒童及少年觀看或取得應列為限制級之物品。

第一項物品之分級類別、內容、標示、陳列方式、管理、有分級管理義務之人及其他應遵行事項之辦法,由中央目的事業主管機關定之。

第45條

新聞紙不得刊載下列有害兒童及少年身心健康之內容。但引用司法機關或行政機關公開之文書而為適當之處理者,不在此限:

一、過度描述(繪)強制性交、猥褻、自殺、施用毒品等行為細節之文字或圖片。

二、過度描述(繪)血腥、色情細節之文字或圖片。

為認定前項內容,報業商業同業公會應訂定防止新聞紙刊載有害兒童及少年身心健康內容之自律規範及審議機制,報中央主管機關備查。

新聞紙業者經舉發有違反第一項之情事者,報業商業同業公會應於三個月內,依據前項自律規範及審議機制處置。必要時,得延長一個月。

有下列情事之一者,主管機關應邀請報業商業同業公會代表、兒童及少年福利團體代表以及專家學者代表,依第二項備查之自律規範,共同審議認定之:

一、非屬報業商業同業公會會員之新聞紙業者經舉發有違反第一項之情事。

二、報業商業同業公會就前項案件逾期不處置。

三、報業商業同業公會就前項案件之處置結果,經新聞紙刊載之當事人、受處置之新聞紙業者或兒童及少年福利團體申訴。

第46條

為防止兒童及少年接觸有害其身心發展之網際網路內容,由通訊傳播主管機關召集各目的事業主管機關委託民間團體成立內容防護機構,並辦理下列事項:

一、兒童及少年使用網際網路行為觀察。

二、申訴機制之建立及執行。

三、內容分級制度之推動及檢討。

四、過濾軟體之建立及推動。

五、兒童及少年上網安全教育宣導。

六、推動網際網路平臺提供者建立自律機制。

七、其他防護機制之建立及推動。

網際網路平臺提供者應依前項防護機制，訂定自律規範採取明確可行防護措施；未訂定自律規範者，應依相關公（協）會所定自律規範採取必要措施。

網際網路平臺提供者經目的事業主管機關告知網際網路內容有害兒童及少年身心健康或違反前項規定未採取明確可行防護措施者，應為限制兒童及少年接取、瀏覽之措施，或先行移除。

前三項所稱網際網路平臺提供者，指提供連線上網後各項網際網路平臺服務，包含在網際網路上提供儲存空間，或利用網際網路建置網站提供資訊、加值服務及網頁連結服務等功能者。

第46-1條

任何人不得於網際網路散布或傳送有害兒童及少年身心健康之內容，未採取明確可行之防護措施，或未配合網際網路平臺提供者之防護機制，使兒童及少年得以接取或瀏覽。

第47條

兒童及少年不得出入酒家、特種咖啡茶室、成人用品零售店、限制級電子遊戲場及其他涉及賭博、色情、暴力等經主管機關認定足以危害其身心健康之場所。

父母、監護人或其他實際照顧兒童及少年之人，應禁止兒童及少年出入前項場所。

第一項場所之負責人及從業人員應拒絕兒童及少年進入。

第一項之場所應距離幼兒園、國民中小學、高中、職校二百公尺以上，並檢附證明文件，經商業登記主管機關登記後，始得營業。

第48條

父母、監護人或其他實際照顧兒童及少年之人，應禁止兒童及少年充當前條第一項場所之侍應或從事危險、不正當或其他足以危害或影響其身心發展之工作。

任何人不得利用、僱用或誘迫兒童及少年從事前項之工作。

第49條

任何人對於兒童及少年不得有下列行為：

一、遺棄。

二、身心虐待。

三、利用兒童及少年從事有害健康等危害性活動或欺騙之行為。

四、利用身心障礙或特殊形體兒童及少年供人參觀。

五、利用兒童及少年行乞。

六、剝奪或妨礙兒童及少年接受國民教育之機會。

七、強迫兒童及少年婚嫁。

八、拐騙、綁架、買賣、質押兒童及少年。

九、強迫、引誘、容留或媒介兒童及少年為猥褻行為或性交。

十、供應兒童及少年刀械、槍砲、彈藥或其他危險物品。

十一、利用兒童及少年拍攝或錄製暴力、血腥、色情、猥褻或其他有害兒童及少年身心健康之出版品、圖畫、錄影節目帶、影片、光碟、磁片、電子訊號、遊戲軟體、網際網路內容或其他物品。

十二、迫使或誘使兒童及少年處於對其生命、身體易發生立即危險或傷害之環境。

十三、帶領或誘使兒童及少年進入有礙其身心健康之場所。

十四、強迫、引誘、容留或媒介兒童及少年為自殺行為。

十五、其他對兒童及少年或利用兒童及少年犯罪或為不正當之行為。

第52條

兒童及少年有下列情事之一者，直轄市、縣（市）主管機關得依其父母、監護人或其他實際照顧兒童及少年之人之申請或經其同意，協調適當之機

構協助、輔導或安置之：

一、違反第四十三條第一項、第四十七條第一項規定或從事第四十八條第一項禁止從事之工作，經其父母、監護人或其他實際照顧兒童及少年之人盡力禁止而無效果。

二、有偏差行為，情形嚴重，經其父母、監護人或其他實際照顧兒童及少年之人盡力矯正而無效果。

前項機構協助、輔導或安置所必要之生活費、衛生保健費、學雜費、代收代辦費及其他相關費用，由扶養義務人負擔；其收費規定，由直轄市、縣（市）主管機關定之。

第53條

醫事人員、社會工作人員、教育人員、保育人員、教保服務人員、警察、司法人員、移民業務人員、戶政人員、村（里）幹事及其他執行兒童及少年福利業務人員，於執行業務時知悉兒童及少年有下列情形之一者，應立即向直轄市、縣（市）主管機關通報，至遲不得超過二十四小時：

一、施用毒品、非法施用管制藥品或其他有害身心健康之物質。

二、充當第四十七條第一項場所之侍應。

三、遭受第四十九條各款之行為。

四、有第五十一條之情形。

五、有第五十六條第一項各款之情形。

六、遭受其他傷害之情形。

其他任何人知悉兒童及少年有前項各款之情形者，得通報直轄市、縣（市）主管機關。

直轄市、縣（市）主管機關於知悉或接獲通報前二項案件時，應立即進行分級分類處理，至遲不得超過二十四小時。

直轄市、縣（市）主管機關受理第一項第五款案件後，應於四日內提出調查報告；受理第一項其他各款案件後，應於三十日內提出調查報告。

第一項及第二項通報人之身分資料，應予保密。

第一項至第四項通報、分級分類處理及調查之辦法，由中央主管機關定之。

第55條

兒童及少年罹患性病或有酒癮、藥物濫用情形者，其父母、監護人或其他實際照顧兒童及少年之人應協助就醫，或由直轄市、縣（市）主管機關會同衛生主管機關配合協助就醫；必要時，得請求警政主管機關協助。

前項治療所需之費用，由兒童及少年之父母、監護人負擔。但屬全民健康保險給付範圍或依法補助者，不在此限。

第56條

兒童及少年有下列各款情形之一，非立即給予保護、安置或為其他處置，其生命、身體或自由有立即之危險或有危險之虞者，直轄市、縣（市）主管機關應予緊急保護、安置或為其他必要之處置：一、兒童及少年未受適當之養育或照顧。

二、兒童及少年有立即接受診治之必要，而未就醫。

三、兒童及少年遭遺棄、身心虐待、買賣、質押，被強迫或引誘從事不正當之行為或工作。

四、兒童及少年遭受其他迫害，非立即安置難以有效保護。

疑有前項各款情事之一，直轄市、縣（市）主管機關應基於兒童及少年最佳利益，經多元評估後加強必要之緊急保護、安置或為其他必要之處置。

直轄市、縣（市）主管機關為前項緊急保護、安置或為其他必要之處置時，得請求檢察官或當地警察機關協助之。

第一項兒童及少年之安置，直轄市、縣（市）主管機關得辦理家庭寄養、交付適當之兒童及少年福利機構或其他安置機構教養之。

第57條

直轄市、縣（市）主管機關依前條規定緊急安置時，應即通報當地地方法院及警察機關，並通知兒童及少年之父母、監護人。但其無父母、監護人或通知顯有困難時，得不通知之。

緊急安置不得超過七十二小時，非七十二小時以上之安置不足以保護兒童及少年者，得聲請法院裁定繼續安置。繼續安置以三個月為限；必要時，得聲請法院裁定延長之，每次得聲請延長三個月。

繼續安置之聲請，得以電訊傳真或其他科技設備為之。

從上述條文內容可知，現行兒童及少年福利與權益保障法係採取社會福利控制的福利服務，而不是採取司法取向的矯正服務，其目的在抑制兒童或少年的偏差行為。

反之，目前少年事件處理法在精神上是屬於第三種以法院為基礎的轉向計畫，主要是由少年法院（庭）法官在裁判前所為的轉向計畫。依少年事件處理法第29條所規定，「少年法院依少年調查官調查之結果（事實上已經司法審判或處理），認為情節輕微，以不付審理為適當者，得為不付審理之裁定，並將兒童或少年轉介到兒童或少年福利或教養機構做適當之輔導」。從內容來看，目前我國少年事件處理法只是在精神上的轉向計畫，實質上，卻是一種轉介的社區處遇方式。而台灣的少年司法，仍然以機構化系統之輔育院、觀護所，以及少年監獄（目前已改為矯治學校）三種方式為主，而且控制整個少年司法之執行。其次才是社區處遇方式的觀護制度以及更生保護，亦即對經由選擇之少年犯、虞犯少年，使其在自由開放的社會生活，並透過社會個案工作或輔導方式，導正其思想行為，這也是美國青少年經司法審判程序之後的轉介過程之一（**圖8-1**）（趙雍生，1995）。

台灣除了觀護處分的保護管束之外，台灣更生保護會所屬的桃園、彰化，以及高雄兒童與少年學苑，亦提供了少年安置輔導的社區處遇，截至1997年底（即少年事件處理法大幅修正前），共收容二十六位八至十二歲的少年（郭靜晃、胡中宜，1997），但至2001年後，隨著機構民營化，現有收容人數已達六十八位院童。然而就少年事件處理法第29條所規定之轉介到兒童或少年福利機構做安置輔導，其個案管轄權在社政主管機關（不同於第42條轉介到適當機構、個案管轄權在司法院）（**圖8-2**）。然而郭靜晃、曾華源（2000）研究發現，目前台灣少年安置機構仍以保護個案、不幸個案、失依貧困家庭之個案為主，且缺乏輔導矯治之專業人力，因此並不能落實安置輔導之成效，此外，社會福利機構也未能明訂個案之適合性及條件、接案問題診斷評估指標，以及系統有效的結案報告、追蹤等流程，以確立安置輔導之績效評估（**圖8-3**）。

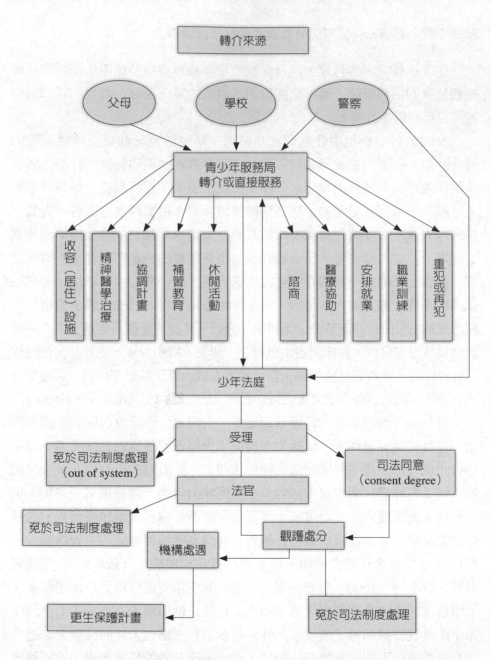

圖8-1　美國青少年個案轉介過程

資料來源：周震歐（1986）。《我國青年福利服務之綜合規劃研究》。台北：行政院青輔會。

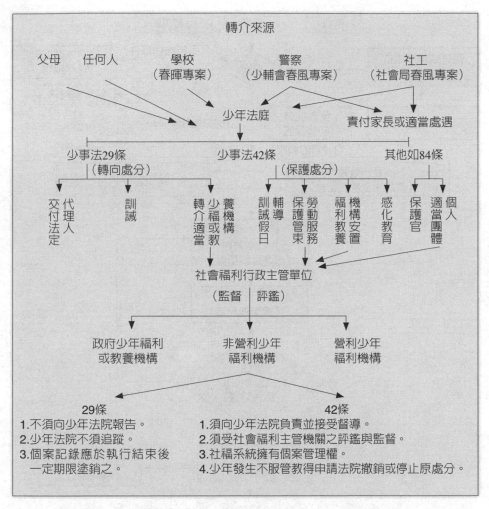

圖8-2 國內轉向服務社會福利與司法系統分工流程建議圖

　　根據法務部在1998年的統計顯示，台灣更生保護會共設有四所兒童學苑暨少年學苑，彰化設有一所，可收容十六名；桃園設有一所，可收容八名；高雄設有一所，可容納兒童二十二名、少年二十二名；總共可收容六十八名（**表8-4**），而截至1998年8月止，只收容三十二名，目前相關業務已轉至矯治學校。

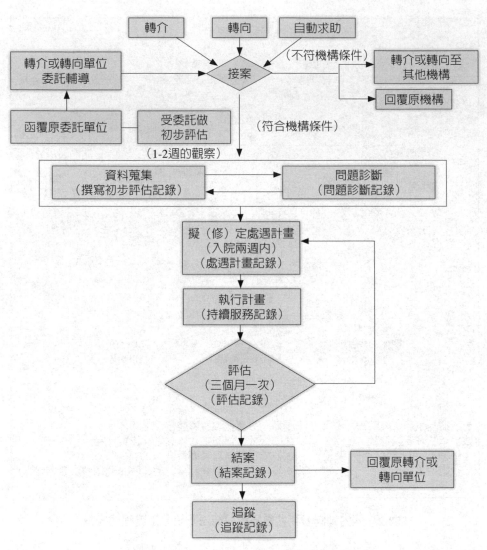

圖8-3　國內轉向服務個案工作流程建議圖

資料來源：曾華源、郭靜晃、曾騰光（1996）。《強化不幸少年教養與輔導方案之研究》。

表8-4 台灣更生保護會兒童及少年學苑收容成果

學苑	桃園	彰化	高雄兒童	高雄少年	總計	收容人數
設立日期	1986.06.15	1983.07.21	1990.06.20	1991.11.11		
已收容個案人次	46	126	40	91	303	
預定收容員額	8	16	22	22	68	32（*1998.8 法務部統計）
目前收容人數	*7（2004）	*10（2004）	*4（2004）	*6（2004）	27	
公設民營後收容人數	*13（2001-2004）	*15（2002-2004）	*40（2003-2004）		68	

資料來源：台灣更生保護會（1998）。台灣更生保護會一至十一月統計月報表。另經作者利用
　　　　　電話訪談彙整而成（2001至2004年兒童及少年之收容人數）。

　　針對有關問題兒童或少年轉向之制度或轉介之做法，仍未發展出一
個綜合的規劃，尤其是兒童或少年福利機構如何因應有關少年事件處理法
轉向之策略。趙雍生（1995）也提出：由於社會福利機構與司法機構缺乏
平行的溝通及聯繫管道，以致雙方未能為一些非犯罪性的問題或不幸少年
（如被虐待及被遺棄少年）做一合適的安置及處遇，也無法為未就學、未
就業之輟學兒童或少年，以及受法院監護之兒童或少年，提供一個社區庇
護安置處所，進而無法幫助他們脫離少年司法體系的控制。

 ## 第四節　強化兒童少年之安置輔導措施

　　兒童、少年問題種因於家庭、顯現於學校、惡化於社會。因此，美
國自1960年代便開始以社區處遇方式代替犯罪青少年之監所及居留處遇，
尤其自1974年青少年犯罪預防法（The Juvenile Justice and Delinquency
Prevention Act）頒布之後，即規定聯邦政府要提撥預算做犯罪預防，及找尋
其他方案代替青少年之監禁處分，此外，在1992年此法的修訂更強調增加
預防青少年犯罪之預算，及減少將少數族群之青少年監禁於監所中。相對
地，台灣從少年福利法於1989年頒訂實施後，到1995年制定兒童及少年性
交易防治條例、1997年訂頒性侵害犯罪防治法、修正少年事件處理法，以
及2011年兒童及少年福利與權益保障法的訂頒，這些法令已注意到要求父

母盡到教養責任，以及要求地方政府和社區提供發展和支持性福利，以達到防治兒童少年問題產生及社區處遇的目標，彰顯轉向之功能。

雖然這些法令的制定與修訂，顯示我國宣示將保護性為主的兒童少年社會福利工作，擴及發展性和支持性的福利服務。不過，整體而言，兒童或少年福利工作，卻未能以家庭權能強化為主，反而是以社會福利機構來替代家庭教養子女，其實際效用有待商榷（曾華源、郭靜晃，1999）。尤其，兒童、少年福利機構之專業人員常以失依、失養之目標人口群的問題取向，提供救助、保護、安置與輔導等殘補式的福利服務，鮮少有提供以整體兒童、少年及其家庭為考量的積極性的家庭維繫服務（Intensive Family Preservation Service Program, IFPS）（王麗容，1997；張盈堃、方岷譯，1998）。此外，為觸法兒童、少年所提供之安置輔導處遇，有異於失養與失依的福利機構的安置與輔導，在專業人力及專業服務力的提供上，亦力有未逮。

為求福利確實保障兒童、少年的身心發展，兒童、少年的福利政策不應僅侷限於補救的福利規劃，應拓展至普及性、預防性和發展性的政策方向，茲分述如下：

1. 普及性：福利應以全體為目標，而非只是少數人的福利。
2. 預防性：家庭的教養功能愈可以發揮時，兒童、少年的問題愈會遞減（馮燕，1994），所以提升家庭功能的福利政策走向，應可以減少兒童、少年行為問題的產生。
3. 發展性：家庭教養功能在社會變遷下，有逐年降低的趨勢。因此，欲維持家庭教養功能，應促成強化家庭教養功能發展為導向之兒童、少年福利政策（曾華源、郭靜晃，1999）。

兒童或少年觸法最不可忽略的重要性，在於上述問題彼此之間具有複雜的連鎖性。例如少年往往在學校適應不良，逃學逃家之後，也因而失去家庭和學校的保護，為了因應生存的壓力，常有被引誘犯罪，如偷竊、搶劫、吸食和販賣毒品、加入幫派或援交（陳炳修，1993；游淑華，1995；曾華源、郭靜晃，1999）。雖然影響少年犯罪之環境因素很多，歸納其主

要成因大都可發現是家庭因素、同儕因素、學校適應因素及社會不良環境因子。所以說來,如何幫助兒童或少年學習社會適應,健全身心發展的家庭經驗,增加其就學或就業之適應能力,以減少個人在適應上所產生之身心困擾。充權增能(empowerment)其在社會之適應能力,轉為社會資源所吸納,更是兒童少年福利政策未來規劃之政策導向,故兒童、少年福利政策及問題處遇應有整體性(comprehensive)及多元性之考量。另外,支持家庭之功能是一個根本的預防性規劃,因為家庭提供多方面的功能滿足個人身心需求,尤其是情感依附、保護與親職教養等功能,其不具有替代性,少年安置福利機構應屬於不得已或短期的措施。因此,家庭維繫服務方案(Family Preservation Service Program)(王麗容,1997;張盈堃、方岷譯,1998)提供各種家庭支持與家庭重建服務,應為當前重要取向。

上述問題中,以中輟學生或學校適應困難之在學兒童或少年為例,學校會利用三合一之輔導體制(**圖8-4**),針對兒童或少年之學業或行為問題做資源整合,除了學校教師的資源之外,更要援引學校社會工作者,運用社區資源,以針對學生之困難或問題做專業的診斷(社工專業請參考第1章),並採用社工專業處遇之方法,為兒童或少年增強適應能力,充權增能兒童少年其家庭解決問題之能力,以達到立即解除危機的功能。反之,如從機構安置輔導處遇之社會工作者,除了在機構內做三合一體制之輔導外,更要擴展社會資源(如學校、醫療機構、其他NPO機構、警政、司法機構),針對個案之問題從預防性、發展性、治療性的社工專業,對個案做社工處遇(**圖8-5**)。有關如何運用美國社工專業規範於犯罪少年之處遇,將於下一節有更詳細的介紹。

除此之外,家庭外在社區環境功能的增強,以協助家庭在教養子女上充權增能更是值得考量(曾華源、郭靜晃,1999)。

1. 強化學校對家庭教養功能的支持:學校必須成為家庭教養功能的重要支持來源。因此,學校教師應與家庭保持密切聯繫,有義務主動告知家長子女在校表現近況。尤其是利用寒暑假實施家庭訪視工作,以便真正做到家庭與學校為一個共同的教養體系,以確實掌握親師合作之效。

兒童社會工作
——SWPIP實務運用

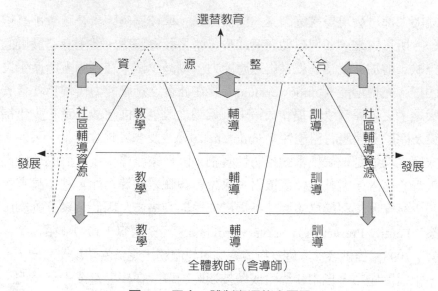

圖8-4　三合一體制資源整合圖示

資料來源：關漢中（2003）。〈介入校園或走入社區？——初探青少年輔導方案的動向〉。東
吳大學文學院第二十屆系際學術研討會，《多元教改對現今社會之影響論文集》。

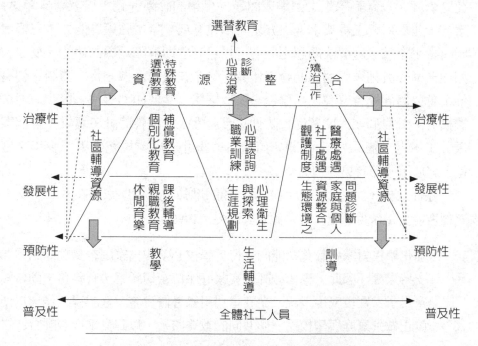

圖8-5　機構式三合一體制資源整合圖示

2.規範大眾傳播媒體對家庭教養功能的支持：法令應明確規範訊息傳播
方式與時段之外，亦應規範傳播之內容不應出現過多色情及暴力，尤其
是新聞報導內容與方式不得過分誇張、煽情與聳動，並落實分級制度。

3.建構社區照顧體系對家庭教養功能的支持：加強社區性活動及處遇，
增進居民互助意識，以強化社區互助照顧體系之建立。例如，社區單
親家庭少年托育照顧服務或建構中輟學生輔導網絡。

4.推動外展家庭教育網絡對家庭教養功能的支持：家庭福利機構應擴大
現行機構內的父母親職教育工作，應結合學校導師與社區資源，加強
家庭訪視、社區化的家庭托育和社區家庭活動，以便提供及時性、可
近性、預防性與支持性的家庭福利服務。

5.提供家庭維繫服務方案：針對各種不同家庭結構與兒童、少年需求，
視實際需求提供婚姻諮商、家庭諮商、所得維繫保障、親職教育、家
務服務與親職假、少年課後托育津貼等等，以協助家庭發揮子女教養
功能。

第五節　運用SWPIP實務模式於犯罪少年

　　Zigler、Taussig與Black（1992）提及，在美國能預防或減少犯罪議題的
方案少之又少。其所提出造成青少年犯罪之成因是多層面的，例如，個人
生物性、心理性、社會因素及家庭的因素。他們檢閱過去可以減少少年犯
罪之四篇研究發現：利用生態模式（多層面因素多管齊下）可減少少年犯
罪的行為。許多在早期（兒童期）介入的方案，強調利用更多社會技巧增
進教育成就以及幫助父母提供孩子生理與情緒需求，可以減少兒童成長後
的偏差行為及犯罪活動。而這些研究強調利用多重因素考量的生態理論模
式（Struck, 1995）。

　　早期處遇方案假定家庭如果能以社會可接受的方式提供個案支持，則
個案將會學習有效的社會技巧及情緒因應能力，家庭及其成員將從中發揮
最大的功能（Mills, Dunham, & Alpert, 1988）。許多研究指出，青少年犯罪
與少年本身、家庭、同儕、學校及鄰里環境有直接或間接的關聯（Borduin,

Mann, Cone, Henggeler, Fucci, Blake, & Williams, 1995）。因此，有效的處遇需要從這些因素應用生態理論模式給予服務輸送，以減少個案之反社會行為。主責社工利用此模式來運作處遇應注意：第一，以整合服務克服個別服務的需求；第二，連續照顧的需求；第三，個別化處遇來滿足個別單位的需求。以上的價值將以SWPIP實務模式於犯罪青少年之處遇加以介紹。

一、應用溫暖、真誠、同理心、積極關注及充權增能與案主及其家庭建立立即關係

如同第7章社會工作者與未婚懷孕青少女之個案般，社會工作者要運用共同的尊重與信任來與犯罪少年個案及其家庭建立良好的工作關係，但這對犯罪少年之個案會較困難。首先，犯罪少年個案之家中充滿憤怒及失功能的行為，而社會工作者在初步與案主會談接觸時，就會面臨這些狀況。此外，還會有一些有關青少年的發展問題會夾雜於初次會面，例如，時間扭曲，對同儕誇大忠誠的感受，不信任成人，不足動機尋求改變。最後，少年個案常不能回顧過去及瞭解本身需要改變。他們常有錯誤的認知：「他們的問題會頓時消失無蹤」（Zarb, 1992）。因此，這種情境需要較直接利用結構式會談技巧來幫助案主建立關係。

在開始與案主建立關係時，社會工作者需要瞭解個案如何看待社會工作者。如果個案認為社會工作者代表家長、學校或法院系統的倡言者，那麼他們會傾向用反抗的態度面對。犯罪青少年常被認為是理想主義者，反抗父母與具權威的成人，附和同儕並順從同儕，並積極想脫離家庭以尋求個人認同。而社會工作者如代表一種權威象徵，那個案會很明顯不相信社會工作者。不僅犯罪青少年如此，對一般非犯罪青少年也會有此種行為，只是程度不會那般具敵意與生氣。儘管如此，社會工作者與個案在一起必須保持真誠，特別是犯罪青少年個案，他們對人的虛偽及不誠實很敏感及感冒，即使他們有時也會偽裝自己。所以，很重要的，社會工作者要同理這點，並且傳輸同理的感覺給個案，說明即使換成你，你也可能會如此做，表達當你是青少年時，你也有孩子衝突及討厭權威的成人的感受。

Berg（1994）建議用下列方法來與個案及其家庭建立合作關係，並減少個案的反抗。

1. 對個案保持開放的心，並永遠保持真誠。

2. 從個案的角度來看事件本身。

3. 瞭解此時對個案最重要的事為何，並視個案為重要資產。同時個案也因此會一再犯錯，須等待個案具有更多的省思及洞察力，他才可能會有所改變。

4. 不要與個案爭論或吵架，講道理並不能改變他的心智。

5. 依個案能力之限制與狀況來評估你對個案的期望是否實際可行。

6. 尋求過去個案的成功（就）之處，儘管是卑微或普通的，詢問他們如何達成這些成就。這部分可成為你對個案間接的讚賞。

7. 尋求現在個案的成功（就）之處，詢問他們如何達成；詢及個案是否可以再持續這些成功（就）或再擴展成功（就）到其日常生活。此可表現你對個案解決問題的能力深具信心。

8. 尋求個案在行為背後的動機及看法。

9. 願意對個案的誤解或做不對的事道歉；願意向個案道歉，一方面可帶給個案增強自我信心及提供專業的整合，但另一方面卻相對的減少你與個案的關係的信用及權威。

10. 經常以正向方式來提供更多資訊，且禁止使用負向或帶有威脅性的溝通方式。

　　建立關係的本質必須對社會工作者本身及個案的文化背景能有同情心及同理，除此之外，性別、種族、社經地位、學校、世代及少數族群之地位也要加以考量。這雖然不是關係建立的關鍵，但卻是整合檢證與處遇過程的要素。

　　個案時常會覺得是社會工作者在干預他的生活而呈現反抗的態度，因此社會工作者與犯罪少年溝通時要採取同理、溫暖及積極關注。同樣地，社會工作者要有能力充權增能個案並相信個案有能力改變現況。通常個案之反社會行為與其所處的社會生態環境有關。個案很少在此種環境學習適

應及生存，相對地，透過另一種令其生氣、困惑或無助感的犯罪活動來證實其能力（Robinson, 1994）。在此時，個案父母常常不能提供監測或用自然合理的邏輯的結果來回答個案之需求，而最後妥協於個案在同儕團體和犯罪及藥物濫用的行為之改變。有良好訓練的社會工作者可在有意義及信任關係下，提供個案一些彈性方案給個案選擇，讓個案能自我控制因應其不利之情境。

同時，除了與個案建立工作關係之外，社會工作者也要與個案家庭建立信任、溫暖及真誠的工作關係，同樣地，社會工作者也要傳輸同理父母的壓力並充權父母有能力改變現況。同樣的情形，社會工作者也要讓父母知道，如果父母改變之後，他們的期望是什麼。記得！工作關係是一動態、富變動性；然而要父母瞭解問題已產生，而且這問題已影響家庭的生活。一旦工作關係建立之後，社會工作者要能傳輸你正企圖幫助父母找到解決之道，並獲得合理的控制。

在犯罪青少年之處遇案例中，父母常視其與社會工作者之關係中，對於提供青少年犯罪資訊是有限的，基於此，父母也不認為他們可以幫忙解決個案的問題。然而，父母通常視其角色是描述孩子的行為細節，過去的生活背景，臆測行為原因及別人如何解決這些問題行為（Greenwood, 1994）。因為父母在此所描述並不把自己當作問題解決之支援，社會工作者須同理父母並感謝父母提供有用的資訊。同時，社會工作者需要瞭解父母正處痛苦情境中，而問題又不容易解決。

專欄8-1提供個案實例說明其父母對其孩子的犯罪行為之無助及無能感。因為張太太不願為小明改善母子溝通負責，並且認為問題在於別人，身為一社會工作者要與張太太談話已不容易，要讓她改變更不容易。現在，社會工作者要同理張太太的難題，並邀請她為小明尋求幫助的目標。

相反地，不管父母是否覺得要對孩子負責，父母也常在會面中說出（語言及非語言）他們本身以及孩子的問題，而且他們也有興趣及承諾解決孩子的問題。當父母說出他們再也不能處理家中之情境，而且需要協助，社會工作者應與家長發展一完全正向及合作的工作關係。然而，即使當父母有高度動機，社會工作者也要協助父母找出改變的目標，及鼓勵父母勇於面對困難。

社會工作者與父母之會談

社會工作者：妳認為什麼可幫助妳與孩子的相處？

張太太（個案之媽媽）：那不會是我。小明必須要記得如果他不變乖，那他會終身被監禁。

社會工作者：聽起來妳很有挫折感。那如何可以讓小明聽妳的話？

張太太：小明必須要聽我的話，並不能再胡說，說我打他的話。我沒有威脅他，也沒有說要殺他的話！他到處跟別人說我虐待他。他說謊並偷竊。他不去上學，而學校的老師都說是我的錯。我並沒有做錯事啊。

社會工作者：單獨養一個十幾歲的少年，真是難啊！妳認為怎麼樣小明可以聽妳的話，因此妳就不會對他生氣。

張太太：在小明聽我的話之前，他必須要瞭解現在他生活有多好。我常告訴他如果他不聽話，那他會被送去收留所或矯治之家。我認為他在想現在有多好之前，必須要變好，而且也要感到害怕。

社會工作者：那小明會認為什麼對他有所幫助呢？

張太太：我不知道啊，他從來也不告訴我。他的態度就是當他想做什麼，那他就知道那些事，而且也能做。我就是不能再忍受他。

二、依多元系統仔細檢證個案情境

對於少年犯罪個案之處遇，主責社工有責任從多元系統（個案、核心家庭、延伸家庭、社會系統、資源系統、方案與服務）檢驗個案的情況。此層面之目的乃是透過個案目前問題之行為分析（包括：認知變項、家庭變項、同儕關係變項及學校表現變項等），瞭解及檢驗個案目前的功能。資料應從不同資源來取得，包括：個案本身、父母、學校行政及社會工作者與家人互動之觀察。

(一)個案本身

對青少年個案之檢證需要持續進行，透過社會工作者對青少年在家庭、學校及同儕環境之訪視，評估其在整體社會情境中之適應與非適應之

行為及其影響。首先,要先從與青少年有關之人員(如父母、同儕、學校老師及行政人員)及個案的溝通中瞭解個案的行為;瞭解個案對大家所認定的問題行為的看法與抱怨,同時也要要求個案描述其與重要他人的互動情形及在情境中之行為表現。而父母則要要求他們描繪他們對個案日常生活活動、學校行為及問題因應方案的看法。

由於許多犯罪青少年來自貧窮的單親家庭,因此,對家庭的評估具有相對的重要性(Hazel, 1982),例如,其生活居住狀態、社經地位、個案的生理需求是否被滿足、社區的影響、同儕的互動情形等。此外,還要針對個案之種族及文化做評估。

專欄8-2將提供如何與青少年個案做會談的評估表,會談的主要目的在從其個案的觀點瞭解家庭、同儕、學校及行為問題的狀況。同時,也可考慮從重要他人的觀點來獲得資訊(如父母、同儕、老師、輔導員或其他專業人員)。

在專欄8-2不僅可從青少年個案中獲得資訊,有時也可從其主要照顧者或父母中獲得相關資訊。他們的觀點經常是不同的,甚至他們的問題解決的建議也會有所不同。因此,社會工作者的責任便要比較他們之間的觀點,與他們協調之間的差異看法。為了建構問題行為處遇,社會工作者需要獲得大家的共識。這當中當然要以個案的觀點為重,否則得不到個案的合作,此處遇方案便失靈了,而且處遇要依現存的問題及資源而定。

 專欄 8-2　如何與個案一起做評估的會談

一、個案對現有問題的觀點

社會工作者應鼓勵個案自在地談論其所經驗的問題。一開始可以問:「你對這個問題,有何看法?」訪問的主題會著重下列的問題:

1.舉例說明個案的問題。
2.回答問題的頻率、強度及期間。

3.引起問題的個案信念與想法，為什麼會發生問題，當問題發生時，個案有
   何想法？

二、重要他人對青少年個案及行為的影響

在此要蒐集有關個案覺得重要他人對他的生活的影響，以及重要他人對個案
偏差行為的看法，以下的社會工作者在訪談中，可以詢問：

1.請個案形容有關他父親、母親及兄弟？（指的是人格特徵。）

2.上述的人對你的觀感？

3.什麼是你最想改變上述的人所具有的人格特徵以及與你的關係？

4.你與父或母最常有衝突的事件是什麼，你如何解決？

   (1)描述衝突事件。

   (2)你的反應。

   (3)反應後的結果。

   (4)你當時想法及感受是什麼？

   (5)如果你不那麼做，而是選擇不同的反應或行為會有哪些後果？想像如果
      那樣子，你會有何反應及感受？

其他相關訊息，包括：

1.當你做了偏差行為時，重要他人有何反應？

2.個案對重要他人的反應有何感受？

3.當產生問題時，個案之因應模式是什麼？又這些因應技巧對情境是否有所
   幫助？

4.何者為當個案與重要他人互動時，因無效的因應技巧而導致問題行為產
   生？

5.當與別人產生衝突關係時，個案是否有意願及能力去改變問題行為？

6.重要他人幫助個案產生行為改變的溝通能力。

三、個案對學校行為的觀點

在此，社會工作者要獲得個案對學校的觀感。如果個案是輟學生，那麼社會

工作者可從個案觀點瞭解因中輟而產生的問題。社會工作者可以要個案描述有關學習成就、出席率及人際關係。

1.學校是什麼？描述一下學校生活。

2.你最喜歡哪一科？哪一科你最行？哪一科最差？

3.你與同學及老師相處如何？

4.你有沒有蹺課，如有，為什麼呢？

資料來源：Mather, J. H. & Lager, P. B. (2000). *Child Welfare: A Unifying Model of Practice*. New York: Brooks/Cole/Thomson Learning.

(二)核心家庭

個案及其家庭常是有問題的。如個案的家庭缺乏簡單解決問題的技巧，長久以來，會帶給家庭無助感。在此要記得，家庭是最有資源，而且也有很大的優勢與復原力（resiliency）。而且解決問題的方法會依不同主流文化而有所不同，但解決問題的觀點可讓社會工作者瞭解這些獨特與不同情境之潛在優勢與資源。找出這些家庭的優勢以及有效解決問題之處，會比只看個案問題之觀點來得好，對個案來說也較持有尊重之心，相對地，對社會工作者而言，也會減少一些精力。例如，在**專欄8-1**之個案例子，張太太是單親家庭，必須仰賴微薄薪資獨力撫養許多孩子。年紀輕輕就必須每天解決上百件大大小小的日常生活問題。如果從這一觀點切入，我們看個案的媽媽應視為一能幹的婦女，而不是不負責任的媽媽。

使用家系圖（genogram）方法能有效評量家庭模式及優勢。家系圖法係指嘗試用地圖方法描繪出家庭聯姻、聯盟；在歷史上的重要事件、人生改變事件、家庭迷思及規則或其他足以影響個案之重要事件（Berg, 1994）。將這些事件很詳盡的記載，可以幫助個案家庭的問題置於家庭歷史脈絡及家庭的社會情境脈絡。在**專欄8-1**之個案例子中，社會工作者可以幫助個案及其媽媽列出家系圖，找出這父系與母系長久以來的家庭事件與動力；同時這也可幫助個案發展其對這些事件的洞察，及瞭解這些事件正在惡化家

庭所面臨之問題。雖然如此，社會工作者必須要瞭解青少年的發展能力、程度以及父母的能力，以幫助他們瞭解這族譜技術可找出家庭事件之相關性，否則，這個方法會造成個案及其家庭貶低社會工作者的專業。

有關物質濫用的問題常發生在犯罪青少年及其家庭。青少年使用藥物及酗酒可用偵測以達到日後強制處遇的目的。此外，藥物使用及酗酒的模式也將是社會工作者日後對個案使用處遇計畫的參考指標。有關這些訊息常很難達到正確評估，但父母可能可以對青少年藥物濫用或酗酒之行為症狀之模式加以描述。

Borduin等人（1995）指出，許多行為偏差之青少年常來自父或母有酗酒問題的家庭。來自酗酒家庭的孩子可能會較有創傷經驗（如被虐待），而造成日後的偏差行為。酒癮使家庭失去功能，也造成個人適應不良，特別對青少年本身；因此對社會工作者而言，必須瞭解家庭是否有物質濫用問題以及此問題如何影響青少年個案。同樣地，社會工作者也必須學習如何幫助這些家庭與物質濫用處遇方案及機構一起合作。目前採取之處遇包括：個人、家庭和團體處遇方式，方案介入之策略有領悟取向模式（insight-oriented approaches）、行為模式（behavior models）及互助團體（mutual aid group，如A-A, A-A-teen）。

(三)延伸家庭

如上例，評估酒癮家庭時，社會工作者有時也要觀察有關父母飲酒行為之不為外人道來的家庭態度及規則。有時家庭常使用失功能之模式及角色以因應父母喝醉酒所產生的壓力（Combrinck-Graham, 1989）。結果，青少年在家庭或學校以違規行為回應他們對父母的不滿或反應壓力，漸漸地，形成犯罪或偏差行為。因此，社會工作者須正確地評估青少年之問題行為是否來自父母之酗酒行為。雖然，社會工作者會要求父母採用個人或家庭處遇模式或多團體以戒除酒癮，但是幾乎沒有父母會去參加這些處遇，或者父母的問題根除得太晚而對個案之不適應行為不會產生效用。結果，社會工作者反而要求個案本身，或者其他家人本身，而不是要求需要被處遇的酗酒父親或母親（可能是父親）。

兒童社會工作
——SWPIP實務運用

(四)社會系統

對個案少年及其家庭系統之檢證需要延伸家庭之內系統，以及要考量其他生態系統（如經濟、法律、教育、宗教、社會等）如何影響到個案及其家庭。當社會工作者檢證個案之不同層面的功能，社會工作者也必須考量其與正式系統在情境內之互動狀況，以及這些情境如何影響到個案之問題行為。雖然不一定會對個案產生影響，但是整體對情境之瞭解是必要的。

身為人群服務的仲介者，社會工作者也需要檢證社區之可用資源以迎合個案之需求。社會工作者必須熟悉社區之各種方案、人員之品質、一般之合格的設施（備）要求及提供服務之花費（如一般少年個案如要用醫院戒毒，最少也要六、七萬台幣）。社會工作者也必須瞭解什麼是最好及最有效的方法來幫助個案取得資源。一般犯罪少年最常使用的是法院系統、教育系統、社會服務機構，以及醫療方案等，但在台灣，醫療單位之資源最少為個案所使用，而且花費又貴，健保又不一定給付。

(五)資源系統

大部分犯罪青少年常是學校適應不好，學校成就也很差。當個案失去家庭資源（系統）的資助而產生失功能之行為，因不能獲得正向增強，而直（間）接影響其學習成就（Zigler, Taussig & Black, 1992）。因此，個案就蹺課或逃學。據TVBS在2004年5月3日的新聞報導，記者發現台灣中學生常受同儕之影響而表現偷竊、抽菸及打架的偏差行為。而且據某些國中學生表示，他們最想成為像許純美這樣的人，甚至價值傾向為「只要我喜歡，有何不可以」的觀念。

同儕團體除了提供友誼，青少年同儕團體也有其他重要的功能，它能讓青少年從中感受到參與的意義、集體的歸屬感以及必要的支持，當青少年正在進行自我認定的發展時，參與某團體的身分讓年輕人能透過團體的壓力來評估自主性。小團體（clique）係指互動時間多、關係密切的同儕團體；群體（crowds）係指眾人標籤下聚集的團體，互動不如前者頻繁，有些比較專注於功課——成人世界的乖寶寶，有些比較專注於同儕的活動——成人世界的叛逆者；幫派，與一般小團體不易分辨，Dunphy（1980）提供

分辨的指標：互動頻繁、犯罪活動、有增強集體認定的名稱（幫派名）、地盤與徽徵（如衣服顏色），反映青少年對同儕團體的需求（是件很自然的事），提供社會支持、交流與保護。幫派組織在各地均有上升的趨勢，通常介於十五至三十歲之間，不會有集中的領導中心，分各小幫派，各有其領袖或老鳥、核心分子，以及年輕青少年想成為核心分子。這也是社會工作者要辨認的青少年個案之資源系統之一。

所以說來，社會工作者需要學校行政人員或導師及輔導人員瞭解個案在學校之地位，除此之外，還要仔細檢證個案在教育系統內是否有幫助他改變行為的資源，使個案想要留在學校系統或返回學校就讀。

那麼這些資源的聯結就會派上用場。許多美國社區提供另類學校（alternative school）給犯罪青少年，這些學校可能是補校或機構，藉著提供密集的服務，不僅強調學術科目，而且也注重心理層面來增強個案之學校及行為問題之改變。這些服務即是美國自1960年代所強調的社區復健處遇模式。所有對青少年個案服務之檢證，包括評估專業人員之品質、合格的設施（備）要求、方案內容、轉介過程、能否滿足個案之需求，這些檢證也是我國對少年服務機構評鑑的指標。

此外，青少年就學問題也會影響青少年之偏差行為，就學率低會使青少年犯罪比例增加，反之，會減少犯罪率。Sullivan及Wilson（1995）就發現青少年之低就學問題會影響青少年的犯罪。社會工作者基於對個案的瞭解，幫助個案探索其興趣及生涯目標，提供生涯發展之訓練方案及其他職業機會，以增加個案的能力，並減少其觸犯法律行為的發生率。如果社區缺乏這種資源，社會工作者要想辦法發展或創造這些資源，以防止個案因缺乏機會而犯罪。

(六)方案與服務

對一些少年個案，他們可能是初犯、虞犯或犯罪行為較輕微，以及他們的家庭也可以提供一些資源，這些個案可能為處於觀護處分，密集監督（如假日輔導），由私立福利機構做家庭的追蹤監督，或放學後以及整天式的機構處遇（他們可以居住在家裡，但需要每天向機構報告行蹤），例

如，香港的社會福利署的觀塘宿舍方案、香港扶幼會、則仁中心方案等。

而有一些個案，他們可能需要做家外安置，而不一定要監禁或做矯治處遇，故社區處遇（如團體之家、中途之家）也是一種機構的方案及服務（Petersilia, 1995）。這些機構大都提供諮商與輔導以及減低少年再犯比率之處遇策略。

根據Andrews、Zinger、Hoge、Bonta、Gendreau及Cullen（1996）針對八十個少年社區處遇方案的評估，他們發現：「適當的矯治服務可以減少50%的少年再犯比率。」而什麼是適當的矯治服務呢？Andrews學者定義為：「標的高危險群的個案，瞭解犯罪需求（如藥物濫用或生氣管理），以及使用配合個案需求及學習方式的認知與行為的處遇模式」（相關技巧可參閱專欄8-4）。

此外，Durlak及Lipsey（1991）針對超過四百個青少年處遇方案做後設分析（meta-analysis）評估，發現：「使用行為及技巧取向以及多重模式的社區處遇方法，遠比其他機構處遇對青少年減少再犯比率的效果來得好。」

社會工作者的角色之一是為犯罪青少年找出方案及服務，並由專業輔導人員在社區中提供密集性之諮商與輔導，並針對個案之犯罪相關因素（如生氣管理、爭論解決的技巧，以及藥物戒除訓練）的認知行為以及多重模式處遇，配合適當的教育、職業生涯及非指導式的諮商方案，來幫助個案降低犯罪動機與需求以及減少偏差行為（Robinson, 1994）。此外，儘量使用社區處遇模式而不是應用機構或矯治處遇（Corbett & Petersilia, 1994）。

三、與所用系統做處遇規劃與訂定契約

(一)個案檢閱及協調會議

透過檢覈過程，社會工作者要強調個案在許多複雜及多層面系統環境下有何優勢。當個案問題及需求被鑑定之後，社會工作者強調個案及其家庭或照顧者的優勢，以發展處遇計畫來幫助個案因應問題。規劃方案之目的是幫助個案照顧者及社會工作者找出標的（objectives）。

關於專欄8-1之個案，下列之目的是由個案及社會工作者基於增強觀點

來訂出：

1.在分類廣告中找出五種可行之兼職工作。
2.告訴社會工作者有否其他替代生氣控制的方法。
3.諮詢職訓局人員如何參加職業訓練方案。

如果在規劃過程有個案的參與將會增加處遇之成功。同時，社會工作者也要瞭解個案抗拒改變的決心，以及在發展正向關係之後，個案如何因應問題。社會工作者與個案正向關係是促使個案改變過程的關鍵，此外，社會工作者也要讓個案察覺他是盡全心為個案著想。雖然個案可能不同意社會工作者認為他需要改變，個案也可能瞭解他生活中的痛處與困境。讓個案為自己生活中的困境或痛楚負責任以及有效因應其抗拒之心，是社工處遇的第一步。例如，在**專欄8-1**個案之抗拒，社會工作者利用溝通個案對其母親的感受與生氣來協助個案。假如個案能瞭解他為何生氣及為自己負責，那麼社會工作者與個案可以看看是否有其他行為方式，可以減少個案對其媽媽的憤怒。當然，同樣地，也要個案母親為其負向行為負責來參與處遇過程，並要她同意尋求其他可行的方式來與個案相處。

當社會工作者遭遇到抗拒或非志願性案主，瞭解案主可能需要幫助他們發展一些執行契約之動機，會有助於社工處遇之執行。即使案主因法院命令而配合社會工作者，也不代表他們想要如此做；他們可以對其行為有所選擇，但必須為他們不去執行契約的後果負責。所有的個案希望透過與社會工作者的接觸而獲得某些目標，即使他只是要獲得「社會服務」或「父母要我如此做」而已。為達成這些合理的目標，案主必須做一些改變，例如早起、工作或上學、清理房子等。

專欄8-3是一個針對**專欄8-1**的個案提供在訂定契約中協商之過程。

在社會工作者與個案之會談中，社會工作者對個案想要不再犯錯給予正向支持，並表示這也是他的想法，並立即表示他與個案立場一致，並給予同理，然後，社會工作者馬上展開其協商技巧，找出個案不再犯錯之行為目標。同理個案並不表示社會工作者同意個案所作所為，只是利用較開放的心向個案表達對他公平與真誠的感覺。

兒童社會工作
——SWPIP實務運用

與案主協商契約

社會工作者：我知道我來找你並非你的本意，而且要占據你整個下午的時間。你有沒有可以讓我不要來，而且對你會有所助益的想法呢？

個案：我真的不需要你的協助。現在我的生活一團糟，我也不知道你會對我的生活有所幫助。

社會工作者：你說你的生活一團糟，那真的會讓你感受很差哦。

個案：是的，我只是不想讓別人在我背後指使來指使去的。

社會工作者：我可以理解你為何會如此想。現在這一定是對你影響很大。

個案：是啊！我猜，我只是不要別人弄亂我的生活。

社會工作者：你知道，那也是我的想法，我想愈快遠離你的生活。那你應該如何做才能讓我不再影響你，也可以讓你獨自過生活呢？

個案：我猜，我要停止再犯錯。

社會工作者：那就對了。你將會如何做？

(二)家庭一起參與規劃處遇方案

因為社會工作者服務之目標，是要辨明個案與家庭在個案之情境中之多元系統下所產生的問題，所以整個服務方案之規劃與契約要在獲得家人的支持下共同設計，這樣才能強調家庭充權增能，以及動員個案、家庭及社區的資源。目標與目的要基於上列系統的優勢及這些系統與問題的適合度，例如，**專欄8-1**個案曾有多次偷竊記錄以及徹夜在街頭酗酒之偏差行為，這些行為與父母、同儕、鄰里及社區系統有關（屬於生態系統之中間系統）。在此系統中，鄰里不能滿足個案正常休閒之需求，也可能是犯罪的溫床；同樣地，同儕也影響個案的反社會行為；學校因個案是一學習挫敗者也需要做干預及處遇。

(三)與家庭及支持服務機構訂定契約以執行處遇方案

雖然個案母親是一位與社會隔離的獨居者，缺乏親子技巧，覺得無能感及挫敗感；但是她是勤奮的工作者，非常關心個案的行為，並真心地想

要個案遠離麻煩，不要再犯錯，最好能完成學業。因為個案母親的一些障礙（如缺乏親子知識、害怕個案的報復、低社會支持），而導致其身為母親的失功能，使她不能提供讓個案免受同儕影響及減少酗酒等行為改變的督導，或讓個案獲得自然合理的邏輯結果（natural logical consequences）。

　　從上列說明中我們可以瞭解，最好的處遇要從個案母親著手，改善個案母親親子的能力，以及增加個案母親之優勢（strength），所以整個個案處遇方案要先消除個案母親親子能力的障礙。因此，社會工作者可以提供個人技巧訓練，以改善案主母親之親子技術，以及提供個案母親在自然家居環境中給予相當穩定的社會支持（如部落長者、延伸家庭、鄰居或社工服務機構）。這些目標需要明確條列在契約中並制定具體可行的方法，標示如何做及目的為何，而且也需要對案主母親解釋清楚。如果個案是原住民，可能也要與原住民團體訂定契約，以獲得個案行為改善的資源及支持。

四、處遇方案之執行

(一)持續性訪問技巧與實務技術的執行

　　嚴重的青少年偏差行為會導致日後犯下嚴重的罪行。很不幸地，在過去，青少年之社區處遇對於嚴重犯罪卻沒有成功的案例，而宣告社區處遇的失敗之處。但Kazdin（1987）宣稱許多實徵的處遇模式，例如，訂定契約式（promising）（如行為學派之父母訓練，認知—行為治療），以及Lipsey（1984）提出一些結構的技巧取向處遇，對一般犯罪青少年的處遇有很大的效果，但許多對嚴重犯罪的青少年處遇的長期效果卻不顯著。

　　然而用生態系統理論模式解釋青少年犯罪原因卻有很大的驗證與支持（Henggeler, 1989）。這些實徵研究指出，青少年犯罪之成因不外乎是青少年所居住的家庭、同儕、學校及社區鄰里系統（Borduin et al., 1995），所有社工處遇應著重個案所居的環境，並用多元系統檢覈個案犯罪因素，並整合社區成為一資源網絡以消弭個案之反社會行為。所用的方案處遇應強調此時此刻並以行動為導向的策略，社會工作者可以直接針對個案個人（如

認知）及系統（如家庭、同儕、學校）因素與個案之偏差行爲聯結，來提出有效的處遇策略。因爲這些因素之相互作用會有不同之影響以及個案之獨特性，所以處遇方案應有個別化及彈性。首要的目標是找出一些技巧及資源，來充權增能案主母親在教育個案之困難。

主責社工要不容懷疑地提供案主個人、家庭及學校的諮商與輔導。社會工作者隨時要提供案主支持、回饋及鼓勵之準備，以求案主偏差行爲的改變，而且要融合心理動力（如提供上學出席率的社會贊許及其他正向行爲）及心理行爲〔瞭解非功能行爲（如攻擊行爲等）是由於個案的歪曲認知過程所造成的〕。假如主責社工對於處遇方案實施缺乏上列理論架構基礎來提供知識與訓練，那麼必須將個案轉介於有此種能力的諮商輔導者；同時，整合及協調他們來執行方案。身爲一主責社工也需要有此種能力，並尋找各種機會做在職進修。

(二)持續協調服務方案

此外，主責社工也要協調各領域的專業對個案處遇展開個案研討，並使用較廣義的觀點，例如，生態、教育、種族文化、宗教、性別、世代及少數／多數族種之地位來討論個案的問題，再發展相關資源成爲一資源網絡（參考圖8-5），才能對個案的文化多元性提供有效的支持。

雖然對有關犯罪青少年之偏差行爲已有很多不同的方案或模式，在此作者提供一些成功處遇的方案技巧，例如，認知—行爲處遇、社會技巧訓練、家庭本位的處遇、個案管理，以及多元系統的治療（有些方案技巧也可參考第7章），這些方案技巧將在專欄8-4及追蹤層面分別介紹。

(三)對個案及其家庭的支持與充權增能

認知重組（可參考專欄8-4）對犯罪少年是一種絕佳的處遇模式，此種方法設計於教導個案利用自我口語教導來控制行爲問題，例如，生氣、衝動及焦慮。此外，認知自我訓練也可以應用一些行爲出軌的個案。

根據Zarb（1992）的指述，大多數認知自我控制處遇皆有基本的命題：第一，社會工作者要用簡單又清楚的語言指令爲案主解釋認知架構；

專欄 8-4 ## 犯罪青少年之認知行為處遇技術

一、辨別犯罪青少年之認知扭曲

如同上一章所述，認知扭曲是個案在蒐集及使用資訊的過程，只選擇注重某一特定之內容訊息。透過不斷的檢定過程，社會工作者可以辨別個案及其父母之扭曲認知及負性認知，並指出由於這些認知導致失功能的行為與情緒。個案及其家人要被社會工作者明白指出他們的非期望之情緒與行為反應，這也是社會工作者的處遇關鍵，轉移這些明確指出的非功能認知。在整個檢覈過程，社會工作者要著重個案之自我聲明、信念、態度、歸因，以及在壓力情境下之自我功效的期待。這些訊息之檢核要依據個案對情緒反應的敘述、評估、計畫及其個人的歷史事件。社會工作者要同時找出功能性及失功能性之認知，並透過角色扮演找出其與功能及失功能行為之關係。

已有研究指出，青少年憂鬱症之主要症狀也與成人憂鬱症相似，皆與認知扭曲、自動思考，以及認知基模有關（Clark-Lempers, Lempers & Netusil, 1990）。常伴隨著憂鬱症狀認知扭曲，因此，當鑑定青少年憂鬱症時應考量個案之認知因素。而父母酗酒也會造成少年個案有憂鬱傾向，也可能讓個案遭遇一些困境，進而造成個案產生不適應或偏差行為（Bunyan, 1987）。所以社會工作者應優先處理個案憂鬱症狀，以防其產生物質濫用或偏差行為。

當社會工作者在評定個案之扭曲認知思考模式時，應依下列兩個標準來評定個案思考之合適性：(1)認知行為是否為客觀事實之代表性，具多大效度；(2)當沒有清楚客觀的標準來衡定客觀事實時，此種行為是否具客觀標準來解釋個案之事件，合理嗎？當個案的信念愈傾向沒有彈性，不可達成或太嚴格，以至於個案無法達成行為及其功能標準。所以，社會工作者在評定個案之扭曲思考時，必須要衡量其行為發生的頻率，及被個案達成之有效性。

一般說來，在評估具憂鬱症之個案之自我陳述時，有一些模式可供參考：(1)低自尊；(2)自我批判及貶損；(3)對未來有負向的期盼；(4)過多責任的知覺；(5)無希望感；(6)對個人及機構的憤怒及責備（Beck, Steer, Kovach, & Garrison, 1985）。記得，每個人皆有一些認知扭曲，只是程度不同，社會工作者只要記得這些負性認知導致失功能的行為。

二、青少年之社會技巧缺陷之評定

依Friesen及Poertner（1995）的看法，有失功能行為或犯罪之青少年可能在其環境及在期望的角色關係和生活型態階段中，缺乏有效功能之社會技巧。這些個案在兒童時期沒有好的社會化，且剝奪了其學習好的行為技巧，以至於遭受一些個人及人際的困境。社會功能與社會技巧有關，將有助於未來達成自我尊重，組成滿意的人際關係及有效因應社會角色。有限之社會技巧造成人際困境，例如，寂寞感、憂鬱、親子衝突、家庭解組及各式各樣的心理健康問題（Hepworth, Rooney & Larsen, 1997）。

容易激怒及用暴力及損壞性行為表達生氣之青少年，通常缺乏因應社會情境之技巧及對生氣控制的缺乏，因此，社會工作者需要評估個案遭遇困境時的因應技巧，尤其是攻擊行為及衝動。而且瞭解個案之社會技巧缺陷後，在處遇計畫輔助社會技巧訓練中充實個案自我控制之能力。

三、認知—行為處遇

認知—行為處遇（cognitive-behavioral intervention）所強調的是個案之自我語言陳述、信念、態度、歸因及在壓力情境中之自我功效期待。因此，社會工作者將著重個案對情緒反應、計畫、評估及個人過去事件的自陳報告，以評定其功能與失功能之認知及因持有這些認知所導致之行為結果。個案對壓力情境之自動（發）性的思考是此類評估的最佳資源。這些自發性或習慣性的思考，可以在個案面對目前情境之知覺、過去的記憶、情緒反應，以及更深層的信念中找到。此外，自動思考常包括自我評價，而這些自我評價的過程會與過去記憶、現在知覺及相關情感有關（Zarb, 1992）。

四、社會技巧訓練

認知—行為技術援引社會技巧訓練可以培養青少年個案日後的社會能力，並可減少偏差或犯罪行為產生。

有愈來愈多的人強調以社會技能模式來瞭解、預防及治療青少年問題。社會技能的訓練（social skills training）是假設青少年之所以會有各種問題行為，主要是因為他們在兒童時期沒有學會面對各種情境的因應能力（Garbarino, 1992），所以該訓練模式希望能發現有效解決問題的方法以預防未來的問題。此模式視人

的成長為處理一連串情境要求的歷程，故與其嘗試去瞭解或消弭不健全的處理方式，不如教導我們的少年一些日常生活中最基本的處理問題技巧。換言之，這個模式所教導的方法，是要讓青少年在面對新的問題時，能有效地處理以產生好的結果，而不強調如何瞭解與解決過去的問題。由於青少年需要具備各種不同的社會技巧，以面對成長階段的各種課題，因此，如何處理其所面臨的壓力及問題是很重要的。通常在教導青少年社會技巧時，應考量其所面臨的問題而有所調整，不過，所有的技巧教導都應以簡單為原則，例如，在教導溝通技巧時可包含下列四部分：先和對方打招呼，開始簡單的對話，判斷對方是否在聽，最後再進入主題。此外，在教導的時候盡可能融入需要發揮該技巧的社會情境，讓青少年有實際演練的機會。茲將教導社會技巧的七個基本步驟分述於下，以供參考（Hepworth et al., 1997）。

1.將要教導的社交技能呈現出來：
  (1)要求組員解釋某一技能。
  (2)讓團體成員提供技能背後的理由。
2.討論該社會技能：
  (1)條列各步驟。
  (2)要求組員提供使用該技能的例子。
3.提出問題情境，然後示範該技能：
  (1)評估表現。
  (2)讓團體成員討論該技能的優缺點。
4.角色扮演：
  (1)邀請組員自願扮演。
  (2)讓組員觀察並討論。
5.讓組員預演該技能：
  (1)必要時，提供協助與指導。
  (2)讓組員互相回饋。
6.練習在複雜狀況之下使用該技能：
  (1)教導輔助技能，如問題解決的方法。
  (2)讓組員討論其他情境及互相回饋。
7.訓練其能維持所學：

(1)鼓勵團體之外的練習。

(2)邀請組員提供自己碰到的問題情境。

　　社會技巧訓練方案一旦施行，須對其執行狀況與團隊功能等問題做持續的規劃。社會技巧的訓練者須仔細擬定教導的原則之外，還須規劃並選擇介入的策略，以便符合兒童真正的需求，並發揮最有效的方法來教導特定之技巧，有關社會技巧之關聯架構及方法可參考**表8-6**及**表8-7**〔Allen-Meares, 1995〕。

五、家庭本位之處遇

　　行為問題常被認為是青少年在日常生活中學習到其所不利己或不利於他人的行為適應策略。許多研究已指出，行為偏差個案之家庭常用一些高壓互動方

表8-6　社會技巧關聯架構

前置的社會情境
場所
社會的及環境的提示
行為上的規範及期待
包容與支持的層次
反應
個人
生、心理發展狀況
知覺（如聽覺、視覺、動覺）
認知過程（如區辨、連貫、記憶、概念發展）
行為
非口語行為（如凝視、手勢、身體語言）
口語行為（如發問、陳述）
後續的社會情境
場所
增強或不增強
接納或拒絕
自我概念建立或減低
互動增加或減少

資料來源：Allen-Meares, P. (1995). *Social Work with Children and Adolescents*. New York: Longman Publishers USA.

表8-7 社會技巧訓練方法

直接的教導	對於特定情境中的適當行為規則提供口語的教導。
示範	透過身體上的示範而讓學生觀察瞭解特定技巧的要點。
象徵性示範	以錄影帶或錄音帶做示範。
行為演練	對於特定的行為或連串行為以口語或非口語的方式練習。
角色扮演	在一個模擬的社會情境中練習自然地表現適當的社會技巧。
角色替換	在角色扮演訓練中轉換角色,以增強學生同理和瞭解在該情境中他人之思考、感覺與行動。
增強和形塑	在訓練或非訓練時,對社交技巧適當表現或漸次改進提供社會的、活動的或具體的增強。
操控性前導	伴隨著社會技巧的訓練來建構情境以確保適當行為的增強,且消除不適當的行為。
認知行為訓練	教導學生對於社會行為規則用正常的口語陳述,以及柔和的語言陳述,和內在思考陳述,直到此等技巧有更好的內化為止。
家庭作業	在自然的環境中練習指定的社交技巧(如家庭、社區、學校),不論有無同儕或成人來協同監控練習的效果。
回饋／修正程序	口語或身體上的線索、激勵或引導程序,使學生以適當的方法來表現所訓練的技巧。

資料來源:Allen-Meares, P. (1995). *Social Work with Children and Adolescents.* New York: Longman Publishers USA.

式,而兒童則以一些不利於父母的行為作為回報(如不聽話、要求、攻擊或發脾氣),而父母則更以不利兒童之行為加以回應(如威脅及批評)(Bunyan, 1987)。有效的對行為偏差的評估與處遇,需要在自然情境善用觀察技巧及有系統地對家庭及延伸家庭做處遇。

　　行為處遇及技術如能有系統地加以運用會產生良好的效果。為了達到此種正增強的效果,社會工作者需要每星期定期訪問案主二至三次,以期有效地建議或提供好的行為模式的支持。當好的行為模式建立之後,家庭訪問的次數可減少,直到其行為能持續地產出。

資料來源:Allen-Meares, P. (1995); Beck, A. T., Steer, R. A., Kovach, M. & Garrison, B. (1985); Bunyan, A. (1987); Garbarino, J. (1992); Friesen, B. J. & Poertner, J. (Eds.) (1995); Hepworth, D. H., Rooney, R. H., & Larsen, J. A. (1997); Zarb, J. M. (1992).

兒童社會工作
——SWPIP實務運用

第二,再由個案透過自我語言達到內隱地控制(社會工作者可用運動員為
例,他們如何透過自我控制及提醒來追求卓越的表現)。

(四)指出行為之障礙及提供解決之道

在**專欄8-1**之例子,社會工作者對家庭運用行為模式,協助案主及其
母親減少攻擊、偏差及失功能行為。為了應驗此種訓練的成效及學習遷移
(learning transfer),社會工作者與案主母親基於行為治療技巧透過行為
演練,給予案主一些情境來考驗個案之因應能力。這些情境用來測試減少
案主焦慮並建立自我信心來因應日常生活之困境。社會工作者可以示範一
些例子讓個案母親模仿,下列是一些步驟指引(Sheafor, Horejsi & Horejsi,
1998):

表8-5之範例b透過社會工作者教導或示範良好的行為技巧並經過演練,
使得有能力因應行為困境,然後再運用增強策略,以達成個案正向行為的
形成。當個案達成行為技巧訓練,社會工作者可模仿情境給個案練習,並
將此技巧應用到他日常生活情境,要求個案指出這些策略的行為結果。

上例之技巧對個案的生氣控制或焦慮行為頗有功效,同時也可用於家
庭內或學校教導孩子以提升個案或家人之社會能力,除此之外,也可用於
個案之學習成就、行為控制、減少偏差行為或家庭功能之行為。

1.案主媽媽指出問題並描述或明確指出她在那情境下會做什麼。例如:
案主母親要求案主要在午夜前回來,但是她失去其堅持。案主晚了一
兩個小時才回來。案主母親非常生氣,逼問案主去哪裡鬼混,但案主

表8-5 認知自我控制之範例

範例a:不良行為功能			
情境	適應不良之自我語言	行為	結果
同儕威脅	我必須要打他	打人	退學
範例b:適應行為功能			
情境	自我內化語言	行為	結果
同儕威脅	假如我衝動打人,會被退學,那不值得。	走到一邊	對自己的行為控制自豪

318

用大聲回應：「不要再管我，我已長大，我可以決定什麼時候要回來，我高興回來，就回來。」

2.社會工作者提出一些有效解決此情境的行為建議。例如：社會工作者建議案主母親不用生氣方式，改用不同方式來處理。社會工作者與案主母親討論各種方式之可能回應，並選擇較適當的方式。

3.給予案主母親機會對問題及其擔心做回應，並能問社會工作者解釋之後的回應。例如：案主母親應被鼓勵來討論其對個案可能回答的反應，並分享對任何可能性行為的關心。她也應有機會對個案任何回應表達其感受。

4.採取角色扮演方式對可能行為的改變做預演。例如：首先，社會工作者可以扮演案主母親的角色，而案主媽媽則扮演案主角色。社會工作者可以展示適當的行為反應，而案主媽媽則揣摩案主可能的回應。然後角色再互換，最後案主母親練習新的行為及瞭解行為如何改變。

5.在角色扮演之後，社會工作者先指出正確（向）的行為反應，然後建議如何再改進。如果需要，可以再扮演多次直到行為熟練及滿意為止。例如：社會工作者應該鼓勵案主母親練習新（有效）的行為，直到她滿意為止，並且覺得對行為執行有足夠自信。

行為演練法最大的限制是情境推論的外在效度，於社工員的在場鼓勵之下，個案可以表現好的行為模式，但在真實情境之效果則不一定能有類化效果（generalized effect）。有時，真實情境之行為不一定如演練般可以被預期的。

家庭治療處遇也可應用此種認知—行為模式，這些處遇強調行為可以被導正，例如：(1)家庭之失功能互動模式；(2)家庭之溝通，問題解決及親子管教風格之技巧缺陷。不同家庭處遇必須依循行為分析、技巧訓練、認知重組、溝通技巧訓練、衝突協商訓練、管教效果訓練、問題解決訓練及關係增強訓練。

上列各種訓練技巧可以為社會工作者所採用，以服務犯罪青少年個案及家庭。

(五)督導服務與方案

　　有效監督可以幫助兒童福利社會工作者瞭解個案所經歷之環境、支持及壓力。與個案之生態系統有很好的關係有助於服務及方案的檢覈。在公領域的服務監督如學校、社區中心或鄰里，需要對個案之尊嚴及隱私的尊重。當有些人可能被你通知來與社會工作者及個案一起開會，要特別保護個案之隱私權。

　　當社會工作者與個案及其家庭處理有關個案之犯罪及問題行為時，社會工作者隨時要維持對服務及方案做檢覈及監督的工作，而且要以個案所處之環境（如家庭、學校、社區）做有效的監督及評估，而如果個案也可以身為自我檢覈的一員，方案會更有效，允許個案對方案給予回饋，也使個案在處遇關係成為一協同檢覈者。

五、評估結果及結案

(一)評估結果

　　處遇之有效評估是一個案工作過程的重要且必要的要素。一個可達成目標及標的的方案需要具效果及效率，因此，社會工作者必須可採用不同方法來評鑑直接服務之效果。單一個案之個案設計，如Walter Hudson所用之行為評量表（1992），可用來診斷個案行為頻率、強度及期間，而且也具有良好的信、效度。

　　身為社會工作者除了處遇診斷及提供服務外，還要有身兼轉介者、中介者、協調服務者及倡導者的角色，所用的方法如目標—成就評量、任務—成就評量，也在個案行為評量中具有其效用。此外，自我評量法也可使用來評量個案行為的改變。目標檢核表可使用來當作組合個案規劃及評量方法，以減少一些文件記載的時間花費。有時，使用後測評量也可得知處遇之效果（Sheafor et al., 1998）。基本上，社會工作者可應用實驗設計之方法來做方案評估，而且要採用有信、效度的評量工具，這可以有效檢測服務之效用。

(二)結案

犯罪青少年及其家庭基於下列兩個理由而結案：「第一，社工處遇失效；第二，社工處遇之目標達成。」不管如何，結案過程是社會工作者在他參與個案之始就要計畫在內，並且一定要與個案在訂定契約層面及展開福利服務輸送時，就要公開地說清楚、講明白。理想上，結案是由社會工作者與個案在目標及標的均達成時的共同決定，但許多情境並不如理想般，如個案再犯罪或個案中途就終止關係。

假如社會工作者由法案指派來幫助個案，那個案可能較想中止關係，而社會工作者仍然想要提供服務。這情形一定要先決定是否在法案命令執行後就結案，還是服務要持續進行。如果需要持續服務，社會工作者需要對案主解釋為何仍要持續服務，以及如果在此結案會產生什麼效果。如果個案仍堅持要中止關係，這也必須要與社會工作者之上司當個案之面討論中止社工干預，而且此種決定必須透過雙方共同達成。

社會工作者也必須預期結案之後可能對個案家庭及其社會網絡之他人產生影響。如果結案會對個案或他人產生危害，那就要通知那些人有關個案處遇之終結，但要迎合法令及專業倫理之保密原則。

但如果雙方關係是正向的，社會工作者也如處遇計畫般幫助個案達成目標及標的，也使行為有所改變，那結案過程雙方會依依不捨。因此，面臨此情境，要慢慢減少接觸。如果個案已依賴或轉移到社會工作者時，那資源及幫助要移轉至社區或社會資源網絡的自然幫助者（natural helper）或非正式資源系統。個案的失落感及生氣可視為自然，而且要透過社會工作者仔細與個案討論整個結案過程。

六、從多元系統觀點做追蹤

(一)家庭

對犯罪青少年的追蹤最重要是要考量其家庭的需求，並能隨時對其行為檢覈，最好的資源是共同支持家庭（mutual support of other families），

同樣有類似情境並能獲得相互的打氣與支持。另外，概括服務（wraparound services），亦是一種社區處遇的整合服務，就是在社區中做外展服務、組合社區的團體成為支持家庭的有效資源，以幫助家長們組成共同支持團體。此類服務在美國儼然成為一種社區處遇並著重預防觀點，提供各種協助給犯罪青少年之家庭，以減少社區犯罪比率。

(二)社區

社區的追蹤不著重於個案之服務，而是以社區及家庭做預防性的服務措施。最後的策略是要發展各種預防方案及服務來減少犯罪機率，而且要將整個服務與方案建構成資源網絡，以期早期鑑別犯罪因子及發展各種預防方案為優先考量。

(三)方案與服務

假如社會工作者在社區中找不到針對個案問題可以服務的資源，那就要積極倡導或尋找資源創造各種服務與方案。如同上述，服務與方案需要著重預防觀點，幫助早期鑑別危險群之個案，並提供資源消弭影響少年犯罪之因子。Quinn、Epstein及Cumblad（1995）建議在社區建立整合性以社區為本位的照顧方案，及個人之情緒及行為偏差之概括服務，此種服務可以對家庭與個案產生正向支持。

(四)政策

政策常常不顧及年齡，而僅是反映對犯罪及行為問題的態度。而對青少年而言，他們不能僅用矯治模式，而是要用社區復健模式，需要對家庭與個案提供支持，並運用社區預防觀點來減少犯罪之機率。這需要社會工作者倡導此種觀念並教導社區提供資源，設立有效方案來增加社區之安全。

結　語

　　「今日不投資，明日一定後悔」，兒童、少年人口素養對於國家之興盛安康、社會進步穩定，以及未來發展可能性有著極大的影響。因此，如何使得社會環境有利於個人之身心發展成熟，擁有健全人格，免受社會環境之不良影響與侵犯，而造成個人產生違法行為，是國家發展政策的重要課題之一。

　　世界各國對兒童或少年觸法行為的司法審理與處遇型態，呈現不一致的狀況，不過，無不在保護兒童、少年及維護其權利方面盡最大努力，期能在有效公平及合乎人道的原則外，達到教育處遇的目的，使誤入歧途的兒童或少年能回到正常的社會系統當中，重新正常適應，並發展其潛能。然而，由於不同體系基本訓練之不同，加上各體系之相關法令規範也有所歧異，所以對少年轉向或轉介制度的做法與認知亦不相同，唯有社會福利機構及司法單位的充分連結與合作，才是使整個系統正常運作，亦為發揮最大安置輔導功能的關鍵所在。

　　本章係以現今之兒童、少年之觸法行為概況做鋪陳，介紹現行安置輔導處遇在立法之基礎及其相關規定與實際執行所遭遇之困境，並以社工專業之處遇服務角度，提出未來處遇之考量與建議。

　　本章已提出青少年犯罪及行為偏差問題的介紹，並介紹兒童福利社工人員如何應用認知─行為技術以預防的觀點、配合政策與方案，強調支持家庭以減少個案之偏差行為及犯罪之再犯。最後以融入社區、建立輔導資源網絡來幫助青少年達成行為改變的目標。社區方案的輔導教師（mentoring）及社區概括的整合服務（wrap-around），可以當作社區處遇中之預防策略及方案。

參考書目

一、中文部分

王淑女（1994）。〈青少年的法律觀與犯罪行為〉。《輔仁學誌》，26，337-375。

王淑女、許臨高（1991）。《我國現行少年福利法規適用情況調查報告》。台灣省法規會。

王麗容（1997）。《國外兒童及青少年相關家庭政策與措施》。中華兒童福利基金會兒童、少年保護談家庭的角色與功能研討會實錄。

司法院統計處（1996）。《八十五年少年兒童犯罪概況及其分析》。台北：司法院。

司法院統計處（2002）。《九十一年少年兒童犯罪概況及其分析》。台北：司法院。

台灣更生保護會（1998）。台灣更生保護會一至十一月統計月報表。台北：台灣更生保護會。

伊慶春（1994）。《台灣民眾的社會異象——社會科學的分析》。台北：中央研究院中山人文社會科學研究所。

李旻陽（1992）。《國中學生學習成績、師生互動與偏差行為關係之探討》。中國文化大學兒童福利研究所碩士論文。

周震歐（1986）。《我國青年福利服務之綜合規劃研究》。台北：行政院青年輔導委員會。

周震歐（1987）。《犯罪心理學》。作者自行編印。

青輔會（2004）。《青少年政策白皮書》。台北：行政院。

柯耀程（2003）。《刑法的思與辨》。台北：元照。

張春興（1986）。《張氏心理學辭典》。台北：東華書局。

張盈堃、方岷譯（1998）。《積極性家庭維繫服務——家庭政策及福利服務之應用服務》。台北：揚智文化。

教育部訓育委員會（1996）。《輔導中輟學生簡報》。台北：教育部。

許春金（1991）。《犯罪學》（三版）。台北：三民書局。

郭靜晃、胡中宜（1997）。〈更生保護與青少年庇護制度〉。《社區發展季刊》，79，235-249。

郭靜晃、曾華源（2000）。《少年司法轉向制度之因應》。台北：洪葉文化。

曾華源、郭靜晃、曾騰光（1996）。《強化不幸少年教養輔導方案之研究》。台北：內政部社會司專案研究。

曾華源、郭靜晃（1999）。《少年福利》。台北：亞太圖書。

陳炳修（1993）。〈台灣世界展望會——街頭遊童輔導〉。《社會福利》，104，18-21。

馮燕（1994）。《兒童福利需求初步評估之研究》。內政部社會司委託研究。

彭駕騂（1989）。《社會變遷中青少年輔導角色及其定位》。台北：教育部。

游淑華（1995）。《從事色情工作離妓生活現況之分析》。東海大學社會工作研究所（未發表）。

楊孝濚（1996）。少年觀護制度與志願服務。中華民國觀護協會少年事件處理法修訂之期末座談會。

詹火生（1987）。《社會學》。台北：國立空中大學。

趙雍生（1995）。〈對台灣少年犯罪矯治之回顧與展望〉。《社區發展季刊》，72，211-220。

謝高橋（1982）。《社會學》。台北：巨流圖書。

鍾思嘉（1991）。《青少年竊盜行為之個人心理性質之分析》。教育部訓練委員會委託研究。

關漢中（2003）。〈介入校園或走入社區？初探青少年輔導方案的動向〉。《多元教改對現今社會之影響論文集》。東吳大學文學院第二十屆系際學術研討會。

二、英文部分

Allen-Meares, P. (1995). Social Work With Children and Adolescents. New York: Longman Publishers USA.

Andrews, D. Z., Zinger. I., Hoge, R. D., Bonta, J., Gendreau, P., & Cullen, F. T. (1996). Does correctional treatment work? A clinically relevant and psychologically informed meta-analysis. In D. I. Greenburg (Ed.), *Criminal Careers. Vol II. The International Library of Criminology, Criminal Justice and Psychology.* Aldershot, England: Dartmouth.

Beck, A. T., Steer, R. A., Kovach, M. & Garrison, B. (1985). Hopelessness and Eventual Suicide: A 10-Year Prospective Study of Patients Hospitalized with Suicidal Ideation. *Am J Psychiatry, 142*(5), 559-563.

Berg, J. K. (1994). *Family Based Services: A Solution-Focused Approach.* New York: W. W. Norton & Co.

Borduin, C. M., Mann, B. J., Cone. L. T., Henggeler, S. W., Fucci, B. R., Blake, D. M., & Williams, R. A. (1995). Mulisystemic treatment of serious juvenile offenders: Long-term prevention of criminality and violence. *Journal of Counseling and Clinical Psychology, 63*(4), 569-578.

Bunyan, A. (1987). Help, I can't cope with my child: A behavioral approach to the treatment of a conduct disordered child within the natural homesetting. *British Journal of Social Work, 17*, 237-256.

Clark-Lempers, D. S., Lempers, J. D., & Netusil, A. (1990). Family financial stress, parental support and young adolescent academic achievement and depressive symptoms. *Journal of Early Adolescence, 10*(1), 21-36.

Combrinck-Graham, L. (1989). *Children in Family Contexts: Perspectives on Treatment.* New York: Guiford Press.

Corbett, J. & Petersilia, J. (1994). Up to speed. *Federal Probation, 58*(3), 51-57.

Dryfoos, J. G. (1990). *Adolescents at Risk: Prevalence and Prevention.* New York: Oxford University Press.

Dunphy, D. C. (1980). Peer group socialization. In R. M. Lerner, A. G. Petersen, & J. Brooks-Gunn (Eds.), *Encyclopedia of Adolescence*, *Vol.1*. New York: Garland.

Durlak, J. & Lipsey, M. (1991). A practitioner's guide to meta-analysis. *American Journal of Community Psychology, 19*, 291-332.

Friesen, B. J. & Poertner, J. (Eds.) (1995). *From Case Management to Service Coordination for Children with Emotional, Behavioral, and Mental Disorders*. Baltimore: Brooks.

Garbarino, J. (1992). *Toward a Sustainable Society: An Economic, Social, and Environmental Agenda for Our Children's Future*. Chicago: Noble Press.

Greenwood, P. W. (1994). What works with juvenile offenders: A synthesis of the literature and experience. *Federal Probation, 58*(4), 63-67.

Hawkins, J. D., Jenkins, J. M., Catalano, R. F., & Lishner, D. M. (1988). Delinquency and drug abuse: Implications for social services. *Social Services Review, 62*(2), 258-284.

Hazel, K. N. (1982). New hope for the teenage outcast: The family placement of disturbed and delinquent adolescents. *International Journal of Offender Therapy and Comparative Criminology, 26*(1), 62-71.

Henggeler, S. W. (1989). *Delinquency in Adolescence.* Newbury Park, CA: Sage.

Hepworth, D. H., Rooney, R. H., & Larsen, J. A. (1997). *Direct Social Work Practice: Theory and Skills* (5th ed.). Pacific, Groove, CA: Brooks/Cole.

Hudson, W. (1992). *Walmyr Assessment Scale.* Tempe, AZ: Walmyr.

Kazdin, A. (1987). Treatment of antisocial behavior in children: Current status and future directions. *Psychological Bulletin, 102*, 187-203.

Lipsey, D. (1984). *The Welfare of Children.* New York: Oxford University Press.

Mather, J. H. & Lager, P. B. (2002). *Child Welfare: A Unifying Model of Practice.* New York: Brooks/Cole/Thomson Learing.

Mills, R., Dunham, R., & Alpert, G. (1988). Working with high risk youth in prevention and early intervention programs: Toward a comprehensive wellness model. *Adolescence, 23*(88), 643-660.

Petersilia, J. (1995, Summer). A crime control rationale for reinvesting in community correction. *Spectrum, 68*, 16-27.

Quinn, K. P., Epstein, M. H., & Cumblad, C. L. (1995). Developing comprehensive, individualized community-based services for children and youth with emotional and behavior disorders: Direct service providers' perspective. *Journal of Child and Family Studies, 4*(1), 19-42.

Robinson, S. (1994). Implementation of the Cognitive Model of Offender Rehabilitation and Delinquency Prevention. Unpublished doctoral dissertation, University of Utah.

Santrock, J. W. (1999). *Life-Span Development* (7th ed.). New York: McGraw-Hill.

Sheafor, B. W., Horejsi, C. R., & Horejsi, G. A. (1998). *Techniques and Guidelines for Social Work Practice.* Boston: Allyn & Bacon.

Sicklund, M. (1992, Feb.). Offenders in juvenile court. 1988 OJJDP Update on Statistics, pp.1-11.

Struck, C. (1995, Autumn). Prediction and prevention of child and adolescent antisocial

兒童社會工作
——SWPIP實務運用

behavior: Special sectia. *Journal of Counseling and Clinical Psychology, 63*, 515-584.

Sullivan, R. & Wilson, M. F. (1995). New directions for research in prevention and treatment of delinquency: A review and proposed. *Adolescence, 30*(117), 1-17.

Zarb, J. M. (1992). *Cognitive-Beharioral Assessment and Therapy with Adolescents*. New York: Brunner/Mazel.

Zigler, E., Taussig, C., & Black, K. (1992). Early Childhood intervention: A promising prevention for juvenile delinquency. *American Psychologist, 47*, 977-1004.

Chapter 9
中輟兒童少年之福利服務

- 中輟學生的定義
- 中途輟學的相關理論
- 中輟學生輟學的原因
- 中輟學生的需求
- 中輟學生的輔導策略

教育是人力資本的投資，且少年人力素質對社會發展扮演著相當重要的角色，而中途輟學造成這些處於身心發展快速、需要保護與依賴的人口群，未能在其成長過程中獲得各種需求及充分的支持與協助，將使得這些輟學的青少年進入獨立的生產人口階層時，必然不易有高素質的生產力，以及扮演好對社會經濟發展有貢獻的角色，此結果不僅是青少年個人的職能發展受到了限制，同時是國家社會整體人力資源的損失，特別是當輟學後所衍生出來的各種偏差與犯罪行為急遽增加所造成的社會成本，使得世界各國無不對於青少年的輟學問題投以高度的關切（曾華源、郭靜晃，1999）。教育的本質原是為了使青少年在教育體制所安排的學校課程中，習得進一步升學的準備教育與進入未來工作職場中的預備訓練，透過教育的方式來培養青少年，並且期待以學校教育來教導青少年對於自我有正確的認知及平衡自我的身心發展，然而有些青少年在求學的過程中，因為自願性（自己對學業不感興趣、情緒困擾等）或被迫性（家庭負擔不起學費、家庭關係不正常等）的因素而中途輟學，這些青少年可能的去處除了賦閒在家外，更可能因缺乏一技之長或適應社會的能力不足，而在社會中成為青少年犯罪的高危險群，諸此種種皆可能衍生嚴重的社會問題。

事實上，青少年中途輟學問題已是一項嚴重的社會問題的警訊，也是各國政府亟待解決的社會難題，根據調查顯示，我國中輟生的比率正逐年增加，從1994～1996年之間，每年平均就有五千至六千名的青少年輟學，而1995～1997年，平均每年有九千至一萬名的學生中途輟學（教育部，1999a），輟學率約為0.3%。在2001年度曾輟學學生人數為9,464人，復學人數為6,254人，復學率為66.08%，中輟尚未復學人數為3,210人，中輟尚未復學之實際輟學率為0.11%。就青少年的就學率來看，在1996年時，國中的就學率僅有90.7%，而高中、職就學率分別僅有58.9%及17.7%；而到了2001年，國中、小的中輟學生有9,464人，占全部中、小學生數的0.33%，論其中輟因素，個人因素占了41%，家庭因素占了25%，學校因素占了11%，同儕因素占了10%，以及其他因素占了13%；其中單親家庭因素為39.57%，原住民因素則占10.40%，且這些中途輟學的青少年在離校之後，可能成為犯罪的高危險族群（教育部，2003）。

　　從社會演進的角度來看，1970年之後各國逐漸廣泛注意中輟的問題，中途輟學不僅是教育上的問題，同時也涉及人力與教育資源的浪費，因為它不但影響輟學者的就業與生涯發展，而且也可能導致失業與犯罪等社會問題（Levin, 1972；張人傑，1994）。「在1970年聯合國教育科學與文化組織的會議中，也提出中輟是嚴重的教育浪費，並且也加以在會中討論中輟形成原因及解決與因應策略。在1980年代，全國有半數以上國中生無法完成義務教育，在香港也因中輟少年暴力事件的激增，香港政府因此將中輟學生列為邊緣青少年服務的重要對象（郭乃揚，1992；翁慧圓，1995）。至1990年代，美洲地區的輟學比率仍高達21%，亞洲地區則有9%，中國大陸在1993年也有10%的國中生在國中階段輟學」（張人傑，1994；翁慧圓，1995）。

　　「根據美國在1984年的調查數據顯示，在學學生的輟學比率為29%（Rumberger, 1986）；在1980～1982年間有超過一萬五千名的學生輟學，而在1985～1986年間，美國幾乎有二百萬學生有一次以上的輟學情形（Dupper, 1994），雖然美國希望入學目標之比率為90%（Atwater, 1992），但是美國目前青少年犯罪率普遍升高的趨勢以及輟學生比例日益升高的情形下，中輟學生也成了少年犯罪的高危險群，例如未成熟的性行為、未成年懷孕、犯罪與非行行為、酗酒、藥物濫用及自殺等」（Kushman & Hearilod-Kinney, 1996）。因此，這個潛藏在社會問題下的可能犯罪因素值得我們去關切與瞭解。同時在目前青少年犯罪呈現低齡化、暴力化及多元化的趨勢下，中途輟學的人數居高不下與成為青少年犯罪的高危險群這兩大社會問題，是需要花更多的成本及時間來投入輔導中輟青少年復學或就業的工作。

　　處理中途輟學問題對於中輟生本人及對社會造成的影響所需的花費，是相當龐大的。除了中輟學生自己本身比完成正式學程的同學少賺了許多收入外，政府在處理中輟生所產生的問題及預防中輟問題產生的服務方案，亦是一項沉重的負擔（Rosenthal, 1998）。在比較完成正式學程的學生與中途輟學的學生一整年所獲得的收入後發現，中輟生比起完成正式學程的學生，其一生中至少少賺了二十五萬美元（Rumberger, 1986）。此外，

Catterall（1987）也做了全國性的相關調查研究，結果推估出全國中輟生收入總合比起完成正式學程學生，至少少賺了兩兆兩千八百億美元。而美國政府為了處理中輟生的問題又多花了六千八百億美元的政府預算。另外，美國政府每年提供給中輟生的社會服務方案及處理中輟生的犯罪問題上的花費約六十億美元（Rumberger, 1986）。據此，中途輟學問題的解決之道，不僅攸關個人生活品質，而且也影響整個社會的福祉。

在Franklin和Streeter（1995）的研究中提出，學生輟學的原因可分為兩大向度——社會心理層面的因素及學校相關的因素。他們並認為可見學校體系（或稱為教育體系）的影響因素為中輟發生主因之一，另外。長久以來，中途輟學的問題都被視為是教育體系內的家務事，例如，學校體系中學校組織、特徵，以及學校的結構等所產生的問題。政府及社會福利相關單位也開始對中輟問題予以回應，具體內容包括針對中輟生本身所表達的「表達性需求」（如心理支持、同儕認同、經濟補助、職業訓練、學業輔導等），與專家學者所認為中輟生需要的「規範性需求」（如解決師生與親子間的緊張關係、學校課業適應的調適等）規劃的輔導方案，例如，另類學校（alternative schools）就是以中輟生整體需要為訴求，來處理及終止中途輟學問題的繼續發生。

發展至今，中途輟學問題的歸因已由教育體系裡的家務事，演變成社會中多元問題共同影響的結果，此問題發生原因的歸結已是一種全面性問題的切入，意即學生輟學問題已跳脫單由學校內問題發生或僅在學校內進行事後處遇，反而是著重所有可能影響中輟發生的學校、家庭、社會大環境等綜合因素，與整體性地對中輟生可能產生輟學的原因加以干預與預防。此種趨勢的轉變是由於目前在中輟學生輟學原因的調查研究中，陸續發現學生的輟學因素不單只與學校相關因素有關，受非學校因素的影響也相當大（Rosenthal, 1998）。因此，若欲徹底解決中途輟學的發生，應經由全方位跨組織、跨部會的合作，共謀解決之道。

細究中途輟學發生的原因，在學校相關因素方面包括：學校組織、結構及特徵等。以學校的生活型態來分析，學生上學的時間長，放學後又要參加課外補習，將會影響學生睡眠或自由運用時間，且其可能影響學生

生理成長的部分更是值得注意（曾華源、郭靜晃，1999）。甚至由教育部1995年的統計結果中發現，校園傷害暴力事件將會使學生對學校生活不滿意，認為教學方式不甚理想，校園不夠安全，其中有人不想上課，認為不受老師喜歡，對讀書沒有意義，所以有人放棄完成義務教育，選擇中途輟學。

在非學校相關因素部分則包括：中輟生個人本身背景部分，例如，社經地位、家庭、性別、年級、社會大環境的壓力、失功能的家庭及附近鄰居的狀況等。Rosenthal（1998）的研究中指出，有效益的干預措施將是考慮這些可能造成中輟因素，並且以生態系統的觀點加以綜合性地干預。在中輟學生所面臨的生態系統可分為四方面：微視系統（microsystem）、居間系統（mesosystem）、外部系統（exosystem）及鉅視系統（macrosystem）。微視系統所指的是中輟學生直接面對面接觸或直接參與的人或事物，例如，家庭、學校、同儕團體等；居間系統指的是中輟學生個人所直接參與的兩個或兩個以上小系統的互動連結，例如，家庭與學校、學校與左右鄰居；外部系統所指的是中輟學生並未直接參與的系統，但卻會影響個人直接參與的小系統，例如，家庭與父母工作特質之間的互動關係等；鉅視系統所指的是中輟學生所存在的大環境，例如，社會、文化、次文化或價值觀等較高層次的系統。對中輟生而言，其中輟的原因與其環境內的因素是息息相關的，有些中輟的理由是因為自己本身的微視系統出了問題，例如，個人對課業失去興趣，或與同儕、師長的關係不良，以致產生不想去學校面對這些煩惱的行動；有些是中輟生本身的居間系統產生使其無法適應的因素，例如，家庭與學校聯繫不良，導致無法對中輟生的問題即時回應，最後因為自己本身的判斷錯誤而犯罪；還有可能是中輟生的外部系統或是鉅視系統產生不利於原已無法抗拒誘惑的邊緣中輟生，為了滿足社會上某種較為偏差的次文化，例如，物質主義、某種流行而有害人體的新產品、違禁品等，因而不加思索做出無法挽回的過錯。

連帶地，建基在上述不同中輟原因的思維邏輯下，對於中輟生的輔導策略，大致上可以分成教育與司法取向的「抑制模式」（repression-oriented model），以及社會工作取向的「充權增能模式」（empowerment-oriented model）（吳嬋娥，1998；李麗華、包希姮，1997；彭懷真，1995；鄭崇

趁，1994；梁志成，1993）。所謂「抑制模式」是把中輟生本身的不良因素阻絕，抑制造成中輟的原因，使環境更爲單純化，並加以干預，其中，隸屬於教育層面的論述策略通常是強調將中輟生找回到學校來，並且著手改善若干教育制度設計上的缺失，就此而言，相對應的解決對策包括：全面性加強學校的輔導工作、變更學制與課程內容、加強法治教育、多元化教育機會、增強技藝訓練與職業教育，以及增設補救教育和中途學校等。換言之，教育與司法取向的思維邏輯在於凸顯出「問題取向」（problem-oriented）、「機構化」（institutionalization）、「治療」（therapy）、「失能」（disability）以及「依賴」（dependence）的操作性概念。

至於「充權增能模式」主張增加中輟生本身的技能，增強其所需的部分，此模式隸屬於社會工作範疇的論述策略，則是凸顯中輟生本身的主體意義，不再將中輟生與一般主流教育目標同等看待。就此而言，像是情緒管理、自我成長、諮商服務，以及生活技巧教育等對應的措施，無非是爲了提供中輟生一套較爲完整的社會支持服務系統（服務整合）。也就是說，社會工作取向的思維邏輯傳達的操作性概念包括：「需求取向」（need-oriented）、「除罪化」（decriminalization）、「復健」（rehabilitation）、「發展」（developement）和「自立」（self-reliance）。總之，教育取向的論述策略主要還是以學校機構和司法單位作爲運作的主體，強調採取預防性的方案，透過多元的聯合預防行動，以有效地遏止青少年中途輟學的可能性；至於社會工作取向的論述策略則是以還原中輟生個人的主體價值爲要，相關的機制體系包括：警政保護體系、醫療保健體系、社會福利體系、職業訓練體系，以及觀護矯治體系。不過，無論是教育取向還是社會工作取向，皆是建基在一種「由上而下」的思維邏輯下。

國內目前實施的輔導方案大都以讓中輟生回歸學校上學的方案爲主，例如，成立中途寄宿學校，其目的在於促使學生能集中管理，且受到良好的照顧及獲得師長的關懷，其成效已逐漸彰顯；但有些方案例如延教班、多元性向發展班、靜思班等因缺少實施後的評估工作，故難以評估其具體成效；其餘的輔導方案，有些是針對加強學校處理中輟問題能力、健全中輟生本身的家庭功能或中輟生本人的自我功能等，其功效如何，亦尚待考究。

總之，中輟學生的輟學問題已造成潛在的治安危機、教育資源的浪費、國家社會整體人力資源投資的受損，以及中輟學生人生發展的耽誤等嚴重後果，這些因中輟而衍生的種種問題，亟待我們提出具體可行的防治方案來解決。因此，相關單位應針對中輟生的特殊需求，規劃適切的輔導策略與措施，從而建構起理想的社會支持服務體系。

第一節　中輟學生的定義

綜觀國內外中輟生定義的文獻資料可發現，各專家學者對於中輟生的定義眾說紛紜，依定義者對於中輟的認定範圍廣度不同，而有不同的定義描述，更可能依定義者本身所強調的觀點不同，而賦予其不同的意義與特色。以下為教育部（2003）彙整各國對於中輟學生之定義整理歸納如下：

1. 中華民國：國民教育階段，國中、國小（六至十六歲）學生，未註冊入學，或在學中未經請假而有三天以上未到學校上課者。
2. 香港：指六至十五歲兒童不在小學或中學就學而無合理辯解者。
3. 日本：國中、國小義務階段學生無客觀事實上合理且妥適理由而不去上學，或想去上學卻不能上學，缺席日數一年達三十日以上之學童，統稱為「不上學」（不登校）。
4. 英國：英國義教年齡為五至十六歲，凡在此義教年齡者必須強迫就學；英國並無「中輟生」之統稱，但在政府之統計資料中有學生缺席統計，這類缺席分為「經許可之缺席」（authorized absence）及「未經許可之缺席」（unauthorized absence），後者包括曠課（truancy）及輟學。
5. 法國：中輟學生在法文一般以「脫離教育系統之無文憑青年」稱之，其定義為國中、通科暨適應班或職業中學就讀「職業能力證書」班或「職業教育學習證書」班之中斷學習之學生。
6. 巴拉圭：所謂中輟學生之定義係指受義務教育者（國中以下）離開教育體制。

7.韓國：稱爲學業中斷青少年，即指中高等學生於學校中斷學業者而言。

8.比利時：未取得中等教育證書前即輟學及學生無故蹺課兩種。

9.奧地利：其法定義務教育爲九年，具強制性，不論何類學生（貧困無力就學、身心障礙、行爲違常、資賦優異），政府運用公權力，因此無所謂中輟學生；唯高中職以上學校，即所謂第二階段教育（Sekundarausbildung, II. Atufe）以後始有中輟學生。

10.美國：各州定義不一，大致可分爲下列兩種：

(1)「中途輟學」（dropout）：一是指學齡學生在畢業以前離開學校，以及學生並未有在任一所學校註冊也未畢業。

(2)亦可指十六至二十四歲間者註冊入學，未完成高中學校或取得一般教育發展證書（General Education Development, GED）者。

11.加拿大：

(1)以「轉變中的青年調查」（YITS）爲例，該項報告的高中中輟學生係指在1999年12月之前，尚未註冊入學以及註冊入學但尚未完成高中畢業所需相關學分或課程之十八至二十歲青年而言。

(2)一般而言，在北美所用之基本定義，中輟生係指：

‧曾經在學校就讀。

‧未曾完成在學期間開始時註冊入學。

‧未完成及畢業於特定時間。

‧未完成學業亦沒有轉至其他教育機構繼續學業。

‧未因重大疾病或經學校允許而離開學校。

12.澳洲：稱爲「離校生」（school leavers），指十五至二十四歲之青年，就學一段時日後，隔年5月即不再入學者。

另外，國內專家學者就學校程序規定嚴謹度爲分類標準，對中輟生之定義說明如下：

1.未完成既定課程：中途輟學係指任何一個階段中的學生，在未修完該階段課程之前，因故提早離開學校（高政賢，1980），亦可解釋爲指

義務教育終止年以前的輟學（張人傑，1994）。

2.未完成既定課程，且未轉至其他教育單位：未完成學習階段課業之前，除了死亡與輟學之外，因故提前離開學校之行為（翁慧圓，1995），或任何一個階段的學生，在未畢業或是未完成註冊程序或於學習中離開原就讀學校，且未轉學到其他學校，則視為中途輟學（商嘉昌，1994）。鄭崇趁（1998）將中途輟學定義為國民義務階段（國中、國小）未經請假而三天未到校上課之行為，包括轉學三天內未轉入新學校及開學三天內註冊者。另根據「國民中小學中途輟學學生通報及復學輔導辦法」第2條亦指出，國民小學、國民中學之學生未經請假未到校上課達三日以上，學期開學未到校註冊達三日以上，且轉學時未向轉入學校報到達三日以上為中途輟學（教育部，1997）。目前政府及學校機構對於中輟生的定義，是以教育部所訂定的「國民中小學中途輟學學生通報及復學輔導辦法」為依據，是以國中未畢業之青少年為準，而對中途輟學學生追蹤管制期限至年滿十六歲為止。

3.未符合學校體系所規定的程序、未轉至其他教育單位且去除死亡之例外因素：國中、國小學生在完成學業之前，除了死亡與轉學之外，因各種原因除去學生身分者（張淑慧，1999）。任何一個階段中的學生，在未畢業或未完成整個學習計畫之前，除了死亡因素之外，因故學期初未完成註冊程序或於學期中離開學校，並且沒有轉學至其他學校，則為中途輟學（梁志成，1993）。陳玨君（1995）認為中途輟學是指任何一個教育階段中曾註冊的學生，在未畢業或未完成該階段的教育之前，除死亡原因外，因故在新的學期初未辦理註冊手續，或於學期中離開學校達一定期限以上，且未轉學到其他教育機構。

第二節　中途輟學的相關理論

一、中途輟學概念模式

中途輟學概念模式（Conceptual Framework of Dropout）是由Tinto（1975）所提出。當個體對學校結構、道德風氣及價值觀念等感到不滿時，尤其是在個體無法與學校生活統整時，往往會破壞個體與學校系統的連結，中途輟學的行為也就容易發生，學生會藉由疏離行為來表達對學校的不滿與拒絕。

中途輟學概念模式（**圖9-1**）是將學校系統分成兩個子系統：學業系統與社交系統。當學生無法將自己與這兩個系統做好統整時，則容易導致學業上的挫敗或人際上的排斥或孤立，進而有疏離感的產生，也就容易有中途輟學的行為發生。Tinto的中途輟學概念模式取決於學生個體對學業

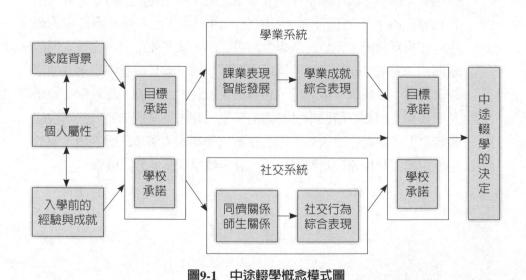

圖9-1　中途輟學概念模式圖

資料來源：Tinto, V. (1975). Dropout from higher education: A theoretical synthesis of recent research. *Review of Educational Research, 45*(1), 81-125.

系統和社交系統的交互作用歷程。由於家庭背景、個人屬性及入學前的經驗和成就的不同，每位學生對目標承諾（goal commitment）及學校承諾（institutional commitment）的期許會有所不同。所謂的「目標承諾」是指學生對自我期望的層次與強度；而「學校承諾」指的則是學生期望的學校型態。這兩種承諾都涉及學生的心理層面，並影響學生在校的學業表現及社交關係，學生會透過在校所感受到的整體表現，不斷地去修正自己對目標及學校的承諾，進而決定是否繼續留校或是中途輟學。如果學生發現當他投資較多時間、精力在校外活動能得到更大的效益或成就時，就容易會有中途輟學的情形發生（Tinto, 1975）。

Miller（1958）針對中等教育之中途輟學研究，進一步將Tinto的中途輟學概念模式修正如**圖9-2**。所謂的「外部因素」指的是學校以外的影響因素，例如，幫派、廟會活動、懷孕、吸毒及就業市場的工作機會等。

不論是Tinto或是Miller的中途輟學概念模式，皆強調校內的學業系統與社交系統對學生內在心理知覺的影響，學生會藉由不斷地修正其對目標與學校承諾的程度來決定其中輟與否。

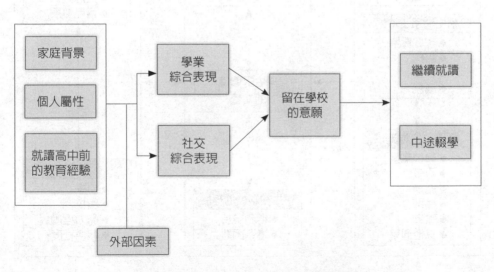

圖9-2　Miller中途輟學概念修正模式圖

資料來源：Miller, W. B. (1958). Lower-class culture as a generating milieu of gang delinquency. *Journal of Social Issues, 14,* 5-19.

二、一般系統理論輟學模式

Barr（1987）所提出的「一般系統理論輟學模式」（General System Model），假定外部環境因素、學生背景及特質與學校的特質間具有交互作用，且會影響學生對整個教育環境的知覺、經驗、滿足感與在校表現（包括課業表現、人際關係與智能發展等）。這些知覺、經驗和表現將是決定學生是否中途輟學的重要因素。由**圖9-3**可看出，此模型明確地標示出各組因素間具有交互作用及回饋網絡的關係存在。當學生背景及特質與學校特質不同時，學校所採取的政策、領導方式及標準等會隨之調整，進而產生不同的組織氣氛；相對地，當學校特質產生變動時，學生的目標及態度等

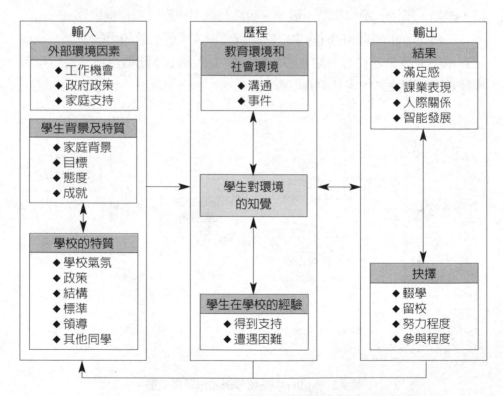

圖9-3　Barr一般系統理論輟學模式圖

資料來源：Barr, R. B. (1987). An essay on school dropout for the San Diego Unified School District (ERIC Document Reproduction Service No. ED 279 733).

也會受到影響而產生改變。

三、生態理論

生態理論（Ecological Theory）主要在探討多重環境對人類行為與發展的影響，並將環境依與人的空間與社會距離，分成一層套一層的幾個系統。個人被置於核心，緊緊包圍著的是自出生起便最為密切的家庭系統，稱為微視系統，它與個人的交流最直接、頻繁，故影響力最大。居間系統是指系統間的互動關係。學生在其發展過程中，就是靠這些居間系統來接觸真實的社會環境，這些居間系統的存在能幫助學生在各個微視系統中的發展優勢。Bronfenbrenner（2000）指出，生活中各微視系統間的關聯愈強，愈能互補，則居間系統愈發達，亦愈能有力地推進個人的發展。至於外部系統是指對學生的發展有影響，但卻在其中沒有一個直接角色的社會情境，亦即那些對學生的生活環境有影響力，個人沒有參與運作的體制，例如，學校的行政系統、父母的工作單位等。外部系統與居間系統的形成，直接受到各個社會文化中的意識型態與制度模式的影響，這就是Bronfenbrenner所稱的鉅視系統。換言之，鉅視系統是含括外部系統、居間系統乃至微視系統的基礎。

學生係一微小的個體，整個生態大環境對學生都有著決定性的影響；而在學校環境中，學生周遭的人也對學生有絕對的影響，如**圖9-4**所示。

生態理論中所形容的環境，特別強調其中時間與空間在人的生活中，可能是資源，也可能是衝突與壓力的來源，而且時間感與空間行為，往往會受到社會文化（次文化）的影響。學生在學校環境中會經由不斷地交換累積、互相模塑，互為改變或互相影響。當學生與學校間的各種交流均能達到令人滿意的效果時，表示學生能適應學校環境，到校上課能帶給他成長、發展、生理及情緒的滿足感，因而會繼續留在校中求學；相反地，如果學校生活中的期待要求、發生的事件或過程會給人帶來壓力，且讓人覺得超過其所能負荷的能力時，人與環境間的關係就會變壞，因而造成人與人、人與環境間的不平衡現象，進而會有孤立、失方向感、絕望等情緒的產生，中途輟學的行為也就容易發生。

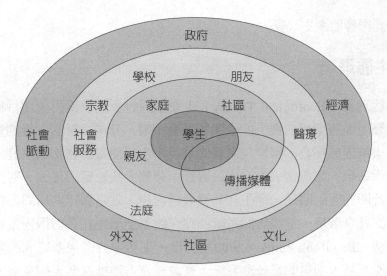

圖9-4　中輟學生之生態環境圖

資料來源：黃木添、王明仁（1998）。〈中途輟學學生服務與輔導——中華兒童福利基金
　　　　會服務概況〉。發表於以愛化礙——關懷中途輟學學生研討會。

　　總之，生態體系理論認為中輟生本人及其家庭和所處身邊的環境是相
關聯的，是一個整體性的觀點，具有牽一髮而動全身的特質，因此，在判
別中輟原因的形成因素時，與針對中輟問題而設計的輔導策略，應以整體
性觀點的生態系統理論作為其主要的基礎理論。

　　此種以中輟學生生存的生態環境的全面性思考其問題與干預方式，有
助於分析中途輟學的真實原因及針對問題做合適的回應，定出合宜的輔導
方案。換言之，中途輟學問題是在社會大環境所生成的，亦是中輟學生所
生存的環境中各系統內產生了問題，不能光從學校內的相關因素考慮，應
對中輟生的整體生態體系的方向著手，針對中輟學生所處生態體系中的微
視系統、居間系統、外部系統及鉅視系統內所產生的問題來源，及可行的
輔導方案與中輟學生個人真正的需求做全面性的規劃。

四、中途輟學的文化傳遞理論

　　「文化傳遞理論」（Acculturation Theory）強調不同的社會團體各自擁

有不同的文化內容。Miller（1958）認為，在社會結構中由於人口的異質性而產生了各種不同的團體，每個團體皆擁有各自獨特的信仰、傳統、價值觀、規範與社會期望。而任何一個社會階級也都擁有自己獨特的價值觀、規範與社會期望，因此，位居社會底層的青少年所犯的偏差行為，就不能說是不符合中產階級的價值標準，只能說其遵守著屬於自己階級的文化價值觀，而這些價值觀和中產階級的見解並不相同，也就是說，因為社會底層的次級文化傳遞與情感的高度介入，引發了少年的不良行為。對於易有偏差行為產生的少年，可能會透過加入幫派來滿足心理上「歸屬」及「被積極表揚」的需求（**圖9-5**）。

　　但是，並不是所有來自社會底層的少年都會因次級文化價值觀的傳遞，而有不良行為的產生。Miller（1958）將「社會底層」分類為：

1.穩定的社會底層：知道自己不可能會在事業上有良好的成就或根本不想求上進。

2.有志向上卻受阻的社會底層：希望在學業或事業上有所成就，卻因缺乏智能、機會或身處於文化壓力等因素下，而未能達成目標。這類少年最有可能從事偏差行為，藉由偏差行為來滿足其慾望。

3.已獲成就的社會底層：具有志向及潛能的社會底層，能在學業及事業上獲得預期的成就。

　　學校對學生的期望與要求，通常是中產階級的信念與行事風格的寫

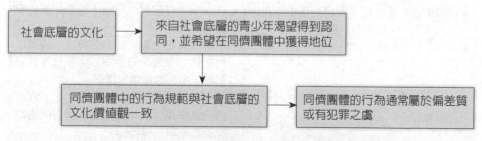

圖9-5　社會底層文化與偏差行為之理論架構圖

資料來源：Shoemaker, D. J. (1990). *Theories of Delinquency* (2nd ed.). New York: Oxford University Press.

照，學校規則往往反映出中產階級的價值傾向，例如，守規矩及追求好成績等，但是位於社會底層的學生卻因為不斷地在學業或人際上產生挫敗，而無法認同學校文化，並逐漸形成抗拒型的學生次級文化，發展出不同於學校系統所期許的文化或價值導向，以尋求情感及心靈上的支持，填補受創的自尊及追尋成就感與認同感。至於社會底層學生與學校系統價值觀上的差異，可參考**表9-1**。

就文化傳遞理論的觀點而言，屬於社會底層的學生在經歷了學校情境下挫敗的經驗之後，在與同儕相互倚靠和階級文化的影響下，容易開始抱持著與學校成就取向相左的主張，也比較容易有脫離常軌的舉動出現，當問題累積到某一程度時，就可能會產生中途輟學的舉動。同時也由於學生的次級文化具有排他性，被孤立的學生在缺乏友伴的情況下，也會選擇離開學校，向外尋求認同（Stone, 1980）。

綜合上述理論之觀點發現，中途輟學產生的原因在於：學生在學校中

表9-1 社會底層學生與學校系統價值觀差異之比較

社會底層學生所持價值觀	學校所傳遞的價值觀
1.傾向於立即性酬賞	1.鼓勵長遠的目標及酬賞
2.認為與權威機構或中產階級接觸或在競爭的情境中會有麻煩產生	2.要求學生與權威機構或中產階級接觸且重視競爭
3.希望獨立自主，重視強悍，並且認為強悍就要透過行動來表示，會使用成人世界的侵略性語言或行為	3.對學生的行為表現有一定的尺度規定，不重視生理上的健全，以學業取向為訴求，不允許學生表現出侵略性的語言或行為
4.所謂的詭詐或聰明是表現在正規的知識及紀律外的，包括有對權威的欺瞞	4.要求學生在正規的紀律下從事知識的學習
5.追求刺激與冒險，認為這樣才夠刺激	5.不贊成冒險活動與刺激的尋求，強調正規知識的學習，但這些知識就社會底層的眼光是相當嚴肅無趣的
6.相信一切都是命中註定的，自己很難去加以掌控	6.要求學生透過目前課業上的努力來掌握自己的未來，因為這些課業與未來的職業或前途具有關聯性

資料來源：Stone, C. R. (1980). *The Design and Implementation of a School for High School Dropouts: Using Selected Social Science Theories*. University of Wisconsin-Madison, Ph. D. dissertation.

被強迫要發揮中產階級所認同的角色功能，但是學校及社會對於成功的標準界定卻相當狹隘，因此，當學生在學校中的學業上或人際上遭遇失敗或不受肯定時，低自尊感會讓學生開始排斥中產階級的價值觀，在與其他相同際遇的同儕夥伴結合後，彼此強化了個體對於中產階級標準及其表徵的敵意與憤慨，形成了一股反動力，否定對學校的期望，最後藉由負面與惡意的偏差行為來改善自我印象及強化自我概念，終於導致中途輟學行為的出現。

第三節　中輟學生輟學的原因

　　根據教育部（1998）針對國民中小學中途輟學學生統計資料（**表9-2**）顯示，截至1998年底為止，全國共有五千五百五十五名國中階段的中輟學生。若從性別差異來看，可以發現，男生輟學人數略多於女生；再依輟學類別加以比較，有近三分之一的中輟學生失蹤；且由國中學生輟學率（國中輟學人數／實際輟學人數）達到八成五的客觀事實來看，中輟生的問題的確需要投入更多的關注。

　　再從過去教育部（2003）1998至2001年國民中小學中輟學生的通報人數統計資料中，可以進一步得知（**表9-3**）：

1.全國平均總輟學人數約在五千六百至九千五百人之間，輟學率約在0.2%至0.33%之間。
2.輟學率較高的縣市有集中東部的傾向；另外，屏東縣及高雄縣之輟學率也有逐年增加的趨勢。
3.失蹤學生之比率超過總輟學人數的三分之一，有逐年增加的趨勢，2001年更高達53.2%。
4.在國中階段輟學的學生人數占全部輟學生的五分之四以上。
5.輟學原因以個人及家庭因素影響最鉅。
6.單親家庭輟學比率占中輟學生的三、四成，且有增加趨勢；而原住民家庭之輟學率占中輟生約一成左右。
7.男生輟學人數多於女生。

表9-2　台灣地區國民中、小學中途輟學學生的統計表

縣市名稱	實際輟學人數	人次總數	性別		輟學類別		教育階段		復學數
			男	女	失蹤	非失蹤	國中	國小	
台北縣	992	1,041	599	442	250	791	901	140	159
宜蘭縣	93	94	39	55	33	61	81	13	1
桃園縣	545	567	305	262	318	249	497	70	114
新竹縣	170	184	75	109	109	75	160	24	46
苗栗縣	226	248	137	111	97	151	206	42	61
台中縣	236	237	120	117	65	172	213	24	18
彰化縣	249	260	146	114	46	214	214	46	11
南投縣	203	207	120	87	88	119	179	28	18
雲林縣	150	152	91	61	43	109	123	29	27
嘉義縣	87	90	44	46	25	65	80	10	12
台南縣	166	167	99	68	56	111	125	42	19
高雄縣	242	242	137	105	79	163	211	31	11
屏東縣	410	433	239	194	106	327	363	70	101
台東縣	263	306	169	137	160	146	277	29	111
花蓮縣	278	311	173	138	138	173	266	45	86
澎湖縣	16	18	11	7	7	11	18	0	5
基隆市	224	233	111	122	85	148	210	23	30
新竹市	171	191	99	92	55	136	157	34	44
台中市	335	363	184	179	188	175	282	81	97
嘉義市	103	109	56	53	44	65	84	25	28
台南市	185	194	100	94	73	121	175	19	29
台北市	517	535	296	239	238	297	436	99	77
高雄市	366	390	224	166	248	142	297	93	97
總　數	6,227	6,572	3,574	2,998	2,551	4,021	5,555	1,017	1,202

資料來源：教育部（1998）。《中華民國教育統計》。

　　綜觀上述的說明，中輟發生的原因錯綜複雜，可能為個人、家庭、學校、同儕或其他因素的影響所造成，其中教育單位對於較無法介入及著力的部分，例如，家庭、經濟或原住民等問題之外，應致力於中輟的發生，從學校教育單位落實並加強輔導，使中輟發生之因素是因學校或課業引起的問題降低。

　　因此，針對問題的成因做分析與檢討，才能對目前發生的問題有所助益。在檢討中輟問題該如何改進時，必先針對造成中輟的原因開始著手。

表9-3 1998年至2001年度中輟學生通報資料統計表

統計項目＼學年度	1998年度	1999年度	2000年度	2001年度
在學學生數	2,919,990人	2,884,388人	2,885,515人	2,847,769
總輟學人數（輟學數／總人數）	8,368人（0.29%）	5,638人（0.20%）	8,666人（0.30%）	9,464人（0.33%）
失蹤學生數（失蹤／總輟學）	2,170人（25.9%）	1,739人（30.8%）	3,605人（41.6%）	5,037人（53.2%）
國中輟學數（國中輟學／總輟學）	6,872人（82%）	4,690人（83.2%）	7,288人（84.1%）	7,956人（84.10%）
國小輟學數（國小輟學／總輟學）	1,496人（18%）	948人（16.8%）	1,378人（15.9%）	1,508人（15.9%）
男生（輟學／總輟學）	4,972人（59.4%）	3,356人（59.5%）	4,754人（54.9%）	5,043人（53.3%）
女生（輟學／總輟學）	3,396人（40.6%）	2,282人（40.5%）	3,912人（45.1%）	4,421人（46.7%）
個人因素輟學率	47%	46%	49%	41%
家庭因素輟學率	21%	23%	22%	25%
學校因素輟學率	9%	9%	7%	11%
同儕因素輟學率	7%	8%	7%	10%
其他因素輟學率	15%	14%	15%	13%
單親家庭輟學率	28.85%	31.25%	34.89%	39.57%
原住民家庭輟學率	11.01%	10.00%	10.24%	10.40%
輟學率較高縣市	花蓮縣（0.99%） 台東縣（0.93%） 基隆市（0.53%） 新竹市（0.52%）	台東縣（0.92%） 花蓮縣（0.46%） 基隆市（0.42%）	台東縣（0.78%） 花蓮縣（0.78%） 基隆市（0.50%） 高雄縣（0.50%） 屏東縣（0.50%）	台東縣（1.17%） 花蓮縣（0.82%） 高雄縣（0.76%） 基隆市（0.60%） 屏東縣（0.57%）

資料來源：整理自教育部（2003）。《各國中途輟學學生現況與輔導措施：兼論我國中途輟學學生復學輔導政策過去與未來》。

最常見的分類法是依中輟生的生活接觸面，將中途輟學的原因分成：個人因素、同儕因素、家庭因素、學校因素與社會大環境因素等。但是若將導致中途輟學的因素依主、被動因素來區分，將有助於看出因素與中輟生本身對問題發生原因的掌握性高低，除了表達中輟生對問題與自身的判斷情形外，同時也把中輟生個人的所有環境面向考量進來。以中輟生輟學原因發生之主、被動關係來分析中輟問題時，要先界定主、被動因素的定義，在此所指的「主動關係」為中輟的原因出自中輟學生自己的意願，而非別

人逼迫或是環境的驅使，例如，本身學習意願低落，並認爲若離開學校將
會比留在學校求學更好；而「被動因素」係指中輟原因的發生在於中輟生
受到家庭或學校等日常所常接觸的人、事或物的影響，因而無法再繼續升
學，例如，經濟的頓時失依，讓中輟生爲了家計必須放棄求學而出外找尋
工作機會。在綜觀國內外相關研究針對中輟原因分析時，可明顯比較出國
內外學者的思考模式之不同。國外研究傾向於以學校當其分類的指標，分
爲學校內及學校外的因素，其中又以Rosenthal（1998）將中輟原因分爲學
校因素、非學校相關因素與學校改革因素最具代表性；而國內研究則多以
中輟生的生態體系的個體做分析歸類，例如，學校、個人、社會及同儕等
面向。以下將針對中途輟學行爲（依主、被動因素區分）產生的原因，分
別說明如下：

一、主動因素

除了認爲中途輟學行爲的發生是來自中輟生本身意願所致使的概略
性說法外，其內部的因素還包括：個人因素（如對課業不感興趣）、家庭
因素（如親子關係緊張）、學校因素（如師生關係不良）、同儕團體因素
（如爲求認同而做出看似挑戰權威的輟學行爲）、社會因素（如不良傳媒
的誘導）以及居住鄰居狀況（如附近均爲犯罪的高危險區，念書風氣不
佳）等。

(一)個人因素

形成中途輟學行爲除了外部環境之影響外，個人本身對學習的意願以
及個人本身社會心理因素，皆會造成少年形成中輟。其個人形成中輟之原
因包括：自己對於課業不感興趣、怕功課趕不上進度、成績太差、因學習
困難以致學業成績低落、自我概念較差、自我認同爲失敗者、處事態度較
消極、擔心自己能力不夠、害怕留級、認爲工作比念書更有前途、已找到
合適的工作、覺得學歷無用、有心智障礙或學習困難的問題、情緒困擾、
意志力薄弱、體弱多病與未婚懷孕、濫用藥物、學生的身分（如原住民）
等（許文耀，1998；蘇惠慈，1997；洪莉竹，1996；翁慧圓，1996；郭昭

佑，1995；張清濱，1992）。另外，Rosenthal（1998）認為：社會經濟地位、是否為少數族群，以及性別也是個人因素中的重要影響因素。

而根據Franklin及Streeter在1995年的研究指出，中途輟學的原因可歸類為社會心理因素與學校有關的因素兩大向度。在其研究調查中，學生選擇中途輟學的前三項因素皆和無法適應學校大環境有關。這三大原因為：他們在課業及教室有不好的經驗及習慣性的曠課行為。學生會因為曠課而漸漸感覺到與學校疏離，最後導致中途輟學的情形發生。茲將其中輟原因研究結果依序整理如下：在學校課業上的落後（54.0%）；學校權威的問題（39.5%）；曠課（36.0%）；家庭問題（29.5%）；學習問題（23.5%）；藥物的使用（21.5%）；其他（21.5%）；勒令退學（13.5%）；做全天的工作（12.0%）；逃家（7.5%）；有觸法的緣故（5.0%）；懷孕（3.5%）等。

由上所列舉原因可以看出，在個人因素的部分多屬於中輟學生有較負面的自我概念、學習進度無法跟上學校的頻率，以及對教育體制能夠帶給他的貢獻產生懷疑，或是自己本身出現此年齡層無法承擔之責任（如未婚懷孕）等。

(二)家庭因素

家庭關係不正常、父母疏於管教或不當管教、甚至是家中的親子關係及溝通不良，都有可能促使中輟生自己產生輟學的念頭，進而有中輟的行為出現。這些促成青少年形成中輟之家庭主動因素包括：父母疏於管教或管教方式不當、家庭結構及功能瓦解、家庭社經地位低、家庭關係不正常、親子關係不良等（許文耀，1998；蘇惠慈，1997；洪莉竹，1996；翁慧圓，1996；郭昭佑，1995；張清濱，1992）；也可能是因貧窮、家中智能誘因不足（缺乏可閱讀的書刊）、父母的教育程度低，以及缺乏社會經驗（充實社會人文的經驗）所造成孩子的低學業成就（Ogbu, 1986）。

在Rosenthal（1998）的非學校相關因素的研究中，亦強調非學校相關因素的重要性，其中家庭因素、家庭中家長的社經地位、當家庭中面臨壓力時，成人所扮演的角色及家庭的互動過程，甚者，由於家庭中產生了經濟上的困難，以致無法讓孩子完成學業，以及家長本身的觀念造成子女

無法再接受教育等因素，皆可能促使學生決定中途輟學。此外，郭昭佑（1995）的研究指出，家庭重視子女教育的程度亦為家庭因素中之一項。

(三)學校因素

學校因素是最多學者及研究所討論的一環。在我國的相關研究發現，影響少年中輟之學校因素為：學校的教材內容與教法、教學評量未能顧及個別差異；學校與個人或家庭之價值衝突；學校要求大於個人所能負荷；學校管教方式、獎懲方式不當；課程缺乏彈性、影響學習慾望；學校缺乏活動的場地；缺乏諮商和轉介系統；師生關係不佳；對學校缺乏動機、認同和興趣；教師態度和教學不良等（許文耀，1998；蘇惠慈，1997；洪莉竹，1996；翁慧圓，1996；郭昭佑，1995；張清濱，1992）。而國外的學者，例如Rosenthal（1998）將輟學原因分為：與學校相關因素、學校改革因素及非學校相關因素，在此三項中，學校即占了兩項，顯見學校內的因素對於中輟原因的影響很大。在其研究中指出，學校相關因素包括：學校組織、學校內部環境結構與學校特徵是其中的關鍵。

另外，Franklin及Streeter在1995年的研究中指出，中途輟學的第二大理由為學校權威的問題。中輟生無法適應學校的結構，並且能夠察覺自己本身有這樣的困難，因而中途輟學。此外，有時學校體制上的無能（如對於中產階級的孩子的教育較為重視，而對於低收入及少數族群的孩子的教育較不重視），或因教育體系之族種偏見與緊張關係等教學方式（Allen-Meares, 1995）。

綜合上述，細究影響中途輟學的學校因素，可以瞭解發生在學校內的原因多與學校及學生互動上的不良有關，或是學校無法及時解決學生心理或實際情形所發生的困難，終於導致學生中途輟學。

(四)同儕團體因素

受到同儕團體所影響之中輟原因包括：受不良同學影響或引誘、與同學關係不佳、受欺壓不敢上學等（許文耀，1998；蘇惠慈，1997；洪莉竹，1996；翁慧圓，1996；郭昭佑，1995；張清濱，1992）。甚者，由於

同儕的介紹及爭取認同，因而加入幫派或廟會活動等，亦會影響到學生上學的意願。

(五)社會因素

在社會因素方面，其具體內容為受不良傳播媒體所誤導、受不良遊樂場所的引誘、參加不良幫派或組織、社會風氣低迷等因素（許文耀，1998；蘇惠慈，1997；洪莉竹，1996；翁慧圓，1996；郭昭佑，1995；張清濱，1992）。在上述影響中，若中輟生本身願意參加不良幫派組織，或基於好奇心而與幫派分子往來，將會造成中輟的意願高，不想繼續求學，甚至有反社會、反學校制度的情形發生，此為社會因素中的主動因素。

(六)居住鄰居狀況

Vartanian與Gleason（1999）的研究指出，居住鄰居狀況（neighborhood conditions）也是影響中輟的主要因素之一。此項研究中所謂的居住鄰居狀況包括：居住地的居民之教育水準、父母親的特徵、對於從事家務的比例與看法、家庭的婚姻狀況、鄰居的特質（如種族的比率、貧窮的比率與職業的型態）以及居住場所（如居住城市或鄉村）等。在中輟因素的主動因素影響下，會因自己從小居住在此種求學意願不高的環境中，潛移默化，因而想中途輟學做自己認為有用的事的機率也相對提高。這也是Rosenthal（1998）所認為影響中輟之非學校相關因素之一。

二、被動因素

中輟的被動因素係指非個人意願或主動所形成中途輟學的原因。被動因素方面亦可分為個人因素、家庭因素、學校因素、同儕團體因素、社會因素、法令因素、居住鄰居狀況等，分別說明如下：

(一)個人因素

地方政府於1999年辦理國民中小學中途輟學通報及復學輔導考評調查研究中，針對中輟之被動因素總結出有關個人之因素包括：意外受傷或重

大疾病者、智能不足者、精神異常、身體殘障、懷孕、健康等,因而被迫離開學校,導致中途輟學的發生。

(二)家庭因素

家庭因素之被動因素包括:家庭發生重大變故、家庭漠視、父母親對孩子接受教育意願的低落、家庭經濟需其工作貼補、須在家幫忙照顧弟妹、舉家躲債、居家交通不便、因父母職業或生活習慣的影響而輟學、移民外地等。除此之外,還包括:賺錢貼補家用、家庭負擔不起學費、家庭事務太繁忙等(許文耀,1998;蘇惠慈,1997;洪莉竹,1996;翁慧圓,1996;郭昭佑,1995;張清濱,1992),這些也是影響國中學生未能繼續上學的原因。

Rosenthal(1998)在非學校相關因素的研究亦證實,家庭互動過程會導致學生中輟,尤其家庭互動關係不良或父母未能給予關懷與支持,也易造成中途輟學的情形發生。

(三)學校因素

學校的被動因素包括:因觸犯校規而離校、與學校的老師關係不佳、教育缺失、學校過分強調學業成績、缺席時數過多、行為問題、校園暴力等原因,造成輟學或被退學。

(四)同儕團體因素

同儕團體的被動因素多為受到學校同學排擠或受學長的欺壓而不敢上學,造成中輟的情形。

(五)社會因素

在社會因素方面,意指受到不良傳播媒體誤導、不良遊樂場所的引誘、參加不良幫派或組織、社會風氣低迷或就業的選擇等因素(許文耀,1998;蘇惠慈,1997;洪莉竹,1996;翁慧圓,1996;郭昭佑,1995;張清濱,1992)。

另外，Rosenthal（1998）的研究也指出，社會偏差的現象、社會認同與權威的顯現，以及社會對於學校維持的力量是相關社會因素中可能造成少年形成中輟的原因。此外，少年所接觸的第四類社會整體環境下的不良惡習（Vilet, 1983）與惡質的媒體散播，將加速中輟學生問題發生的嚴重性。

(六)法令因素

在法令因素的部分，則為學校治校政策或相關法令缺乏強力的執行與執行不彰的緣故（許文耀，1998；蘇惠慈，1997；洪莉竹，1996；翁慧圓，1996；郭昭佑，1995；張清濱，1992），因此造成中輟生預防方案無法有效且順利的執行。

(七)居住鄰居狀況

Vartanian與Gleason在1999年的研究中指出，「居住鄰居狀況」會影響高中中輟率，且對於黑白種族之間是有不同影響的。對於黑人青少年而言，隨著更富有的居住者、更多的雙親家庭，以及更具專業與管理階層的工作者的進駐，使得高中輟學率降低。這裡所謂居住鄰居狀況指的是：居住地居民之教育水準、父母親的特徵（如對於從事家務的比例與看法、家庭的婚姻狀況）、鄰居的特質（如種族的比率、貧窮的比率與職業的型態）以及居住場所（如居住城市或鄉村）等。相對於台灣，中輟發生的情形多集中於東部地區及偏遠地區，尤以原住民族群為中途輟學的高危險群，如花蓮縣、台東縣、屏東縣及基隆市等（教育部，1998）。

綜合上述主動與被動因素來探討中輟學生的輟學因素，可以瞭解到中輟原因的發生是一種生態體系的觀點，其可能的原因也許不只一種，可能是多種因素交互影響而成。在過去多被視為是教育體系問題的觀點，到如今以轉由問題來自中輟生面臨的各項環境因素所交互生成的，例如，個人因素、家庭因素、學校因素、同儕團體因素、社會因素、法令因素及居住鄰居狀況等原因，所導致中途輟學的行為產生。

總之，不論中輟原因的發生為中輟生自願或出於被迫，都能顯示出問題的發生點不外乎學校相關因素與非學校相關因素，除了環境會造成中

途輟學的情形產生，自己對於環境中各種既有的認知（如對學校的認同因素，對學習概念的價值衝突等）亦為關鍵因素，因此，在處理中輟問題的同時，須採多元社會問題的考量，才能對症下藥，針對實際的問題來加以回應，才有減低中輟比例的可能。

在探討有關中輟少年形成中輟之成因之後，近十幾年來，我國對中途輟學之原因探討，可歸納為個體之內在心理歷程因素及個體外在因素。前者包括：(1)青少年的發展因素，如個人之自我效能、自我概念之心理發展或對學校之認同因素，例如上學習慣、學習態度與動機；(2)社會角色的決定因素，例如個人對就學或就業的選擇；(3)價值衝突因素，例如個人之價值與父母、老師或同儕之價值相異。後者包括：(1)同儕交往互動之因素，由於同儕團體在物以類聚下相結合，當個體茫然、無助、不滿、抗拒和缺乏自信時，很容易為追求同儕認同而從中學習到偏差行為；(2)師生互動因素，學校適應不良是導致青少年偏差行為的主要因素之一。

第四節　中輟學生的需求

在過去文獻中，多數的研究都將中輟生的需求以下列層面來分類：心理需求、輔導需求、健康照護需求與經濟補助的需求等，並且以中輟學生個人之知覺來表達。根據Bradshaw將需求分類為規範性需求、自覺性需求、表達性需求及比較性需求四類。綜觀相關文獻中，各篇研究文獻所提及的需求，多為專家學者或行政機構所認定的規範性需求，及中輟生自己所表達的需求感受——表達性需求為主，分別說明如下：

一、規範性需求

曾華源與郭靜晃（1999）針對中輟學生的需求，提出了中輟學生問題與需求面向包括：(1)向關係親密的好友求助；(2)自身家庭問題方面的需求（如與家人關係不良、家庭破碎所造成的心理影響等）；(3)學校適應困難的需求（如學業壓力、師生關係不佳等）。

除此之外，在善牧基金會所接觸的中輟生當中，發現其所面臨的問題與需求包括：(1)前途問題（如找不到工作、沒有一技之長、學校回不去或不想回去）；(2)團體地位問題（如爭取團體地位之認同）；(3)債務問題（如開銷變大、借錢之償還問題）；(4)家庭問題（如親子衝突、家庭暴力或家庭虐待、居住問題）；(5)成家問題（如同居、未成年之結婚）；(6)法律問題（如審判、保護管束、感化教育）等（天主教善牧基金會，1999）。

二、表達性需求

中輟學生亦為青少年中的一分子，只是他們的問題較一般青少年嚴重，所面臨的壓力較大且適應的能力較差，因而造成輟學。根據陳宇嘉（1997）針對台灣地區少年福利需求與福利服務提供的研究中指出，若從失學者的觀點著眼，青少年所期望的需求滿足除了大型活動的辦理外，增加休閒活動的場所以及就業輔導服務，亦有其需要性存在。

此外，根據張貝萍等（1999）所整理的中輟生需求包括：(1)心理支持方面（需要家長、老師及同儕的認同）；(2)經濟補助方面（補助中輟生貧困家庭經濟狀況）；(3)生活輔導技能方面（實施小組團體輔導、落實認輔制度、落實導師責任制度等）；(4)技藝訓練方面（給予課業之外的技藝教育並加強技藝訓練）；(5)職業介紹方面（提供各種不同的職業型態，加強學生對於各種職業類型的瞭解，協助尋得更符合學生興趣的工作）；(6)健康照顧方面（提供健康醫療服務，來幫助生理機能不佳的中輟生，得以早日重回學校）；(7)課業輔導方面（設立資源教室實施補救教學、統整校內各處室辦理彈性課程、規劃寒暑假潛能開發教育、對於有興趣就業者則協助轉介至補校就讀）；(8)脫離不良少年方面（協助中輟生脫離不良朋友）；(9)短期收容安置方面（可住宿的青少年之家及中途學校，以協助有中輟經驗的少年能適應學校規律的生活型態）等。

從中途輟學問題形成的因素可以反映出家庭功能失調、教育制度僵化、社會價值觀混亂等問題。歸納中輟學生所可能面臨的問題有下列幾點：

1.前途問題：不想回去、沒有一技之長、年紀不到法定的就業年齡而找

不到工作等。

2.團體地位問題：爲了爭取同儕團體的認同，一定要逞凶鬥狠；爲了義氣，得替同伴扛罪名，一同去勒索、行搶、偷竊等。

3.債務問題：零用錢不足以支付其開銷，向人借錢後，債主催討債的問題、朋友借錢不還等問題。

4.家庭問題：因輟學所引發的親子衝突、逃避父母的暴力或虐待、家庭中原本的不和諧變得更尖銳、被迫承擔父母酗酒、生病或失業所造成的家庭困境、逃家後的居住等問題。

5.兩性問題：感情困擾、約會強暴、性交易、避孕、墮胎或未婚生子等問題。

6.成家問題：同居、未成年婚姻、如何養家、要不要脫離原本的家庭等問題。

7.法律問題：訊問、審判、保護管束、感化教育等問題。

　　綜合上述規範性需求及表達性需求的看法，可做下列的歸類：(1)增進自我功能的需求（提高學業成就、人際關係處理、未來復學或進入工作職場的適應能力、給予課業之外的技藝訓練、個人健康保健）；(2)強化家庭功能的需求（家中經濟狀況的復原、父母教養子女的態度、家庭虐待、危險因子介入）；(3)加強環境對中輟生提供預防及處理中輟問題的需求（協助轉介中輟學生復學或就業的安排、寒暑假的潛能開發教育）。需求面的部分除了表面上以規範性需求與表達性需求來區分外，更可將兩種分類需求予以結合比較，兩者比較之下，大部分的需求皆能吻合彼此的觀點，尤其在未來生涯及心理支持和困難協助部分。然而在結交不良朋友的觀點較缺乏共識。從專家學者所認爲的規範性需求爲青少年需要認同的想法，但是從青少年的表達需求中，他們可能認爲與不良朋友相處一陣子後，會有不想再與他結交的想法。

　　因此，經由表達性需求與規範性需求比較之下，更能確定中輟生的需求面向有自己本身自我功能的增強部分、家庭功能的恢復與拯救，以及加強回歸學校做法的推行。此外，針對中輟生所處的社區及其他可能使其產生輟學的因素一併干預。

第五節　中輟學生的輔導策略

　　目前為中輟生所提供的輔導策略，主要是針對中輟問題的成因及中輟生本身的需要而訂定，其規劃的重點主要是根據兩大需求，分別為專家學者所認定的規範性需求及中輟學生的實證研究中所調查的表達性需求。近年來，台灣青少年問題隨著社會經濟環境的快速變遷、家庭結構的改變及同儕的影響而有日趨複雜、嚴重的傾向。青少年問題涵蓋面甚廣，從常見的偏差行為，如逃學、輟學、逃家、偷、賭、搶劫、恐嚇，到涉及更嚴重後果的未婚懷孕、濫用藥物、暴力、雛妓、自殺等，皆對青少年身心發展、家庭功能、學校教育績效，以及社會安寧構成相當程度之威脅與挑戰（楊瑞珠，1998）。因此，教育部和許多地方社政及教育機構已相繼推動多項因應措施，例如，璞玉專案、朝陽方案、攜手計畫、春暉專案、認輔制度、自我傷害防治小組等（教育部，2000）。

　　有關中輟學生輔導策略的訂定應與各相關領域之專業學者，如輔導、教育、心理、社會工作、犯罪矯治等來加以探討青少年文化心態、需求及偏差行為之成因。中輟生的需求之輔導策略除了增加中輟生本身自我的功能外，同時也須加強回歸學校的輔導措施與學校處理中輟生的應變態度與做法。若將國內外曾實施過的輔導方案加以分析，可歸納出下列幾點：(1)加強回歸學校；(2)加強學校處理中輟問題的能力；(3)加強家庭功能；(4)加強自我功能；(5)加強與社會環境之配合等五點。

　　第一，加強回歸學校的類型。此類型的規劃重點在於使中輟學生提高復學的意願及能力，由於先前曾有中途輟學的經驗，因此為了協助其返回學校，提高其回學校繼續完成學業的意願，特別針對部分認為學校教課內容與現實社會脫節及對學校課程不感興趣而輟學的學生，提供較有變化的內容（如美容、美髮、電腦等課程）。整個方案規劃的方向均朝向使中輟生能回到學校，完成其未完成的義務教育，並於復學後中輟生在學期間，完成其日後出社會所需要的技能，而不全以升學為目的。高雄市政府教育局也全面開放補校並鼓勵中輟學生復學念補校，以讓其能有重新學習的機

會，並從中提供輔導。而台北市政府教育局則將高職失學少年轉介至宗教或民間團體做中介輔導，以讓少年能潛修，改變習性，進而有重新返校學習的可能。

第二，加強家庭功能的類型。有些中輟的發生是由於與家人有不良互動的關係，因家人的溝通不良，而離家出走；有些則是家人對中輟生有不良影響，間接造成中輟生學習意願低落，因而輟學；更有些原因是家庭的經濟陷入了困境，促使中輟生主動想早日賺錢養家或是被迫失學。因此，此類型的著重點是針對中輟生本身的家庭問題做家庭社會工作處遇，其中的家庭問題包括：家庭無法提供中輟生心理支持、家庭的經濟迫使中輟生得出外工作維生，以及中輟生與家人的關係不好以至於離家出走等問題。此種方案的目的是協助失功能的家庭恢復原本可以帶給中輟生的支持，包括心理及外在的支持，並幫助中輟生的家長瞭解如何與中輟生溝通及提供必要的支援。

第三，加強學校處理中輟問題的能力。此種方案的關注點在於促進學校處理中輟問題的預防及事後處理能力，包括：學校直接面對學生的老師、間接管理學校事務的規劃人員等。協助老師在第一時間處理學生的問題，早日發現，減緩問題對學生所造成的衝擊，或是加強學校處理中輟生復學後再輟學的預防，以降低學校因功能無法發揮而造成中輟比例的增加。

第四，加強中輟學生心理社會功能的方案。例如提升可能面臨中輟之高危險群之讀寫能力、強化其對於周遭環境的調適及應變能力等，並提供中輟生各項訓練，加強其對環境的認識與判別，對問題的處理能力，以及對自己本身與其他一般學生不同的調適能力。與第一類型不同之處在於加強中輟生本身的功能目的性較全面，並非以復學為目的，而是強化中輟生的調適與應變能力。

第五，加強與社會環境的配合。此類型方案著重輔導方案的設計能夠提供社區的需要，一方面使社區可以提供服務來源，另一方面也使方案的可用性增加，如此可吸引更多注重實際應用面，認為學校體系教育太過空泛的學生回流。與前四項方案類型最大不同之處在於結合環境的整體因素

考量，特別是中輟生未來投身社會的環境、調查社區的需要與提供適切的訓練與指導。

綜合相關研究針對中途輟學之輔導策略歸納分類後，大致可從家庭、同儕、學校、社會及行政等五大領域著手：

1. 在家庭方面：維持家庭結構的健全與家庭關係的和諧、父母管教態度與合理的期望、提供各項家庭服務措施等。

2. 在同儕方面：教導學生慎交朋友之自我肯定的社會技巧及導正同儕文化。

3. 在學校方面：發展多元化學習管道並加強中輟學生自我功效及成就感的教學、提供補救教學措施、實施生涯規劃方案、人際關係學習、增加專任輔導教師與老師輔導知能、簡化課程並增強其應用性、設置慈輝班或中途班等。

4. 在社會方面：規勸在外工作或遊蕩的中途輟學生復學於原學校或補校、成立中途輟學個案管理系統、設置青少年輔導中心（中途之家）、成立青少年暨家長諮詢服務機構、加強警察單位取締不良娛樂場所、建立學校與社區間的聯繫、媒體正向的宣導、提供家庭及個人之社會福利援助等。

5. 在行政單位方面：設立專責機構並寬列經費以有效解決中途輟學問題學生、增加輔導教師員額編制、增進教師輔導知能；遴聘專家學者組成輔導復健小組，提供輔導教師、學校行政人員、全體教師、中輟學生專業諮詢服務。

以下就國內與美國所實施的中輟輔導方案做簡略的介紹及說明：

一、國內實施的中輟生輔導方案

國內所實施的中輟生輔導方案種類繁多，例如，延教班、多元學習方案、中途輟學及復學輔導辦法、慈輝專案、迷你資源教室、高關懷分組教學、成立寄宿（中途）學校、補救教學、靜思班、春暉專案、璞玉專案、

諮詢輔導親職教育、技藝教育，以及各社會福利服務機構所設置的收容安置等，為使上述輔導方案的性質能夠更清楚的呈現，將所有輔導方案分為加強回歸學校、加強學校處理中輟問題的能力、加強維護家庭功能、加強中輟生自己本身的功能，以及加強與社會環境的配合部分。

我國對於中輟生的輔導方案偏向以加強回歸學校方案為主（**表9-4**）。雖然比起早年對於中輟生的服務輸送方面改善許多，但是對於方案的評估工作仍顯不足，因此無法得知方案推行的成效有多少，未來除了加強方案評估的工作之外，增加服務類別像是加強與社區需要的結合、加強家庭功能的服務等，皆是未來可以依循的策略。

表9-4　國內所實施的加強中輟生回歸學校之輔導方案

方案名稱	實施單位	目的	內容	評估效果
延教班（10年）試辦延長修業年限	各縣（市）教育局（課）	輔導學生習得一技之長。	對於表現不佳、違規行為無明顯改善者，學校徵詢家長同意後，給予延長修業年限一至二年，並配合技藝教育的實施。	尚無。
多元性向發展班	宜蘭善牧學園、萬華少年服務中心	方案計畫目標如下： 1.提供中輟少年一安全生活空間，培養其規律之生活作息，增強其生活管理能力。 2.透過個別課業輔導，針對少年的個別性，協助少年學習各種必備知識。 3.透過個案工作及團體輔導，協助少年探索自我、生涯規劃，引導其多元性向探索及發展，協助其復學、參加職技訓練或就業準備，穩定其生活，促進回歸主流。 4.藉班級團體之課程，增強中輟少年與他人之正向互動能力。 5.結合社區資源，共同預防地區中輟學生犯罪。	課程設計包括：課業輔導、個案輔導、英文會話、生活應用、電腦教學、體育、美術、音樂、團體輔導、生活輔導、班會等。	評估結果如下： 1.由目前成員出缺席評估可知成員上課出席率在50%以上，占成員的一半，就可以看出出席率維持在一定程度，比起過去出席狀況有大幅進步，培養規律之生活作息，成效有待加強。 2.在課業輔導方面，多採一對一或一對二的情形，大專志工的投入及配合程度高，以致在個別課業輔導的部分，只要學員願意參與課程，就會有收穫。 3.在生涯課程中，引導成員做性向探索，成效頗佳。

（續）表9-4　國內所實施的加強中輟生回歸學校之輔導方案

方案名稱	實施單位	目的	內容	評估效果
慈輝專案（獨立式）	台北縣：江翠、平溪、明德、重慶、丹鳳國中、石碇中學 基隆市：大德國中 花蓮縣：秀林國中 新竹市：培英、光華、南華、內湖、香山國中 新竹縣：竹東、竹北、尖石、員東、寶山 苗栗縣：苑裡、興華、大倫、頭屋國中 台中市：雙十、育英 台中縣：順天、東華、石岡國中 雲林縣：四湖、崇德、台西、雲林國中 嘉義縣：民和國中 台南縣：永仁國中 高雄縣：中云國中、大寮國中 高雄市：中山、立德國中	結合社會及教育資源，規劃多元教育模式，扶助家庭變故、嚴重適應困難、行為偏差、中輟復學或需要特別保護之少女順利就學，培養適性之國民。	對於學生施以能力本位的精熟法學習模式，課程分為一般課程及技能訓練。其特色為課程注重「教育即生活」之實用化、彈性化，帶班採雙導師制，促成主張積極參與，提供諮商與其他支援服務，致力科際整合與團隊工作等，慈輝學生完全享受公費。	成果如下： 1.學生習得一技之長。 2.侵犯行為顯著減少。 3.發揮中途站的功能。
迷你資源教室	淡水國中		對於協尋復學的中途輟學學生，施以個別諮商與個別輔導，並開放其對於學校技藝課程之選修。	資源教室教學對於中輟復學生學習方面是有助益的；上資源班後較願意到校上課；資源教室的教學對於英數兩科的學習成就是有助益的，此方案於1994年停辦。
高關懷分組教學班級	台北縣各國中	引導學生喜歡學校、願意留在學校。	每週三至五天下午安排體能、藝能、休閒、趣味、職業課程，且可依循學生之需求機動調整課程內容。	此項實驗於1994年擇十四所國中實施，成效良好，現已擴大全面實施。

兒童社會工作
——SWPIP實務運用

（續）表9-4 國內所實施的加強中輟生回歸學校之輔導方案

方案名稱	實施單位	目的	內容	評估效果
成立寄宿（中途）學校	平溪國中校內、花蓮縣立水璉國中、花蓮縣（不幸少女）、桃園縣楊梅國中、高雄縣楠梓特殊學校	使學生既能集中接受到良好照顧，又能獲得師長的關懷。	提供學生住宿、膳食、另類教育課程輔導措施。	成效不錯。對家長有無力感，缺乏家長的支持。
補救教學	各縣（市）國中	協助輔導中輟少年補足課業上的不足。	針對一班課程內容部分做補救教學。	多數學生順利升學，且以往的偏差行為有很大的改善。
靜思班		協助中輟復學生於返校進入班級之前，對於規律的學校生活產生良好調適。	實施方式分為：評估、安置、評鑑與輔導、追蹤輔導等四部分，具備支援性、個別性、統整性與暫時性等特色。	
春暉專案	教育部	讓老師主動積極接觸學生、肯定學生，並給予必要之協助，陪伴學生度過生澀的成長過程。	自費集中就讀、住宿於學校，由校方專設輔導教師，並廣徵義工協助課業及生活輔導，且要求家長定期前往關心。由教師出於自願，認輔一位行為偏差或適應困難之學生，以一對一的方式，給予學生發自內心的關懷。	
追蹤輔導	天主教善牧基金會、各地家扶中心、台北少輔會、勵友中心	社政、社輔及教育單位之通力合作，長期輔導追蹤中輟少年。	確實建立「國民中小學中途輟學學生檔案」，教育與社政及社輔單位追蹤輔導長期（或多次）輟學學生。	
中介輔導（學園式）	台北市教育局	將高職被迫退學之問題學生轉介到宗教或民間團體進行潛修輔導，再返回學校繼續學業，讓即將被迫退學之高職生有一條挽回的路。	以往由白毫禪寺師父帶領，配合禪寺作息，清晨的早課，夜間的靜思，讓學生潛移默化，修養心性，除正常科目外，也加入技藝科目。現在正尋找宗教及民間團體共同參與生活及課業輔導。	成效不錯，獲得家長支持。

Euler a

Automatic

Euler a

（續）表9-4　國內所實施的加強中輟生回歸學校之輔導方案

方案名稱	實施單位	目的	內容	評估效果
街頭外展工作	台北市萬華少年服務中心、台北市東區少年服務中心	以社工員主動出擊的方式，將福利資源帶到青少年經常出沒的場所，將服務直接輸送於流連或遊蕩街頭的少年，透過外展社工員主動和高危險群少年建立信任關係，並針對少年的需求提供服務。如此可尋找並發掘需要介入輔導的潛在案主，透過第一線的接觸瞭解青少年的需要、發現青少年問題的癥結、使外展社工員能成為青少年發聲的管道、預防青少年問題的發生與繼續擴大、宣導青少年福利資源、教導街頭少年如何使用福利資源。	在社區內建立一些服務性的據點、與地區附近的商家建立關係、整合社區資源、定期在街頭舉辦宣導活動。	其執行成效為發掘將近四成的潛在性案主，建立與商家的合作模式。
璞玉專案	台北縣（市）、高雄縣（市）、雲林縣、新竹縣、台中縣、屏東縣、台南市、彰化縣、台中縣、桃園縣、台南縣、苗栗縣、嘉義縣、宜蘭縣等各國民中學		璞玉專案包括：就學輔導、法治教育、家庭教育及社會教育。	
合作式中途學校	省立雲林教養院、雲林縣立車明國中及僑貞國小、省立仁愛習藝中心、新竹市立成德中學、台北市廣慈博愛院、台北市瑠公國中	將不幸少女納入社政之安置輔導，並與教育單位合作，避免少女因安置而荒廢學業。	接受安置輔導之不幸少女，住宿於機構，由學校派員至機構輔導課業，機構進行生活輔導及技藝訓練。	

（續）表9-4　國內所實施的加強中輟生回歸學校之輔導方案

方案名稱	實施單位	目的	內容	評估效果
收容安置	慈懷園、白毫學園、高雄瞽苑少女關懷中心、勵馨基金會、花蓮凱歌園、天主教新竹藍天家園、天主教善牧基金會、台北市思義育幼院之綠洲家園、南投家扶園	兒少保個案之庇護中心或中途之家。	對於失依兒童、兒保個案，經少年事件處理法之轉介個案，中輟學生逃學逃家，無家可歸之兒童、少年做短期機構安置。	部分成效不錯。
復學補校	高雄市政府教育局	得到同儕認同及尋找到真正學習空間，避免心理再度挫折。	學習學校及技藝課程。	成效頗佳。
諮詢輔導	基督教勵友中心、天主教善牧基金會、各地救國團張老師、宇宙光青少年關懷專線	1.透過專線盡可能預防想中輟的學生中途輟學。2.讓已經中輟的學生有一個可以尋找協助的服務專線。3.提供父母、師長等有關中輟問題的相關資訊。	這是一支080-025885完全屬於中輟生的全省免付費諮詢電話，自1999年7月1日起，每週一至週日13：00至21：00	尚無。

資料來源：作者整理。參考自天主教善牧基金會（1999）；台北至善扶輪社、天主教善牧基金會（1999）；台北縣政府（1998a、b、c、d）；台北市萬華少年服務中心（1998）；張寶丹（1998）；教育部（1999b；2000a、b）。

二、美國實施的中輟生輔導方案

　　國外對於中輟生的輔導方案大致可分為五個部分：加強回歸學校、加強學校處理中輟問題、加強家庭功能、加強心理社會之自我功效能力，以及加強與社會環境之結合。**表9-5**中即以美國為例，就其方案實施單位、方案目的、內容與評估成效做比較分析。

在美國的輔導方案方面，五大加強面向都有含括，包括：加強回歸學校、加強學校處理中輟問題的能力、加強家庭功能、加強自我功能，以及加強與社會環境的配合。綜合分析美國的輔導方案可以瞭解，美國在處理中輟問題時，不單是以回歸學校為其基本出發點，而是真正以中輟生的需求角度著手，加強其各個層面的功能，在為使中輟生接受服務的用心上亦可見其苦心，例如以便利交通的方案、多元學習課程（如電腦等課程）使其能夠擺脫學校制式化的感受，值得學習。

相較美國的輔導方案，可以明顯看出我國著重的面向非常偏重於回歸學校的方案，而其餘與社會環境需求的方案、加強個人之心理社會自我功效，以及加強家庭功能服務的部分比較欠缺，不過兩方的評估結果均很難得知，追究其因，到底是方案評估的結果不易取得，還是很少有評估工作的制度及評估指標，這一點值得我們去深究。

表9-5　美國所實施的中輟生輔導方案

加強面向	方案名稱	目前有在做的單位	目的	內容	評估效果
加強回歸學校	多元學習方案（Alternative Schooling）	(National Dropout Prevention)	多元化的學校在今日是提供多元化的學習管道，個別地提供學生的特殊需求，同時給予學業要求上的畢業證書。	提供技藝教育、生涯輔導等學習方案，並實施小班化、個別化之教學。	
	創造性多元方案（Project C. D.A. Creating Dropout Alternatives）	(Alternative High School)	為了降低中輟學生的比例。	為一個多元學習方案，提供高危險群的學生一個機會去學習生活及職業技能。	
	教育的技術（Instructional Technologies）	(National Dropout Prevention)	所指的是提供最好的機會以傳遞教育，此種作法能夠使學生加強課業上的學習、追求多元的智力發展及適應學生的學習方式。		

兒童社會工作
——SWPIP實務運用

（續）表9-5　美國所實放的中輟生轉導方案

加強面向	方案名稱	目前有在做的單位	目的	內容	評估效果
加強回歸學校	衝突改革與暴力預防	(National Dropout Prevention)	當學生感覺學校不安全時會不想留在學校，處理衝突的發生是一種技巧，使學校環境能夠提供一安全且適合學習的地方。		
	課外的經驗（Out-of-School Experiences）	(National Dropout Prevention)	有很多學校提供一課後的學習及暑期增強方案以減少知識的不足，適應各種不同的興趣及增加知識的基礎。		
	讀寫方案（Reading/Writing Program）	(National Dropout Prevention)	早期的干預措施能夠幫助低成就的學生認知讀寫的技巧是有效學習的基礎。		
	個別化的教育（Individualization Instruction）	(National Dropout Prevention)	此策略為強調一對一的學習環境。		
	認輔制度（Mentoring/Tutoring）	(National Dropout Prevention)	輔導教師的方案是一種一對一的關心，信任是輔導教師的基本支持關係。		
加強學校處理中輟問題的能力	系統性的革新（Systemic Renewal）	(National Dropout Prevention)	持續性地評估目標與計畫的過程將有助於提供一組織性的結構，以利於學校能發展出一個適合所有學生的學習環境，進一步能確保服務品質。		
	專業發展（Professional Development）	(National Dropout Prevention)	處理中輟生問題的老師們需要感覺到支持的力量，並且需要有一個管道去發展技巧及創新的處理中輟的作法。		
加強家庭功能	家庭的參與（Family Involvement）	(National Dropout Prevention)（Head Start）	研究發現在兒童成就方面及對學生學業表現上，家庭的參與有直接、有效的影響。		良好。
	親職教育（Parent Education）	(Project IMPACE)	協助家中有高危險族群的父母及養育小孩的態度。	課程提供英文及西班牙文的課程，課程中還包括溝通技巧訓練以幫助學生重建及符合學業的目標。	
	雙親課程（Parenting Classes）	The I Have A Dream Foundation	此課程為提供父母親合理地看待過去的經驗並接受它們。	提供高危險群的犯罪青少年家庭及個人輔導，減少再犯比率，減低矯治之費用。	
	積極性處遇督導方案（High Intensity Treatment Supervision Program, HITS）		為服務高危險群的犯罪青少年。		良好。

366

（續）表9-5　美國所實放的中輟生轉導方案

加強面向	方案名稱	目前有在做的單位	目的	內容	評估效果
加強家庭功能	早期兒童教育（Early Childhood Education）	（National Dropout Prevention）（Head Start）	減低中輟問題的最有效作法為在最初的學校經驗中提供最好的學習環境。	對象為十六‧五至十八‧五歲的青少年，教育他們基本的自我價值、技巧及認知教育提供的必要性。	
	紐約少年機會方案（The New York National Youth Opportunity Program）	New York National Challenge Guard	使中輟青少年成為一個負責任的公民。		
	多元學習（Learning Style/Multiple Intelligence）	（National Dropout Prevention）	當教育者教給學生各種不同的方式學習時，學生將發掘新的、有創造性的方式解決問題。		
	學校中輟預防（School Drop-out Prevention）	（Project IMPACE）	鼓勵偏差青少年留在學校。		
	工作訓練和安置方案（Job Training and Placement）	（Project IMPACE）	提供青少年前期及偏差的青少年的生涯規劃、工作準備與工作訓練、工作安置與事後的追蹤。		
	職場準備（Career Education/Workforce Readiness）	（National Dropout Prevention）	使青少年認知特別的需要以應付未來工作職場上的需要。		
	圓夢方案（The I Have A Dream Foundation）		使青少年順利完成成為大學生的夢想，為一個複合性的中輟預防方案，包括：大學地區方案、心理諮詢方案、暑期活動方案、電腦中心方案、青少年懷孕預防方案、交通補助方案、私人導師方案，以及父母階層方案，使有困難或是在鄉下的小孩如果有意願完成高中學業，他們將獲得進入大學的獎學金。		
	學院角落（College Corner）	The I Have A Dream Foundation	選擇可以進入的大學或是職業學校，包括：進行入校的要求、大學的指導研究、獎學金及工作的訓練。		

（續）表9-5　美國所實放的中輟生轉導方案

加強面向	方案名稱	目前有在做的單位	目的	內容	評估效果
加強自我功能	電腦中心（Computer Center）	The I Have A Dream Foundation	增加其英文、數學及科學的技能。		
	認輔制度（Mentor and Tutors）	The I Have A Dream Foundation		保持與中輟者的聯繫與接觸，包括：團體活動及一對一認輔配對，中輟者根據自己的需要完成他們的家庭作業與工作。	
	心理諮商（Psychological Counseling）	The I Have A Dream Foundation	提供不幸遭遇的中輟者讓他們能克服個人、家庭及團體的危機，並且這些輔導人員皆為專業的心理治療師。		
	暑假活動方案（Summer Activities）	The I Have A Dream Foundation	為使中輟生遠離街頭或是回到上學的管道上。	作法包括：露營的方式、UCLA延伸課程、各種不同的郊遊及學院參觀。	
	預防青少年懷孕方案（Teen Pregnancy Prevention）	The I Have A Dream Foundation	為了教導中輟生有正確的性行為及做合理決定的觀念。	包括：提供庇護所、每月申誡期及星期六上一些符合其年齡層的活動課程。	
	交通方案（Transportation Program）	The I Have A Dream Foundation	藉由交通工具的協助促進方案的推行。	由家庭提供私人的交通工具以協助所推動的方案運行。	
加強與社會環境的配合	服務學習（Service Learning）	(National Dropout Prevention)	此策略是結合社區服務與學習活動，其最大特徵是配合社區的需求，以組織性的服務與時間安排來設計課程。		
	社區合作（Community Collaboration）	(National Dropout Prevention)	當所有社區內的團體提供集體支持，此基層組織能夠提供一個青少年足以生存並達成自我實現的支持性環境。	訓練高危險群之犯罪青少年學業、社會、行為及謀生技巧訓練。	
	社區積極處遇計畫（Community Intensive Treatment For Youth，CITY）	Alabama State USA	減少犯罪再犯比率，避免收容及矯治處遇，為轉介的作用。		良好。

資料來源：作者整理；中輟中心網站（2000）。

結　語

　　張春興教授曾言：「青少年之問題種因於家庭，顯現於學校，而惡化於社會。」教育部鄭石岩常委也曾提過：「中途輟學問題的產生是社會生活型態改變的結果。而對於中途輟學學生的協助與輔導，則是每一個教育工作人員和家長的責任」。中輟問題的潛在已造成治安危機、教育資源浪費、國家整體人力素質的降低；而中輟問題之形成是與中輟少年個人及其所處的環境息息相關。為了達到有效輔導中輟學生回歸學校，在政策上不僅要將「中輟學生找回來」，還要能將「學生導正」，以及「預防學生瀕臨中輟情境」，因此，政府應結合各項資源（如教育單位、社政單位、衛生單位、警政單位、民間團體和志工），建構社會資源網絡，針對造成中輟之各種複雜成因，辨別其問題及需求，提供各種有效之輔導方案，將廣泛之目標細分成更小的、更容易掌握的目標，利用個人或團體輔導策略或積極性在宅服務（intensive in-home service）的家庭社工處遇，嘗試各種可能解決問題的方案，預防中輟、輔導中輟及追蹤輔導之策略掌控，以達到更周延的輔導服務工作。目前國外的相關處遇，例如，自我評鑑與問題解決、團體處遇、社會技巧訓練、對家庭中父母做介入處遇、以學校為主的方案與服務〔如個別化教育計畫（IEP）〕、干預環境以增強權能兒童及少年等，皆是從系統與環境做改善的處遇方案，也有一些輔導成效可供參考。為達建立更積極的中輟少年輔導策略，政府應扮演整合資源的角色，成立或委託有責信（accountable）的民間團體，建立適合中輟少年問題解決的輔導方案及處遇模式的機構，提供一個多元處遇的輔導方案（圖9-6、圖9-7），以降低青少年成為學業挫敗及中輟的可能性。

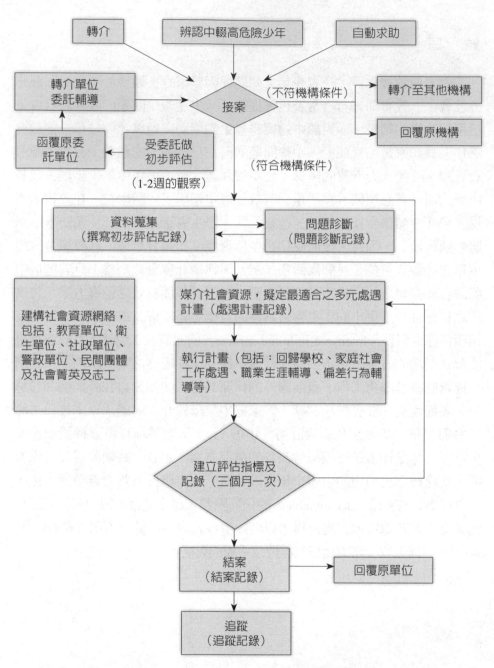

圖9-6 中輟少年之輔導工作流程建議圖

資料來源：修改自郭靜晃（1998）。〈少年福利機構如何因應少年事件處理法轉向制度之策略〉。發表於跨世紀青少年福利展望學術研討會。

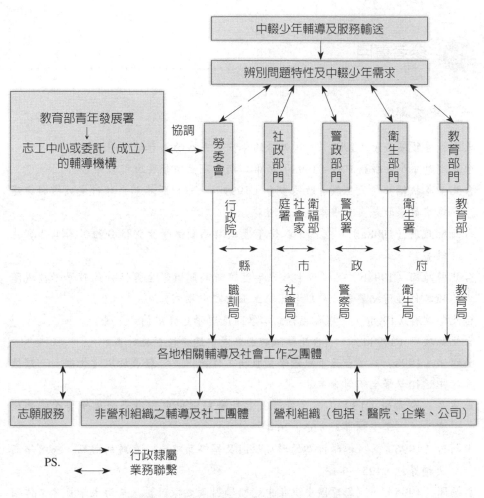

圖9-7 中輟少年輔導之資源網絡建構圖

參考書目

一、中文部分

天主教善牧基金會（1999）。《失學的年少、失血的青春關懷手冊》。

台北市萬華少年服務中心（1998）。第二期多元性向發展班成果報告。

台北至善扶輪社、天主教善牧基金會（1999）。中輟服務體系執行成效檢討與建議書暨善牧基金會中輟生服務經驗分享。

台北縣政府（1998a）。《八十八學年度試辦高關懷學生彈性分組教學工作實施計畫》。

台北縣政府（1998b）。《八十八學年度試辦高關懷學生彈性分組教學學校現階段工作執行紀要表——以台北縣立正德國中為例》。

台北縣政府（1998c）。《台北縣立江翠國民中學慈輝班簡介》。

台北縣政府（1998d）。《台北縣試辦獨立式中途學校實施計畫》。

吳嬙娥（1998）。〈台北市中輟學生服務工作概況〉。發表於以愛化礙——關懷中途輟學學生研討會。

李麗華、包希妲（1997）。〈資源教室教學對國中中輟復學學生學習成效之研究〉。《學生輔導》，55，26-41。

洪莉竹（1996）。〈逃學行為的形成原因及輔導策略——系統的觀點〉。《諮商與輔導》，125，6-13。

翁慧圓（1995）。《影響國中少年中途輟學因素之探討》。東海大學社會工作研究所碩士論文。

翁慧圓（1996）。〈從家庭系統理論探討國中少年中途輟學行為〉。《社區發展季刊》，73，63-72。

高政賢（1980）。《基隆市國民中學中途輟學及其缺曠課學生調查研究》。基隆市國民教育輔導團七十九年度專題研究。

商嘉昌（1994）。《中途輟學與青少年犯罪——以新竹少年監獄為例》。國立政治大學社會研究所碩士論文。

張人傑（1994）。〈改進輟學研究須解決的問題〉。《教育研究雙月刊》，37，28-35。

張貝萍、陳麗芬、郭碧雲（1999）。〈中美對中輟學生因應措施之比較〉。《兒童福利論叢》，3，178-216。

張淑慧（1999）。〈中途輟學少年社區行動方案〉。發表於台北市少年犯罪防治更生研討會。

張清濱（1992）。〈中途輟學的社會學分析及其輔導策略〉。《教育研究雙月刊》，25，48-56。

張寶丹（1998）。《台北縣政府防範中輟、輔導中輟復學輔導經驗分享》。台北縣：教育局。

教育部（1997）。《教育部輔導工作六年計畫成果專輯》。台北：教育部。

教育部（1998）。《中華民國教育統計》。台北：教育部。

教育部（1999a）。《中途輟學學生通報及復學輔導方案》。台北：教育部。

教育部（1999b）。《教育部補助直轄市、縣市籌設中途學校實施要點》。台北：教育部。

教育部（2000a）。《教育部八十八年度青年輔導計畫成果專輯》。台北：教育部。

教育部（2000b）。《台北縣八十八學年度淡水區國民中小學中途輟學學生復學輔導協調會會議手冊》。

教育部（2003）。《各國中途輟學學生現況與輔導措施：兼論我國中途輟學學生復學輔導政策過去與未來》。台北：教育部。

梁志成（1993）。《台北市高級職業學校學生中途輟學因素與預防策略調查研究》。國立台灣師範大學工業教育研究所碩士論文。

許文耀（1998）。〈中輟學生因素之探討〉。發表於以愛化礙——關懷中途輟學學生研討會。

郭乃揚（1992）。《邊緣青少年服務——剖析香港外展社會工作》。香港：香港基督教服務處。

郭昭佑（1995）。《台灣省各級學校中途輟學演變趨勢及相關因素之研究》。國立政治大學教育研究所碩士論文。

郭靜晃（1998）。〈少年福利機構如何因應少年事件處理法轉向制度之策略〉。發表於跨世紀青少年福利展望學術研討會。

陳宇嘉（1997）。《台灣地區少年福利需求與福利服務提供之研究》。東海大學社會工作研究所碩士論文。

陳玨君（1995）。《國民中學階段中途輟學學生的經驗與生活狀況研究》。國立

兒童社會工作
——SWPIP實務運用

台灣師範大學工業教育研究所碩士論文。

彭懷真（1995）。〈輔導工作網絡的建立與策略——以關懷受虐兒童和中輟生為例〉。《輔導季刊》，31(2)，14-17。

曾華源、郭靜晃（1999）。《少年福利》。台北：亞太。

黃木添、王明仁（1998）。〈中途輟學學生服務與輔導——中華兒童福利基金會服務概況〉。發表於以愛化礙——關懷中途輟學學生研討會。

楊瑞珠（1998）。〈從高危險行為之初期徵候看中輟學生的辨識與輔導〉。發表於以愛化礙——關懷中途輟學學生研討會。

鄭崇趁（1994）。〈國民中小學中途輟學學生的成因與對策〉。《教育研究雙月刊》，36，27-31。

鄭崇趁（1998）。〈輔導中輟學生的權責與方案〉。《學生輔導》，55，16-23。

蘇惠慈（1997）。〈青少年逃學之成因及輔導策略〉。《諮商與輔導》，137，28-31。

二、英文部分

Allen-Meares, P. (1995). *Social Work With Children and Adolescents.* New York: Longman Publishers USA.

Atwater (1992). *Adolescence* (3rd ed.). Cliff, NJ: Prentice-Hall.

Barr, R. B. (1987). An essay on school dropout for the San Diego Unified School District (ERIC Document Reproduction Service No. ED 279 733).

Bronfenbrenner, U. (2000). Ecological systems theory. In A. Kazdin (Ed.), *Encyclopedia of Psychology.* Washington, D.C., and New York: American Psychological Association and Oxford University Press.

Catterall, J. S. (1987). A review of selected data and research on school dropouts. Part I. school completion indicators for education monitoring systems: The long road to satisfactory dropout statistics. *Urban Educator, 8*, 23-50.

Dupper, D. R. (1994). Reducing out-of-school suspensions: A survey of attitudes and barriers. *Social Work in Education, 16*(2), 115-123.

Franklin, C. & Streeter, C. L. (1995). Assessment of middle-class youth at-risk to dropout: School, psychological and family correlates. *Children and Youth Review, 17*(3), 433-448.

Kushman, J. W. & Hearilod-Kinney, P. (1996). Understanding and preventing school dropout. In D. Capuezi & D. R. Gross (Eds.), *Youth at Risk.* Alexandria: American Counseling Association.

Levin, H. (1972). The costs to the nation of inadequate education. *Report to the Select Committee on Equal Educational Opportunity.* United State Senate. Washington, D. C.: Government Printing Office.

Miller, W. B. (1958). Lower-class culture as a generating milieu of gang delinquency. *Journal of Social Issues, 14*, 5-19.

Ogbu, J. (1986). The consequences of the American caste system. In U. Neisser (Ed.), *The School Achievement If Minority Children.* Hillsdale, NJ: Erlbaum.

Rosenthal, B. B. (1998). Non-school correlates of dropout: An integrative review of the literature. *Children and Youth Services Review, 20*(5), 413-433.

Rumberger, R. W. (1986). High school dropouts: A review of issures and evidence. *Review of Educational Research, 59*, 101-102.

Shoemaker, D. J. (1990). *Theories of Delinquency* (2nd ed.). New York: Oxford University Press.

Stone, C. R. (1980). *The Design and Implementation of a School for High School Dropouts: Using Selected Social Science Theories.* University of Wisconsin-Madison, Ph. D. dissertation.

Tinto, V. (1975). Dropout from higher education: A theoretical synthesis of recent research. *Review of Educational Research, 45*(1), 81-125.

Vartanian, T. P. & Gleason, P. M. (1999). Do neighborhood conditions affect high school dropout and college graduation rate. *Journal of Social-Economics, 28*, 21-41.

Vilet, W. V. (1983). Exploring the fourth environment: An examination of the home range of city and suburban teenagers. *Environment and Behavior, 15*(5), 567-588.

三、網路部分

中輟中心網站（2000）。取自http://www.ntpu.edu.tw/dropout/

Chapter 10
單親家庭之兒童少年福利服務

- 台灣單親家庭之概況及需求
- 社會變遷之家庭困境
- 單親家庭福利政策
- 未來我國單親家庭福利政策之走向
- 未來我國單親家庭福利因應之道

　　家庭一直是社會組織的基本單位，也是個體最早社會化的場所，舉凡個人的生存、種族的繁衍、國家的建立、文化的傳承，以及社會秩序的維持，莫不以家庭為依歸，儘管社會如何的變遷，家庭在過去一直是提供共同居住、保護、情感支持、經濟合作、教育功能、性與生殖的最主要社會團體。晚近，在資本主義高度發展與分化之下，家庭結構逐漸產生質的轉變，尤其在第二次世界大戰後，更產生空前的巨變。紐約「人口協會」（Population Council）在1995年所發布的研究報告便指出，「家庭不再是穩定且具有凝聚力的單位。日漸減少的傳統家庭，家戶人口數因為生育率降低而減少，更多人經歷不穩定的家庭生活與異質家庭，以及家庭內部的分工與經濟角色有了顯著的改變等。」（Wetzel, 1990）然而，日漸增加的未婚媽媽，逐漸攀升的離婚率，小家庭的盛行及女性日益貧窮的現象，才是當今世界的重要趨勢；全世界不管富裕或貧窮的國家，家庭結構都在進行影響深遠的改變，這些現象不只發生在美國，而是一種全球性的普遍現象（鄭清榮、諶悠文，1997）。在上述社會變遷中，不論是歐美或台灣，單親家庭是成長最快速的家庭類型。美國曾預估在1990年代出生的小孩在成年之前，將有一半的機會會處於單親家庭中（Bumpass, 1984），而且有較高機會處於經濟匱乏（McLanahan & Sandefur, 1994）；而英國及澳洲在1960～1990年間，單親家庭也增加50%左右；法國及瑞士等國的單親家庭也增加20%（Kamerman & Kahn, 1989）。因此，就整個「經濟合作暨發展組織」（The Organization for Economic Cooperation and Development, OECD）國家來看，單親家庭增加的幅度也在30～50%（張清富，1995；彭淑華、張英陣，1995）。相對於台灣單親家庭的發展，由1990年及2000年的人口普查資料來估算，約增加了21%（**表10-1**），其增加的速度實不下於上列開發中國家。

　　由於單親人口的統計會因其操作定義與調查策略之差異而有不同的推估，因此，目前台灣產官學界對於「單親」並沒有一致的定義與估算標準，不同研究單位有著不同的結果。整體上來說，台灣單親家庭顯現的比例仍較歐美為低，但是近年來有逐漸加溫的趨勢，且值得擔憂的是它的成長型態正逐漸步入西方社會的後塵，有愈來愈多的單親家庭源自於離婚與未婚生子，且居住型態也呈現多樣化面貌。以薛承泰教授的研究為例，其

表10-1　台灣地區單親家庭及其子女推估比例

1990	單親家庭比例	1991	1992	1993	1994	1995	1996	1997	1998	2000
3.9	定義一	5.1	5.6	5.9	5.4	5.7	5.8	6.2	6.6	4.7
	定義二	6.1	6.6	6.9	6.5	6.6	6.6	7.3	7.6	
	定義三	6.5	7.0	7.4	7.0	7.0	7.3	8.0	8.1	
單親定義包括末婚、離婚及喪偶	定義一：包括末婚、離婚、分居及喪偶單親 定義二：定義一加上配偶為戶外人口及同居單親 定義三：定義二再加上祖孫隔代單親及三代同堂次單親									單親定義包括末婚、離婚、喪偶
＊＊ 母數同為戶中有18歲以下兒童之家戶										

資料來源：薛承泰（1996a）。〈台灣地區單親戶的數量、分布與特性：以1990年普查為例〉。《台大人口研究中心人口學刊》，17，1-30。

薛承泰（2001）。《台灣單親戶及其貧窮之趨勢分析》。台灣單親家庭之現況與政策研討會國家政策研究基金會。

內政部戶政司（2001）。《台灣地區人口調查》。

曾就1990年人口普查資料推估，我國單親家庭約占全部普通住戶（包括單人戶）的3.9%，數量將近二十萬戶，男、女單親中「離婚」占單親種類的大多數，男女單親比為4：6（薛承泰，1996a）；若只考慮有十八歲以下兒童家戶，那麼台灣地區單親戶約占6.5%；也就是說，在有未成年兒少的家庭中，每十六戶約有一戶是單親戶。在考量台灣社會網絡特性與不同居住型態的影響下，採用行政院主計處「家庭收支調查」1991～1999年間之原始資料進行分析，將原有的單親定義加入分居樣本後成為狹義單親，然後再擴大兩個層次的定義，分別加入配偶為戶外人口、同居、祖孫與次單親等家庭（**表10-1**）（薛承泰，2001）。之後，薛承泰以廣義單親戶之定義，分析台灣地區2000年普查發現，台灣地區有277,587單親戶，占總住戶之4.3%，占總家戶之5.5%，占有兒少家戶之9.4%；其中有80,986為祖孫戶，將近占單親戶的三分之一，這也是十年來增加最多的單親戶種類。2000年單親兒少有443,540人，占總兒少人數約8%，相較於1990年普查呈現單親兒少325,576人，占總兒少數約5%。此分析報告不僅顯示單親家庭與兒童比例上揚的趨勢，更呈現出台灣單親家庭居住型態的多元化以及少子化的趨勢（薛承泰，2002）。再者，根據內政部戶政司2001年的全國普查資料，也

有318,544戶（占全國6,738,529家庭戶之4.73%）的單親家庭，其類別包括：未婚領養、未婚收養、未婚生子、離婚及喪偶。

另外，在薛承泰（2001）的分析報告中有一點較值得注意的是，分居單親被凸顯出來，在1998年的單親家庭類型比例中高達17%，比未婚單親高出許多（**圖10-1**），甚至在男性單親成因中僅次於離婚。由於其居住型態乃屬於名存實亡之準單親家庭，在我國傳統價值約束下另會衍生不同的適應問題，值得關注。

邁向二十一世紀之後，從行政院主計處（2007a）的統計顯示，1988年的單親家庭戶數約273,000戶，2004年則約有548,000戶，成長高達100.7%，其中，戶內有未滿十八歲子女的戶數從112,000戶，增加到167,000戶，此外，單親家庭多以母親為戶長，在2004年的戶數更是為以父親為戶長的單親家庭戶數的三倍。再依據行政院主計處家庭收支調查可發現，2004～2006年單親家庭仍在增加中，且已增加至全國總戶數的8.63%，單親家庭兒童少年人口數，推估約334,825人。此外，隔代教養家庭在近幾年也約占全國總戶數的1%左右（**表10-2**）。

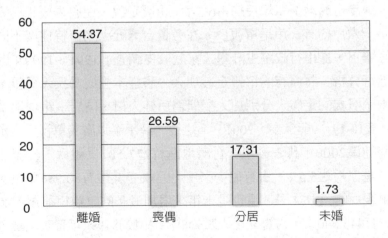

圖10-1　1998年我國單親家庭類型比例

資料來源：薛承泰（2001）。《台灣單親戶及其貧窮之趨勢分析》。台灣單親家庭之現況與政策研討會國家政策研究基金會。

表10-2　隔代教養、單親家庭戶數及兒童少年人口推估

單位：戶，人

年度	全國家庭總戶數	隔代教養家庭總戶數	單親家庭總戶數	隔代教養家庭兒童少年人口推估數	單親家庭兒童少年人口推估數
2004*	7,083,445	81,799(1.2%)	548,302 (7.74%)	87,607	315,822
2005**	7,206,883	92,979(1.3%)	619,837 (8.6%)	98,558	334,712
2006***	7,307,999	80,518(1.1%)	630,555 (8.63%)	86,235	334,825

*行政院主計處（2005）。94年發布之「93年台灣地區家庭收支調查報告」（第九表）。
**行政院主計處（2006）。95年發布之「94年台灣地區家庭收支調查報告」（第九表）。
***行政院主計處（2007b）。96年發布之「95年台灣地區家庭收支調查報告」（第九表）。

第一節　台灣單親家庭之概況及需求

　　除了人口學的描述以外，單親家庭的相關研究也能看出當代社會對此議題關注的程度與面向。由於單親問題之研究面向廣泛，因此，研究單位遍布各個層面，基於學術考量，作者之檢索策略主要乃以「全國博碩士論文摘要檢索系統」與「國科會科資中心研究計畫摘要」兩大資料庫為來源，搜尋1990～2000年間單親相關研究，共查得碩士論文摘要六十二篇，官方研究報告十六筆，一共有七十八篇與單親議題相關之研究。首先就「研究對象」、「取樣範圍」與「研究方法」對上述研究論文做後設分析（meta analysis）。在全國博碩士論文部分，分析結果發現（**表10-3**），論文數量在近兩年有大幅成長之趨勢，研究對象則主要聚焦在單親子女與女性單親戶身上，尤其是低收入女性單親因為經濟弱勢更容易成為關注的焦點，然相形之下，特別針對男性單親之研究卻有如鳳毛麟角，以未婚、領養與分居單親為對象之論文更是付之闕如。至於抽樣策略以立意為多，取樣範圍大多侷限在北部地區，東部暨離島僅有兩篇，其中研究範圍囊括全省的兩篇論文並非使用一手調查資料，而是利用官方報告（如收支調

查）做分析與推估；另外，近年調查研究出現一個有趣的潮流——「抽樣e化」，爲身分敏感的單親研究抽樣帶來另類的思考。在研究方法部分，除了有少部分方案實驗設計、文獻檢閱與資料分析外，主要仍以量化研究與質性訪談爲主。研究對象來源部分，因受限於樣本來源取得不易，研究對象大都來自於學校或福利機構的立意取樣，因此容易造成量化研究過於侷限的窘境，使得資料品質大受影響。有鑑於此，爲能實際掌握單親現象之脈動，針對單親者的全面性調查實有其必要。

由於單親家庭的成因不同，同質性亦不高，因此呈現的問題內涵也就各有不同，以女性單親爲例，其最常被探討的主題不外乎貧窮問題，男性

表10-3　台灣的單親家庭研究

	年度	1990	1991	1992	1993	1994	1995	1996	1997	1998	1999	2000	總計
碩士論文	篇數	4	3	6	3	3	5	3	4	8	12	11	62
研究對象	女單親	1	1	1低	2	1	1低	0	1	0	4*	1低	13
	男單親									1	1		2
	家長		1	1			1		1	2	1	4	11
	子女	2		3	1	1	3	3	1	3	4	6	27
	親子	1	1			1			1	2	2*		9
取樣範圍	北部	2	1	5		2	2	2	2	3	3	1	23
	中部			1	1				2		1	4	9
	南部						1	1		2	1		5
	東部暨離島										2		2
	全省		1								1		2
	不詳	1	1		1	1	2			2	4(1#)	6(1#)	18
研究方法	問卷調查	3	1	5	1	1	3	3	3	3	5	3	31
	質化訪談		1	1		2	2			3	6	7	22
	多元方法									1		1	2
	實驗設計			1					1	1			3
	文獻檢閱	1			1								2
	資料分析		1								1		2

註：4*=1離婚+1喪偶+1低收+1女單；　#指透過網路取樣
資料整理自全國博碩士論文摘要檢索系統，1990-2000

單親則為親職壓力，單親子女問題則以偏差行為居多。作者進一步分析上述國科會專題研究與全國博碩士論文摘要之單親家庭相關研究變項內容，發現單親家長的研究面向大致可類分為「經濟安全」、「子女照顧」、「心理情緒」與「社會適應」四大方面，單親子女的研究面向則以「心理情緒」、「自我概念」、「社會適應」及「行為偏差」四類問題為主。這種以問題為導向的研究雖然有藥入針砭之效，卻缺乏正面的積極意義，也難一窺單親家庭之全貌。

單親家庭由於結構上的限制，所以在面對上述問題時，要比核心家庭更易缺乏資源來因應困境，因而導致問題的產生（張清富，1995），也因此在過去單親家庭常常被冠上「破碎家庭」或「偏差家庭」等標籤，而飽受歧視。但經過實務界十餘年的研究，對單親家庭問題做更深入的瞭解後，已使得單親家庭逐漸擺脫問題家庭的刻板印象（薛承泰、劉美惠，1998）。彭淑華、張英陣（1995）曾就單親家庭的優勢觀點，從積極面去瞭解單親家庭，並協助其利用優勢度過危機、解決問題及自我成長。因此，當我們在探討單親家庭的問題時，必須客觀地從各個角度來看待，避免標籤化的成見，始能建構一個滿足單親家庭需求的福利服務政策與社會支持網絡。

所有的婚姻都會終結，其方式包括死亡、婚姻無效、分居、離婚及遺棄，而離婚已成為今日台灣最主要的婚姻終結方式，加上疾病、意外死亡及未婚生子的比例增加，均促使單親家庭在台灣社會中日益增多。當家庭瓦解，對於單親家長本身及其子女均有不利的影響，由於家庭功能的轉變，單親家庭正面臨經濟安全、子女教養、身心健康、社會關係、工作、居住問題及法律諮詢等福利需求，其需求也會因其弱勢條件的增加（如貧窮、未成年），而有不同及輕重緩急的優先順序，本文依相對弱勢條件區分出「一般單親家庭」、「低收入單親家庭」與「未成年單親家庭及其子女」三個等級之單親家庭的福利需求（**表10-4**）。

兒童社會工作
──SWPIP實務運用

表10-4 單親家庭福利需求

		經濟扶助	居住安排	教養服務	諮商輔導	就業服務	醫療衛生	司法服務
未成年單親家庭及其子女	一般單親家庭	托育津貼		托育照顧 課後輔導 家務服務	親職教育 成長團體 心理輔導 學校輔導	就業輔導 親職假期	全民健保	犯罪防治 法律服務 法律保障
	低收入單親家庭	生活扶助 生活津貼 教育補助 訴訟補助 醫療補助 低利貸款 房租津貼	國宅申請 住宅租借			職業訓練 協助創業		
			住宿服務	兒童收養 兒童寄養 機構安置	復學輔導 生涯輔導 性教育			

 第二節 社會變遷之家庭困境

一、家庭結構變動之因素

　　誠如二千五百年前的希臘哲人Heraclitus所言：「世上沒有永恆之事，除了改變。」世界各國在社會變遷中，受到人口結構的改變、家庭組成型態的變化、男女性別角色的改變，以及社會病態行為的增加，也促使家庭成為社會變遷下的重要議題。例如，美國為順應聯合國在1994年明訂該年為國際家庭年，並將家庭視為公共政治議題；此外，家庭學者與參眾議員也促使政府要訂定政策因應社會變遷下之家庭危機。美國與台灣社會在社會巨輪牽引下，也帶動其結構因素的改變，而這些因素之變化也衝擊了賴以生存之家庭，茲分述如下：

(一)人口結構的改變

　　世界各國面臨人口消長之壓力，也衝擊了社會及政府之實體，並改變

福利服務之種類來滿足特定族群之需求。這些改變皆會影響個體所居住之家庭，例如：

◆**老人人口之激增**

　　在美國六十五歲以上人口增加的比率快速，是其他一般人口增加的二倍，目前已超過12%；而台灣在1993年底，老年人口突破7%，已正式邁入「人口高齡化」社會。至2000年9月底，六十五歲以上老年人口達一百九十萬人，占總人口比例8.6%（行政院主計處，2001）。據估計，到2020年台灣老年人口之扶養比為23.82%，至2050年將達54.42%。換言之，到2050年，台灣不到兩個工作人口數就要扶養一個老人（王德睦，2001）。

◆**生育率的降低**

　　美國婦女在1970年代生育子女數比率是1.8，相對地，台灣在1960年代總生育率為六人，但到了1990年代則降為1.7人，至2000年實際生育人數為1.5人，而且比率又有逐年降低之趨勢（王德睦，2001）。

　　台灣面臨少子化之現象，兒童少年人口減少的主要原因之一是生育率下降，根據內政部戶政司（2007）統計顯示，1997年育齡婦女的總生育數約為1.8人；2006年育齡婦女的總生育數約為1.1人，與2005年同為自1997～2006年十年來的最低點（**表10-5**），少子女化現象除衍生有關子女生育、養育、教育問題外，加以人口老化快速，將使其日後所要承擔的扶養壓力，成為一項沉重的人身負擔（王順民，2007）。

◆**女性勞動就業比率的提增**

　　在2004年女性勞動參與率為47.6%，較男性的67.7%低20.1個百分點，然比1999年的46.3%略微提增。就婚姻狀況觀察，未婚女性勞動率54.6%與男性未婚者的56.3%相仿，有偶或同居者47.8%，則與男性76.4%相差達28.6個百分點，而離婚分居或喪偶者，則因高齡者所占比重較高，致勞動參與率降為28.6%，此外，勞參率與婦女教育程度及年齡有所關聯（行政院主計處，2004）。特別是家中育有年輕子女之女性，上班工作比例也相當高；單親家庭族群其為子女家計生存，也必須進入就業市場。

表10-5　育齡婦女生育率

年別	一般生育率	年齡別生育率							總生育率
		15-19歲	20-24歲	25-29歲	30-34歲	35-39歲	40-44歲	45-49歲	
1997年	53	15	80	147	87	22	3	0	1,770
1998年	43	14	66	116	73	21	3	0	1,465
1999年	45	13	66	126	82	21	3	0	1,555
2000年	48	14	72	133	90	24	3	0	1,680
2001年	41	13	62	106	75	21	3	0	1,400
2002年	39	13	57	102	73	20	3	0	1,340
2003年	36	11	52	92	69	20	3	0	1,235
2004年	34	10	49	86	68	20	3	0	1,180
2005年	33	8	44	79	68	21	3	0	1,115
2006年	33	7	41	78	71	23	3	0	1,115

資料來源：內政部戶政司（2007）。

◆離婚率的上升

　　1990年有183,028對登記結婚（粗結婚率為8.3‰），52,755對登記離婚（粗離婚率為2.4‰），約為3.5：1。2006年時結婚對數降為142,799（粗結婚率為6.3‰），離婚對數則升為64,476（粗離婚率為2.8‰）（內政部戶政司，2007）。台灣在2000年離婚人口約占十五歲以上人口之4.2%，男女有偶離婚率達10.7‰，相對於1990年的6.3‰，十年間有偶離婚率（大約每三對即有一對）增加七成，已是亞洲之冠。這也意味著家中十八歲以下之子女在成年之前，至少有相當比例會在單親家庭中渡過，而依社會救助法、特殊境遇婦女家庭扶助條例、兒童及少年福利與權益保障法之「困苦失依兒童及少年扶助方案」的補助條件必須符合低收入戶門檻，方能得到經濟扶助，若有六歲以下兒童得申請中低收入育兒補助。台灣離婚現象日益普遍，如何協助單親家長及其兒童、少年是台灣社會須關注的福利議題。

◆遲婚現象

　　婚齡女性進入勞動市場比率上升，適合婚姻市場之男性比例下降，甚至更有人選擇不結婚，諸此原因皆可能造成現代人遲婚，也造成人婚後生

子比例下降，或家庭形成老父（母）少子（女）之現象。

(二)理想與價值的改變

◆女性運動

由於平權觀念，再加上通貨膨脹的壓力，婦女走出家庭投入勞動市場不再受到社會輿論的壓抑，消除女性貧窮化是台灣社會須關注的福利議題。婦女工作機會的增加，造成家庭既有之男女角色分工面臨重新調整的挑戰，養兒育女不再是女性一個人的責任，為了使婦女能無後顧之憂地安心投身就業市場，政府部門相關福利措施與配合服務措施務必隨之配合，例如2002年3月8日正式上路之兩性工作平等法，即破除男性獨大之歧視迷思，多取女性之工作平等，及有關家庭照顧假、女性生理假、育嬰彈性工時、企業提供托兒服務及相關性騷擾之防治措施，以落實男女兩性平等及平權。除此之外，基於女性主義基礎，保障婦女權益、預防婦女受暴、提升婦女需求與教育、破除社會結構和體制對婦女的不公平待遇更是台灣社會須關懷的議題。

◆生活型態

隨著社會的變遷，國民經濟所得的提升，使得人民生活水準也相對提升。因此，在台灣過去五十餘年的發展經驗中，除了配合經濟政策的修正與轉向，主要是憑藉著廉價、勤奮與優異的勞動力，還不但成功地將台灣社會由農業國家轉型為工業國家，同時也創造了舉世矚目的經濟奇蹟，而成為亞洲四小龍的發展典範（薛志文，1999；張瑞晃，1997）。而這些社會經濟的改變，無形中也牽引了宗教傳統、道德及家庭制度的改變，甚至影響個人之價值及生活型態的改變。然而，家庭的形成變成多元的、有傳統家庭、單親家庭、雙生涯家庭、收養家庭、重組家庭、新三代家庭、隔代家庭、同性戀家庭等；甚至於家庭的組成是可變的，其組成更是動態而非靜態的，這些變化皆挑戰新的家庭價值與功能，及新的家庭與兩性角色。

◆兩性角色

美國過去的傳播媒體，從1950～1960年代之*Leave It to Beaver*的連續劇，媽媽在家烤餅乾，阿姨在家照顧小孩，至1980年代之《三人行》（*Three's Company*）演出一男兩女同居在一住處，共同過著顯著家庭的生活；《克拉瑪對克拉瑪》（*Kramer vs. Kramer*）敘述夫妻離婚爭取兒子的監護權，而《天才老爹》（*The Cosby Show*）的雙生涯家庭。這些戲劇描繪著兩性角色的變化，這也意味著社會男女性別角色被重新定義。對女性而言，除了平常持家與養育孩子之眾多責任外，還要增加新的角色，如工作，有時也帶給女性陷入「女強人」症候群和精疲力竭（burnout）之兩難及壓力困境中。而男性，它們也同樣地面臨不穩定的新局面，不僅被要求在工作職場上與女性分享地位與權力，在家裡對他們也有比對他們父親那時更多的期待。今日的父親被要求與孩子一起玩、要與母親輪流帶孩子看醫生、煮晚餐、管理家務等。

(三)社會病態因素增加

改變是令人迷惑的，因為變動發生在社會上的各個重要組織（Gestwicki, 1992）。父母親在最近幾十年來，比之前遭遇過更多的困難及快速的變遷，而這個社會也帶給父母及其家庭許多壓力。社會的變遷導致價值觀、法律和行為準則之改變，以致形成不同的生活方式。公民權利運動、婦女運動、藥物濫用、性行為開放等，使社會產生一些不健康或病態因數，分述如下：

◆家庭暴力

家庭應具有提供親密性及保護的功能，但是現今社會家庭卻是會傷人的。家庭中夫虐妻、妻虐夫、父母虐待子女或是子女虐待父母時有所聞，嚴重造成世人的受傷、甚至死亡，所以家庭暴力又可稱為親密的謀殺（intimacy murder）。台灣在1992～1996期間針對婚姻暴力做相關研究發現：早期在1992年，台大馮燕副教授調查全國1,310位已婚婦女，其中發現高達35%婦女，答稱自己有被丈夫虐待；1994年台灣省政府社會處，陳若

璋教授也對國內已婚婦女從事「台灣婦女生活狀況調查」發現，有17.8%的婦女承認自己曾被丈夫虐待；1995年福爾摩沙文教基金會也做了一項「台灣婦女動向調查」，亦有17.8%的婦女承遭丈夫毆打；同年，現代婦女基金會也針對全省的婦女，做了一項大規模的調查，在回收的七千份有效問卷中，有11.7%婦女填答自己曾在家中有被毆打的經驗；1996年，TVBS電視新聞台也做了一次電話訪查，受訪中有三成承認，他們的女性親友曾被先生施暴（潘維剛，2001：48）。然而，行政院「台閩地區婦女生活狀況調查」，2002年訪問全台各地婦女3,820人，發現僅有8.6%的婦女曾遭受配偶暴力。台灣學者認為：這些數字不足以代表真實現象而且有低估之實，因為許多婦女在家醜不外揚的心態下，不敢承認婚姻暴力事實。台灣政府為因應有關家庭暴力事件頻傳，制訂兒童少年福利法、家庭暴力法及性侵害防治條例之立法，以遏阻家庭傷害的產生，並保障弱勢族群（兒童與婦女）之權益。歷年來台灣地區的十大兒童保護新聞來看，仍然還是以負面事件居多，另外，自2000年起，近五年兒童少年保護案件的開案件數，大致呈現逐年上升的趨勢，2000年已有6,059件，2001年增加至6,927件，2002年稍降為6,902件，2003年則大幅攀升至8,013件，2004年稍降為7,837件，由此推算台灣地區平均每0.9小時就有一個兒童少年受虐（**表10-6**）。

表10-6　兒童少年保護案件統計

年度	受虐人（人）	按年齡分				
		0-2 歲	3-5 歲	6-8 歲	9-11 歲	12-17 歲
2000	6,059	567	825	1,126	1,575	1,966
2001	6,927	667	1,044	1,240	1,515	2,461
2002	6,902	686	945	1,204	1,443	2,624
2003	8,013	812	1,187	1,620	1,730	2,664
2004	7,837	1151	1,305	1,524	1,816	2,401
2005	9,897	1,445	1,721	1,879	2,050	2,802
2006	10,093	1,341	1,626	1,968	2,054	3,104

資料來源：內政部統計資訊網（2007）。

◆未婚懷孕

　　2002年台閩地區單親家庭調查發現未婚生子人口45,938人，占台閩地區總戶數0.7%（內政部統計處，2002）。張明正（1999）指出，1995年青少年未婚懷孕非婚生育個案有九千餘案，十五至十九歲未成年生育率為17‰，超出日本四倍，為全亞洲之冠。而美國青少年未婚懷孕比例為10%，更為世界之冠。當青少年未婚懷孕其面臨家人關係改變與同儕異樣眼光，甚至因懷孕而提早結束學業，謀求一技之長，影響其經濟能力及未來自主及自我照顧能力。

◆中輟學生

　　中途輟學比率居高不下，甚至有與日俱增的現象。1980年代，美洲地區的輟學率仍高達21%，亞洲地區則有9%。在1985～1986學年度經濟高度發展的美國，有兩百萬名學生有輟學經驗（Dupper, 1994）。根據我國教育部在1999年的統計，從1995～1997學年度，平均每學年已有九千名至一萬名的學生輟學，占0.24～0.21%之間。教育單位與父母應著重降低學生的輟學率，或協助其提早進入就業市場，以避免因謀職能力不足而流落低社經地位或走上歧途（郭靜晃，2001）。自1998～2003年間，中輟比例則降至0.1%左右，大約為二至三千人之間。其中單親家庭及原住民家庭兒童少年中輟比例則逐年增加，占一半以上。

◆犯罪率上升

　　根據法務部（1996）的資料顯示，台灣地區少年犯罪人口占少年人口的比率由1986年每萬人中215.14人增加至1995年的356.75人，增加六成之多。在質的方面，近年來少年犯罪性質更有惡質化、低齡化、集體化、預謀化的趨勢，由此可見少年犯罪的嚴重性。自1997年少年事件處理法秉持「以教育代替處罰、以輔導代替管訓」的精神，援引轉向制度及社區處遇制度，採取保護處遇及安置輔導，致使犯罪人數下降，但是虞犯人數卻逐年上升。

二、社會變遷對單親家庭之影響

家庭除了受到家庭內成員與成員間互動的微視面影響之外，也無可避免地受到整個鉅視面社會生態系統的波動而帶來一些衝擊與壓力。單親家庭的數目與比例也逐漸增加，而使社會大眾重視單親家庭的存在。此外，大眾傳播媒體也常將少年之社會病態行為歸因於單親家庭，所以無形中，社會大眾也將單親家庭標記為「偏差」、「不穩定」、「破碎」、「問題」的家庭。持這些論點之學者大都認為單親家庭的子女在人格發展、社會行為與學業成就等表現較差。就親子社會化的觀點，父母之行為特徵常會模塑其子女之行為（Maccoby & Martin, 1983; Peterson & Rollins, 1987; Kuo, 1992），這個觀點也最常由心理分析及社會學習理論所倡導：單親家庭的子女其自我概念較低、對人缺乏信任感、性別角色未分化、內外控發展較差、有較高之焦慮、憂鬱、沮喪及恐懼情緒反應（張美麗，1992）。社會學者如Parsons則採取角色理論的觀點，認為單親家長在工作謀生以求生活無虞的同時，常會衍生子女照顧的問題，在乏人分憂解勞的無奈下，角色衝突與角色負擔過重的事情便會油然而生（劉淑娜，1984；鄭麗珍，1988；林萬億、吳季芳，1993）。之後，Reuben Hilly在1958年提出ABC-X之家庭壓力理論，主張家庭在面對壓力情境之初，壓力事件（因素A）與其家庭藉以調適壓力之內、外在資源（因素B）以及家庭對此壓力之認知（因素C），三種因素互動後才會產生壓力覺知或危機（因素X）。一個家庭是否產生危機，並非它沒有困境，但此家庭的特質是否遭逢困境能坦然面對，並運用有效資源因應，而成為有效的壓力管理的家庭（藍采風，1996）。至於單親是否對子女或父母形成影響，其影響是正向或負向以及如何影響也眾說紛紜，各有其研究支持，茲分述如下：

(一)對子女之影響

Herzog及Sudia（1971, 1973）辯稱，並不是所有父或母缺位的單親家庭皆會造成對孩子的影響，而是家庭的氣氛與互動模式（family interactional pattern and environment）及家庭過程（family process）才是影響之關鍵因

素。此議題之後也在Kagel、White與Coyne（1978）、Raschke與Raschke（1979）、Berg與Kelly（1979）、Marotz-Baden等人（1979）的研究獲得支持。Kagel、White與Coyne（1978）的研究區分青少年日後行為偏差之因素，是他們知覺其家庭環境是否為溫暖的、有回應性及具凝聚力等家庭互動因素有關，而與家庭結構無關；Raschke與Raschke（1979）指出，公立小學學童認為其家庭氣氛不愉快且具衝突，他們的自我概念較低，而與家庭結構因素無關；Berg與Kelly（1979）指出，當學齡兒童被父母拒絕，其自我概念低，而與家庭結構無關；Marotz-Baden等人（1979）認為，家庭是否正常不在於家庭結構（family norm）是單親或雙親，重點是在家庭過程。家庭過程對子女的發展可以是負面的也可以是正面的影響，所以，真正影響子女發展的因素是：家庭內的氣氛（情緒）狀況、家庭成員間的關係是和諧或衝突、家庭經濟的穩定性、教導子女的方式與品質及角色典範（郭靜晃，2001）。

社會學家Steigman在1957年指出，婚姻失敗者之小孩，常遭受同伴嘲笑，心懷自卑，嚴重的心理後果會造成行為上之失常病態，故少年犯罪者有許多出身於破碎家庭（陳怡冰，1992）。Demo與Acock（1988）提出單親兒童的心理健康較雙親兒童為低，且雙親之一的缺位若是因分居、離婚或遺棄所形成，則特別對於青少年有更為不利的影響。雙親的缺位使得兒童不易學習到適當的性別角色行為，使得兒童的發展，特別是青少年的發展缺乏角色楷模，而對其認知發展、成就動機、道德學習及順從等行為產生影響。其次，青少年正處於Erikson所言「自我認同與角色混淆」，當父母其中一位角色缺位或角色負荷過重，是否造成個體本身的發展障礙？單親家庭的形成，對青少年子女有什麼影響？王美芬（1993）指出，單親家庭與雙親健全的正常家庭比較起來，單親家庭意味著家庭破碎的結果，形成的原因就夾雜了哀傷、怨懟等不愉快情緒，若以親職功能的立場來看，在整天辛苦工作之餘，又須料理家務，實難有餘力再去處理子女的心理及情緒問題，以及與子女做更深的互動。

就家庭發展階段來說，當子女處於青少年階段時，正好是父母進入所謂中年危機的時期，許多父母重視自我實現的需求，甚至放棄子女自我

發展的機會，而這個階段正好是他們個人生涯突破或轉折的關鍵期。在這階段，青少年追求自主（autonomy）是一種普遍心理，在家中他們渴求「行為自主」與「情緒獨立」，甚至「價值自主」與「道德自主」，他們極期望獨立與自治，不過青少年是否能成為一位獨立、自主、自信與開放的人，卻與其親子關係及父母教養方式密切關聯（胡正文，1999）。換言之，單親家庭需要更多拉力來幫助青少年處理問題，使青少年獲得更健全的生活環境，否則會引起認同或疏離危機，造成個體不適應行為發生。

　　作者利用國內博碩士論文檢索系統，檢閱國內有關單親家庭對青少年影響之文獻整理：國內有關單親青少年之量化研究大部分是以問卷調查法為主，進行相關研究探討，值得一提的是，大部分研究單親青少年都以單一或多元變項進行相關研究，卻無法瞭解整體性的單親青少年情形，其內容大致是子女教養問題（黃斐莉，1993；謝美娥，1996；何永兪，1993；鄭玉矞，1990）；親子關係（蔡松珍，1989；謝品蘭，1993；吳永裕，1996；吳虹妮，1998；李育忠，1999）；單親青少年自尊低落（何永兪，1993；鄭秋紅，1993）；學業低成就（繆敏志，1990；余啓名，1994；陳圭如，1995；何美瑤，2001）；單親家庭兒童人際關係與人際技巧顯著低於正常家庭的兒童（周孟香，1988；劉永元，1988；蕭舒云，1997）；生活適應上的困難（李慧強，1989；繆敏志，1990；陳怡冰，1992；管貴貞，1992；吳靜樺，1994；鄭麗珍，2000）；偏差行為（周孟香，1988；呂民璿、莊耀嘉，1991；黃富源，1997；侯南隆，2000；陳羿足，2000；何美瑤，2001）；心理健康與幸福感（郭怡伶，1995；郭至豪，1996）；情緒穩定（張貝萍，2000）；休閒情形（王美芬，1993）；而質化研究則以訪談方式居多，研究內容主要對於其生活經驗與意義、單親形成的事實加以著墨。

　　相關研究例如呂民璿和莊耀嘉（1991）、陳怡冰（1992）、何永兪（1993）、鄭秋紅（1993）、王沂釗（1995）、薛承泰（1996b）及鄭麗珍（1998）等皆指出，由於家庭因遭遇變故而形成的單親家庭，對於子女在發展與適應上易產生不利的影響，如親子互動差、生活適應不良、人際關係支持不良、行為困擾、情緒不穩定、低自我概念、低學業成就、性別角

色認同模糊等方面，單親家庭的子女比正常家庭的子女有更高程度的負向發展情形。然而，這些研究可以發現，單親家庭結構變項本身並非導致青少年生活不適應的直接因素，而是潛存於家庭結構型態中的不利因素，如親子互動、社經地位、同儕互動、社會支持所造成的種種因素，影響了單親家庭生活。

2002年內政部統計處針對全國性單親生活狀況調查研究亦指出，單親家庭家長對其子女管教方面感到有嚴重之問題，其比例較高之項目依次為「子女行為有偏差」（19.1%）、「不知如何管教」（15.8%）及「無時間管教」（12.8%）。此外，單親家庭家長對其親子關係，有近三成左右之家長表示感受關係很差。至於單親家庭對其子女的學業方面的表現，父母感到嚴重的問題，比例較高之項目依次為「無法輔導子女做功課」（23.3%）、「子女學業成績太差」（19.5%）、「子女不喜歡讀書」（16.9%）。而認為「父母無時間管教」及「子女行為有偏差」之父母者近二成八。

至於單親經驗對子女「稍有影響」之程度，單親父母認為是「心理健康」（52.7%）、「學業或成就」（44.6%）、「人際關係」（44.4%）、「行為常規」（46.0%）、「性格養成」（47.5%）、「人生態度」（46.0%）、「婚姻看法」（46.0%）等問題。單親經驗使單親子女自我概念形成造成影響，對其自我價值看法產生偏差或低落。然而，單親家庭並非全然負面影響，吳靜樺（1994）的研究即指出，父母離婚對青少年本身亦有正面影響，例如在性格方面趨於獨立、成熟；而在家庭氣氛方面，離婚結束了家庭成員長期的衝突或家庭成員重新建立新關係，家庭氣氛因而轉好。「單親家庭」名詞不至於對子女產生烙印與偏見看法，所以，媒體應給予單親家庭正面報導，去除「單親家庭等於偏差家庭」、「單親家庭等於弱勢家庭」等標籤，而減緩單親家庭飽受社會大眾歧視的眼光。

(二)對父母之影響

單親家庭由於結構上的限制，所以在面對社會壓力、工作及子女教養時，要比核心家庭更易缺乏資源來因應困境，因而導致問題的產生（張

清富，1995），也因此在過去單親家庭常常被冠上「破碎家庭」或「偏差家庭」等標籤而飽受歧視。但經過實務界十餘年的研究，對單親家庭問題做更深入的瞭解後，已使得單親家庭逐漸擺脫問題家庭的刻板印象（薛承泰、劉美惠，1998）。彭淑華、張英陣於1995年曾就單親家庭的優勢觀點來探討，單親家庭的成因不同，同質性亦不高，因此，呈現的問題內涵也就各有不同；不論形成原因為何，「單親」對每個家庭而言，都須經歷一連串的創傷經驗與一種不得已的抉擇。而家庭也會因單親事件產生一連串心理上、社會上和經濟上的改變，進而影響單親家庭成員生活經驗的改變，如經濟狀況的改變、身心適應問題、角色負荷加重、子女教養問題、活動參與問題、福利服務問題等。整體而言，其較常引起注意的不外乎心理社會、生理健康以及經濟安全等面向的問題，以下便就此三個層面，參照國內外發展現況，從優勢與劣勢觀點來闡述我國單親家庭的境遇。

三、台灣單親家庭的境遇

(一)心理社會層面

由於人類天性渴望愛與被愛，可是夫妻離異、親人死亡等驟變，使得單親家庭成員失去了情感的聯繫，導致孤立失落，因而造成了弊病叢生，如緊張、焦慮與挫折，當這種緊張關係在家庭中緊繃至一臨界點而致使家庭失能時，便有可能產生偏差行為或不幸事件。單親家長在經歷家庭驟變之後，由於生活週期斷裂，教養子女負荷繁重，使得他們在分離失落及角色衝突的雙重煎熬中承受著相當大的精神壓力，Weiss（1982）便指出，單親者容易會有沮喪、焦慮、寂寞與不幸福等感受，甚至產生如酗酒等偏差行為（林萬億、吳季芳，1993）。若是其原有的人際關係與社會地位又因單親事件而有所變動，則將更會影響到單親家長的社會適應。由於我國社會文化仍傾向保守，因此在傳統價值觀的框限下，單親家長對自我覺知的歸因更易偏向於負面，因而對未來生涯的規劃躊躇不前，造成本身內在的壓力與衝突。張佩韻（1998）便指出，社會對單親的負面印象等讓單親父親倍感壓力；劉雅惠（2001）更進一步指出，衝突與生活滿意度有顯著負

相關，尤以女性為著。

　　由於道德的偏見使得部分民眾對單親家庭投以異樣的眼光，造成社會烙印（social stigma）現象（Kerka, 1988），如果單親家庭無法承受這股壓力，而自原有社會人際網絡中逐漸撤離，便會形成社會孤立（social isolation），甚至發生社會連結（social bonds）不穩定的情形，無法與他人建立持久的關係（引自朱貽莊，1997），此時單親家庭不是自我孤立，便是遷居或轉換職業，這種現象在離婚和非婚姻型態的單親家庭又更為明顯（張英陣、彭淑華，1998）。

　　單親處境並非全然弱勢，單親家庭在心理社會適應上亦有其優勢的一面：相對於情感疏離、名存實亡的空洞家庭。有研究指出，單親家長在跳脫驟變的漩渦之後，反而能自我解脫而有所成長，加上對子女的管教態度因單元化而無不一致之情形，因此親子關係也比以往更親密（彭淑華、張英陣，1995）；另外，基於「血濃於水」之傳統家庭價值觀的驅使，因此，我國單親家庭要比國外獲得更多來自於原生家庭的支持與資源。如親情連結、互惠協助、可近性、彈性與低成本等優點，均可以成為單親家庭的優勢助力（吳婉慧，1999）。

(二)生理健康層面

　　由於單親家長既要身兼父母職又要養家活口，因此承受著很大的照顧負荷與工作壓力，而這些壓力往往在生理症狀中找到出口，以身心症來宣洩。最常見的症狀便是身體功能退化、難以入眠和健康狀況不佳（洪秀珍，2000）。生理健康對生活品質的影響，受到多重因素的左右，不過箭頭均指向負向關聯。王慧琦（1992）在針對離婚者生活適應的研究中便指出，支持系統與壓力認知會影響其健康情形，一般而言，壓力覺知愈小，社會支持系統愈多元，其自覺健康狀況愈好。俗話說：「留得青山在，不怕沒柴燒。」因此，生理健康對一個人的生活品質有決定性的影響。

(三)經濟安全層面

　　國內外的研究均指出，在眾多單親問題當中，經濟安全是單親家庭最

大的隱憂。物質條件不僅會對子女照護問題產生不良影響——子女所能獲得的物質資源減少，甚至直接牽動著家庭的生活品質。在所有單親類型當中，以女性單親最容易落入貧窮困境，形成「貧窮女性化」（feminization of poverty）的現象：在1992年美國有兒童的貧窮家庭中，有將近60%是屬於無丈夫的女性爲家長的家庭；在所有的全國家庭中，以單身女性爲家長只占23%（Bureau of Census, 1993）；Garfinkel、McLanahan（1986）與Kerka（1988）指出，女性單親戶是全美最貧窮的家庭；張清富（1995）的研究也顯示，我國約有一半以上的單親家庭每個月收入低於三萬元，其中女性單親更因長期操持家務、無一技之長或須兼顧子女照顧而無法穩定工作，導致重返勞動市場上的弱勢，甚至因爲男性較高的再婚比率而降低了贍養費的給付能力，因而比男性單親更易遭受經濟匱乏的威脅。尤有甚者，當經濟資源短缺而間接影響單親子女低學業成就，乃至低職業成就時，勢必形成福利依賴的惡性循環，導致「貧窮代間移轉」的結果（林萬億，1995）。另外，Kerka（1988）也特別指出，由於美國有十分之一的青少年成爲單親媽媽，因而更潛伏著「貧窮青少年化」（juvenilization of poverty）的危機。以上種種現象均警示單親家庭的經濟困境且與單親戶的普遍化有關（Bianchi, 1999; Popenoe, 1988）。而貧窮造成家庭的危機卻是與相關兒童福利實務（如兒虐事件、兒童少年行爲偏差）有很大的關聯。尤其身處資本主義的社會，貧窮造成個人低自尊或視自己一無是處，更是公共社會服務的使用者，因此，兒童福利實務工作者更應正視貧窮（尤其是單親媽媽）所造成的家庭危機。在美國，貧窮造成國家百年所得損失、稅收損失，以及彌補貧窮造成之損害而設計的社會方案之經費也高達數十億美元；而有關針對貧困兒童的方案經費就占了國家總預算的7%（Allen-Meares, 1995）。

不過，也有研究指出單親家庭亦有其經濟優勢面，例如掌握經濟自主權，不用受制於人（彭淑華、張英陣，1995）。尤其是女性，其原本在家庭中的經濟弱勢地位也將易地而處。

2002年內政部統計處針對全國性單親生活狀況調查研究指出，近半數單親家庭最近一年每個月平均收入在二萬四千元之下，其中又有一半收

兒童社會工作
——SWPIP實務運用

入不及平均最低薪資，且調查過程中有六成受訪單親表示入不敷出，此現象已凸顯單親家庭的經濟困境。尤有甚者，有近四成的單親家長除了自己的子女外，尚須扶養父母，而經濟來源有八成以上須靠單親家長本人之所得，其次為父母提供，獲政府補助之比例不到一成，此結果顯示單親家庭的經濟性支持相當脆弱。

單親家庭家長對其子女管教方面感到嚴重的問題，比例最高為「子女行為有偏差」（19.1%）、「不知如何管教」（15.8%）及「無時間管教」（12.8%）。此外，單親家庭成員感受到「對不起子女或父母」、「經濟維持的壓力」及「工作或經濟壓力」；其感情困擾嚴重度更依單親形成年數增多而遞減。

單親家庭托育與教育費用平均需五千至九千元為最高，且就讀托育及才藝班比例之提高，產生新的經濟支出項目（內政部統計處，2002）；針對子女照顧、管教、子女學業及工作、事業問題之困擾皆是單親父母所面臨的困境。

 ## 第三節 單親家庭福利政策

一、各國單親家庭福利政策實施現況分析

由於背景及社會環境的差異，各國對單親家庭亦採取不同的策略；主要目的在於消除貧窮或提供各種支持，以幫助單親家庭紓解困境，但這也是造成單親家庭貧窮差異的來源，由下列各國單親家庭相關福利政策一覽表（**表10-7**）中可知：

1. 採取普及式做法的國家有法國、德國等國家，其福利政策中只有少數幾項是完全針對單親家庭而設計的。
2. 採取工作與政策結合的策略，再結合托育政策，強化兩性就業平等以及鼓勵就業原則使得就業比率相當高，單親家庭較沒有貧窮問題的國家有瑞典、丹麥等國家。

表10-7　各國單親家庭相關福利政策一覽表

項目 ＼ 國家	法國	德國	比利時	荷蘭	瑞典	丹麥	挪威	愛爾蘭	英國	加拿大	美國	西班牙	葡萄牙	義大利	希臘	日本	台灣
經濟支持																	
一、社會安全方案																	
1.遺屬年金	✓	✓	✓	✓	✓	✓	✓	✓	✓	✓	✓	?	✓	?	?	✓	
2.棄婦給付								✓									
3.兒童津貼												✓	✓	✓	✓		
4.失業給付	✓	✓		✓			✓		✓	✓	✓						
5.失業救助								✓									
6.兒童養育給付		✓															
二、普及式津貼方案																	
1.家庭（兒童）津貼	✓	✓	✓	✓	✓	✓	✓	✓	✓	✓	✓					✓	
2.教育給付							✓										
三、單親家庭方案																	
1.教育給付								✓									
2.單親家庭津貼							✓										
3.過渡津貼								✓									
4.孩童津貼								✓									
5.單親津貼	✓								✓	✓							
四、資產調查方案																	
1.子女生活津貼補助																	✓
2.低收入生活津貼補助																	✓
3.生活扶助費																	✓
4.家庭所得補充								✓									
5.家庭信用									✓								
6.所得支持	✓	✓	✓	✓	✓	✓	✓	✓	✓	✓					✓	✓	✓
7.社會福利津貼								✓									
8.補充福利津貼								✓									
9.失業兒童家庭補助											✓						
10.保證最低所得	✓	✓											✓				
11.棄婦津貼								✓									
12.單親津貼				✓				✓									
13.未婚媽媽津貼								✓									
14.急難救助補助																	✓
15.不幸婦女緊急生活救助																	✓

（續）表10-7　各國單親家庭相關福利政策一覽表

項目＼國家	法國	德國	比利時	荷蘭	瑞典	丹麥	挪威	愛爾蘭	英國	加拿大	美國	西班牙	葡萄牙	義大利	希臘	日本	台灣
子女照顧																	
一、兒童照顧	∨+	∨+	∨	?	∨+	∨	∨-	∨-	∨-	∨-	∨-	∨-	∨-	∨-	?		∨-
二、兒童撫養費	∨	∨	∨	∨				∨	∨	∨	∨#	?	?	∨#	?		
三、家庭扶養津貼	∨																
四、兒童托育津貼補助																	∨
五、助學貸款																	∨
租稅扣抵	∨	∨			∨			∨						∨			∨
就業支持方案																	
一、創業貸款																	∨
二、職業訓練																	∨
三、母職給付	∨	∨			∨		∨			∨	∨						
四、育嬰假	∨			∨				∨		∨	∨						
實物補助方案																	
一、房租津貼	∨	∨			∨		∨	∨	∨		∨		∨				∨
二、食物券											∨						
三、免費營養午餐								∨					∨				∨
四、燃料津貼								∨									
五、醫療補助											∨						
六、婦女嬰兒兒童特定食物補充											∨						
七、青少年兒童醫療補助																	∨

說明：＋表示兒童照護設施完善，有兒童照護租稅扣抵
　　　－表示兒童照護設施品質差
　　　＃表示對缺席父母的兒童撫養執行力不夠
資料來源：修改自張清富（1998）。〈各國單親家庭福利政策比較〉。《社會福利》，
　　　　　136，56-57。

3.以單親家庭為主的策略，將單親家庭視為一個特定團體，針對單親家庭設計一套福利方案，但單親家庭貧窮問題仍存在的國家有挪威、愛爾蘭等。

4.採取反貧窮策略，由社會救助觀點提供單親家庭福利服務的國家有美國、加拿大、西班牙、台灣等。

　　透過政策面施行，使單親家庭經濟問題、子女教育問題、醫療衛生、心理問題得以減緩或獲得解決。反觀，世界各國對單親家庭福利措施差異懸殊，世界各國針對單親家庭所設計的政策並不多，大都以較大的族群為目標而設，但婦女、母親、低所得或貧窮人口都可以適用（張清富，1998），如表10-7所示。

　　對照世界各國單親家庭福利與我國單親家庭福利，其實不難發現，我國與美國、加拿大、英國、西班牙、葡萄牙、義大利對單親的家庭福利服務以採取社會救助為主，其單親家庭服務大都與低收入戶並存為多，將單親家庭依照低收入家庭來處理未必妥當，且這與每年提增福利預算的議題，主政者則以「福利國家拖垮財政」來應變，但在政策與福利方案提供上卻未改善，似乎形成對空喊話，未見真正有效的執行策略。林萬億（1995）指出，如果決策者傾向接受單親家庭是病態的、問題的，雙親家庭才是唯一的常態家庭，那麼對於單親家庭未來的福利，仍維持殘補式社會救助方案及以工代賑的工作福利；如果決策者傾向自由的、進步的意識型態，則可能會出現機會均等的就業政策、多元化的替代性社會服務與所得維持方案。因此，安排單親家長職業訓練與就業、規劃幼兒托育服務與兒童青少年教育補助、設置家庭服務員與心理或法律諮詢管道、辦理租屋輔導與住宅貸款、成立學校社會工作網等，將有助於單親家庭的「自助」能力，對於單親家庭經濟問題、心理社會適應、子女教養問題等能獲得調適與支持。

二、台灣單親家庭政策實施現況

　　近年來，家庭模式的多元化與單親化，單親家庭的逐漸增加（分居、離婚家庭升高）、女性主義抬頭、婦女社會參與度提增等，帶動整個家庭與社會變遷，亦削弱了傳統家庭結構與互動關係，並使家庭重新解組或適應。李欽湧（1994）指出，雖然我國或香港也開始出現「我們是否有家庭政策」或「是否需要制定家庭政策」的討論與呼籲，但是，我國的家庭福利政策或家庭社會工作還是未能受到重視。究其原因，主要是在於我國家庭制度的傳統似乎不容社會性干預政策的介入，而傳統的家庭制度係指對

家的隱密性與完整性，只有家才能滿足個體需求、家醜不外揚的價值觀等（徐震、李明政、莊秀美，2000）。

目前有關家庭之政策或立法皆屬個別取向，如兒童及少年福利與權益保障法、身心障礙者權益保障法、老人福利法、民法、特殊境遇婦女家庭扶助條例等，鮮少以整體家庭取向制定法令或福利措施，如家庭暴力防治法、家庭教育法草案等。事實上，家庭問題不只是個別性問題，它可能牽一髮而動全家，單單只是個別法令政策已不能完全解決家庭問題。以下則針對個別性法令政策大略摘錄其有關「單親家庭」政策：

(一)社會福利政策綱領

政府有關單位著眼以家庭爲中心的福利服務，其家庭自治理念漸漸由政策法令干預介入。社會福利政策綱領（1994年7月30日修訂）其基本原則第3條規定：「建構以家庭爲中心之社會福利政策，以弘揚家庭倫理，促進家庭關係，藉家庭倫理來維護成員福利。」

(二)民法

在民法方面，受到男女平等、女性社會參與力的提增、男女有共同分擔養育子女的責任等意識的強化，使過去原本父權家庭的威權體制漸漸薄弱，家庭整體面貌中女性與男性居同等階級地位，因此，在民法上有所修訂，法律的執行判斷上則是以男女平等角度切入，而不是假象。而在民法1055條、第1055-1條修訂、第1055-2條、第1069-1條規定上，當家庭一旦解組或失調，則以子女的最佳利益爲原則。

第1055條

夫妻離婚者，對於未成年子女權利義務之行使或負擔，依協議由一方或雙方共同任之。未爲協議或協議不成者，法院得依夫妻之一方、主管機關、社會福利機構或其他利害關係人之請求或依職權酌定之。

第1055-1條修訂

法院爲前條裁判時，應依子女之最佳利益，審酌一切情狀，參考社工人員

之訪視報告,尤應注意左列事項:一、子女之年齡、性別、人數及健康情形。二、子女之意願及人格發展之需要。三、父母之年齡、職業、品行、健康情形、經濟能力及生活狀況。四、父母保護教養子女之意願及態度。五、父母子女間或未成年子女與其他共同生活之人間之感情狀況。

第1055-2條

父母均不適合行使權利時,法院應依子女之最佳利益並審酌前條各款事項,選定適當之人爲子女之監護人,並指定監護之方法、命其父母負擔扶養費用及其方式。

第1069-1條

非婚生子女經認領者,關於未成年子女權利義務之行使或負擔,準用第一千零五十五條、第一千零五十五條之一及第一千零五十五條之二之規定。

(三)兒童及少年福利與權益保障法

兒童及少年福利與權益保障法(2003年5月28日公布)中第16條、第17條、第19條、第20條、第21條、第23條第六項及第七項、第62條、第64條等規定了兒童的監護權、扶養權、親權之保障是以兒童最佳利益爲原則(相關條文之內容請參考附錄一),一旦家庭遭受重大變故(喪親、未婚生子等),則提供兒童之生活扶助、醫療補助或做必要之安置。

(四)特殊境遇婦女家庭扶助條例

特殊境遇婦女家庭扶助條例(2000年5月24日公布)主要爲了加強婦女福利,在特殊境遇婦女家庭扶助條例第4條、第6條、第7條、第8條、第9條、第10條、第11條、第12條其針對特殊境遇之婦女給予緊急生活扶助、子女生活津貼、子女教育補助、傷害醫療補助、兒童托育津貼、法律訴訟補助及創業貸款補助。

第4條

本條例所稱特殊境遇家庭，指申請人其家庭總收入按全家人口平均分配，每人每月未超過政府當年公布最低生活費二點五倍及臺灣地區平均每人每月消費支出一點五倍，且家庭財產未超過中央主管機關公告之一定金額，並具有下列情形之一者：一、六十五歲以下，其配偶死亡，或失蹤經向警察機關報案協尋未獲達六個月以上。二、因配偶惡意遺棄或受配偶不堪同居之虐待，經判決離婚確定或已完成協議離婚登記。三、家庭暴力受害。四、未婚懷孕婦女，懷胎三個月以上至分娩二個月內。五、因離婚、喪偶、未婚生子獨自扶養十八歲以下子女或祖父母扶養十八歲以下父母無力扶養之孫子女，其無工作能力，或雖有工作能力，因遭遇重大傷病或照顧六歲以下子女或孫子女致不能工作。六、配偶處一年以上之徒刑或受拘束人身自由之保安處分一年以上，且在執行中。七、其他經直轄市、縣市政府評估因三個月內生活發生重大變故導致生活、經濟困難者，且其重大變故非因個人責任、債務、非因自願性失業等事由。

第6條

符合第四條第一項規定申請緊急生活扶助者，按當年度低收入戶每人每月最低生活費用標準一倍核發，每人每次以補助三個月為原則，同一個案同一事由以補助一次為限。申請緊急生活扶助，應於事實發生後六個月內，檢具戶口名簿影本及其他相關證明文件，向戶籍所在地直轄市、縣（市）主管機關提出申請，或由鄉（鎮、市、區）公所、社會福利機構轉介申請。證明文件取得困難時，得依社工員訪視資料審核之。

第7條

符合第四條第一項第一款至第三款、第五款或第六款規定，並有十五歲以下子女或孫子女者，得申請子女生活津貼。子女生活津貼之核發標準，每一名子女或孫子女每月補助當年度最低工資之十分之一，每年申請一次。初次申請子女生活津貼者，得隨時提出。但有延長補助情形者，應於會計年度開始前兩個月提出。

第8條

符合第四條規定，且其子女或孫子女就讀國內公立或立案之私立高級中等以上學校，得申請教育補助。但其他法令有性質相同之補助規定者，不得重複領取：一、就讀高中高職減免學雜費百分之六十。二、就讀大專院校減免學雜費百分之六十。前項學雜費減免，應於註冊時檢附相關證明文件，經學校審核確認後逐予減免，私立學校由學校逐予減免後，報請主管教育行政機關補助之。

第9條

符合第四條規定，而有下列情形之一，得申請傷病醫療補助：一、本人及六歲以上未滿十八歲之子女或孫子女參加全民健保，最近三個月內自行負擔醫療費用超過新臺幣三萬元，無力負擔且未獲其他補助或保險給付者。二、未滿六歲之子女或孫子女，參加全民健保，無力負擔自行負擔之費用者。

第10條

符合第四條第一項第一款至第三款、第五款及第六款規定，並有未滿六歲之子女或孫子女者，應優先獲准進入公立托教機構；如子女或孫子女進入私立托教機構時，得申請兒童托育津貼每人每月新臺幣一千五百元。申請兒童托育津貼，應於事實發生後六個月內，檢具相關證明文件，向戶籍所在地主管機關申請。直轄市、縣（市）主管機關對申請延長補助者，應派員訪視其生活情形；其生活已有明顯改善者，應即停止津貼。但已進入公立托教機構者，得繼續接受托育。

第11條

符合第四條第一項第三款規定，而無力負擔訴訟費用者，得申請法律訴訟補助。其標準最高金額以新臺幣五萬元為限。申請法律訴訟補助，應於事實發生後三個月內檢具相關證明、律師費用收據正本及訴訟或判決書影本各一份，向戶籍所在地之主管機關申請。

兒童社會工作
——SWPIP實務運用

第12條

符合第四條第一項第一款至第三款、第五款及第六款規定，且年滿二十歲者，得申請創業貸款補助；其申請資格、程序、補助金額、名額及期限等，由中央目的事業主管機關另以辦法定之。

(五)家庭教育法

家庭教育法（2003年2月6日公布）主要是針對台灣面臨家庭結構變遷，家庭功能、家庭內角色結構及互動關係式微，透過「事前預防」以培養國人重視家庭觀念，增進家庭生活知能，防範日益嚴重的家庭問題及青少年犯罪問題之發生。其在第2條規定家庭教育範圍、第11、12條規定家庭教育實施原則與方式。

第2條

本法所稱家庭教育，係指具有增進家人關係與家庭功能之各種教育活動，其範圍如下：一、親職教育。二、子職教育。三、性別教育。四、婚姻教育。五、失親教育。六、倫理教育。七、多元文化教育。八、家庭資源與管理教育。九、其他家庭教育事項。

第11條

家庭教育之推展，以多元、彈性、符合終身學習為原則，依其對象及實際需要，得採演講、座談、遠距教學、個案輔導、自學、參加成長團體及其他方式為之。

第12條

高級中等以下學校每學年應在正式課程外實施四小時以上家庭教育課程及活動，並應會同家長會辦理親職教育。各級主管機關應積極鼓勵師資培育機構，將家庭教育相關課程列為必修科目或通識教育課程。

綜合相關「個別性」之單親家庭福利政策，作者發現下列幾項特色：

1.殘補式家庭福利：殘補式家庭福利即是提供單親家庭經濟補助、醫療

補助、生活扶助、創業或就業輔導、心理輔導等內容，畢竟家庭仍有
維護其經濟的責任存在，藉由政府的政策介入，使家庭關係重整與重
新建構，政府只站在支持輔導的立場，提供相關福利服務支援或支持
網絡給家庭使用。

2.以子女最佳利益爲原則：單親家庭福利考慮到家庭中弱勢族群之一
　　——兒童及青少年，藉由妥善的福利措施與服務介入，使其弱勢兒童
　　或青少年得到正常身心發展與支持。

3.家庭自治漸由政府介入：家庭已從「私領域」慢慢演變成政府介入之
　　「公領域」；從原本對家庭以保障家庭隱私、尊重家庭自治的規範，

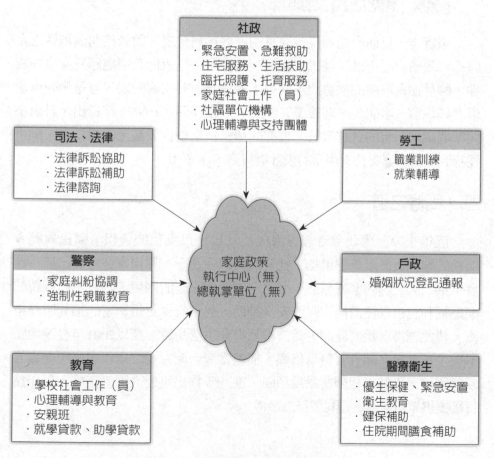

圖10-2　單親家庭的支持保護網絡

漸漸擴張為國家有保護弱勢及維護公共利益的責任，使家庭的關係與隱性規條攤在陽光底下接受法律政策的檢視。

4. 兼顧問題解決與預防功能：政策法令面除了針對家庭發生重大變故、父母失責等問題給予津貼、生活補助、醫療補助、親職輔導等解決方式，另外藉由事前預防提供家庭教育、保健、防止家庭暴力等，以預防家庭問題衍生與強化家庭功能之措施著手。

5. 缺乏專責單位執行與規劃：**圖10-2**為單親家庭福利服務網絡，但是沒有專責單位來負責規劃執行，皆由各部會共同統籌（如衛生、教育、司法單位），服務的提供是否重疊與交錯，而在行政單位是否有疊床架屋、浪費人力資源的現象？

事實上，目前台灣並沒有完整的家庭福利政策，對於相關個別性之家庭福利政策尚屬提供殘補式家庭福利為主。但是家庭政策應顧及家庭整體性，雖然個別取向的家庭政策掌握了各種層面的家庭問題，可是相關專家學者如徐震、李明政、莊秀美（2000）、謝秀芬（1995）卻指出，針對不同家庭議題制定的各種政策，彼此間卻常缺乏整合或甚至互相牴觸，鮮少注意到整體家庭支持與服務的設計與規劃。

三、因應之道

近年來，台灣社會隨著經濟成長及政治民主化的過程，國民對社會福利的關注與需求急速增加。社會的持續變遷下，單親家庭儼然已成為社會中第二大比例的家庭型態，面對形成單親家庭的困境，政府對於單親的家庭福利也由以往消極的經濟安全補助，思索提供更為縝密的福利服務措施，藉此維護單親家庭的生活需求及提升生活品質。茲以2001年台閩地區單親生活狀況之調查資料為依據，描繪當今台灣社會之單親家庭所面臨的家庭困境，再輔以相關文獻為鋪陳，進一步提出可能之因應策略，以作為日後提供單親家庭之福利服務之參考。

(一)摒除對「單親」刻板化的歧視眼光,以更宏觀的角度重新思考單親家庭的生活內涵,並正視男性單親的家庭問題與福利需求

單親家庭已經成為當代台灣社會變遷裡的一項社會事實,因此,在面對單親家庭時,便應摒除刻板化的歧視眼光,以更宏觀的角度重新思考單親家庭的生活內涵。此外,在我國傳統的性別角色規範下,男性單親此一龐大特殊族群的問題儼然已呼之欲出,政府實應正視其家庭問題與福利需求。尤其單親家庭與所有家庭一樣,居住在官僚式的社會(bureaucratic society),其機構與服務組織,例如,教育、政府、健康照護、住宅,全由大規模的官僚機構及私人企業所營運(Gongla & Thompson, 1987),然其營運目標是否能滿足單親家庭的需求,值得商榷。

(二)積極面對社會變遷,相關單位機關予以擬定適合潮流發展趨勢之政策和服務方案

1970年代以來,貧窮女性化成為貧窮問題的焦點(Karger & Midgley, 1994),到了1980年代,貧窮女性化便成為一公共性議題。單親家庭面臨之經濟支出的增加,如子女托育、才藝及安親費用,因此,政府及民間團體宜針對子女照顧、管教、子女學業及其工作、事業問題之困擾,進行需求評估,訂定單親家庭政策和配套的服務方案,以協助其有效因應生活困境。

(三)單親家庭感覺對育兒負擔沉重,期望政府機關能給予經濟協助,並制定有效的福利政策和配套措施,藉制度性介入來改善單親家庭入不敷出的經濟窘境

內政部統計處(2002)調查發現:單親家庭家長認為政府應優先提供之社會福利措施,以「子女教育補助」為最高,其次為「緊急生活扶助」,且調查中有六成單親家庭的收支平衡狀態是「支出大於收入」。其他研究亦發現,有二成以上的低收入女性單親家庭有超時工作(每週五十三小時)的現象(鄭麗珍,1998)。單親家庭的因素

造成貧窮人口結構的改變，其中有兩個趨勢非常明顯，就是貧窮人口幼年化（juvenilization）（Segal, 1991; Wilson, 1985）及貧窮的女性化（feminization）（Pearce, 1978）。現代人雖有工作也能盡心盡力，但他們的家庭仍處於貧窮以下的狀態（Levitan & Shapiro, 1987）。而生活於困境的家庭也容易造成遊民兒童及青少年，許多遊民離開了家，結果卻淪落吸毒、犯罪或從娼，美國每年約有四百萬兒童青少年逃家或成為遊民（Children's Defense Fund, 1988）。單親家長由於在家庭生命週期發展進程中，缺乏另一半相伴而產生角色負荷過重（如托兒或教養兒童），因此，也較容易成為虐兒家庭及造成兒童離家。有鑑於此，政府實應提出有效的福利政策，破除性別區隔化、家庭意識型態、消極負面的社會安全制度及相關法律、立法及教育政策等層面的性別壓抑，提供單親家庭更適切、人性化的政策與服務，如經濟協助、輔導就業，避免因經濟匱乏而產生惡性循環（如沒錢教養或管教子女）；另一方面，提供質優價廉之托育服務，以緩解其單親生活經濟壓力，使單親家庭獲得更好的生活品質。

(四)探究不同特質單親的家庭問題與福利需求，以為政策方針之參考

鼓勵學術研究單位針對上述不同特質單親的家庭問題與福利需求做探討，並輔以質化研究做深入的分析，始能對症下藥，提供適合的福利服務，降低家長角色壓力，充權增能（empowerment）以提升家庭生活品質。

(五)提供失業單親家長職業輔導，增加就業資訊流通，俾能有效解決單親家長之就業困境

內政部統計處（2002）調查發現，八成以上單親家長均有就業，不到一成五的人未從事工作，深究其無工作之原因，發現有半數之單親家長均在等待工作的狀態中，甚至有受訪者在訪談過程中表示根本找不到工作，生活無以為繼，顯示這些失業單親家長有工作的需求與經濟壓力。因此，政府實有必要提供這些失業單親家長職業輔導，增加就業資訊流通，俾能有效解決單親家長之就業困境。至於企業主管、同事和朋友通常缺乏對單親家長的需要有所瞭解和關心，也無法提供任何支援，如提供彈性工時的

安排以減輕其工作責任的衝突（Keshet & Rosenthal, 1978），而彈性工時的
安排是他們最迫切的需要（Gladding & Huber, 1984）。

(六)透過組織規劃，提供單親家庭各種支援及社會網絡來源，以紓解生活壓力及調解情緒

　　人際關係可說是一種支持系統，也可能影響個人所面對的壓力，這與可能提供的協助和當事人需求上的配合程度有關。個人形成單親家庭後，其經濟來源及子女教養係失婚父母最大的煩惱（行政院主計處，2000）。許多單親父親在離婚初期較依賴親屬的援助，而給予情緒上的支持，孩子的看護和家事上的協助等，然親屬過度投入反而增加男性單親家長的負擔。離婚後，過去因婚姻關係所建立的親屬、朋友體系也隨之改變或瓦解（王佩琳，1988），因此，其同住家人是他們最主要的支持，單親家庭中的代間教養有較多正向的情緒支持（張佩韻，1998）。內政部統計處（2002）調查研究之單親家庭成員主要有來自對親人的愧疚感受，其次為工作或經濟壓力。因此，確實掌握單親家庭形成時之需求，規劃組織不同型態支援並適時介入，擴展其新的人際關係網絡，支持其社交延續功效，以紓解其生活壓力與情緒調解。此外，內政部統計處（2002）調查發現單親家庭之居住型態，女性單親有60%是由家長與子女所組成之核心家庭，與父母同住之情形不到三成，反之，男性單親則以與子女及父母同住之三代同堂家庭最多（占51%），核心家庭之比例較少於女性單親，此情形已顯現我國社會對女性單親家庭之非正式支援較為薄弱。有鑑於此，如何強化女性單親家庭之社會支援網絡，尤其來自非正式支持系統，如子女、娘家親戚或朋友，來助其紓解情緒與壓力，更值得審慎評估。

(七)積極提供各種管道鼓勵單親家庭社會參與，擴展生活範疇，以增加社會支援網絡

　　內政部統計處（2002）調查發現，單親家長的社會支援來源較多來自親朋好友等非正式支援，較少使用「政府單位」、「學校機構團體」等正式支援來源。單親家庭家長更是很少參加社會團體活動與休閒運動。所

411

以說來，單親家長很少參與正式社會支援，其紓解的管道是有限的，多數單親家庭仍以非正式社會支援為主，尤其是男性單親家長，相較於女性單親家長，其在整體社會支持、社會參與低，生活適應也較差（吳季芳，1992）。單親家長必須調整其原有的價值觀、行為模式、接受新的角色規範和角色行為，方能與社會環境充分互動，而達到其自我再平衡的狀態。然而，尋求心理上的親屬，創造與血緣無關的親密關係，須藉由政府或相關機關、學校機構加強宣導活動，鼓勵單親家長參與活動，提升社會支援力量與生活調適能力。

(八)規劃便利的家居服務，提供日間托老及幼托服務，以迎合女性單親家庭之需求，改善家居生活品質

內政部統計處（2002）調查發現，在單親家長未從事工作之原因中，女性單親有近三成是因料理家務與照顧父母或子女而無法從事工作，且單親家庭子女年齡層分布近三成半是在六至十一歲間，表示單親子女主要是學齡期兒童，而調查結果也發現，學齡前及學齡兒童仍由家長在家親自照顧為主。由於單親家長有其角色上的限制，同時要身兼父母二職，不僅要照顧子女，又有經濟上的壓力，但因照顧子女所產生的挫折、不值得或覺得寂寞、孤單的情緒壓力，且少有適當的紓解管道，造成情緒壓抑及過量的負荷（吳季芳，1992）。因此，透過整體家居服務的規劃，整合多元資源，提供單親媽媽日間托老或幼托的服務，讓她們無後顧之憂，以迎合女性單親家庭之需求；或配合兩性工作平等法之親職假及妥善配套措施，以改善單親家庭生活品質，是政府與民間團體可以思考的方向。

(九)教育青少年正確的性知識與觀念，以避免未婚媽媽的形成

各項單親狀況調查均顯示單親成因中，未婚（包括領養與收養）比例有逐年增加的趨勢，且其中多為女性，顯示未婚媽媽的問題已不容忽視。尤有甚者，在二十歲以下未成年單親中，有八成以上是導因於未婚生子，由於他們不僅要面對自己的生涯，又有照顧單親子女的困擾，更屬弱勢中的弱勢，因此，政府及教育單位實有必要針對青少年提供正確的性知識與

觀念，以避免提早形成單親家庭；尤其是以更有效的方案，例如提升自我尊重、追求未來前程，以及充權增能個人及家庭，來有效預防青少年未婚懷孕的發生。

(十)加強親職教育的實施，以提升單親家庭父母親職效能及改善親子關係

離異後的單親家庭比婚姻維持的家庭及衝突的家庭的婦女，其子女有較多的行為問題困惱、較大的壓力及較差的親子關係（Acock, 1988）。親子關係指的是對子女的支援、耐心、協助子女解決困難、培養獨立自主（彭淑華、張英陣，1995），因此，為單親父母與子女建立良好溝通互動環境與管道，瞭解彼此感受與需求，學校和相關民間團體應協助親職教育之推動，一方面增加父母之親職效能，另一方面可以減少父母與子女角色間與角色內的衝突發生，以避免產生兒童虐待或家庭暴力之情境。

(十一)提供大專青年幫助單親子女之課業，給予單親父母喘息服務，並提升單親家庭子女學業之自我效能感

相關之研究如Coletta（1983）與謝品蘭（1993）均指出，雙親過渡到單親家庭的短時間內，其親子關係有趨劣的現象。離婚的母親會採取嚴格方式教養兒子，對子女的管教態度不是過分嚴格控制，就是過度保護的教養方式。內政部統計處（2002）調查發現，單親家庭家長對其子女的學業方面感到嚴重的問題，依次為「無法輔導子女做功課」、「子女學業成績太差」、「子女不喜歡讀書」。因此，單親父母在面臨工作與管教子女之多重角色壓力時，如果可以藉由大專青年及志工服務協助單親父母輔導子女課業，建立子女學業成就能力，減少單親子女或家長心理挫折感，並給予單親父母喘息的機會，也可提升其生活品質。

(十二)優先提供工讀機會給予單親家庭十五歲以上子女，幫助他們獨立自主，進而幫忙家居生活

單親家庭之形成對子女而言是一連串的適應過程，會造成其情緒痛

苦、與父或母的危機,也有可能結束衝突的家庭關係。而青少年對父母離婚原因的認知與其生活適應情形有相互影響(吳靜樺,1994)。離婚家庭兒童之內心存有的愛恨情仇與承擔;離婚家庭兒童在生活中有對家中經濟的焦慮、自我照顧背後的無奈、面對母親婚姻關係的變動與壓力的承擔(陳貞君,1998)。因此,提升單親子女獨立自主與生活技能、自我概念,一方面可以增加青少年自我功效,另一方面可以減少負向親子互動衝突,進而紓解家庭緊張氣氛。

(十三)提升單親家庭之子女自我概念及壓力調適能力,並給予社會支援,以避免因單親而產生之不良影響

相關研究均指出,單親困境對子女日後自我概念的形成可能會造成影響,甚至對自我價值或看法產生偏差。兒童在父母離婚後常感到悲傷、恐懼、失落及羞恥;在行為上有退縮、依賴、焦慮、注意力分散等;也常覺得孤單、沒人瞭解、缺乏安全感、胡思亂想、心情不好、亂發脾氣,且有偷竊、沉迷電動玩具、說謊,甚至造成未婚懷孕及想早點離開沒有希望的家庭等情形(謝品蘭,1993)。因此,培養正確價值觀並連結社會網絡資源,疏導負向情緒與壓力,以減少單親家庭家長與子女生活困擾,提高生活之幸福感,更是不可忽視。

(十四)媒體提供對單親家庭之正面報導,避免負向標籤,以減少社會對單親家庭之負面看法

單親事件是否對子女造成影響,得視其在單親前的家庭生活狀況及社經地位的關係。若單親前家庭生活和諧、經濟條件較佳及子女適應良好,則單親後家庭功能即能運作,所以單親家庭不一定會成為破碎家庭。因此,「單親家庭」名詞及型態不至於對子女產生烙印與偏見看法,所以,媒體應給予單親家庭正面報導,去除「單親家庭等於偏差家庭」、「單親家庭等於弱勢家庭」的標籤,而減緩單親家庭飽受社會大眾歧視的眼光。

第四節　未來我國單親家庭福利政策之走向

在社會變遷巨輪下，台灣也如同歐美社會般，由於現代化過程中，女性教育與勞動力的提升，以及兩性平等觀念的興起，造成了傳統家庭與婚姻價值觀相當大的衝擊（Goode, 1982；徐良熙、林忠正，1984），如人口結構的改變、理想與價值的改變，和社會病態因子的增加。此外，單親家庭已是成長最快速的家庭類型，由於結構上的限制，所以在面對形成單親家庭時，要比核心家庭更易缺乏資源來因應困境，故容易導致問題的產生（張清富，1995），也因此在過去單親家庭常常被冠上「破碎家庭」或「偏差家庭」等標籤而飽受歧視。至於單親是否對子女或父母形成影響，其影響是正向或負向以及如何影響也眾說紛紜，各有其研究支持。然而在2001年台閩地區有近四千份單親家長所做的生活狀況調查資料顯示，我國單親家庭除了未婚媽媽及低收入戶外，所能獲得的福利支持有限；大都僅能靠自我和非正式支持系統，例如，親朋好友和社會團體；而且經濟所得有限但支出卻龐大，所以有經濟需求的壓力。此外，由於角色負荷過重及其限制，同時要身兼父母二職，尤其是單親母親，不僅要照顧子女，又有孩子托育與教育之經濟上的壓力。除此之外，單親父母在形成單親之後，對親人持有愧疚的感受而覺得情感困擾。然在面對子女管教方面，單親家長有近三成左右感受與子女關係很差，他們覺得其子女行為偏差、不知道如何管教和無時間管教；至於單親之形成對子女之影響，單親家長則表示影響之方面有：「心理健康」、「學業或就業」、「人際關係」、「行為常規」、「性格養成」、「人生態度」、「婚姻看法」等。近年來，我國隨著經濟成長及政治民主化的過程，國民對社會福利的關注與需求急速增加，在社會的持續變遷下，單親家庭儼然已成為社會中第二大比例的家庭型態。面對家庭形成單親的困境，政府對於單親的家庭福利也由以往消極的經濟安全補助，思索提供更為縝密的福利服務措施，如強化親職教育方案、社工積極與密集的家庭處遇、建立社會支持網絡，和訂定單親家庭相關法令與政策，藉此幫助單親家庭危機處遇，及維護單親家庭成員的生活

需求,並提升其生活品質。

單親家庭現象會成為社會福利政策的關注,除了傳統因喪偶所形成的單親戶具有「其情可悲」的弱勢特性,離婚率的升高以及未婚生育增加所帶來的單親戶,特別反映出現代社會婚姻與家庭的脆弱,並極可能產生對下一代不利的影響。因此,從社會福利的角度來看「單親戶」,乃強調單親(通常因離婚、喪偶、收養、分居)和依賴子女所構成的生活單位。當然,不論喪偶或離婚,都未必形成「單親家庭」,主要還須考量是否有依賴子女共同生活(薛承泰,2002)。

單親家庭是一個異質性相當高的族群,不同的單親家庭有其不同的需求,但是較常面臨的經濟安全需求包括:穩定的所得來源、子女教育經費、醫療補助、住宅的安排、就業服務、福利服務、急難救助與低利貸款等,故要滿足單親家庭的需求必須同時兼顧所得維繫、就業、兒童照顧;依照單親家庭之眾多實務研究發現,經濟需求仍是女性單親家庭最為迫切的問題,以下就經濟需求面提出建議:

1.增加婦女就業機會,使其有較好的收入及待遇。
2.特殊境遇婦女之自助系統及經濟扶助。
3.因現今津貼維持僅是以基本維生的程度,不足以改變持續性之困境,所以應擴大其他福利服務,例如將家庭取向之福利擴展到低收入戶單親家庭,可採取政府提供雇主一個福利免稅激勵方案給低收入戶單親工作者,這可包括雇主將福利提供地方性兒童照顧提供者、居家服務或成人日托中心等福利服務。
4.由政府提供就業輔導、職業訓練、家務員服務、增設合格平價的公私立托育服務、兒童生活津貼、子女教育補助、兒童托育津貼等。

單親家庭的需求是相當多元的,不應只是關注於經濟安全的需求,更應該重視其心理、靈性與社會層面的需求,所以應加強單親家庭的親職教育:

1.不給予標籤化以免造成二度傷害。

2.辦理單親家庭親職教育活動，以豐富單親家庭之子女成長經驗，並增
　進家長對子女之教養效能與親子關係之和諧。

3.辦理成長團體以及聯誼團體，強化單親家庭之社會支持網絡。

4.提供單親家庭之心理諮商、輔導及法律諮詢服務。

第五節　未來我國單親家庭福利因應之道

一、評估單親家庭之福利需求

　　應重新評估單親家庭的福利需求，積極規劃福利行銷及服務，其具體
之措施包括：

1.藉由全面性調查重新評估單親家庭的需求。

2.政府重新制定單親方針，委託民間單位實施，在社區網絡貫徹。

3.調整現有單親家庭福利服務方案，充實心理輔導與家庭服務等措施，
　並提供福利資訊、法律諮詢及聯誼活動等服務。

4.由單親家長生活當中最容易接觸的媒介主動傳播訊息，如學校輔導系
　統、民間團體、社會工作，或是大眾傳播媒體，取代平面式被動宣
　導。

二、提供內在情緒支持以增進單親家長心理社會幸福感

　　應導正自我看法，減輕自我角色負荷，提供內在情緒支持，以增進單
親家長心理社會幸福感，其具體之措施包括：

1.提供免費法律諮詢專線，解決子女監護權、贍養費、婚姻紛爭、財產
　繼承等疑難，穩定單親家庭生活。

2.鼓勵民間團體籌辦單親家長支持團體、親職教育或相關輔導講座，藉
　由同儕團體或專業人員提供高品質的情緒性支持，做好健康心理管
　理。

3.鼓勵單親家長從事工作或社區志願活動，促進社會連結，並規劃托育等配套措施。

4.協助生涯發展的規劃，並提供必要的職業技術訓練。

5.在社區中安排兩性聯誼或休閒活動，避免單親家長自我孤立。

6.提供單親子女課後照顧與課業輔導服務，增加學習成就，增進親子互動品質。

7.組織祖父母支持團體，藉著經驗交流分享，學習問題解決技巧，促進單親家長與父母的對話。

三、增加單親家長經濟財務安全感

提供職業訓練增加就業機會，制定所得維繫標準，以增加單親家長經濟財務安全感，其具體之措施包括：

1.重新檢討並制定一個以單親爲類屬的低收入資格鑑定標準。

2.由國家建構一個合理公平的社會安全體制，如國民年金制度、遺族年金等社會保險，讓單親家庭獲得基本的生活保障。

3.由中央補助地方政府財政，並調整其福利資源分配，專案專款用於單親家庭所得維繫。

4.提供電腦操作、營養保健等高產值職業訓練，銜接單親家長的市場經驗落差。

5.規劃高品質的托育服務等配套措施，提高單親家長參與工作之意願。

6.提供育兒津貼或教育補助（如教育券），減輕單親家長經濟負擔。

四、建構單親家庭居間支持網絡

應建構單親家庭居間支持網絡，提供居家服務，減輕家務與工作負擔，促進生理健康安適感，其具體之措施包括：

1.提供單親家庭喘息、臨托服務，讓單親家長有喘息的空間。

2.以社區、鄰里爲單位，建構一個單親家庭居間支持網絡，以社區工作

的方法建立諮商解決問題的模式，提供最即時的服務，紓解單親家長身心壓力。

3. 建立社區通報系統，發掘隱形於社會網絡之內的分居單親，或孤立於支持系統之外的喪偶單親，以提供適切的服務。

4. 立法制定「彈性工時」或「照顧病童給薪假」的政策，強制工作單位正視單親家庭此一需求。

5. 針對中老年單親提供平價在宅服務，以照顧殘病或獨居的單親家長。

6. 建立個案管理制度，將經歷十年以上單親生涯的家長列為訪視服務對象，評估其問題與需求，提供相關直接或轉介服務。

結　語

全世界不管富裕或貧窮的國家，家庭結構都在進行影響深遠的改變，而這些轉變已是一種全球性的普遍現象，台灣也不例外。在過去十年，台灣傳統的家庭仍有著強大的凝聚力，血脈間息息相關，但是近年來，經濟高度發展，女性主義抬頭，遷徙人口增加，使得台灣的社會生態丕變，舊有的家庭制度更是面臨空前的挑戰：屢見不鮮的未婚生子與攀升不下的離婚率，甚至是兩岸經濟交流之後的分偶現象，均致使單親家庭成為當代台灣社會變遷裡的一項「社會事實」（social facts）。但是有別於歐美現況的是：台灣單親父親的比例一直偏高，在2001年一項針對全國三千五百戶單親家庭生活狀況的調查中，男女單親比例趨近於一，且經濟困境無分軒輊，因此，台灣單親父親的問題與需求實不容小覷；再者，由於再婚比例低落，有半數的單親家長經歷了超過五年以上的單親生活，顯示台灣單親家庭生活形式已漸趨固定化；至於單親成因，基於國情的保守觀念，分居所造成的隱性單親更是台灣的特殊現象（比例僅次於離婚）；在居住型態方面，與祖父母所組成的新三代同堂，則成為台灣單親家庭最主要的社會支持網絡。由於上述單親現象的殊異，使得台灣的單親家庭福利政策與歐美有不同的需求。

無庸置疑地，單親家庭已成為台灣社會變遷下的產物，在角色缺位的多重壓力下，若無法適當照顧其依賴子女，勢將付出更多代價，增加社

會成本。而單親家庭能成為社會福利的關注乃是其有未成年的依賴子女，目前台灣並沒有特定的單親家庭社會福利政策，而是散置在各種社會救助措施中，旨在消除貧窮或提供支持以幫助單親家庭紓解困境。實施現況則以親友等非正式支持系統為主，政府與民間團體所扮演的角色功能較為薄弱，且有「單親福利女性化」的現象。政府因本著支持家庭就是造福兒童的觀點，尤其對遭逢變故的不幸婦女及形成弱勢的單親家庭，更要落實政策，保障兒童的權益。

最後作者建議政府應積極建構單親家庭居間支持網絡，例如長期性家庭維存服務，提供各種服務減輕家務與工作負擔（如居家服務或喘息服務），或安排單親父（母）與小孩一起被其他家庭寄養或形成寄養家庭社區，以避免傳統寄養家庭造成父（母）與子女的分隔等，單親家庭的兒童福利服務，並探究不同特質單親的家庭問題與福利需求，以為政策方針之參考。

參考書目

一、中文部分

內政部戶政司（2001）。《台灣地區人口調查》。台北：內政部。

內政部戶政司（2007）。各縣市人口結婚和離婚對數及結婚和離婚率按性別及結
　　婚次數。網址：http://sowf.moi.gov.tw/stat/year/y02-13.xls

內政部統計處（2001）。《89年台灣地區婦女婚育與就學調查結果指標》。台
　　北：內政部。

內政部統計處（2002）。《台閩地區單親家庭生活狀況調查》。台北：內政部。

內政部統計資訊網（2007）。近二年台灣地區兒童及少年保護安置情形。台北：
　　內政部統計處。

王沂釗（1995）。〈家庭結構、親子關係與青少年生活適應之分析研究〉。《學
　　生輔導通訊》，36，108-118。

王佩琳（1988）。《母親離婚後生活調適對其學齡子女自我觀念影響之研究》。
　　中國文化大學兒童福利研究所碩士論文。

王美芬（1993）。《單親青少年休閒狀況之調查研究》。國立師範大學教育研究
　　所碩士論文。

王順民（2007）。〈社會變遷底下的人口樣貌社會圖像與福利論述〉，收錄於郭
　　靜晃主編、蔡宏昭等著，《社會問題與適應》（第三版）。台北：揚智文
　　化。

王德睦（2001）。〈人口〉。輯於王振寰與瞿海源（主編），《社會學與台灣社
　　會》（增訂版）。台北：巨流。

王慧琦（1992）。《離婚者生活適應之研究》。東海大學社會工作研究所碩士論
　　文。

朱貽莊（1997）。〈單親家庭兒童福利需求之探究〉。《社會建設》，98，91-
　　106。

行政院主計處（2000）。《中華民國87年台灣地區社會發展趨勢調查報告》。台
　　北：行政院。

行政院主計處（2001）。《中華民國90年台閩地區重要人口指標》。台北：行政

院。

行政院主計處（2004）。國情統計通報：女性勞動參與率概況。台北：行政院主
　　計處人力資源調查報告。

何永俞（1993）。《不同家庭結構中父母管教方式對子女自尊心與偏差行為之影
　　響研究》。中國文化大學家政學研究所碩士論文。

何美瑤（2001）。《國中生家庭結構、學業成就與偏差行為之研究》。國立高雄
　　師範大學教育學系論文。

余啟名（1994）。《國小單親兒童其學業成就、自我觀念與生活適應相關因素之
　　研究》。國立台中師院初等教育研究所碩士論文。

吳永裕（1996）。《單親兒童之親子關係、行為困擾與學習適應研究》。國立台
　　北師範學院國民教育研究所碩士論文。

吳季芳（1992）。《男女單親家庭生活適應及其相關社會政策之探討》。國立台
　　灣大學社會學系研究所碩士論文。

吳虹妮（1998）。《單、雙親家庭青少年知覺之父母衝突、親子關係與其生活適
　　應之相關研究》。彰化師範大學輔導學研究所碩士論文。

吳婉慧（1999）。《三代情——以父母支持離婚女兒為例探究代間協助》。國立
　　台灣大學社會學研究所碩士論文。

吳靜樺（1994）。《離婚家庭青少年其子女生活適應之分析研究》。東吳大學社
　　會工作研究所碩士論文。

呂明璿、莊耀嘉（1991）。〈單親家庭與青少年違規犯罪行為〉。《東海學
　　報》，33，247-284。

李育忠（1999）。《父母婚姻關係、親子互動對高中職子女異性交往之相關研究
　　——台東地區單、雙親家庭之比較》。台東師範學院教育研究所碩士論文。

李欽湧（1994）。《社會政策分析》。台北：巨流。

李慧強（1989）。《台北市完整家庭與破碎家庭子女失調行為之比較研究》。中
　　國文化大學家政研究所碩士論文。

周孟香（1988）。《離婚家庭關係與學齡子女行為困擾相關之研究》。東吳大學
　　社會學研究所碩士論文。

林萬億（1995）。〈從社會政策觀點談單親家庭〉。《單親家庭——福利需求與
　　因應對策論文集》。

林萬億、吳季芳（1993）。〈男女單親家長生活適應之比較分析〉。《中國社會
　　學刊》，17，127-162。

法務部（1996）。《中華民國84年犯罪狀況及其分析》。台北：法務部犯罪問題研究中心。

侯南隆（2000）。《我不是壞小孩——喪親少年的生命故事與偏差行為》。南華大學生死學研究所碩士論文。

洪秀珍（2000）。《高雄縣單親婦女社會支持、社會參與與生活適應之關係》。高雄師範學院成人教育研究所碩士論文。

胡正文（1999）。〈青少年階段中的親子衝突、溝通與親密關係之探討〉。輯於《家庭教養與休閒文化》。台北：實踐大學通識教育中心編印。

徐良熙、林忠正（1984）。〈家庭結構與社會變遷：中美「單親家庭」之比較〉。《中國社會學刊》，8，1-22。

徐震、李明政、莊秀美（2000）。《社會問題》。台北：學富文化。

張貝萍（2000）。《單親家庭青少年自我分化、情緒穩定與偏差行為相關之研究》。中國文化大學兒童福利研究所。

張佩韻（1998）。《離婚單親父親父職角色與親子關係之研究》。中國文化大學兒童福利研究所碩士論文。

張明正（1999）。〈人口轉型與生育及婦幼衛生有關之研究課題〉。《國家衛生研究資訊》，4（5），17-20。。

張美麗（1992）。〈父母離異對子女影響之探討〉。《幼兒教育年刊》，5，143-160。

張英陣、彭淑華（1998）。〈單親家庭的社會問題與社會政策探討〉。《社區發展季刊》，8，12-30。

張清富（1995）。《單親家庭現況及其因應對策之探討》。行政院研究發展委員會。

張清富（1998）。〈各國單親家庭福利政策比較〉。《社會福利》，136，51-57。

張瑞晃（1997）。《台灣地區產業結構變遷與生產力解析》。東吳大學經濟研究所博士論文。

郭至豪（1996）。《台北市單親家庭青少年生活壓力、福利服務介入與其心理健康之研究》。中國文化大學兒童福利研究所碩士論文。

郭怡伶（1995）。《青少年母子互動與婦女及其子女心理社會幸福感——單親與雙親家庭之比較研究》。中國文化大學兒童福利研究所碩士論文。

郭靜晃（2001）。《中途輟學青少年之現況分析及輔導》。台北：洪葉文化。

陳圭如（1995）。《單親家庭子女的自我概念、角色行為與教育期望之研究》。政治大學中山人文社會科學研究所碩士論文。

陳怡冰（1992）。〈親子關係與兒童社會技巧之相關——單雙親家庭之比較研究〉。《學生輔導通訊》，23，45-53。

陳羿足（2000）。《影響青少年偏差行為之家庭因素研究——以台中地區為例》。南華大學社會學研究所碩士論文。

陳貞君（1998）。《離婚家庭兒童內心世界——孩子、媽媽與同居人的三角習題》。台北市立師範學院國民教育研究所碩士論文。

彭淑華、張英陣（1995）。《單親家庭的正面功能》。行政院國家科學委員會專題研究計畫成果報告。

黃富源（1997）。〈親子關係、人格適應與內外控取向對少年犯罪傾向影響之研究〉。《警政學報》，12，126-143。

黃斐莉（1993）。《台北市單親家庭子女照顧之研究》。國立台灣大學社會學研究所碩士論文

管貴貞（1992）。《台灣省女性單親家庭經濟困境之研究》。東海大學社會工作研究所碩士論文。

劉永元（1988）。《單親兒童與正常家庭兒童人際關係、行為困擾及自我觀念之比較研究》。國立高雄師範學院教育研究所碩士論文。

劉淑娜（1984）。《寡婦家庭的支持系統與生活適應》。國立台灣大學社會學研究所碩士論文。

劉雅惠（2001）。《中小學教師的工作——家庭衝突及其相關因素之研究》。國立政治大學教育學研究所碩士論文。

潘維剛（2001）。〈社會福利團體角色與我國暴力防治政策——以「現代婦女基金會」為例〉。《社區發展季刊》，94，48-59。

蔡松珍（1989）。《單親家庭親子關係、性別角色與青少年生活適應》。國立政治大學教育研究所碩士論文。

鄭玉矞（1990）。《家庭結構與學齡兒童學業成就之研究——單親家庭與雙親家庭之比較》。中國文化大學家政學研究所碩士論文。

鄭秋紅（1993）。《單親家庭國中生親子互動關係、自我尊重、社會支援與寂寞感研究》。中國文化大學家政研究所碩士論文。

鄭清榮、諶悠文（1997）。《另類家庭——多樣的親情面貌》。台北：天下文化。

鄭麗珍（1998）。《低收入單親女性家長的角色負荷和社會支援網絡之相關研究》。東吳大學社會學研究所碩士論文。

鄭麗珍（2000）。《家庭結構與青少年前期學童的生活適應之相關研究——以台北市為例》。台北市政府社會局專案委託研究。

蕭舒云（1997）。《台北市單親家庭國中生同儕人際關係與性別角色態度之研究——與雙親家庭做比較》。國立暨南國際大學社會政策與社會工作研究所碩士論文。

繆敏志（1990）。《單親兒童學業成就、人格適應及其相關因素之研究》。國立政治大學教育研究所博士論文。

薛志文（1999）。《台灣產業結構變遷之研究——以要素稟賦觀點分析》。國立政治大學地政研究所碩士論文。

薛承泰（1996a）。〈台灣地區單親戶的數量、分布與特性：以1990年普查為例〉。《台大人口研究中心人口學刊》，17，1-30。

薛承泰（1996b）。〈再論單親家庭〉。《社區發展季刊》，56，306-311。

薛承泰（2001）。《台灣單親戶及其貧窮之趨勢分析》。台灣單親家庭之現況與政策研討會國家政策研究基金會。

薛承泰（2002）。〈台灣地區單親戶的變遷：1990年與2000年普查的比較〉。《台大社工學刊》，6，1-34。

薛承泰、劉美惠（1998）。〈單親家庭研究在台灣〉。《社區發展季刊》，84，31-38。

謝秀芬（1995）。〈台灣已婚婦女的問題與家庭福利政策之探討〉。《東吳社會工作學報》，1，1-35。

謝品蘭（1993）。《單親家庭親子關係與生活適應之分析研究——以離婚分居家庭為例》。東吳大學社會工作研究所碩士論文。

謝美娥（1996）。〈單親家庭的子女照顧與教養需求〉。《單親家庭福利服務研討會》。台北：內政部、台北市政府社會局。

藍采風（1996）。《婚姻與家庭》。台北：幼獅。

二、英文部分

Acock A. C. (1988). The impact of divorce on children. *Journal of Marriage and the Family, 50*, 619-648.

Allen-Meares, P. (1995). *Social Work with Children and Adolescents.* New York: Longman Publishers USA.

Berg, B. & Kelly, R. (1979). The measured self-esteem of children from broken, rejected and accepted families. *Journal of Divorce, 2*, 263-369.

Bianchi, S. M. (1999). Feminization and juvenilization of poverty: Trends, relative risks, causes, and consequences. *Annual Review of Sociology, 25*, 307-333.

Bumpass, L. L. (1984). Children and marital disruption: A replication and update. *Demography, 21*, 71-82.

Bureau of Census (1993). Poverty in the U. S.: 1992. *Current Population Reports,* p.60, No. 185.Washington D. C.: Department of Commerce.

Children's Defense Fund (1988). *A Children's Defense Budget: FY 1989.* Washington D. C.: The Fund.

Coletta, N. D. (1983). Stressful lives: Situation of divorce mother and their children. *Journal of Divorce, 6*(3), 19-31.

Demo, D. H. & Acock, A. C. (1988).The impact of divorce on children. *Journal of Marriage and Family, 50*, 619-648.

Dupper, D. R. (1994). Reducing out-of-school suspension: A survey of attitudes and barriers. *Social Work in Education. 16*(2), 115-123.

Garfinkel, I. & McLanahan, S. S. (1986). *Single Mothers and Their Children: A New American Dilemma.* Washington D. C.: The Urban Institute Press.

Gestwicki, C. (1992). *Home, School and Community Relations* (2nd ed.). New York: Delmar Publishers Inc.

Gladding, S. T. & Huber, C. H. (1984). The position of the singleparent father. *Journal of Employment Counseling, 21*(1), 13-18.

Gongla, P. A. & Thompson, E. H. (1987). Single-parent family. In M. B. Sussman & S. K. Steinmetz (Eds.), *Handbook of Marriage and the Family*.

Goode, W. J. (1982). *The Family* (2nd ed.). N J: Prentice-Hall.

Herzog, R. & Sudia, C. (1971). *Boys in Fatherless Families.* Washington D. C.: U. S. DHEW Office of Child Development.

Herzog, R. & Sudia, C. (1973). Children in fatherless families. In B. Caldwell & H. Ricciuti (Eds.), *Review of Child Development Research* (Vol. 3). Chicago IL: University of Chicago Press.

Kagel, S., White, R., & Coyne, J. (1978). Father-absent and father-present families of disturbed and nondisturbed adolescents. *American Journal of Orthopsychiatry, 48*, 342-352.

Kamerman, S. B. & Kahn, A. J. (1989) Single-parent, female-headed families in Western Europe: Social change and response. *International Social Security Review, 1*, 3-34.

Karger, H. J. & Midgley, J. (1994). *Controversial Issues in Social Policy.* Boston: Allyn and Bacon.

Kerka, S. (1988). *Single Parents: Career-Related Issues and Needs.* Columbus: ERIC Clearinghouse.

Keshet, H. F. & Rosenthal, K. M. (1978). Single-parent fathers: A new study. *Children Today, 7*, 13-17.

Kuo, J. H. (1992). The relationship among moral judgment development, quality of parent-adolescent communication and well-being in families with adolescents: An interim report. 《華崗理科學報》，9，93-163。

Levitan, S. A. & Shapiro, I. (1987). *Working But Poor.* Baltimore: Johns Hopkins University Press.

Maccoby, E. E. & Martin, J. A. (1983). Socialization in the context of he family: Parent-child interaction. In M. Hetherington (Ed.), *Handbook of Child Psychology* (Vol. 4, 4th ed.). New York: Wiley.

Marotz-Baden, R. et al. (1979). Family norm or process? Reconsidering the deficit family model approach. *The Family Coordinator, 30*, 5-14.

McLanahan, S. S. & Sandefur (1994). *Growing up with a Single Parent: What Hurts, What Helps.* Cambridge: Harvard University Press.

Pearce, D. (1978). The feminization of poverty: Women, work and welfare. *Urban and Social Change Review, 11*(1-2), 28-36.

Peterson, G. W. & Rollins, B. C. (1987). Parent-child socialization. In M. B. Sussman & S. K. Steinmetz (Eds.), *Handbook of Marriage and the Family.* New York: Plenum Press.

Popenoe, D. (1988). *Disturbing the Nest: Family Change and Decline in Modern Societies.* New York: Aldine De Gruyter.

Raschke, H. & Raschke, V. (1979). Family conflict and children's self concepts: A

comparison of intact and single-parent families. *Journal of Marriage and the Family, 41*, 367-374.

Segal, E. A. (1991).The juvenilization of poverty in the 1980s. *Social Work, 36*(5), 454-457.

U. S. Department of Commerce, Bureau of the Census (1980). *Social Indicators III.* Washington D. C.: U. S. Government Printing Office.

Weiss, R. S. (1982). Attachment in adult life. In C. M. Parkes & J. Stevenson-Hinde (Eds.), *The Place of Attachment in Human Behavior.* New York: Basic Books.

Wetzel, J. R. (1990). American families: 75 years of change. *Monthly Labor Review* (March), 4-13.

Wilson, G. (1985). The juvenilization of poverty. *Public Administration Review, 45*(6), 880-884.

Chapter 11
離婚與失親兒童少年福利服務

- 離婚與失親之原因及其對兒童之影響
- 失親兒童之政策及處遇方案
- 如何運用SWPIP於失親家庭之兒童少年福利服務

　　自從美開始有人口普查以來，千禧年是夫妻與所生子女共同居住之比率最低的年代，只有23.5%，相較於1990年的25.6%及1960年的45%（U.S. Census Bureau, 2000），明顯降低。台灣的離婚率已突破30%，大約有二‧九對結婚就有一對離婚。今日社會中，許多已婚夫婦是自願無小孩家庭或孩子長大成人並已離家；單親家庭及繼親家庭的孩子近幾十年也大幅增加，還有數以百萬計家庭領養孩子。這些社會變遷造成家庭型態的改變，且家庭結構改變會如何影響孩子的成長呢？是否家庭結構造成孩子最大的影響，還是另有其他重要因子呢？本章將探討家庭面臨著不同家庭結構的改變，以及這些改變如何與孩子的情緒、認知及社會發展有所關聯，最後再以SWPIP提供兒童福利之社會工作處遇。

　　你是否有經歷過父母離婚？如果沒有，那你算幸運，但試想有許多人是曾待過離婚家庭。在1998年，全美有14.4%未滿十八歲的兒童（超過千萬兒童）還居住在離婚或分居家庭中（U.S. Census Bureau, 1998），相較於許多人所想像，在美國大多數的兒童是生活於父母皆健在的家庭（在1998年有68.2%）（U.S. Census Bureau, 1998）。然而，這些68.2%家庭中，父母不全然是生父、生母，而有些是生活在繼親家庭中。Bumpass（1984）曾預測，大約有38%的白人小孩及75%的黑人小孩在他們到達十六歲之前，父母可能會離婚，而他們會有居住在單親家庭的經驗。從上列之統計數據來看，美國的夫妻離婚比率算很高（高達52%），所以，父母、老師、兒童照顧專業人員、發展心理學家、臨床醫師及其他合法專業人員，應瞭解離婚對兒童所產生的影響。所以從事兒童事業相關之專業人員需要知道如何幫助這些孩子因應父母離婚時，所造成的家庭改變及情緒層面之影響。

　　當今社會高離婚率及父母支持的剝奪，儼然已成為社會的趨勢及另一勢力，此種累積的次團體，包括離婚分居或單親家庭（喪偶或自願不結婚或領養孩子之家庭），而這些家庭在吾人社區中常被心理衛生或法律專家們認為是「高度衝突」（high conflict）的家庭（Johnson & Roseby, 1997）。這些快速成長的家庭（大約占美國兒童人口的26%）已讓社會不得不提出社會政策，來解決日益嚴重的社會問題（Garbarino, 1992）。專家們皆同意，父母離婚或失親家庭造成孩子成為夾心餅乾；不論哪一個父母拿到監

護權，孩子已受到低自尊及其他家庭之影響。此外，專家們也同意離婚應被視為一種過程，而不是單一事件。這個過程開始於父母分居，直到父母終止合法的婚姻關係。從離婚—壓力—適應模式（divorce-stress-adjustment perspective）來看，離婚過程起始於父母與孩子共同面對的壓力事件，然後這些壓力源增加父母與孩子之負向影響之危機（Amato, 2000; Emery, 1999; Hetherington, Bridges, & Insabella, 1998）。依據此模式，離婚對兒童之影響端賴於各種因子及其交互作用。中介事件與過程，例如父母管教之效能或父母衝突之程度皆會影響兒童情緒與行為。兒童個人之特定受傷害因子，例如難養型的氣質或心理問題之基因遺傳（如憂鬱症），皆會造成兒童難以適應離婚之壓力。保護因子的存在，例如社會支持或良好因應技巧，也會幫助減緩壓力之衝突而使得生活之轉捩較為平順。但也要記得，離婚也會帶給孩子好處，有些父母常吵架，甚至虐待孩子，那離婚反而對孩子是舒緩壓力，在此種情境下，離婚可以產生新的壓力源，例如經濟困頓，但整體對孩子的影響是正面的。據此模式，兒童福利之主責社工應考量每個孩子與其家庭在此事件之特殊性，更要注意孩子對此事件的反應，再給予仔細檢證以便擬訂處遇計畫。

有些研究者不同意壓力及離婚之中介過程對孩子造成負面影響。相對地，選擇模式（selection model）認為父母的一些特徵，例如反社會人格特質或者不善的父母管教技巧，才是造成離婚及孩子的問題（Amato, 2000; Harris, 1998）。之所以取名為選擇模式，乃因為負向特質造成一些父母從其婚姻中被選擇，而且相同特質也造成對孩子之影響，例如一個對孩子虐待的父親造成對孩子負向之影響，而且他也可能較容易被他的老婆解除婚約。假如孩子在父母離婚後呈現負向影響（如攻擊行為或學業挫敗），此種影響是由於和施虐父母住在一起的緣故，而不是因為離婚而致使的。所以，據此模式，兒童福利主責社工在處遇之重點，則著重父母及家庭之處遇服務，例如強制性親職教育輔導服務。

兒童社會工作
——SWPIP實務運用

第一節　離婚與失親之原因及其對兒童之影響

一、離婚之因素

當兒童失去家庭主要角色之照顧，可能取而代之的是替代性兒童福利服務，例如寄養家庭、收養、家庭重建，或機構安置等服務輸送。此種造成孩子失親或父母離婚可能之因素為（Furstenberg, 1994）：

1. 兩性性連角色（sex-linked role）的勞動改變，例如男主外、女主內已澈底被消滅，造成兩生涯家庭比率增高。
2. 更多的女性不願再待在不是很滿意的婚姻裡。
3. 性革命。
4. 更多自由的離婚法律被制定（如無過錯之法律）。

上述之社會改變反映美國個人的獨立及支持，而造成離婚盛行及家庭系統改變，進而再影響兒童福利。然而，大多數生活在單親家庭的孩子生活得還不錯（Amato, 1993），只是在經濟、父母不常陪伴及新居住地方的安排會有所影響（Furstenberg, 1994）。

二、離婚對兒童之影響

在團體比較下，離婚家庭的孩子似乎比再婚家庭的孩子在一些測量中有較低的分數。雖然這些影響並不大，但近幾十年來，相關研究似乎滿有一致的發現（Amato, 2000, 2001; Reifman, Villa, Amans, Rethinam, & Telesca, 2001）。大體而言，研究指出離婚對兒童是一危險因子，但是研究結果也很清楚指出，離婚家庭之孩子具有堅毅力（resilience），他們最終在學術、行為及心理功能測驗與再婚家庭的孩子不相上下。在意料之下，離婚對孩子最困難的時間是在最終的二至四年間（Buchanan, Maccoby & Dornbusch, 1996; Emery, 1999）。一般而言，離婚對兒童在行為、心理及學業（職業）

有負面影響，但是離婚對孩子還是有正面之影響，分述如下：

(一)行為影響

　　離婚家庭的孩子比一般家庭的孩子呈現較多行為外向之問題（出軌），例如反叛、攻擊、缺乏自我控制、反社會行為及犯罪行為（Amato, 2001; Amato & Keith, 1991; Emery, 1999; Hetherington & Stanley-Hagan, 1995; Wallerstein, Lewis & Blakeslee, 2000）。離婚家庭對青少年比再婚家庭的青少年較可能會未婚懷孕（McLanahan, 1999）。離婚對孩子之身體健康也有負面影響，可能因為處於經濟資源弱勢（Tucker et al., 1997）。此外，種族對孩子之行為也有不同之影響（McLanahan & Sandefar, 1994）。例如，非亞裔白人比非裔族群在父母離婚後有較多的犯罪行為，更多藥物濫用及低學習成就（Gil, Vega, & Biafora, 1998）。

(二)心理影響

　　離婚家庭的孩子常覺得有壓力，希望快點長大。此種情感因親職化（parentification）而產生。親職化是一種反轉父母角色，讓孩子扮演父母的角色及責任，反而來照顧父母（Hetherington, 1999; Johnston, 1990）。親職化也可能是工具性，包括幫忙家務及照顧弟妹；也可能是情緒性，提供父母一些情緒支持或建議。適度的親職化有助於孩子正面發展，但是太多（大）的責任對女生而言，反倒創造一些問題，例如憂鬱、焦慮、強迫性行為、憤怒及易怒。父或母會要求女生較多的親職化的承擔。但是，父親對兒子要求更多的情緒親職化，反而造成男孩會有焦慮、憂鬱、反叛、抗拒及逃家。親職化不僅發生在離婚家庭中，也發生在母親憂鬱及高婚姻衝突的家庭中（Emery, 1999; Hetherington, 1999）。

　　離婚家庭的孩子比起其他家庭型態的孩子，至少有二至三倍的機率會接受心理治療處遇，但是與再婚家庭的孩子相較，離婚家庭的孩子並不會呈現臨床的憂鬱或其他心理症狀（Emery, 1999; Howard et al., 1996; Zill, Morrisen, & Coiro, 1993）。在離婚家庭之兒童及青少年表示有較高的憂鬱症狀或情緒，但似乎是較短期分離壓力症候群，而不是屬於長期或慢性症狀

（Conger & Chao, 1996）。雖然離婚會造成孩子自我尊重低落，但卻也不是那般嚴重（Amato & Keith, 1991; Emery, 1999）。離婚對孩子雖不會造成心理疾病，但卻會讓他們歷經心理及情緒痛苦與壓力。害怕被遺棄、悲傷、責任感、生氣，以及與父母關係的焦慮或和新父母的衝突，也在父母離婚後持續出現（Emery, 1999; Wallerstein et al., 2000）。在一項對離婚家庭及再婚家庭之大學生對父母離婚之反應程度之研究指出，大學生即使已有80％之比例認為離婚對其家庭是一件對的抉擇，仍對父母之離婚有痛苦的感覺，相較於再婚家庭的大學生，離婚家庭的孩子在十個題項中（在家中，我的父親常會製造麻煩、倘若我的父／母對我影響更大的話，那我的人生一定會大大不同、我會煩惱大節日，例如畢業典禮或結婚，屆時父母都要出席的話、比起其他人，我的童年較為淒慘、我希望能與父／母多相處、我的童年過得太快、我不會寬恕我的父親、我有時會懷疑父親是否愛我、我爸爸還是深愛著媽媽、我媽媽還是深愛著爸爸）是顯著高於再婚家庭的孩子（Laumann-Billings & Emery, 2000）。

　　有些研究指出，離婚之影響並不會立即就很明顯，但直到他們成長至青少年或成年開始與異性發展異性關係時才會呈現。此種效應稱為離婚之延宕效應（sleeper effect of divorce），此發現指出，孩子必須在不同發展階段中因應父母離婚之事實（Bray, 1999; Hetherington, Cox, & Cox, 1982; Sun & Li, 2002）。離婚家庭之孩子相較於再婚家庭，較可能選擇不結婚，或他們的婚姻也會以離婚收場，此結果可能是離婚家庭的孩子較少機會學到保有快樂婚姻之人際關係技巧，例如有效溝通、建立信任及情緒管理。假如父母離婚後仍能與孩子建立良好關係，不管是單親或再婚家庭，那孩子日後較不會有人際關係之問題（Amato, 1999a; Wallerstein et al., 2000）。離婚後親子關係品質對孩子日後人際關係技巧之發展，有其影響性（King, 2002）。

(三)學業及職業影響

　　從許多研究（Amato, 1999b; Amato & Keith, 1991; McLanahan, 1999; Teachman, Paasch, & Carver, 1996）發現，離婚對孩子日後之學業及職業有

負向之影響。離婚家庭之孩子比再婚家庭之孩子至少高過二倍會有中輟，而且較少大學畢業（尤其是女性），或者找到穩定的工作。離婚家庭之孩子學業成績（GPA）較低，對進大學有較低期望及到校出席率低。這些研究發現皆指出，離婚家庭之孩子有較低的學業動機，較少機會獲得高學術品質及教育機會。離婚對孩子之學業影響，白人比亞裔及非裔都來得高，例如白人之單親家庭的孩子比起雙親家庭至少有2.4倍之差距會中輟，而非裔族群有1.8倍，亞裔族群有1.9倍（McLanahan, 1999）。

離婚家庭的男性或女性從高中畢業後，至少是雙親家庭孩子的1.5倍選擇未升學、未就業，尤其是非裔族群（McLanahan, 1999）。結果，這些孩子成年後得到較低薪資的工作也較為貧窮，可能是缺乏高教育品質（Amato, 1999b）。雖然這些在課業及職業有負性影響之發現，其影響並不會太大，但是研究結果是十分一致的（Amato, 2000; Amato & Keith, 1991; McLanahan, 1999）。

(四)離婚之正向影響

離婚對孩子也有正向之影響，尤其是父母一直在高度衝突的婚姻打轉，那離婚對男孩或女孩皆有正面之效應。在高度衝突原生家庭之孩子會比離婚家庭之孩子有較低之自尊及生理適應（Amato & Keith, 1991; Booth & Amato, 2001; Hanson, 1999; Hetherington, 1999; Hetherington & Kelly, 2002; Jekielek, 1998）。對女生而言，在父母離婚後，開始與母親之關係變好甚至更密切、親近（Amato & Booth, 1997; Arditti, 1999）。孩子在父母離婚之後，父或母對孩子有適度要求他們對家務負責，照顧弟妹及對父/母或家庭成員提供情緒支持，可能因而培養孩子之社會責任、能力感及同理心。正如我們之後所言及，適度要求是有益的，但過多的要求，會造成孩子與父母角色互換之親職化，反而對男性或女性之孩子皆有害處（Hetherington, 1999）。此外，當父/母呈現高度反社會行為，諸如攻擊、情緒或財務衝動、濫用藥物、酗酒或過度要求孩子（控制孩子），那孩子會更早離家及少與/父母相處（Jaffee, Moffitt, Caspi, & Taylor, 2003）。

我們必須要深刻瞭解，在此所提離婚對孩子之負向影響與雙親家庭之

孩子相較，也只是適度之差異而已。例如Amato（1999a）之研究對成年調查有關其生活、工作、家庭、鄰里及休閒活動之滿意度狀況，結果發現來自原生家庭之成人只比離婚之家庭多一點點的滿意及幸福而已，雖然這些結果是相當穩定及可信的，但彼此之差異卻小到，甚至有重疊之情形。從此研究發現來看，Amato（1999a）臆測有42%離婚家庭的孩子比雙親家庭的孩子，長大之後來得快樂；但有42%雙親家庭的孩子比離婚家庭的孩子，長大後來得不快樂。雖然父母離婚會造成孩子有不良之影響，但仍有許多離婚家庭的孩子長大後，也有大學文憑，甚至也有快樂的婚姻。不置可否，也有一些雙親有幸福的婚姻，他們仍有很多問題及令人擔心。

(五)未能回答的問題

離婚之影響是否有性別差異存在，此種差異是否有一致性的發現？此答案仍不確定。有些研究指出男生比女生有較多社會適應的問題，更多行為問題及對父親之情緒親職化（emotional parentification）較為困難（Amato & Keith, 1991; Hetherington, 1999; McLanahan & Sandefar, 1994; Mott, Kowaleski-Jones, & Menaghan, 1997）。有些研究指出，女生較少進大學而且不管任何代價儘量讓自己獨立、堅強，甚至反而成為安慰父／母的孩子（Hetherington, 1999: 113; McLanahan, 1999）。換言之，女性日後發展較高的社會及行為功能，但相反地，她們也呈現較高的憂鬱及低自我價值。其他研究也少有發現性別差異之情形（Amato & Keith, 1991）。

離婚對孩子之影響是否有年齡發展之差異？這個答案仍是未有定論。有些研究指出，離婚對小學及中學的孩子比大學生較有影響。其他研究發現離婚對六歲以下之幼兒影響最大（Allison & Furstenberg, 1989; Amato & Keith, 1991; Wallerstein et al., 2000）。也有一些研究做了結論：父母離婚之兒童年齡並不會有太大影響，或年齡對某些層面之影響也不大（Furstenberg & Kiernan, 2001; McLanahan & Sandefar, 1994）。這些研究結果更精細的審視，離婚對孩子的影響直到青少年後期或成年前期才慢慢明顯出現（Amato, 1999a; Wallerstein et al., 2000）。從更正面的觀點，有些影響在離婚初期呈現，但隨時間遷移會慢慢變好，此發現對父母或孩子而言，皆是

好消息（McLanahan, 1997）。

　　最後，父母離婚之後，何種居住安排對孩子最好？同樣地，這個問題也沒有結論。在美國，大多數孩子在父母離婚後是隨母居。事實上，共同合法監護（joint legal custody）（父母共同對子女之教育、醫療處遇、支持及幸福感、負責任）是存在的，在美國也僅有5～10%的父母採取共同合法監護權（或共同居），也就是說，父母離婚後，子女與父或母在一起的時間是一半一半。共同監護（居住或法律地位）似乎有其優勢。共同監護之孩子與雙親在適應上相當，但比單方監護權的適應來得好，甚至在行為、情緒及關係之測量角度也有相似發現（Bauserman, 2002）。共同合法監護在過去二十年來是滿普遍的，但最近法官傾向將監護權判給母親，即使民法之監護權規定是男女平等（Stamps, 2002）。共同居現在也愈來愈普遍。支持者辯稱此種共同居可促使孩子與雙親發展有意義之關係。他們相信此種好處可以彌補父母離婚後之一些壞處——來回奔波於父母之個別家庭，或增加父母之不一致之處。有些研究發現根本離婚後，孩子和誰居住在一起對其日後適應並不能有多大的影響；有些研究發現：除非父母雙方有衝突存在，不然共同居最好（Buchanan et al., 1996; Emery, 1999; Johnston, 1990; Maccoby, 1999）。目前，實在很難做一結論，因為：(1)共同居之孩子數量太少；(2)共同居之父母可能與想要共同居，但事實又不能之父母又大不相同，例如他們可能較合作，有較好及穩定的父母管教技巧，可能年紀較大及財務穩定。不管孩子與誰居住，與父母保持親密之關係比與父／母交惡在日後之適應會更好，尤其是女生與父居，如果父親要孩子仇恨母親，那日後較可能會產生適應問題（Buchanan et al., 1996; Emery, 1999）。

　　何種因素解釋離婚之效應？知道離婚帶給孩子之影響效果並不能解釋為何會發生這種影響效果。在離婚與孩子之負向影響有三個中介變項是很重要的，這些中介變項為金錢、父母管教品質及社區支援及連結。缺乏金錢（貧窮）是有深遠之影響效果。貧窮除了減少兒童休閒活動、衣服、玩具等之外，缺乏金錢支援也限制兒童可獲得健康照顧之量及品質，同時也限制孩子受教育品質以及影響日後的職業機會和終身薪資所得（Clarke-Stewart, Vandell, McCartney, Owen, & Booth, 2000; McLanahan, 1999; Sun &

Li, 2002）。

父母管教之量與品質（亦可稱親子互動）也可解釋離婚之負向影響效果（Clarke-Stewart et al., 2000; Fisher, Leve, O'Leary, & Leve, 2003; Hilton, 2002; McLanahan, 1997）。

即使擁有好親子關係及管教技巧的父母，也會被離婚之情緒和財務壓力所打敗。此外，在父母離婚期間，孩子在日常生活常規、生活規律及居住生活也變得難纏、難以管理。因此，父母常會變得更加使用權威、武力或者乾脆不管（趨向於權威、放任或疏忽型之管教風格）（Hetherington et al., 1982）。如果擁有監護權之父／母能夠採用好的管教方法，保持與孩子有好的互動，能回應孩子，那孩子可以表現得較好（Buchanan et al., 1996; DeGarmo, Forgatch, & Martinez, 1999）。專家們也認為父母公開的衝突對孩子傷害很大，不管父母是否有離婚，特別將孩子夾在中間，不知如何是好（El-Sheikh & Harger, 2001; Emery, 1982; Katz & Woodin, 2002）。當父母為了金錢、資源、監護權或其他事情在爭吵，在離婚後，孩子會經歷很多的衝突。

最後，離婚常要求孩子與得到監護權之父／母要搬家，而且要經常搬家，有時居住品質會愈搬愈差。搬家也帶給孩子壓力——遠離朋友及所熟悉的居住環境。這情形也帶給家庭減少與社區之連結，讓家庭失去資源（McLanahan, 1999）。

離婚對孩子之影響是一複雜的歷程，而且對每一個孩子有其特殊的影響方式，離婚會對孩子的幸福感產生危機，沒有一個人可辯稱離婚不會帶給孩子負向影響。但是，孩子還是具有彈力及毅力來克服此種危機。心理學家及其他處理父母離婚之專家們，已找出一些父母或其他成人可以減少父母離婚後之負向影響，及減輕孩子在過渡時期的痛苦與壓力（Pedro-Carroll, 2001；Wallerstein, 2001）。**表11-1**摘要一些專家的建議。

表11-1　成人如何減少離婚家庭之孩子的負向影響

1. 在父母離婚中及離婚後，減少彼此之衝突。當在協商監護權、財務或學校時，要將兒童之最佳利益需求列為最優先考量。不要對孩子說前夫／妻之不是，也不要讓孩子當夾心餅乾並要他做要依父／母之決定。

2. 不要在同時要求孩子做很多的改變，一個一個及慢慢來。如果可能的話，不要讓孩子搬家，儘量少變動。讓孩子可以與他的朋友、鄰居有所聯絡，甚至要與老師、學校及社區資源保持連結，可能的話，讓孩子慢慢地調適及改變生活。

3. 避免孩子成為家庭的照顧者，讓孩子與父母角色互換，而讓孩子親職化，及早扮演成人之角色。必要時，參加父母成長或支持團體，或找尋朋友或家人，尋求情緒及實際支持，以免讓孩子擁有過多的成人角色及負擔。

4. 發展及維持有效的父母管教風格。保持融入孩子的生活及提供親情，但也要確保提供適宜的監督。

5. 尋求幫助與支持。從朋友及家人中獲得支援，必要時，找專業的婚姻諮商或兒童發展專業提供諮詢與輔導，以改進父母管教技巧或增進親子互動關係。

6. 對孩子的行為及期望要有一致性的規則，只能對孩子同意你所期待的事，如果孩子不能迎合你的期望，讓他獲得合理的結果以及要監督孩子的行為及活動。理想上，父母應有相同的規定而且相互支持。

7. 幫助孩子能和父／母保持一致性的接觸。對非監護權的父／母，孩子能有定期的探望，但要隨孩子的需求與興趣來調整探望的時程。也可以利用電話、電子郵件或信件保持與父／母聯繫，尤其是住在遠方的父／母。確信要記得重要節日，如孩子的生日、年節或特別日子，要常常參與孩子的活動，對他的活動要表示興趣及支持。

8. 當孩子表現痛苦或壓力時，要帶他尋求專業的幫助。在學校尋找專業人員提供各種介入或處遇，來消弭壓力或改變兒童對父母離婚之不好想法或信念。孩子如表現有嚴重之問題時，如行為偏差或憂鬱，要尋找專業的心理治療。要教導孩子主動因應之技巧，例如問題解決及尋求支援，以及幫助兒童建立有效因應其所面對壓力之技巧。確信孩子在父母離婚前、離婚時及離婚後，提供有效因應解決問題之策略。

9. 幫助年紀太小的兒童發展人際技巧。父母要有健康的人際關係技巧以發展與別人之親密關係，並能提供此種模範來讓孩子模仿學習。輔導專家或治療師應要接受人際關係技巧訓練，並能提供相關訊息與知識給父母。

10. 儘量要減少財務之窘境，尋求必要的支持或援助（例如居住津貼、托育津貼、工作或教育協助）。

11. 勸合不勸離。可能的話，儘量增強（強化）家庭功能或教導夫妻因應婚姻衝突或危機。除非必要，不然不要輕易離婚，也儘量減少家庭或其他義務（如工作要求）之衝突。

資料來源：Amato (2000); Buchanan, Maccoby, & Dornbusch (1996); Emery, Kitzman, & Waldron (1999); Hetherington (1999); Meyer (1999); Sandler, Tein, Mehta, Wolchik, & Ayers (2000); Wallerstein, Lewis, & Blakeslee (2000).

第二節　失親兒童之政策及處遇方案

　　小珍及其弟妹（阿德與阿英），因為媽媽罹患乳癌，正與父親訴訟離婚，而造成他們成為失親的孩子，他們面臨著家庭壓力及安置到寄養家庭。小珍是來自中國的移民家庭，其文化背景根源對家庭的忠誠，現在面臨流離失散正衝擊他們的基本信仰與價值。所以瞭解家庭的敏感性及困難，將對其日後長期影響有深遠之意義。在小珍的案例中，將兄弟姊妹安置在同一家庭，才是他們的最佳利益，否則他們兄弟姊妹將會再面臨另一種失親經驗。

　　家庭失親之經驗對孩子造成很大的壓力及影響，母親罹患乳癌及伴隨之離婚訴訟已造成家庭困窘及顏面盡失（Lum, 1996），此外，外婆的去世更造成家庭失去最重要的延伸家庭支持。兒童福利之主責社工在考量任何對此家庭的社區支持（非家庭系統），卻不是這個家庭所期望的支持，將會有損其家庭隱私、自尊及信任感之需求。此外，失親家庭的孩子尤其是亞裔家庭，更難以表達其壓力之情境，而造成孩子之尿床及學校行為偏差之問題。主責社工最重要之工作是整合家庭所有成員，充權賦能他們，提供家庭重整方案以及有關之社會支援。

一、失親兒童之政策

　　影響失親兒童的政策大都由法院來制定，而大多數法院皆以父母的責任及兒童的最佳利益為主。其中國家親權主義就是以兒童少年最佳利益為考量基準，必要時要父母之監護權轉移給國家（法令）所委任之監護人。此種法令可利用到離婚家庭、兒虐個案及兒童／少年案例中，在美國主要依1974年的兒童虐待預防及處遇法案，依國家親職之精神，法官可依兒童之最佳利益委派監護人，並轉移兒童之監護權。台灣則依兒童及少年福利與權益保障法將此精神用於兒童虐待之個案中。

　　其他的政策還有家庭及兒童之財務支持以及沒有過錯之離婚法（no-fault divorce laws），包括：(1)增加對單親媽媽的福利支援；(2)對缺位之父／母要求兒童支持；(3)提供確保迎合所有家庭兒童的生活水準之政府政策，例如AFDC或TINF的家庭支持計畫，在台灣則是透過低收入家庭之生活扶助、特殊境遇婦女之補助或其他家庭支持計畫。

二、失親家庭之處置

大部分失親家庭的兒童皆要經過法院程序之處置，可能在處置過程兒童已被烙印。一般而言，兒童之監護權及居所是要透過法院系統來裁定，所以現在有愈來愈多的司法社工參與法律訴訟的協商（mediation）。但不幸地是在法律訟訴過程中，兒童成為夾心餅乾，面對過去愛他、疼他的父母，現在成為爭奪他的對手，而不是大家心平氣和透過協商過程來考量兒童最佳利益的法律決策。在1970年代之前，美國各州的離婚案件更為辛苦及嚴峻，最近二十年來，才有無過錯之法案通過，不然大多數家庭皆彼此對兒童監護權、贍養費及支持費用對簿公堂。現在，所有離婚案件是由家事法庭的家事法官針對兒童之情形加以考量兒童最佳利益，幫助父母相互協商以提供對兒童的最好處置，社會工作只是扮演充權賦能家庭的協商者，幫助父母在困難決策中做協商及充權他們做決策。

三、服務與方案

在失親家庭之兒童，相較於其他兒童福利服務，更需要家庭支持方案來處理離婚情境之困難。所以此類家庭需要專業人員幫助兒童因應即將（已經）改變的家庭系統，以及充權賦能家庭成員支持改變歷程中的兒童，此外，當中也可能存有任何衝突及不一致之處，方案工作人員要幫助父母溝通及相互協商，以尋求符合兒童最佳利益的決策。此外，任何預防性之方案可幫助父母在瀕臨婚姻危機中拯救婚姻，這需要婚姻諮商（治療）專家，利用密集式之工作坊來增加彼此之婚姻關係及承諾。

 ## 第三節　如何運用SWPIP於失親家庭之兒童少年福利服務

對失親家庭的兒童而言，主要社工首要任務即是要與兒童及其家庭建立親近關係，以確信兒童能有安全感，不然以有限知識及未成熟的兒童個體，如何接受重要的兒童福利服務及方案之挑戰。所以，確保案主之信任關係是社會工作者與其他專業首要之務（Webb, 1993）。

一、用溫暖、真誠、同理、積極關注及充權增能的方法與家庭及個案建立立即關係

Wolchik、Ruehlman、Braver及Sandler（1989）針對一百零四位離婚家庭之兒童進行調查研究，結果發現：兒童所獲得支持愈低，壓力與適應之關聯性愈強。此外，Wolchik等人亦發現孩童在壓力情境中獲得家庭內與家庭外之成人支持愈多，其適應愈好。此外，此研究指出，離婚家庭之兒童的支持與適應之關係是複雜的，端賴兒童所經歷之壓力程度及支持來源而定。他們建議家庭外成人之支持種類（分述如下），也會提供失親家庭之兒童有正向之支持：

1.緩衝離婚事件之負向影響。
2.緩和兒童被遺棄的恐懼感，照顧及滿足兒童之基本需求。
3.幫助兒童正確詮釋離婚事件，例如誰會負責及為什麼家長不能多陪伴兒童。

兒童福利之主責社工之支持關係，可在父母離婚過程或之後，幫助兒童減少自尊的喪失，尤其兒童又涉及有兒虐情境發生時，兒童福利之主責社工即與家庭建立信任及共同尊重，並幫助家庭可以進展SWPIP之下一個層次——檢證層面。

如同前幾章所述，主責社工也要幫助案主及其家庭陳述其負向情緒是

正常的反應。如果在面臨父母離婚之失親過程中，主責社工能以同理心正確反映案主及其家人之內在感覺，鼓勵他們溝通及表達情感，將有助於兒童認同獲得監護權之父／母之情緒及知覺。同時也能幫助父母瞭解子女在失親過程的行為與情感。在本章之小珍的案例，瞭解華人家庭對父母離婚之社會及文化規範與價值，以及家庭外之社區專業人員的看法與感受。有些文化將婚姻及家庭事務視為禁忌，不足為外人道也，因此，社工人員需要與家庭溝通此層面的觀點，瞭解文化的觀點與態度。

　　事實上，兒童面臨失親過程常會感覺對生活失去控制，因此，主責社工可允許兒童主導訪問過程及確定做適宜決策，以加強彼此之關係，有關初次之訪談之流程請參考**專欄11-1**。

專欄 11-1 **初次會談**

　　社會工作者：小珍，妳好！我是郭○○，來自士林地方法院家事法庭的社工。妳知道家事法庭之社工的主要工作是什麼嗎？

　　小珍：不知道。

　　社會工作者：好吧！我告訴妳。在法庭中，我們會有一些父母來到法院告訴法官有關他們的問題，大部分父母是將要離婚，就像妳爸爸和媽媽一樣，而且他們需要別人的幫助。所以，法官要求社會工作者，像我一樣，來訪視家庭看看我是否可以幫助你們。在我提供幫助之前，我需要訪問你們、瞭解你們的問題及需要所在，特別是妳（小珍）。所以，妳現在瞭解社會工作者在做什麼了嗎？

　　小珍：大概吧！我想（猜）。

　　社會工作者：我知道妳還是覺得很困惑，妳是否想要多瞭解一些有關我的工作？

　　小珍：（點頭）。

　　社會工作者：好吧！大部分面臨父母即將離婚的孩子們，會覺得怪怪的。有時候傷心，有時候生氣，他們會覺得好像他們做錯事，不然爸爸為何要離開，他們也可能怪媽媽為何不把事做好。他們現在根本不想談，妳也是這樣吧！不過，稍後妳可能會跟我說，對吧！我已經告訴妳大部分面臨父母離婚之家庭情形，而且這也是正常的會覺得怪怪的。

二、利用多元系統檢證個案之情境

(一)兒童個案

　　許多臨床工作者及兒童福利專家認為孩子面對父母離婚時，如同成人面臨親友死亡，會有創傷症候群（post-traumatic stress syndrome）（Webb, 1993）。這些步驟稱為喪親模式，有Elizabeth Kubler-Ross（1969）所提出的五階段——否認（denial）、生氣（anger）、討價還價（bargaining）、沮喪（depression）及接受（acceptance）。**表11-2**是由Hozman及Froiland

表11-2　失親模式之階段

階段1：否認
在此階段必須克服之後，兒童才能進行下一個階段。兒童想要拒絕父母分居之事實，他們常會從心中消除此種想法，而且對任何情境不產生反應。不幸的是，父母常會隱藏分居之事實來增強孩子此種不適當之行為。在青少年前期之否認會造成他們產生隔離行為，與世隔絕，不與同儕、老師與環境打交道。也有可能因缺乏社交技巧，而產生退縮行為（Hozman & Froiland, 1976）。
階段2：生氣
在此階段兒童常常會攻擊與父母離婚情境有關的人，有時會攻擊取代父母的人，例如祖父母或學校行政人員。此種行為乃是來自兒童內心的罪惡感，而導致攻擊行為，拒絕服從規範、退縮、對同儕具有敵意。因此，社工要同理孩子的感受，表達這是正常反應。
階段3：討價還價
在此階段，兒童因生氣不能奏效，改採取迎合父母要求的遊戲，或做一個乖寶寶來挽回與父母之關係。有時，孩子也會做牆頭草，在父親這邊說母親的壞話，而在母親這邊說父親的壞話，嘗試要討好與父／母之關係。
階段4：沮喪
當兒童瞭解討價還價不能奏效，接下來就會沮喪。兒童可能後悔過去邪惡的行為舉止，或覺得錯失機會讓家庭重聚。最後兒童開始準備修補失去父母的關係。此時開始有傷心、沮喪行為出現，例如從社會互動中退縮，常亂耍脾氣以博得父／母的注意。
階段5：接受
在嘗試各種努力，兒童終於認清事實，知道事情不能挽回，而個人價值並不受外在力量所控制，而是由內在所決定。此時，兒童比較成熟接受對父母之愛／恨關係。透過社工之協助，兒童開始學習接受外在資源的支持。從此之後，兒童才能發展有關自我概念，增加個人之自我信心及自我尊重（Hozman & Froiland, 1976）。

資料來源：Mather & Lager (2000).

（1976）摘要有關離婚家庭與孩子的五個階段之反應。然而，並不是所有兒童皆能順利挨過此五階段，但是每個兒童會經歷相同的階段順序。對主管社工而言，瞭解兒童之發展能力及需求，以決定兒童是否有能力挨過失親過程之痛苦階段。

(二)核心家庭

兒童福利之主責社工基於下列之理由要仔細檢證案主之家庭系統：(1)家事法庭要求社工做出監護權之評估；(2)何謂家外安置適合兒童的最佳利益；(3)監護權之安排，共同vs.個人監護；(4)評估兒童環境之結構性，以確信兒童之自由彈性進入父／母的家居環境及探視；(5)家庭是否有能力適應離婚過程及離婚後的生活。

(三)延伸家庭

不論是核心家庭或延伸家庭之所有成員皆會受到離婚之過程所影響，只是在不同的生命歷程及發展階段，有不同之影響層面（Peck, 1989）。例如祖孫三代皆受到夫婦離婚之影響。所以對失親家庭兒童之主責社工要在父母離婚過程中，仔細檢證家庭之經濟、社會文化及伴隨父母衝突的壓力（Peck, 1989）。

利用三代家系圖之方法不失為檢證核心及延伸家庭系統的良好策略，除了可圖示家庭成員之關係、種族背景、性別與職業角色外，最重要的是，還能瞭解彼此成員之親疏狀態及對重要事件之反應。此外，非家庭成員，例如父母之現任或過去的愛人或對家庭功能扮演重要之他人，也可加入家系圖做檢證。此外，也可以放進在離婚前後，有關家庭任何喜怒哀樂之事件，也可提供家庭困境及優勢的參考。

家庭與外界之連結管道及方式，以及有關族群的自尊或相關道德、倫理，亦是提供兒童及家庭成員對離婚適應之角色。社會工作者需要仔細檢證此一層面之關係，也足以影響家庭成員之適應。

(四)社會系統

離婚會留下家庭、家居及姻親系統的結構性改變。近來漸漸突起的單親、同居及同性戀的型態，許多人並未居住在傳統的家庭型態中。近年來，有關家庭的組織或分離並沒有明顯的規則，此也造成家庭愈來愈模糊了（Weston, Klee, & Halfon, 1989）。家庭的成員也漸漸融入家庭外的成員，這些非家庭（正式）之社會系統對兒童因應父母離婚之壓力有所助益，所以對不同社會系統的檢證對社工而言是有必要，包括：

1.與兒童維持親密關係之繼親家庭、朋友或鄰居。
2.兒童同儕及能提供支持關係者。
3.能夠與兒童親密互動的老師或其他專業工作者。

兒童在失親後的情緒需求端賴不同社會系統的支持，如果支持愈低，那兒童所承受的壓力與其適應問題的相關愈大（Wolchik et al., 1989）。因此，社會工作者須仔細檢證這些人所能提供的支持。

(五)資源系統

正式資源系統包括學校、教會、家事法庭系統、公私立機構、社會服務機構等，可提供失親過程的家庭及兒童支持。社會工作者需要仔細檢證這些服務對個案所提供之個人化服務。由於美國各地區有關此類之關鍵人口群與日俱增，所以學校地區要求老師接受專業訓練，以能有效幫助兒童因應失親或單親家庭之難關，例如成立諮商輔導機構、托兒、成長團體等。研究已有發現對失親的兒童提供支持，可降低兒童在父母離婚過程之負向影響（Farmer & Galaris , 1993）。

家事法庭系統之諮商者及其他私人機構提供家庭之協商過程，對於有關監護權之爭奪，提供仲裁及協商服務以及安排父／母對兒童的訪視，但須在專業人員的監督之下。

(六)方案及服務

所有的方案及服務大部分是由法官來裁定，法官基於正式的裁決，要求社區之自然環境，如學校、宗教、組織、延伸家庭等，能在孩子困難情境中提供安全支持。

三、處遇計畫與訂契約

失親家庭的兒童福利服務之處遇策略，應著重下列兩個目標：(1)穩定影響兒童之環境；(2)強化個案及其家庭的功能。使用社會工作處遇之目標乃在於檢證所有與兒童環境相關之系統。然後，社會工作者再做一整合與協調，介入各個系統發展家庭介入之技術與方案。特別重要的是，兒童福利主責社工要確信處遇中之所有專業能遵守專業倫理（私下及提供隱私），要求所有專業人員能有共識，符合處遇之策略與目標。

(一)個案檢閱及整合會議計畫

要讓兒童面對父母分離及失親過程較不具衝擊，地方法庭的角色可整合律師、家事協商者，及心理健康專業達到共識，以幫助家庭達到下列目標（Johnson & Roseby, 1997）。

1.破碎家庭如何在父母分離後，整合資源及照顧兒童。
2.家庭互動的關係如何被保存與重建。
3.在離婚後，父母如何因應彼此的衝突及有效處理兒童教養。
4.社區如何幫助這些家庭撫育孩子。

(二)與家庭成員一起規劃

對失親家庭的兒童如同兒虐情境般，社會工作人員與其他心理健康專業人員不能獨立法院之裁決來做處遇，如果有些裁決對家庭而言是強制性並由主責社工來執行整個個案處遇服務。不管孩子的監護權，主責社工可能要加以考量在社區中對下列服務之資源：

◆親職教育

在離婚訴訟中，父母爭執的是孩子的監護權，如果有涉及兒虐事件，那兒童的最佳利益考量，如家外安置、家庭重建或家庭維繫服務等。此外，幫助父母瞭解孩子的需求，減少離婚歷程之壓力，解決問題及提供安全穩定的離婚後環境等，皆需要親職專家提供專業諮詢，有些服務是由法院強制指派的強制性親職教育輔導。

◆協商服務

大部分的法院審判已對父母對監護權爭執的協商提供法令規定或司法轉介（Black et al., 1989）。協商服務（mediation）即是由有專業訓練的第三者（如家庭法之律師、臨床社工、其他心理健康實務人員）在一隱密環境中，幫助有爭執之父母澄清對兒童監護權及離婚後的照顧問題，產生可能解決方案，順理優先順序及協商彼此之差異觀點和可行方案（Johnson & Roseby, 1997）。協商過程可增權賦能父母做決策，並幫助雙方做出滿意及符合孩子利益的決策。

◆治療協商

當雙方觀點不同或者彼此衝突升高，接下來就要由法院裁決僵局協商，常常需要在法庭外，在較私密的心理協商服務機構進行心理治療（尤其在情緒處理），由心理專業人員協助父母瞭解情緒，顧及兒童發展的僵局協商歷程。

◆監護權評估

當雙方律師協商服務及治療性介入都沒有解決父母雙方對監護權及兒童照顧之爭議時，心理健康專業（通常是社會工作人員）常被法官召喚提供專業之意見，本著兒童最佳利益來作為法官裁定之合法標準。評估者可能由法院法官指派，由父母同意簽選或適合雙方。基本上，評估者要提供深度評量，檢閱資料及提供法官有關監護權及兒童照顧之建議。

◆兒童探視

兒童探視之規定由父母雙方來制定，除了雙方有所衝突時，再由第三者（通常是志工或新手社工）陪同非監護權之父／母對兒童之訪視。而當父母為不適任父母或經法院裁定有保護令，則兒童之探視要由臨床社工陪伴，以確保兒童安全無虞之下，接受父／母之探視。

除了與家庭成員一起規劃共同處遇計畫外，社會工作者也可尋求相關學校資源，將兒童處遇融合學校環境，例如：

1. 對離婚家庭之兒童所提供支持團體：利用學校輔導室或諮商團體，幫助離婚兒童提供哀傷輔導及增加孩子發展技巧，以因應父母離婚過程之壓力，例如壓力管理技巧、因應失親、自我坦露及正向溝通能力等。
2. 直接服務：透過個人及團體諮商提供離婚兒童的直接服務，前者包括學校輔導人員或學校社工所提供以兒童為中心的諮商服務，而後者是提供父母及兒童的協商加強親子互動之溝通技巧。
3. 間接服務：除了直接提供輔導與諮商服務，學校也可訓練老師對兒童在父母離婚事件後的行為表徵有所敏感，及教導老師如何輔導失親之兒童，有效應用評量工作以便檢證，以及加強兒童希望感的建立與樂觀，以幫助兒童挨過難關（Hutchenson & Spangler-Hirsch, 1989）。

(三)與家庭及支持服務機構訂定契約以執行處置方案

在離婚過程，已損壞的家庭關係常伴隨嚴格與重複行為，循環及預期的交換，而且說的是一回事，所做及意圖又是另外一回事（Mishne, 1983）。例如父母常要求孩子幫忙以維持家庭平衡，但又同時要求孩子許多負擔。有時孩子成為「代罪羔羊」以維持家庭恆定。這也是兒童福利之主責社工要協助案主及其家庭此種情形對孩子的傷害，以及透過教育方法共同發展有效策略以因應家庭困境。

兒童社會工作
——SWPIP實務運用

四、處遇方案之執行

(一)持續性訪問技巧與實務技術的執行

失親家庭的兒童福利服務在任何處遇方案，必須要獲得父母同意而且要以保密方式進行資訊交換，除非是兒虐個案，那便會以強制方式執行處遇。所以，主責社工應能與家長自由地在個別訪談中交換訊息，才能確保兒童的隱私。除非兒童同意外曝特定訊息內容，不然除了臨床診斷之外，任何有關兒童之資訊應不得外洩。成人如父母般應被告知所有處遇之焦點是兒童。

除了以系統觀點來進行家庭處遇外，社會工作者應著重於改變家庭內之互動系統來強調及強化兒童的福利，如增強父母之合作關係及強調兒童之發展需求。

基於任何檢證資料，主責社工應以家庭需求來因應家庭解組後的困境，以及達到家庭均衡（homeostasis），也就是改變家庭失功能之互動模式，改以更具功能的模式及家庭特性來因應分離與家庭解組。此外，社會工作者要幫助父母滿足個別兒童之需求，以協助兒童能有效整合情感並能順應日常生活的起居與活動。只有社會工作者能強調家庭系統內之資源及優勢，才能進一步幫助父母人際互動模式做正向的改變（Friesen & Poertner, 1995）。如此一來，才能幫助兒童行為有進展及從離婚之困難情境中成長。最後，因此發展因應失親過程之能力與控制感，進而適應。

(二)持續協調服務方案

因為太多兒童從失親過程經歷痛苦及負向影響，兒童的需求有時也未能被充分瞭解。維持服務及協調方案將會確保主責社工對個案、對其家庭有成功的處遇。與法院及律師的協調對社工而言是困難的但是必需的。只有不斷與兒童相關之專業持續協調及充權賦能家庭，才能確保兒童的最佳利益。

(三)對個案及其家庭的支持與充權增能

誠如上述，對案主及其家庭在失親過程的改變及重組中，持續給予支持及充權增能有其重要意義。兒童不但在整個處遇過程中要瞭解他們需要改變，如此一來，他們才能控制行為及適當的表達情感，而充權增能要依兒童的年齡及發展層次給予不同的方法及策略，例如，對幼兒透過遊戲治療表達情感及淨化情緒是適當的，但對年長兒童讓其學習表達需求。

(四)辨明障礙及尋求解決之道

讓所有家庭成員一起參與處遇會減少社工處遇之障礙，以及尋求大家合作以讓方案及服務順利進行。在小珍的案例中，她好像不覺得她可以對父母表達需求。社工角色即幫助他們早點辨明這些文化議題並據此規劃方案。假如小珍不能用口語表達其需求，那她可能可以採取何種方法來表達需求呢？

同時，社工也需要幫忙解決成人之問題，進而幫助兒童問題的可能或順利解決。例如媽媽尚未得到爸爸的財務協助，那代表爸爸可能出現財務問題？所以，幫助爸爸解決財務問題，那家庭協助就可順利解決。身為一協商者，保持開放及同理父母，將有助於成功處理孩子的問題。

(五)監督服務與計畫

服務與方案的督導才是幫助家庭發揮健康功能之關鍵。辨明家庭協助之服務與方案可減少處遇之障礙。此外，透過服務網絡與其他社會工作者一起合作，才能確保未來服務與計畫的順利執行及獲得成功的處遇。

五、評估結果與結案

(一)評估結果

單一方案設計在結案時要靠結果評估方案之成效。為了讓社工確信其服務方案是否有效，在處遇之前要利用基準線（baseline）之測量當作處遇

前效果，然後在方案執行時採用過程評估（process evaluation）瞭解方案進行情形，及最後再以相同量表（當作後測）測量，以得到處遇之成效（單一組之前後測設計）。此方法不但可讓社工瞭解方案處遇之效果，而且可以瞭解案主行為進展過程。Nurius及Hudson（1993）已設計一種電腦評估系統（computerized assessment system），來幫助社工及案主長時期評估案主問題及監督行為進展，電腦化可節省許多時間。

另一評估方法則透過案主對社會工作者之回饋，一般是以非結構的訪談為主，但要考量案主之年齡及發展層次。此外，由案主自填的服務滿意度也是案主在結案時，提供服務方案之品質及案主之自我期望。

(二)結案

許多兒童福利機構在對兒童福利情境中的個案在接案時，已訂定固定的時間表，甚至也規定結案時間。如此一來，不僅讓案主，甚至社會工作者覺得有壓力，而且有許多負向的情緒反應。在失親過程中，兒童好不容易才從父母或家庭成員的支持轉移到家庭外之社會工作者，在結案之初，兒童好不容易建立的情緒支持頓然所失，這也與兒童的年齡及發展層次有關。如果社會工作者是處遇中唯一或不可取代的情緒支持者，那結案必然會帶給案主更大的情緒問題（Mishne, 1983）。可能的反應有：

1.透過情緒爆發、攻擊行為或大膽無禮的反抗來展示憤怒。
2.舊問題的再現或產生新的問題。
3.增加對社會工作者的依賴。

儘管社會工作者持續不斷的努力執行方案，在未達目標之前結案可能讓處遇工作終止，或創造令案主及社工皆很挫折的反應。因此，不得不要終止處遇工作或社會工作者要將案主做轉介時，社會工作者一定要獲得案主同意，以及要對案主保證日後的服務與之前是一致的。

六、利用多重系統做追蹤

(一)家庭

在大部分失親案例中，家庭成員會在失親過程產生挫折及負向情緒反應，感覺家庭已變樣。所以在處遇中要幫助家庭成員瞭解他們的目標，在特定時間內（三個月、半年、一年）達成家庭重建及發揮家庭功能。所以幫助家庭成員因應新的家庭結構或尋求外在支援，皆是支持家庭及充權增能的策略。

(二)社區

在執行任何處遇之前，社會工作者應為你的任務建構社區資源網絡及早做好公關工作、打好關係，以便日後服務及方案之順利執行。此外，在社區中倡導一些預防方案或執行教育，以避免日後此類問題的產生。

(三)方案及服務

假如社區中有一些方案或服務對家庭不友善，即不支持家庭照顧及責任，那身為兒童福利之社會工作者，應要倡導友善家庭之理念及找尋任何方法，教育這些服務及方案來支持兒童及其家庭。此種，預防性工作可減少日後需要的兒童福利服務，而且投資一元可節省日後三至五元的兒童福利服務。

(四)政策

任何對離婚有所影響之政策皆會影響兒童。所以對家事法庭中可影響監護權及支持的判決議題，將會對兒童日後生活適應有所影響。不斷對家事法庭倡導法律程序中之協商服務，對兒童的生活及適應是有所助益的。

結　語

　　在本章，我們已探討社會變遷如何影響家庭結構，而家庭結構的改變更影響兒童的生活適應與福祉，本章強調兒童失親過程，尤其在父母離婚過程對兒童的傷害。此外，本章已介紹SWPIP之兒童福利之社會工作處遇，並從一預防性的支持服務及替代性之殘補服務，來看整個處遇過程。臨床社會工作者如能發揮預防性處遇及在家事法庭之協商過程，將會減少兒童失親時的壓力以及日後殘補式之福利服務及處遇。

　　身為一兒童福利之主責社工，其責任及將服務從家庭延伸至社區，提供充權增能給案主及其家庭，並幫助社區中之公司行號、服務機構能支持家庭，並倡導友善家庭之社會政策來協助這類案主及其家庭。此外，不斷充實個人專業之協商技巧及方案，以幫助失親家庭之兒童減少失親過程中之壓力及負面影響，進而培養正向因應之技巧與能力，這乃是兒童之福氣。

 參考書目

一、中文部分

Allison, P. D. & Furstenberg, F.F. Jr. (1989). How marital dissolution affects children: Variations by age and sex. *Developmental Psychology, 25*, 540-549.

Amato, P. R. (1993). Urban-rural differences in helping friends and family members. *Social Psychology Quarterly, 56*(4) , 249-262.

Amato, P. R. (2000). The consequences of divorce for adults and children. *Journal of Marriage and the Family, 62*, 1269-1287.

Amato, P. R. (2001). Children of divorce in the 1990s: An update of the Amato and Keith (1991) meta-analysis. *Journal of Family Psychology, 15*, 355-370.

Amato, P. R. (1999a).Children of divorced parents as young adults. In E. M. Hetherington (Ed.), *Coping with Divorce, Single Parenting, and Remarriage: A Risk and Resiliency Perspective*. Mahwah, NJ: Erlbaum.

Amato, P. R. (1999b). The postdivorce society: How divorce is shaping the family and other forms of social organization. In R. A. Thompson & P. R. Amato (Eds.), *The Postdivorce Family: Children, Parenting, and Society.* Thousand Oaks, CA: Sage.

Amato, P. R. & Booth, A. (1997). *A Generation at Risk: Growing Up in an Era of Family Upheaval.* Cambridge, MA: Harvard University Press.

Amato, P. R. & Keith, B. (1991). Parental divorce and the well-being of children: A meta-analysis. *Psychological Bulletin, 110*, 26-46.

Arditti, J. A. (1999). Rethinking relationships between divorced mothers and their children: Capitalizing on family strengths. *Family Relations, 48*, 109-119.

Bauserman, R. (2002). Child adjustment in joint-custody vs. sole-custody arrangements: A meta-analytic review. *Journal of Family Psychology, 16*, 91-102.

Black, D., Wolkin, S., & Hendriks, J. H. (1989). *Child Psychiatry and the Law.* London: Gaskell.

Booth, A., & Amato, P. R. (2001). Parental predivorce relations and offspring postdivorce well-being. *Journal of Marriage and Family, 63*, 197-212.

Bray, J. H. (1999). From marriage to remarriage and beyond: Findings from the developmental issues in step families research project. In E. M. Hetherington (Ed.), *Coping with Divorce, Single Parenting, and Remarriage: A Risk and Resiliency Perspective*. Mahwah, NJ: Erlbaum.

Buchanan, C. M., Maccoby, E. E., & Dornbusch, S. M. (1996). *Adolescents and Divorce.* Cambridge, M. A.: Harvard University Press.

Bumpass, L. (1984). Children and marital disruption: A replication and update. *Demography, 21,* 71-82.

Clarke-Stewart, K. A., Vandell, D. L., McCartney, K., Owen, M. T., & Booth, C. (2000). Effects of parental separation and divorce on very young children. *Journal of Family Psychology, 14,* 304-326.

Conger, R. D. & Chao, W. (1996). Adolescent depressed mood. In R.L. Simons (Ed.), *Understanding Differences Between Divorced and Intact Families.* Thousand Oaks, CA: Sage.

DeGarmo, D. S., Forgatch, M. S., & Martinez, C. R. (1999). Parenting of divorced mothers as a link between social status and boy's academic outcomes: Unpacking the effects of SES. *Child Development, 70,* 1231-1245.

El-Sheikh, M. & Harger, J. (2001). Appraisals of marital conflict and children's adjustment, health, and physiological reactivity. *Developmental Psychology, 37,* 875-885.

Emery, R. E. (1999). Postdivorce family life for children: An overview of research and some implications for policy. In R. A. Thompson & P. R. Amato (Eds.), *The Postdivorce Family: Children, Parenting, and Society*. Thousand Oaks , CA: Sage.

Emery, R. E. (1982). Interparental conflict and the children of discord and divorce. *Psychological Bulletin, 92,* 310-330.

Emery, R. E., Kitzman, K. M., & Waldron, M. (1999). Psychological interventions for separated and divorced families. In E. M. Hetherington(Ed.), *Coping with Divorce, Single Parenting, and Remarriage: A Risk and Resiliency Perspective*. Mahwah, NJ: Erlbaum.

Farmer, S. & Galaris, D. (1993). Support groups for children of divorce. *The American Journal of Family Therapy, 21*(1), 40-50.

Fisher, P. A., Leve, L. D., O'Leary, C. C., & Leve, C. (2003). Parental monitoring of children's behavior: Variation across stepmother, stepfather, and two-parent biological families. *Family Relations, 52*, 45-52.

Friesen, B. J., & Poertner, J. (Eds.) (1995). *From Case Management to Service Coordination for Children with Emotional, Behavioral, and Mental Disorders.* Baltimore: Brooks.

Furstenberg, F. F. (1994). History and arrant status of divorce in the United States. *Future of Children*, *4*(1), 29-43.

Furstenberg, F. F. & Kiernan, K. E. (2001). Delayed parental divorce: How much do children benefit? *Journal of Marriage and Family, 63*, 446-457.

Garbarino, J. (1992). *Toward a Sustainable Society: An Economic, Social and Environmental Agenda for Our Children Future.* Chicago: Noble Press.

Gil, A., Vega, W., & Biafora, F. (1998). Temporal influences of family structure and family risk factors on drug use initiation in a multiethnic sample of adolescent boys. *Journal of Yonth and Adolescence, 27*, 373-393.

Hanson, T. L. (1999). Does parental conflict explain why divorce is negatively associated with child welfare? *Social Forces*, *77*, 1283-1316.

Harris, J. R. (1998). *The Nurture Assumption: Why Children Turn Out the Way They Do.* New York: Free Press.

Hetherington, E. M. Bridges, M., & Insabella , G. M. (1998). What matters? What does not? *American Psychologist*, *53*, 167-184.

Hetherington, E. M. (1999). Should we stay together for the sake of the children? In E. M. Hetherington (Ed.), *Coping with Divorce, Single Parenting, and Remarriage: A Risk and Resiliency Perspective.* Mahwah, NJ: Erlbaum.

Hetherington, E. M. & Kelly, J. (2002). *For Better or for Worse: Divorce Reconsidered.* New York: W.W. Norton.

Hetherington, E. M. & Stanley-Hagan, M.M. (1995). Parenting in divorced and remarried families. In M. H. Bornstein (Ed.), *Handbook of Parenting: Vol.3. Status and Social Conditions of Parenting*. Mahwah, NJ: Erlbaum.

Hetherington, E. M., Cox, M., & Cox, R. (1982). Effects of divorce on parents and children. In M. E. Lamb (Ed.), *Nontraditional Families: Parenting and Child Development*. Hillsdale, NJ: Erlbaum.

Hilton, J. M. (2002). Children's behavior problems in single-parent and married-parent

families: Development of a predictive model. *Journal of Divorce and Remarriage, 37*, 13-36.

Howard, K. I., Cornille, T. A., Lyons, J. S., Vessey, J. T., Lueger, R. J., & Saunders, S. M. (1996). Patterns of service utilization. *Archives of General Psychiatry, 53*, 696-703.

Hozman, T. L. & Froiland, D. J. (1976). Families in divorce: A proposed model for counseling the children. *The Family Coordination, 25*(3), 271-276.

Hutchenson, R. L. & Spangler-Hirsch, S. C. (1989). Children of divorce and single-parent lifestyles. In *Children of Divorce: Development and Clinical Issues*. New York: Haworth Press.

Jaffee, S. R., Moffitt, T. E., Caspi, A., & Taylor, A. (2003). Life with(or without) father: The benefits of living with two biological parents depend on the father's antisocial behavior. *Child Development, 74*, 109-126.

Jekielek, S. M. (1998). Parental conflict, marital disruption and children's emotional well-being. *Social Forces, 76*, 905-935.

Johnson, J. R. & Roseby, V. (1997). *In the Name of the Child: A Developmental Approach to Understanding and Helping Children of Conflicted and Violent Divorce*. New York: Free Press.

Johnston, J. (1990). Role diffusion and role reversal: Structural variation in divorced families and chlidren's functioning. *Family Relations, 39*, 405-413.

Katz, L. F. & Woodin, E. M. (2002). Hostility, hostile detachment, and conflict engagement in marriages: Effects on child and family functioning. *Child Development, 73*, 636-652.

King, V. (2002). Parental divorce and interpersonal trust in adults offspring. *Journal of Marriage and Family, 64*, 642-656.

Kubler-Ross, E. (1969). *On Death and Dying*. New York: Macmillan.

Laumann-Billings, L. & Emery, R. E. (2000). Pistress among young adults from divorced families. *Journal of Family Psychology, 14*, 671-688.

Lum, D. (1996). *Social Work Practice with People of Color: A Process Stage Approach*(3rd ed.). Monterey, CA: Brooks/Cole.

Maccoby, E. E. (1999). The custody of children of divorcing families: Weighing the alternatives. In R. A. Thompson & P. R. Amato (Eds.), *The Post-Divorce Family:*

Children, Parenting, and Society. Thousand Oaks, CA: Sage.

Mather, J. H. & Lager, P. B. (2000). *Child Welfare: A Unifying Model of Practice.* Belmont, CA: Wadsworth/Thomas Learning.

McLanahan, S. S. & Sandefar, G. (1994). *Growing Up with a Single Parent: What Hurts, What Helps.* Cambridge, MA: Harvard University Press.

McLanahan, S. S. (1997). Parent absence or poverty: Which matters more? In G. J. Duncan & J. Brooks-Gunn (Eds.), *Consequences of Growing Up Poor*. New York: Russell Sage Foundation.

McLanahan, S. S. (1999). Father absence and the welfare of children. In E. M. Hetherington (Ed.), *Coping with Divorce, Single Parenting, and Remarriage: A Risk and Resiliency Perspective.* Mahwah, NJ: Erlbaum.

Meyer, D. R. (1999). Compliance with child support orders in paternity and divorce case. In R. A. Thompson & P. R. Amato (Eds.), *The Postdivorce Family: Children, Parenting, and Society*. Thousand Oaks, CA: Sage.

Mishne, J. (1983). *Clinical Work with Children.* New York: Free Press.

Mott, F. L., Kowaleski-Jones, L., & Menaghan, E. G. (1997). Parental absence and child behavior: Does a child's gender make a difference? *Journal of Marriage and the Family, 59*, 103-118.

Nurius, P. S. & Hudson, W. (1993). *Computer Assisted Practice: Theory, Methods, and Software.* Belmont, CA: Wadsworth.

Peck, J. S. (1989). The impact of divorce on children at various stages of the family lifecycle. In *Children of Divorce: Developmental and Clinical Issues*. New York: Haworth press.

Pedro-Carroll, J. (2001). The promotion of wellness in children and families: Challenges and opportunities. *American Psychologist, 56*, 993-1004.

Punifon, R. & Kowaleski-Jones, L. (2002). Who's in the house? Race differences in cohabitation, single parenthood, and child development. *Child Development, 73*, 1249-1264.

Reifman, A., Villa, L.C., Amans, J. A., Rethinam, V., & Telesca, T. Y. (2001). Children of divorce in the 1990s: A meta analysis. *Journal of Divorce and Remarriage, 36*, 27-36.

Sandler, I. N., Tein, J., Mehta, P., Wolchik, S., & Ayers, T. (2000). Coping efficacy and

psychological problems of children of divorce. *Child Development, 71*, 1099-1118.

Stamps, L. E. (2002). Maternal preference in child custody decision. *Journal of Divorce and Remarriage, 37*, 1-11.

Sun, Y. & Li, Y. (2002). Children's well-being during parents' marital disruption process: A pooled time-series analysis. *Journal of Marriage and Family, 64*, 472-488.

Teachman, J. D., Paasch, K., & Carver, K. (1996). Social capital and dropping out of school. *Journal of Marriage and Family, 58*, 773-783.

Tucker, J. S., Friedman, H. S., Schwartz, J. E., Critiqui, M. H., Tomlinson-Keasey, C., Wingard, D. L., & Martin, L. R. (1997). Parental divorce: Effects on individual behavior and longevity. *Journal of Personality and Social Psychology, 73*, 381-391.

U.S. Census Bureau (1998). *Marital Status and Living Arrangement: March 1998.* (update)(Current Population Reports, Series P20-514). Washington , DC: Government Printing Office.

U.S. Census Bureau (2000). *Profile of General Demongraphic Characteristics for the United States: 2000 (Table DP-1).* Washington , DC: Government Printing Office.

Wallerstein, J. S. (2001). The challenges of divorce for parents and children. In J. C. Westman (Ed.), *Parenthood in America: Undervalued, Underpaid, and Under Siege.* Madison: University of Wisconsin Press.

Wallerstein, J. S., Lewis, J. M., & Blakeslee, S. (2000). *The Unexpected Legacy of Divorce: A 25-Year Landmark Study.* New York: Hyperion.

Webb, N. B. (1993). *Helping Bereaved Children: A Handbook for Practitioners.* New York: The Guilford Press.

Weston, D., Klee, L., & Halfon, N. (1989). Mental health. In M.W. Kirst (Ed.), *Conditions of Children in California.*

Wolchik, S. A., Ruehlman, L. S., Braver, S. L., & Sandler, I. N. (1989). Social support of children of divorce: Direct and stress buffering effects. *American Journal of Community Psychology, 17*(4), 485-499.

Zill, M., Morrisen, D. R., & Coiro, M. J. (1993). Long-term effects of parental divorce on parent-child relationships, adjustment, and achievement in young adulthood. *Journal of Family Psychology, 7*, 91-103.

附　錄

🦋 兒童及少年福利與權益保障法

附錄　兒童及少年福利與權益保障法

2015年2月4日修正公布

第一章　總則

第1條　為促進兒童及少年身心健全發展，保障其權益，增進其福利，特制
　　　定本法。

第2條　本法所稱兒童及少年，指未滿十八歲之人；所稱兒童，指未滿十二
　　　歲之人；所稱少年，指十二歲以上未滿十八歲之人。

第3條　父母或監護人對兒童及少年應負保護、教養之責任。對於主管機
　　　關、目的事業主管機關或兒童及少年福利機構、團體依本法所為之
　　　各項措施，應配合及協助之。

第4條　政府及公私立機構、團體應協助兒童及少年之父母、監護人或其他
　　　實際照顧兒童及少年之人，維護兒童及少年健康，促進其身心健全
　　　發展，對於需要保護、救助、輔導、治療、早期療育、身心障礙重
　　　建及其他特殊協助之兒童及少年，應提供所需服務及措施。

第5條　政府及公私立機構、團體處理兒童及少年相關事務時，應以兒童及
　　　少年之最佳利益為優先考量，並依其心智成熟程度權衡其意見；有
　　　關其保護及救助，並應優先處理。
　　　兒童及少年之權益受到不法侵害時，政府應予適當之協助及保護。

第6條　本法所稱主管機關：在中央為衛生福利部；在直轄市為直轄市政
　　　府；在縣（市）為縣（市）政府。

第7條　本法所定事項，主管機關及目的事業主管機關應就其權責範圍，針
　　　對兒童及少年之需要，尊重多元文化差異，主動規劃所需福利，對
　　　涉及相關機關之兒童及少年福利業務，應全力配合之。
　　　主管機關及目的事業主管機關均應辦理兒童及少年安全維護及事故
　　　傷害防制措施；其權責劃分如下：
　　　一、主管機關：主管兒童及少年福利政策之規劃、推動及監督等相
　　　　　關事宜。

二、衛生主管機關：主管婦幼衛生、生育保健、早產兒通報、追蹤、訪視及關懷服務、發展遲緩兒童早期醫療、兒童及少年身心健康、醫療、復健及健康保險等相關事宜。

三、教育主管機關：主管兒童及少年教育及其經費之補助、特殊教育、學前教育、安全教育、家庭教育、中介教育、職涯教育、休閒教育、性別平等教育、社會教育、兒童及少年就學權益之維護及兒童課後照顧服務等相關事宜。

四、勞工主管機關：主管未滿十五歲之人勞動條件維護與年滿十五歲或國民中學畢業少年之職業訓練、就業準備、就業服務及勞動條件維護等相關事宜。

五、建設、工務、消防主管機關：主管兒童及少年福利機構建築物管理、公共設施、公共安全、建築物環境、消防安全管理、遊樂設施等相關事宜。

六、警政主管機關：主管兒童及少年人身安全之維護及觸法預防、失蹤兒童及少年、無依兒童及少年之父母或監護人之協尋等相關事宜。

七、法務主管機關：主管兒童及少年觸法預防、矯正與犯罪被害人保護等相關事宜。

八、交通主管機關：主管兒童及少年交通安全、幼童專用車檢驗等相關事宜。

九、通訊傳播主管機關：主管兒童及少年通訊傳播視聽權益之維護、內容分級之規劃及推動等相關事宜。

十、戶政主管機關：主管兒童及少年身分資料及戶籍等相關事宜。

十一、財政主管機關：主管兒童及少年福利機構稅捐之減免等相關事宜。

十二、金融主管機關：主管金融機構對兒童及少年提供財產信託服務之規劃、推動及監督等相關事宜。

十三、經濟主管機關：主管兒童及少年相關商品與非機械遊樂設施標準之建立及遊戲軟體分級等相關事宜。

十四、體育主管機關：主管兒童及少年體育活動等相關事宜。

十五、文化主管機關：主管兒童及少年藝文活動、閱聽權益之維護、出版品及錄影節目帶分級等相關事宜。

十六、其他兒童及少年福利措施，由相關目的事業主管機關依職權辦理。

第8條　下列事項，由中央主管機關掌理。但涉及中央目的事業主管機關職掌，依法應由中央目的事業主管機關掌理者，從其規定：

一、全國性兒童及少年福利政策、法規與方案之規劃、釐定及宣導事項。

二、對直轄市、縣（市）政府執行兒童及少年福利之監督及協調事項。

三、中央兒童及少年福利經費之分配及補助事項。

四、兒童及少年福利事業之策劃、獎助及評鑑之規劃事項。

五、兒童及少年福利專業人員訓練之規劃事項。

六、國際兒童及少年福利業務之聯繫、交流及合作事項。

七、兒童及少年保護業務之規劃事項。

八、中央或全國性兒童及少年福利機構之設立、監督及輔導事項。

九、其他全國性兒童及少年福利之策劃及督導事項。

第9條　下列事項，由直轄市、縣（市）主管機關掌理。但涉及地方目的事業主管機關職掌，依法應由地方目的事業主管機關掌理者，從其規定：

一、直轄市、縣（市）兒童及少年福利政策、自治法規與方案之規劃、釐定、宣導及執行事項。

二、中央兒童及少年福利政策、法規及方案之執行事項。

三、兒童及少年福利專業人員訓練之執行事項。

四、兒童及少年保護業務之執行事項。

五、直轄市、縣（市）兒童及少年福利機構之設立、監督及輔導事項。

六、其他直轄市、縣（市）兒童及少年福利之策劃及督導事項。

第10條　主管機關應以首長爲召集人，邀集兒童及少年福利相關學者或專家、民間相關機構、團體代表及目的事業主管機關代表，協調、研究、審議、諮詢及推動兒童及少年福利政策。

前項兒童及少年福利相關學者、專家及民間相關機構、團體代表不得少於二分之一，單一性別不得少於三分之一。必要時，並得邀請少年代表列席。

第11條　政府及公私立機構、團體應培養兒童及少年福利專業人員，並應定期舉辦職前訓練及在職訓練。

第12條　兒童及少年福利經費之來源如下：

一、各級政府年度預算及社會福利基金。

二、私人或團體捐贈。

三、依本法所處之罰鍰。

四、其他相關收入。

第13條　主管機關應每四年對兒童及少年身心發展、社會參與、生活及需求現況進行調查、統計及分析，並公布結果。

第二章　身分權益

第14條　胎兒出生後七日內，接生人應將其出生之相關資料通報衛生主管機關備查；其爲死產者，亦同。

接生人無法取得完整資料以填報出生通報者，仍應爲前項之通報。

衛生主管機關應將第一項通報之新生兒資料轉知戶政主管機關，由其依相關規定辦理；必要時，戶政主管機關並得請求主管機關、警政及其他目的事業主管機關協助。

第一項通報之相關表單，由中央衛生主管機關定之。

第15條　從事收出養媒合服務，以經主管機關許可之財團法人、公私立兒童及少年安置、教養機構（以下統稱收出養媒合服務者）爲限。

收出養媒合服務者應評估並安排收養人與兒童、少年先行共同生活或漸進式接觸。

收出養媒合服務者從事收出養媒合服務，得向收養人收取服務費用。

第一項收出養媒合服務者之資格條件、申請程序、許可之發給、撤銷與廢止許可、服務範圍、業務檢查與其管理、停業、歇業、復業、第二項之服務、前項之收費項目、基準及其他應遵行事項之辦法，由中央主管機關定之。

第16條　父母或監護人因故無法對其兒童及少年盡扶養義務而擬予出養時，應委託收出養媒合服務者代覓適當之收養人。但下列情形之出養，不在此限：

一、旁系血親在六親等以內及旁系姻親在五親等以內，輩分相當。

二、夫妻之一方收養他方子女。

前項收出養媒合服務者於接受委託後，應先為出養必要性之訪視調查，並作成評估報告；評估有出養必要者，應即進行收養人之評估，並提供適當之輔導及協助等收出養服務相關措施；經評估不宜出養者，應即提供或轉介相關福利服務。

第一項出養，以國內收養人優先收養為原則。

第17條　聲請法院認可兒童及少年之收養，除有前條第一項但書規定情形者外，應檢附前條第二項之收出養評估報告。未檢附者，法院應定期間命其補正；逾期不補正者，應不予受理。

法院認可兒童及少年之收養前，得採行下列措施，供決定認可之參考：

一、命直轄市、縣（市）主管機關、兒童及少年福利機構、其他適當之團體或專業人員進行訪視，提出訪視報告及建議。

二、命收養人與兒童及少年先行共同生活一段期間；共同生活期間，對於兒童及少年權利義務之行使或負擔，由收養人為之。

三、命收養人接受親職準備教育課程、精神鑑定、藥、酒癮檢測或其他維護兒童及少年最佳利益之必要事項；其費用，由收

　　　　養人自行負擔。

　　四、命直轄市、縣（市）主管機關調查被遺棄兒童及少年身分資
　　　　料。

　　依前項第一款規定進行訪視者，應評估出養之必要性，並給予必
　　要之協助；其無出養之必要者，應建議法院不為收養之認可。

　　收養人或收養事件之利害關係人亦得提出相關資料或證據，供法
　　院斟酌。

第18條　父母對於兒童及少年出養之意見不一致，或一方所在不明時，父
　　　　母之一方仍可向法院聲請認可。經法院調查認為收養乃符合兒童
　　　　及少年之最佳利益時，應予認可。

　　法院認可或駁回兒童及少年收養之聲請時，應以書面通知直轄
　　市、縣（市）主管機關，直轄市、縣（市）主管機關應為必要之
　　訪視或其他處置，並作成紀錄。

第19條　收養兒童及少年經法院認可者，收養關係溯及於收養書面契約成
　　　　立時發生效力；無書面契約者，以向法院聲請時為收養關係成立
　　　　之時；有試行收養之情形者，收養關係溯及於開始共同生活時發
　　　　生效力。

　　聲請認可收養後，法院裁定前，兒童及少年死亡者，聲請程序終
　　結。收養人死亡者，法院應命直轄市、縣（市）主管機關、兒童
　　及少年福利機構、其他適當之團體或專業人員為評估，並提出報
　　告及建議，法院認收養於兒童及少年有利益時，仍得為認可收養
　　之裁定，其效力依前項之規定。

第20條　養父母對養子女有下列行為之一者，養子女、利害關係人或主管
　　　　機關得向法院請求宣告終止其收養關係：

　　一、有第四十九條各款所定行為之一。

　　二、違反第四十三條第二項或第四十七條第二項規定，情節重
　　　　大。

第21條　中央主管機關應保存出養人、收養人及被收養兒童及少年之身
　　　　分、健康等相關資訊之檔案。

收出養媒合服務者及經法院交查之直轄市、縣（市）主管機關、兒童及少年福利機構、其他適當之團體或專業人員，應定期將前項收出養相關資訊提供中央主管機關保存。

辦理收出養業務、資訊保存或其他相關事項之人員，對於第一項資訊，應妥善維護當事人之隱私，除法律另有規定外，應予保密。

第一項資訊之範圍、來源、管理及使用辦法，由中央主管機關定之。

第22條　主管機關應會同戶政、移民主管機關協助未辦理戶籍登記、無國籍或未取得居留、定居許可之兒童、少年依法辦理有關戶籍登記、歸化、居留或定居等相關事項。

前項兒童、少年於戶籍登記完成前或未取得居留、定居許可前，其社會福利服務、醫療照顧、就學權益等事項，應依法予以保障。

第三章　福利措施

第23條　直轄市、縣（市）政府，應建立整合性服務機制，並鼓勵、輔導、委託民間或自行辦理下列兒童及少年福利措施：

一、建立早產兒通報系統，並提供追蹤、訪視及關懷服務。

二、建立發展遲緩兒童早期通報系統，並提供早期療育服務。

三、辦理兒童托育服務。

四、對兒童、少年及其家庭提供諮詢服務。

五、對兒童、少年及其父母辦理親職教育。

六、對於無力撫育其未滿十二歲之子女或受監護人者，視需要予以托育、家庭生活扶助或醫療補助。

七、對於無謀生能力或在學之少年，無扶養義務人或扶養義務人無力維持其生活者，予以生活扶助、協助就學或醫療補助，並協助培養其自立生活之能力。

八、早產兒、罕見疾病、重病兒童、少年及發展遲緩兒童之扶養

　　　　義務人無力支付醫療費用之補助。

九、對於不適宜在家庭內教養或逃家之兒童及少年，提供適當之安置。

十、對於無依兒童及少年，予以適當之安置。

十一、對於因懷孕或生育而遭遇困境之兒童、少年及其子女，予以適當之安置、生活扶助、醫療補助、托育補助及其他必要協助。

十二、辦理兒童課後照顧服務。

十三、對結束安置無法返家之少年，提供自立生活適應協助。

十四、辦理兒童及少年安全與事故傷害之防制、教育、宣導及訓練等服務。

十五、其他兒童、少年及其家庭之福利服務。

前項第六款至第八款及第十一款之托育、生活扶助及醫療補助請領資格、條件、程序、金額及其他相關事項之辦法，分別由中央及直轄市主管機關定之。

第一項第十款無依兒童及少年之通報、協尋、安置方式、要件、追蹤之處理辦法，由中央主管機關定之。

第24條　文化、教育、體育主管機關應鼓勵、輔導民間或自行辦理兒童及少年適當之休閒、娛樂及文化活動，並提供合適之活動空間。

目的事業主管機關對於辦理前項活動著有績效者，應予獎勵表揚。

第25條　直轄市、縣（市）主管機關應辦理居家式托育服務之管理、監督及輔導等相關事項。

前項所稱居家式托育服務，指兒童由其三親等內親屬以外之人員，於居家環境中提供收費之托育服務。

直轄市、縣（市）主管機關應以首長為召集人，邀集學者或專家、居家托育員代表、兒童及少年福利團體代表、家長團體代表、婦女團體代表、勞工團體代表，協調、研究、審議及諮詢居家式托育服務、收退費、人員薪資、監督考核等相關事宜，並建

立運作管理機制，應自行或委託相關專業之機構、團體辦理。

第26條　居家式托育服務提供者，應向直轄市、縣（市）主管機關辦理登記。

居家式托育服務提供者應年滿二十歲並具備下列資格之一：

一、取得保母人員技術士證。

二、高級中等以上學校幼兒保育、家政、護理相關學程、科、系、所畢業。

三、修畢托育人員專業訓練課程，並領有結業證書。

直轄市、縣（市）主管機關為辦理居家式托育服務提供者之登記、管理、輔導、監督及檢查等事項，應自行或委託相關專業機構、團體辦理。

居家式托育服務提供者對於前項之管理、輔導、監督及檢查等事項，不得規避、妨礙或拒絕，並應提供必要之協助。

第一項居家式托育服務提供者之收托人數、登記、輔導、管理、撤銷與廢止登記、收退費規定及其他應遵行事項之辦法，由中央主管機關定之。

第26-1條　有下列情事之一，不得擔任居家式托育服務提供者：

一、曾犯妨害性自主罪、性騷擾罪，經緩起訴處分或有罪判決確定。但未滿十八歲之人，犯刑法第二百二十七條之罪者，不在此限。

二、曾犯毒品危害防制條例之罪，經緩起訴處分或有罪判決確定。

三、有第四十九條各款所定行為之一，經有關機關查證屬實。

四、行為違法或不當，其情節影響收托兒童權益重大，經主管機關查證屬實。

五、罹患精神疾病或身心狀況違常，經直轄市、縣（市）主管機關委請相關專科醫師二人以上諮詢後，認定不能執行業務。

六、受監護或輔助宣告，尚未撤銷。

前項第五款原因消滅後，仍得依本法規定申請擔任居家式托育服

務提供者。

有第一項各款情事之一者，直轄市、縣（市）主管機關應命其停止服務，並強制轉介其收托之兒童。已完成登記者，廢止其登記。

第26-2條　與居家式托育服務提供者共同居住之人，有下列情事之一者，居家式托育服務提供者以提供到宅托育為限：

一、有前條第一項第一款、第二款或第四款情形之一。

二、罹患精神疾病或身心狀況違常，經直轄市、縣（市）主管機關委請相關專科醫師二人以上諮詢後，認定有妨害托育服務提供之虞。

前項第二款經直轄市、縣（市）主管機關認定事實消失，居家式托育服務提供者仍得依本法提供居家式托育服務。

第27條　政府應規劃實施兒童及少年之醫療照顧措施；必要時，並得視其家庭經濟條件補助其費用。

前項費用之補助對象、項目、金額及其程序等之辦法，由中央主管機關定之。

第28條　中央主管機關及目的事業主管機關應定期召開兒童及少年事故傷害防制協調會議，以協調、研究、審議、諮詢、督導、考核及辦理下列事項：

一、兒童及少年事故傷害資料登錄。

二、兒童及少年安全教育教材之建立、審核及推廣。

三、兒童及少年遊戲與遊樂設施、玩具、用品、交通載具等標準、檢查及管理。

四、其他防制機制之建立及推動。

前項會議應遴聘學者專家、民間團體及相關機關代表提供諮詢。學者專家、民間團體代表之人數，不得少於總數二分之一。

第29條　下列兒童及少年所使用之交通載具應予輔導管理，以維護其交通安全：

一、幼童專用車。

二、公私立學校之校車。

三、短期補習班或兒童課後照顧服務班及中心之接送車。

前項交通載具之申請程序、輔導措施、管理與隨車人員之督導管理及其他應遵行事項之辦法，由中央教育主管機關會同交通主管機關定之。

第30條　疑似發展遲緩、發展遲緩或身心障礙兒童及少年之父母或監護人，得申請警政主管機關建立指紋資料。

前項資料，除作為失蹤協尋外，不得作為其他用途之使用。

第一項指紋資料按捺、塗銷及管理辦法，由中央警政主管機關定之。

第31條　政府應建立六歲以下兒童發展之評估機制，對發展遲緩兒童，應按其需要，給予早期療育、醫療、就學及家庭支持方面之特殊照顧。

父母、監護人或其他實際照顧兒童之人，應配合前項政府對發展遲緩兒童所提供之各項特殊照顧。

第一項早期療育所需之篩檢、通報、評估、治療、教育等各項服務之銜接及協調機制，由中央主管機關會同衛生、教育主管機關規劃辦理。

第32條　各類社會福利、教育及醫療機構，發現有疑似發展遲緩兒童，應通報直轄市、縣（市）主管機關。直轄市、縣（市）主管機關應將接獲資料，建立檔案管理，並視其需要提供、轉介適當之服務。

前項通報流程及檔案管理等相關事項之辦法，由中央主管機關定之。

第33條　兒童及孕婦應優先獲得照顧。

交通及醫療等公、民營事業應提供兒童及孕婦優先照顧措施。

國內大眾交通運輸、文教設施、風景區與康樂場所等公營、公辦民營及民營事業，應以年齡為標準，提供兒童優惠措施，並應提供未滿一定年齡之兒童免費優惠。

前項兒童優惠措施之適用範圍及一定年齡，由各目的事業主管機關定之。

第34條　少年年滿十五歲或國民中學畢業，有進修或就業意願者，教育、勞工主管機關應視其性向及志願，輔導其進修、接受職業訓練或就業。

　　　　教育主管機關應依前項規定辦理並督導高級中等以下學校辦理職涯教育、勞動權益及職業安全教育。

　　　　勞工主管機關應依第一項規定提供職業訓練、就業準備、職場體驗、就業媒合、支持性就業安置及其他就業服務措施。

第35條　雇主對年滿十五歲或國民中學畢業之少年員工應保障其教育進修機會；其辦理績效良好者，勞工主管機關應予獎勵。

第36條　勞工主管機關對於缺乏技術及學歷，而有就業需求之少年，應整合教育及社政主管機關，提供個別化就業服務措施。

第37條　高級中等以下學校應協調建教合作機構與學生及其法定代理人，簽訂書面訓練契約，明定權利義務關係。

　　　　前項書面訓練契約之格式、內容，中央教育主管機關應訂定定型化契約範本與其應記載及不得記載事項。

第38條　政府應結合民間機構、團體鼓勵兒童及少年參與學校、社區等公共事務，並提供機會，保障其參與之權利。

第39條　政府應結合民間機構、團體鼓勵國內兒童及少年文學、視聽出版品與節目之創作、優良國際兒童及少年視聽出版品之引進、翻譯及出版。

第40條　政府應結合或鼓勵民間機構、團體對優良兒童及少年出版品、錄影節目帶、廣播、遊戲軟體及電視節目予以獎勵。

第41條　為確保兒童及少年之遊戲及休閒權利，促進其身心健康，除法律另有規定者外，國民小學每週兒童學習節數不得超過教育部訂定之課程綱要規定上限。

　　　　中央目的事業主管機關應邀集兒童及少年事務領域之專家學者、民間團體代表參與課程綱要之設計與規劃。

第42條　為確保兒童及少年之受教權，對於因特殊狀況無法到校就學者，
家長得依國民教育法相關規定向直轄市、縣（市）政府申請非學
校型態實驗教育。

第四章　保護措施

第43條　兒童及少年不得為下列行為：

一、吸菸、飲酒、嚼檳榔。

二、施用毒品、非法施用管制藥品或其他有害身心健康之物質。

三、觀看、閱覽、收聽或使用有害其身心健康之暴力、血腥、色
情、猥褻、賭博之出版品、圖畫、錄影節目帶、影片、光
碟、磁片、電子訊號、遊戲軟體、網際網路內容或其他物
品。

四、在道路上競駛、競技或以蛇行等危險方式駕車或參與其行
為。

五、超過合理時間持續使用電子類產品，致有害身心健康。

父母、監護人或其他實際照顧兒童及少年之人，應禁止兒童及少
年為前項各款行為。

任何人均不得供應第一項第一款至第三款之物質、物品予兒童及
少年。

任何人均不得對兒童及少年散布或播送第一項第三款之內容或物
品。

第44條　新聞紙以外之出版品、錄影節目帶、遊戲軟體應由有分級管理義
務之人予以分級；其他有事實認定影響兒童及少年身心健康之虞
之物品經目的事業主管機關認定應予分級者，亦同。

任何人不得以違反第三項所定辦法之陳列方式，使兒童及少年觀
看或取得應列為限制級之物品。

第一項物品之分級類別、內容、標示、陳列方式、管理、有分級
管理義務之人及其他應遵行事項之辦法，由中央目的事業主管機
關定之。

第45條　新聞紙不得刊載下列有害兒童及少年身心健康之內容。但引用司法機關或行政機關公開之文書而為適當之處理者，不在此限：

一、過度描述（繪）強制性交、猥褻、自殺、施用毒品等行為細節之文字或圖片。

二、過度描述（繪）血腥、色情細節之文字或圖片。

為認定前項內容，報業商業同業公會應訂定防止新聞紙刊載有害兒童及少年身心健康內容之自律規範及審議機制，報中央主管機關備查。

新聞紙業者經舉發有違反第一項之情事者，報業商業同業公會應於三個月內，依據前項自律規範及審議機制處置。必要時，得延長一個月。

有下列情事之一者，主管機關應邀請報業商業同業公會代表、兒童及少年福利團體代表以及專家學者代表，依第二項備查之自律規範，共同審議認定之：

一、非屬報業商業同業公會會員之新聞紙業者經舉發有違反第一項之情事。

二、報業商業同業公會就前項案件逾期不處置。

三、報業商業同業公會就前項案件之處置結果，經新聞紙刊載之當事人、受處置之新聞紙業者或兒童及少年福利團體申訴。

第46條　為防止兒童及少年接觸有害其身心發展之網際網路內容，由通訊傳播主管機關召集各目的事業主管機關委託民間團體成立內容防護機構，並辦理下列事項：

一、兒童及少年使用網際網路行為觀察。

二、申訴機制之建立及執行。

三、內容分級制度之推動及檢討。

四、過濾軟體之建立及推動。

五、兒童及少年上網安全教育宣導。

六、推動網際網路平臺提供者建立自律機制。

七、其他防護機制之建立及推動。

網際網路平臺提供者應依前項防護機制，訂定自律規範採取明確可行防護措施；未訂定自律規範者，應依相關公（協）會所定自律規範採取必要措施。

網際網路平臺提供者經目的事業主管機關告知網際網路內容有害兒童及少年身心健康或違反前項規定未採取明確可行防護措施者，應為限制兒童及少年接取、瀏覽之措施，或先行移除。

前三項所稱網際網路平臺提供者，指提供連線上網後各項網際網路平臺服務，包含在網際網路上提供儲存空間，或利用網際網路建置網站提供資訊、加值服務及網頁連結服務等功能者。

第46-1條　任何人不得於網際網路散布或傳送有害兒童及少年身心健康之內容，未採取明確可行之防護措施，或未配合網際網路平臺提供者之防護機制，使兒童及少年得以接取或瀏覽。

第47條　兒童及少年不得出入酒家、特種咖啡茶室、成人用品零售店、限制級電子遊戲場及其他涉及賭博、色情、暴力等經主管機關認定足以危害其身心健康之場所。

父母、監護人或其他實際照顧兒童及少年之人，應禁止兒童及少年出入前項場所。

第一項場所之負責人及從業人員應拒絕兒童及少年進入。

第一項之場所應距離幼兒園、國民中小學、高中、職校二百公尺以上，並檢附證明文件，經商業登記主管機關登記後，始得營業。

第48條　父母、監護人或其他實際照顧兒童及少年之人，應禁止兒童及少年充當前條第一項場所之侍應或從事危險、不正當或其他足以危害或影響其身心發展之工作。

任何人不得利用、僱用或誘迫兒童及少年從事前項之工作。

第49條　任何人對於兒童及少年不得有下列行為：

一、遺棄。

二、身心虐待。

三、利用兒童及少年從事有害健康等危害性活動或欺騙之行為。

四、利用身心障礙或特殊形體兒童及少年供人參觀。

五、利用兒童及少年行乞。

六、剝奪或妨礙兒童及少年接受國民教育之機會。

七、強迫兒童及少年婚嫁。

八、拐騙、綁架、買賣、質押兒童及少年。

九、強迫、引誘、容留或媒介兒童及少年為猥褻行為或性交。

十、供應兒童及少年刀械、槍砲、彈藥或其他危險物品。

十一、利用兒童及少年拍攝或錄製暴力、血腥、色情、猥褻或其
　　　他有害兒童及少年身心健康之出版品、圖畫、錄影節目
　　　帶、影片、光碟、磁片、電子訊號、遊戲軟體、網際網路
　　　內容或其他物品。

十二、迫使或誘使兒童及少年處於對其生命、身體易發生立即危
　　　險或傷害之環境。

十三、帶領或誘使兒童及少年進入有礙其身心健康之場所。

十四、強迫、引誘、容留或媒介兒童及少年為自殺行為。

十五、其他對兒童及少年或利用兒童及少年犯罪或為不正當之行
　　　為。

第50條　孕婦不得吸菸、酗酒、嚼檳榔、施用毒品、非法施用管制藥品或
　　　　為其他有害胎兒發育之行為。

　　　　任何人不得強迫、引誘或以其他方式使孕婦為有害胎兒發育之行
　　　　為。

第51條　父母、監護人或其他實際照顧兒童及少年之人，不得使六歲以下
　　　　兒童或需要特別看護之兒童及少年獨處或由不適當之人代為照
　　　　顧。

第52條　兒童及少年有下列情事之一者，直轄市、縣（市）主管機關得依
　　　　其父母、監護人或其他實際照顧兒童及少年之人之申請或經其同
　　　　意，協調適當之機構協助、輔導或安置之：

一、違反第四十三條第一項、第四十七條第一項規定或從事第
　　四十八條第一項禁止從事之工作，經其父母、監護人或其他

實際照顧兒童及少年之人盡力禁止而無效果。

二、有偏差行為，情形嚴重，經其父母、監護人或其他實際照顧
　　兒童及少年之人盡力矯正而無效果。

前項機構協助、輔導或安置所必要之生活費、衛生保健費、學雜
費、代收代辦費及其他相關費用，由扶養義務人負擔；其收費規
定，由直轄市、縣（市）主管機關定之。

第53條　醫事人員、社會工作人員、教育人員、保育人員、教保服務人
員、警察、司法人員、移民業務人員、戶政人員、村（里）幹事
及其他執行兒童及少年福利業務人員，於執行業務時知悉兒童及
少年有下列情形之一者，應立即向直轄市、縣（市）主管機關通
報，至遲不得超過二十四小時：

一、施用毒品、非法施用管制藥品或其他有害身心健康之物質。

二、充當第四十七條第一項場所之侍應。

三、遭受第四十九條各款之行為。

四、有第五十一條之情形。

五、有第五十六條第一項各款之情形。

六、遭受其他傷害之情形。

其他任何人知悉兒童及少年有前項各款之情形者，得通報直轄
市、縣（市）主管機關。

直轄市、縣（市）主管機關於知悉或接獲通報前二項案件時，應
立即進行分級分類處理，至遲不得超過二十四小時。

直轄市、縣（市）主管機關受理第一項第五款案件後，應於四日
內提出調查報告；受理第一項其他各款案件後，應於三十日內提
出調查報告。

第一項及第二項通報人之身分資料，應予保密。

第一項至第四項通報、分級分類處理及調查之辦法，由中央主管
機關定之。

第54條　醫事人員、社會工作人員、教育人員、保育人員、教保服務人
員、警察、司法人員、移民業務人員、戶政人員、村（里）幹

事、村（里）長、公寓大廈管理服務人員及其他執行兒童及少年福利業務人員，於執行業務時知悉兒童及少年家庭遭遇經濟、教養、婚姻、醫療等問題，致兒童及少年有未獲適當照顧之虞，應通報直轄市、縣（市）主管機關。

直轄市、縣（市）主管機關於接獲前項通報後，應對前項家庭進行訪視評估，並視其需要結合警政、教育、戶政、衛生、財政、金融管理、勞政、移民或其他相關機關提供生活、醫療、就學、托育及其他必要之協助。

前二項通報及協助辦法，由中央主管機關定之。

第54-1條　兒童之父母、監護人或其他實際照顧兒童之人，有違反毒品危害防制條例者，於受通緝、羈押、觀察、勒戒、強制戒治或入獄服刑時，司法警察官、司法警察、檢察官或法院應查訪兒童之生活與照顧狀況。

司法警察官、司法警察、檢察官、法院就前項情形進行查訪，知悉兒童有第五十三條第一項各款情形及第五十四條之情事者，應依各該條規定通報直轄市、縣（市）主管機關。

第55條　兒童及少年罹患性病或有酒癮、藥物濫用情形者，其父母、監護人或其他實際照顧兒童及少年之人應協助就醫，或由直轄市、縣（市）主管機關會同衛生主管機關配合協助就醫；必要時，得請求警政主管機關協助。

前項治療所需之費用，由兒童及少年之父母、監護人負擔。但屬全民健康保險給付範圍或依法補助者，不在此限。

第56條　兒童及少年有下列各款情形之一，非立即給予保護、安置或為其他處置，其生命、身體或自由有立即之危險或有危險之虞者，直轄市、縣（市）主管機關應予緊急保護、安置或為其他必要之處置：

一、兒童及少年未受適當之養育或照顧。

二、兒童及少年有立即接受診治之必要，而未就醫。

三、兒童及少年遭遺棄、身心虐待、買賣、質押，被強迫或引誘

從事不正當之行為或工作。

四、兒童及少年遭受其他迫害，非立即安置難以有效保護。

疑有前項各款情事之一，直轄市、縣（市）主管機關應基於兒童及少年最佳利益，經多元評估後加強必要之緊急保護、安置或為其他必要之處置。

直轄市、縣（市）主管機關為前項緊急保護、安置或為其他必要之處置時，得請求檢察官或當地警察機關協助之。

第一項兒童及少年之安置，直轄市、縣（市）主管機關得辦理家庭寄養、交付適當之兒童及少年福利機構或其他安置機構教養之。

第57條　直轄市、縣（市）主管機關依前條規定緊急安置時，應即通報當地地方法院及警察機關，並通知兒童及少年之父母、監護人。但其無父母、監護人或通知顯有困難時，得不通知之。

緊急安置不得超過七十二小時，非七十二小時以上之安置不足以保護兒童及少年者，得聲請法院裁定繼續安置。繼續安置以三個月為限；必要時，得聲請法院裁定延長之，每次得聲請延長三個月。

繼續安置之聲請，得以電訊傳真或其他科技設備為之。

第58條　前條第二項所定七十二小時，自依前條第一項規定緊急安置兒童及少年之時起，即時起算。但下列時間不予計入：

一、在途護送時間。

二、交通障礙時間。

三、其他不可抗力之事由所生之遲滯時間。

第59條　直轄市、縣（市）主管機關、父母、監護人、受安置兒童及少年對於第五十七條第二項裁定有不服者，得於裁定送達後十日內提起抗告。對於抗告法院之裁定不得再抗告。

聲請及抗告期間，原安置機關、機構或寄養家庭得繼續安置。

安置期間因情事變更或無依原裁定繼續安置之必要者，直轄市、縣（市）主管機關、父母、原監護人、受安置兒童及少年得向法

院聲請變更或撤銷之。

直轄市、縣（市）主管機關對於安置期間期滿或依前項撤銷安置之兒童及少年，應續予追蹤輔導至少一年。

第60條　安置期間，直轄市、縣（市）主管機關或受其交付安置之機構或寄養家庭在保護安置兒童及少年之範圍內，行使、負擔父母對於未成年子女之權利義務。

法院裁定得繼續安置兒童及少年者，直轄市、縣（市）主管機關或受其交付安置之機構或寄養家庭，應選任其成員一人執行監護事務，並負與親權人相同之注意義務。直轄市、縣（市）主管機關應陳報法院執行監護事項之人，並應按個案進展作成報告備查。

安置期間，兒童及少年之父母、原監護人、親友、師長經直轄市、縣（市）主管機關同意，得依其約定時間、地點及方式，探視兒童及少年。不遵守約定或有不利於兒童及少年之情事者，直轄市、縣（市）主管機關得禁止探視。

直轄市、縣（市）主管機關為前項同意前，應尊重兒童及少年之意願。

第61條　安置期間，非為貫徹保護兒童及少年之目的，不得使其接受訪談、偵訊、訊問或身體檢查。

兒童及少年接受訪談、偵訊、訊問或身體檢查，應由社會工作人員陪同，並保護其隱私。

第62條　兒童及少年因家庭發生重大變故，致無法正常生活於其家庭者，其父母、監護人、利害關係人或兒童及少年福利機構，得申請直轄市、縣（市）主管機關安置或輔助。

前項安置，直轄市、縣（市）主管機關得辦理家庭寄養、交付適當之兒童及少年福利機構或其他安置機構教養之。

直轄市、縣（市）主管機關、受寄養家庭或機構依第一項規定，在安置兒童及少年之範圍內，行使、負擔父母對於未成年子女之權利義務。

第一項之家庭情況改善者，被安置之兒童及少年仍得返回其家庭，並由直轄市、縣（市）主管機關續予追蹤輔導至少一年。

第二項及第五十六條第四項之家庭寄養，其寄養條件、程序與受寄養家庭之資格、許可、督導、考核及獎勵之規定，由直轄市、縣（市）主管機關定之。

第63條　直轄市、縣（市）主管機關依第五十六條第四項或前條第二項對兒童及少年為安置時，因受寄養家庭或安置機構提供兒童及少年必要服務所需之生活費、衛生保健費、學雜費、代收代辦費及其他與安置有關之費用，得向扶養義務人收取；其收費規定，由直轄市、縣（市）主管機關定之。

第64條　兒童及少年有第四十九條或第五十六條第一項各款情事，或屬目睹家庭暴力之兒童及少年，經直轄市、縣（市）主管機關列為保護個案者，該主管機關應於三個月內提出兒童及少年家庭處遇計畫；必要時，得委託兒童及少年福利機構或團體辦理。

前項處遇計畫得包括家庭功能評估、兒童及少年安全與安置評估、親職教育、心理輔導、精神治療、戒癮治療或其他與維護兒童及少年或其他家庭正常功能有關之協助及福利服務方案。

處遇計畫之實施，兒童及少年本人、父母、監護人、其他實際照顧兒童及少年之人或其他有關之人應予配合。

第65條　依本法安置兩年以上之兒童及少年，經直轄市、縣（市）主管機關評估其家庭功能不全或無法返家者，應提出長期輔導計畫。

前項長期輔導計畫得委託兒童及少年福利機構或團體為之。

第66條　依本法保護、安置、訪視、調查、評估、輔導、處遇兒童及少年或其家庭，應建立個案資料，並定期追蹤評估。

因職務上所知悉之秘密或隱私及所製作或持有之文書，應予保密，非有正當理由，不得洩漏或公開。

第67條　直轄市、縣（市）主管機關對於依少年事件處理法以少年保護事件、少年刑事案件處理之兒童、少年及其家庭，應持續提供必要之福利服務。

前項福利服務，得委託兒童及少年福利機構或團體爲之。

第68條　直轄市、縣（市）主管機關對於依少年事件處理法交付安置輔導或感化教育結束、停止或免除，或經交付轉介輔導之兒童、少年及其家庭，應予追蹤輔導至少一年。

前項追蹤輔導，得委託兒童及少年福利機構或團體爲之。

第69條　宣傳品、出版品、廣播、電視、網際網路或其他媒體對下列兒童及少年不得報導或記載其姓名或其他足以識別身分之資訊：

一、遭受第四十九條或第五十六條第一項各款行爲。

二、施用毒品、非法施用管制藥品或其他有害身心健康之物質。

三、爲否認子女之訴、收養事件、親權行使、負擔事件或監護權之選定、酌定、改定事件之當事人或關係人。

四、爲刑事案件、少年保護事件之當事人或被害人。

行政機關及司法機關所製作必須公開之文書，除前項第三款或其他法律特別規定之情形外，亦不得揭露足以識別前項兒童及少年身分之資訊。

除前二項以外之任何人亦不得於媒體、資訊或以其他公示方式揭示有關第一項兒童及少年之姓名及其他足以識別身分之資訊。

第一、二項如係爲增進兒童及少年福利或維護公共利益，且經行政機關邀集相關機關、兒童及少年福利團體與報業商業同業公會代表共同審議後，認爲有公開之必要，不在此限。

第70條　直轄市、縣（市）主管機關就本法規定事項，必要時，得自行或委託兒童及少年福利機構、團體或其他適當之專業人員進行訪視、調查及處遇。

直轄市、縣（市）主管機關、受其委託之機構、團體或專業人員進行訪視、調查及處遇時，兒童及少年之父母、監護人、其他實際照顧兒童及少年之人、師長、雇主、醫事人員及其他有關之人應予配合並提供相關資料；必要時，該直轄市、縣（市）主管機關並得請求警政、戶政、財政、教育或其他相關機關或機構協助，被請求之機關或機構應予配合。

為辦理各項兒童及少年補助與扶助業務所需之必要資料，主管機關得洽請相關機關（構）、團體、法人或個人提供之，受請求者有配合提供資訊之義務。

主管機關依前二項規定所取得之資料，應盡善良管理人之注意義務，確實辦理資訊安全稽核作業，其保有、處理及利用，並應遵循個人資料保護法之規定。

第71條　父母或監護人對兒童及少年疏於保護、照顧情節嚴重，或有第四十九條、第五十六條第一項各款行為，或未禁止兒童及少年施用毒品、非法施用管制藥品者，兒童及少年或其最近尊親屬、直轄市、縣（市）主管機關、兒童及少年福利機構或其他利害關係人，得請求法院宣告停止其親權或監護權之全部或一部，或得另行聲請選定或改定監護人；對於養父母，並得請求法院宣告終止其收養關係。

法院依前項規定選定或改定監護人時，得指定直轄市、縣（市）主管機關、兒童及少年福利機構之負責人或其他適當之人為兒童及少年之監護人，並得指定監護方法、命其父母、原監護人或其他扶養義務人交付子女、支付選定或改定監護人相當之扶養費用及報酬、命為其他必要處分或訂定必要事項。

前項裁定，得為執行名義。

第72條　有事實足以認定兒童及少年之財產權益有遭受侵害之虞者，直轄市、縣（市）主管機關得請求法院就兒童及少年財產之管理、使用、收益或處分，指定或改定社政主管機關或其他適當之人任監護人或指定監護之方法，並得指定或改定受託人管理財產之全部或一部，或命監護人代理兒童及少年設立信託管理之。

前項裁定確定前，直轄市、縣（市）主管機關得代為保管兒童及少年之財產。

第一項之財產管理及信託規定，由直轄市、縣（市）主管機關定之。

第73條　高級中等以下學校對依少年事件處理法交付安置輔導或施以感化

教育之兒童及少年，應依法令配合福利、教養機構或感化教育機構，執行轉銜及復學教育計畫，以保障其受教權。

前項轉銜及復學作業之對象、程序、違反規定之處理及其他應遵循事項之辦法，由中央教育主管機關會同法務主管機關定之。

第74條　法務主管機關應針對矯正階段之兒童及少年，依其意願，整合各主管機關提供就學輔導、職業訓練、就業服務或其他相關服務與措施，以協助其回歸家庭及社區。

第五章　福利機構

第75條　兒童及少年福利機構分類如下：

一、托嬰中心。

二、早期療育機構。

三、安置及教養機構。

四、心理輔導或家庭諮詢機構。

五、其他兒童及少年福利機構。

前項兒童及少年福利機構之規模、面積、設施、人員配置及業務範圍等事項之標準，由中央主管機關定之。

第一項兒童及少年福利機構，各級主管機關應鼓勵、委託民間或自行創辦；其所屬公立兒童及少年福利機構之業務，必要時，並得委託民間辦理。

直轄市、縣（市）主管機關為辦理托嬰中心托育服務之輔導及管理事項，應自行或委託相關專業之機構、團體辦理。

第76條　第二十三條第一項第十二款所稱兒童課後照顧服務，指招收國民小學階段學童，於學校上課以外時間，所提供之照顧服務。

前項兒童課後照顧服務，得由各該教育主管機關指定國民小學辦理兒童課後照顧服務班；或由鄉（鎮、市、區）公所、私人、團體申請設立兒童課後照顧服務中心辦理之。

前項兒童課後照顧服務班與兒童課後照顧服務中心之申請、設立、收費項目、用途與基準、管理、設施設備、改制、人員資格

與不適任之通報、資訊蒐集、查詢及其他應遵行事項之辦法，由中央教育主管機關定之。

直轄市、縣（市）主管機關為辦理兒童課後照顧服務班及中心，應召開審議會，由機關首長或指定之代理人為召集人，成員應包含教育學者專家、家長團體代表、婦女團體代表、公益教保團體代表、勞工團體代表與兒童及少年福利團體代表等。

第77條　托嬰中心應為其收托之兒童辦理團體保險。

前項團體保險，其範圍、金額、繳費方式、期程、給付標準、權利與義務、辦理方式及其他相關事項之辦法，由直轄市、縣（市）主管機關定之。

第78條　兒童及少年福利機構之業務，應遴用專業人員辦理；其專業人員之類別、資格、訓練及課程等之辦法，由中央主管機關定之。

第79條　依本法規定發給設立許可證書，免徵規費。

第80條　直轄市、縣（市）教育主管機關應設置社會工作人員或專任輔導人員執行本法相關業務。

前項人員之資格、設置、實施辦法，由中央教育主管機關定之。

第81條　有下列情事之一者，不得擔任兒童及少年福利機構或兒童課後照顧服務班及中心之負責人或工作人員：

一、曾犯妨害性自主罪、性騷擾罪，經緩起訴處分或有罪判決確定。但未滿十八歲之人，犯刑法第二百二十七條之罪者，不在此限。

二、有第四十九條各款所定行為之一，經有關機關查證屬實。

三、罹患精神疾病或身心狀況違常，經主管機關委請相關專科醫師二人以上諮詢後，認定不能執行職務。

主管機關或教育主管機關應主動查證兒童及少年福利機構或兒童課後照顧服務班及中心負責人是否有前項第一款情事；兒童及少年福利機構或兒童課後照顧服務班及中心聘僱工作人員之前，亦應主動查證。

現職工作人員有第一項各款情事之一者，兒童及少年福利機構或

兒童課後照顧服務班及中心應即停止其職務，並依相關規定予以調職、資遣、令其退休或終止勞動契約。

第82條　私人或團體辦理兒童及少年福利機構，以向當地主管機關申請設立許可者為限；其有對外勸募行為或享受租稅減免者，應於設立許可之日起六個月內辦理財團法人登記。

前項期間辦理財團法人登記，而有正當理由者，得申請核准延長一次，期間不得超過三個月；屆期不辦理者，原許可失其效力。

第一項申請設立許可之要件、程序、審核期限、撤銷與廢止許可、督導管理、停業、歇業、復業及其他應遵行事項之辦法，由中央主管機關定之。

第83條　兒童及少年福利機構或兒童課後照顧服務班及中心，不得有下列情形之一：

一、虐待或妨害兒童及少年身心健康。

二、供給不衛生之餐飲，經衛生主管機關查明屬實。

三、提供不安全之設施或設備，經目的事業主管機關查明屬實。

四、發現兒童及少年受虐事實，未向直轄市、縣（市）主管機關通報。

五、違反法令或捐助章程。

六、業務經營方針與設立目的不符。

七、財務收支未取具合法之憑證、捐款未公開徵信或會計紀錄未完備。

八、規避、妨礙或拒絕主管機關或目的事業主管機關輔導、檢查、監督。

九、對各項工作業務報告申報不實。

十、擴充、遷移、停業、歇業、復業未依規定辦理。

十一、有其他情事，足以影響兒童及少年身心健康。

第84條　兒童及少年福利機構不得利用其事業為任何不當之宣傳；其接受捐贈者，應公開徵信，並不得利用捐贈為設立目的以外之行為。

主管機關應辦理輔導、監督、檢查、獎勵及定期評鑑兒童及少年福利機構並公布評鑑報告及結果。

前項評鑑對象、項目、方式及獎勵方式等辦法，由主管機關定之。

第85條　兒童及少年福利機構停辦、停業、歇業、解散、經撤銷或廢止許可時，對於其收容之兒童及少年應即予適當之安置；其未能予以適當安置者，設立許可主管機關應協助安置，該機構應予配合。

第六章　罰則

第86條　接生人違反第十四條第一項規定者，由衛生主管機關處新臺幣六千元以上三萬元以下罰鍰。

第87條　違反第十五條第一項規定，未經許可從事收出養媒合服務者，由主管機關處新臺幣六萬元以上三十萬元以下罰鍰，並公布其姓名或名稱。

第88條　收出養媒合服務者違反依第十五條第三項所定辦法中有關業務檢查與管理、停業、歇業、復業之規定者，由許可主管機關通知限期改善，屆期未改善者，處新臺幣三萬元以上十五萬元以下罰鍰，並得按次處罰；情節嚴重者，得命其停辦一個月以上一年以下，並公布其名稱或姓名。

前項規定命其停辦，拒不遵從或停辦期限屆滿未改善者，許可主管機關應廢止其許可。

第89條　違反第二十一條第三項、第五十三條第五項、第六十六條第二項或第六十九條第三項而無正當理由者，處新臺幣二萬元以上十萬元以下罰鍰。

第90條　違反第二十六條第一項規定未辦理居家式托育服務登記者，處新臺幣六千元以上三萬元以下罰鍰，並命其限期改善。屆期未改善者，處新臺幣六千元以上三萬元以下罰鍰，並命其於一個月內將收托兒童予以轉介，未能轉介時，由直轄市、縣（市）主管機關協助轉介。

前項限期改善期間，直轄市、縣（市）主管機關應即通知家長，

並協助居家式托育服務提供者，依家長意願轉介，且加強訪視輔導。

拒不配合第一項轉介之命令者，處新臺幣六千元以上三萬元以下罰鍰，直轄市、縣（市）主管機關並應強制轉介其收托之兒童。

第一項限期改善期間，居家式托育服務提供者不得增加收托兒童。違反者，處新臺幣六千元以上三萬元以下罰鍰，並得按次處罰；直轄市、縣（市）主管機關並應強制轉介其收托之兒童。

違反第二十六條第四項規定，或依第五項所定辦法有關收托人數、登記或輔導結果列入應改善而屆期未改善之規定者，處新臺幣六千元以上三萬元以下罰鍰，並得按次處罰，其情節重大或經處罰三次後仍未改善者，得廢止其登記。

經依前項廢止登記者，自廢止之日起，一年內不得辦理登記為居家式托育服務提供者。

違反第二十六條之一第三項規定，不依直轄市、縣（市）主管機關之命令停止服務者，處新臺幣六萬元以上三十萬元以下罰鍰，並得公布其姓名。

第90-1條　違反第二十九條第二項所定辦法規定而有下列各款情形之一者，由教育主管機關處公私立學校校長、短期補習班或兒童課後照顧服務中心負責人新臺幣六千元以上三萬元以下罰鍰，並命其限期改善，屆期未改善者，得按次處罰：

一、以未經核准或備查之車輛載運學生。

二、載運人數超過汽車行車執照核定數額。

三、未依學生交通車規定載運學生。

四、未配置符合資格之隨車人員隨車照護學生。

違反第三十三條第三項及第四項所定適用範圍及一定年齡者，各目的事業主管機關得處新臺幣六千元以上三萬元以下罰鍰，並命其限期改善，屆期未改善者，得按次處罰。

第91條　父母、監護人或其他實際照顧兒童及少年之人，違反第四十三條第二項規定，情節嚴重者，處新臺幣一萬元以上五萬元以下罰鍰。

供應酒或檳榔予兒童及少年者，處新臺幣一萬元以上五萬元以下罰鍰。

供應毒品、非法供應管制藥品或其他有害身心健康之物質予兒童及少年者，處新臺幣六萬元以上三十萬元以下罰鍰。

供應有關暴力、血腥、色情或猥褻出版品、圖畫、錄影節目帶、影片、光碟、電子訊號、遊戲軟體或其他物品予兒童及少年者，處新臺幣二萬元以上十萬元以下罰鍰。

違反第四十三條第四項規定者，除新聞紙依第四十五條及第九十三條規定辦理外，處新臺幣五萬元以上二十五萬元以下罰鍰，並公布其姓名或名稱及命其限期改善；屆期未改善者，得按次處罰；情節嚴重者，並得由主管機關移請目的事業主管機關勒令停業一個月以上一年以下。

第92條 新聞紙以外之出版品、錄影節目帶、遊戲軟體或其他經主管機關認定有影響兒童及少年身心健康之虞應予分級之物品，其有分級管理義務之人有下列情形之一者，處新臺幣五萬元以上二十五萬元以下罰鍰，並命其限期改善，屆期未改善者，得按次處罰：

一、違反第四十四條第一項規定，未予分級。

二、違反依第四十四條第二項所定辦法中有關分級類別或內容之規定。

前項有分級管理義務之人違反依第四十四條第二項所定辦法中有關標示之規定者，處新臺幣三萬元以上十五萬元以下罰鍰，並命其限期改善，屆期未改善者，得按次處罰。

違反第四十四條第三項規定者，處新臺幣一萬元以上五萬元以下罰鍰，並公布其姓名或名稱及命其限期改善；屆期未改善者，得按次處罰。

第93條 新聞紙業者未依第四十五條第三項規定履行處置者，處新臺幣三萬元以上十五萬元以下罰鍰，並限期命其履行；屆期仍不履行者，得按次處罰至履行為止。經主管機關依第四十五條第四項規定認定者，亦同。

第94條　網際網路平臺提供者違反第四十六條第三項規定，未為限制兒童
　　　　及少年接取、瀏覽之措施或先行移除者，由各目的事業主管機關
　　　　處新臺幣六萬元以上三十萬元以下罰鍰，並命其限期改善，屆期
　　　　未改善者，得按次處罰。
　　　　違反第四十六條之一之規定者，處新臺幣十萬元以上五十萬元以
　　　　下罰鍰，並公布其姓名或名稱及命其限期改善；屆期未改善者，
　　　　得按次處罰；情節嚴重者，並得勒令停業一個月以上一年以下。
第95條　父母、監護人或其他實際照顧兒童及少年之人，違反第四十七條
　　　　第二項規定者，處新臺幣一萬元以上五萬元以下罰鍰。
　　　　場所負責人或從業人員違反第四十七條第三項規定者，處新臺幣
　　　　二萬元以上十萬元以下罰鍰，並公布場所負責人姓名。
第96條　父母、監護人或其他實際照顧兒童及少年之人，違反第四十八條
　　　　第一項規定者，處新臺幣二萬元以上十萬元以下罰鍰，並公布其
　　　　姓名。
　　　　違反第四十八條第二項規定者，處新臺幣六萬元以上三十萬元以
　　　　下罰鍰，公布行為人及場所負責人之姓名，並命其限期改善；屆
　　　　期未改善者，除情節嚴重，由主管機關移請目的事業主管機關命
　　　　其歇業者外，命其停業一個月以上一年以下。
第97條　違反第四十九條各款規定之一者，處新臺幣六萬元以上三十萬元
　　　　以下罰鍰，並得公布其姓名或名稱。
第98條　違反第五十條第二項規定者，處新臺幣一萬元以上五萬元以下罰
　　　　鍰。
第99條　父母、監護人或其他實際照顧兒童及少年之人違反第五十一條規
　　　　定者，處新臺幣三千元以上一萬五千元以下罰鍰。
第100條　醫事人員、社會工作人員、教育人員、保育人員、教保服務人
　　　　員、警察、司法人員、移民業務人員、戶政人員、村（里）幹事
　　　　或其他執行兒童及少年福利業務人員，違反第五十三條第一項規
　　　　定而無正當理由者，處新臺幣六千元以上三萬元以下罰鍰。
第101條　（刪除）

第102條　父母、監護人或實際照顧兒童及少年之人有下列情形者，主管機
　　　　關應命其接受四小時以上五十小時以下之親職教育輔導：

一、未禁止兒童及少年爲第四十三條第一項第二款行爲者。

二、違反第四十七條第二項規定者。

三、違反第四十八條第一項規定者。

四、違反第四十九條各款規定之一者。

五、違反第五十一條規定者。

六、使兒童及少年有第五十六條第一項各款情形之一者。

依前項規定接受親職教育輔導，如有正當理由無法如期參加，得
申請延期。

不接受親職教育輔導或拒不完成其時數者，處新臺幣三千元以上
三萬元以下罰鍰；經再通知仍不接受者，得按次處罰至其參加爲
止。

依限完成親職教育輔導者，免依第九十一條第一項、第九十五條
第一項、第九十六條第一項、第九十七條及第九十九條處以罰
鍰。

第103條　廣播、電視事業違反第六十九條第一項規定，由目的事業主管機
　　　　關處新臺幣三萬元以上十五萬元以下罰鍰，並命其限期改正；屆
期未改正者，得按次處罰。

宣傳品、出版品、網際網路或其他媒體違反第六十九條第一項規
定，由目的事業主管機關處負責人新臺幣三萬元以上十五萬元以
下罰鍰，並得沒入第六十九條第一項規定之物品、命其限期移除
內容、下架或其他必要之處置；屆期不履行者，得按次處罰至履
行爲止。

前二項經第六十九條第四項審議後，認爲有公開之必要者，不
罰。

宣傳品、出版品、網際網路或其他媒體無負責人或負責人對行爲
人之行爲不具監督關係者，第二項所定之罰鍰，處罰行爲人。

本法中華民國一百零四年一月二十三日修正施行前，宣傳品、出

版品、廣播、電視、網際網路或其他媒體之負責人違反第六十九條第一項規定者，依修正前第一項罰鍰規定，處罰該負責人。無負責人或負責人對行為人之行為不具監督關係者，處罰行為人。

第104條　兒童及少年之父母、監護人、其他實際照顧兒童及少年之人、師長、雇主、醫事人員或其他有關之人違反第七十條第二項規定而無正當理由者，處新臺幣六千元以上三萬元以下罰鍰，並得按次處罰至其配合或提供相關資料為止。

第105條　違反第七十六條或第八十二條第一項前段規定，未申請設立許可而辦理兒童及少年福利機構或兒童課後照顧服務班及中心者，由當地主管機關或教育主管機關處新臺幣六萬元以上三十萬元以下罰鍰及公布其姓名或名稱，並命其限期改善。

於前項限期改善期間，不得增加收托安置兒童及少年，違者處其負責人新臺幣六萬元以上三十萬元以下罰鍰，並得按次處罰。

經依第一項規定限期命其改善，屆期未改善者，再處其負責人新臺幣十萬元以上五十萬元以下罰鍰，並命於一個月內對於其收托之兒童及少年予以轉介安置；其無法辦理時，由當地主管機關協助之，負責人應予配合。不予配合者，強制實施之，並處新臺幣六萬元以上三十萬元以下罰鍰。

第106條　兒童及少年福利機構違反第八十二條第一項後段規定者，經設立許可主管機關命其立即停止對外勸募之行為而不遵命者，由設立許可主管機關處新臺幣六萬元以上三十萬元以下罰鍰，並得按次處罰且公布其名稱；情節嚴重者，並得命其停辦一個月以上一年以下。

第107條　兒童及少年福利機構或兒童課後照顧服務班及中心違反第八十三條第一款至第四款規定情形之一者，由設立許可主管機關處新臺幣六萬元以上三十萬元以下罰鍰，並命其限期改善，屆期未改善者，得按次處罰；情節嚴重者，得命其停辦一個月以上一年以下並公布其名稱。

未經許可從事兒童及少年福利機構或兒童課後照顧服務班及中心

業務，經當地主管機關或教育主管機關依第一百零五條第一項規定命其限期改善，限期改善期間，有第八十三條第一款至第四款規定情形之一者，由當地主管機關或教育主管機關依前項規定辦理。

第108條 兒童及少年福利機構或兒童課後照顧服務班及中心違反第八十三條第五款至第十一款規定之一者，經設立許可主管機關命其限期改善，屆期未改善者，處新臺幣三萬元以上十五萬元以下罰鍰，並得按次處罰；情節嚴重者，得命其停辦一個月以上一年以下，並公布其名稱。

依前二條及前項規定命其停辦，拒不遵從或停辦期限屆滿未改善者，設立許可主管機關應廢止其設立許可。

第109條 兒童及少年福利機構違反第八十五條規定，不予配合設立許可主管機關安置者，由設立許可主管機關處新臺幣六萬元以上三十萬元以下罰鍰，並強制實施之。

第七章　附則

第110條 十八歲以上未滿二十歲之人，於緊急安置等保護措施，準用本法之規定。

第111條 直轄市、縣（市）主管機關依本法委託安置之兒童及少年，年滿十八歲，經評估無法返家或自立生活者，得繼續安置至年滿二十歲；其已就讀大專校院者，得安置至畢業為止。

第112條 成年人教唆、幫助或利用兒童及少年犯罪或與之共同實施犯罪或故意對其犯罪者，加重其刑至二分之一。但各該罪就被害人係兒童及少年已定有特別處罰規定者，從其規定。

對於兒童及少年犯罪者，主管機關得獨立告訴。

第113條 以詐欺或其他不正當方法領取本法相關補助或獎勵費用者，主管機關應撤銷原處分並以書面限期命其返還，屆期未返還者，移送強制執行；其涉及刑事責任者，移送司法機關辦理。

第114條 扶養義務人不依本法規定支付相關費用者，如為保護兒童及少年

之必要，由主管機關於兒童及少年福利經費中先行支付。

第115條　本法修正施行前已許可立案之兒童福利機構及少年福利機構，於本法修正公布施行後，其設立要件與本法及所授權辦法規定不相符合者，應於中央主管機關公告指定之期限內改善；屆期未改善者，依本法規定處理。

第116條　本法施行前經政府核准立案之課後托育中心應自本法施行之日起二年內，向教育主管機關申請改制完成為兒童課後照顧服務班及中心，屆期未申請者，應廢止其設立許可，原許可證書失其效力。

前項未完成改制之課後托育中心，於本條施行之日起二年內，原核准主管機關依本法修正前法令管理。

托育機構之托兒所未依幼兒教育及照顧法規定改制為幼兒園前，原核准主管機關依本法修正前法令管理。

第117條　本法施行細則，由中央主管機關定之。

第118條　本法除中華民國一百年十一月三十日修正公布之第十五條至第十七條、第二十九條、第七十六條、第八十七條、第八十八條及第一百十六條自公布六個月後施行，第二十五條、第二十六條及第九十條自公布三年後施行外，自公布日施行。

社工叢書 41

兒童社會工作──SWPIP實務運用

作　　　者／郭靜晃
出　版　者／揚智文化事業股份有限公司
發　行　人／葉忠賢
總　編　輯／閻富萍
特約執編／鄭美珠
地　　　址／新北市深坑區北深路三段 260 號 8 樓
電　　　話／(02)8662-6826
傳　　　真／(02)2664-7633
網　　　址／http://www.ycrc.com.tw
　E-mail ／service@ycrc.com.tw
　I S B N ／978-986-298-210-5
初版一刷／2016 年 6 月
定　　　價／新台幣 600 元

國家圖書館出版品預行編目（CIP）資料

兒童社會工作：SWPIP實務運用 / 郭靜晃著.
-- 初版. -- 新北市 ：揚智文化, 2016.06
面； 公分. -- (社工叢書 ; 41)

ISBN 978-986-298-210-5(平裝)

1.社會工作 2.兒童福利

547.51   104023030